자이스토리

중학 국어 독해력 완성 ①

[비문학]

수경출판사

모든 공부의 시작은 '글 읽기'입니다!

왜 독해를 공부해야 할까요?

모든 교과서는 잘 짜여진 '비문학 지문'과도 같습니다. 글을 읽고 이해하고 정리하는 훈련이 제대로 되어 있지 않으면 교과서 내용을 이해할 수 없고, 흥미를 붙이기도 쉽지 않아 공부를 하기 어렵습니다. 그래서 올바른 독해법을 연습해야 합니다.

올바른 독해 연습은 어떻게 시작해야 할까요?

친구들과 대화를 한다고 생각해 봅시다. 대화가 이어지려면 가장 먼저 친구가 '무엇을 말하고자 하는지' 파악해야겠죠? 글 읽기도 마찬가지입니다. 글에서 말하고자 하는 바, 즉 주제를 파악하는 것이 글을 독해하는 핵심입니다. 따라서 글을 읽고 올바른 독해를 하려면 결국 글의 주제를 찾는 연습을 해야 합니다.

우리가 시험에서 마주하는 글은 보통 길기 때문에 글의 주제를 한번에 찾는 것은 많이 어렵습니다. 그래서 체계적인 훈련을 거쳐야 합니다. 긴 글을 통째로 이해하는 것이 아니라, '문단'별로 쪼개서 이해한 후에 각 '문단 간의 관계'를 파악합니다. 쪼개서 이해한 문단들이 머릿속에서 서로 연결되면 '글 전체'의 핵심을 이해할 수 있게 되는 것이죠.

글을 읽고 어떤 이야기를 하는지 잘 이해하게 되면 수학 서술형 문제도 쉽게 풀 수 있고, 영어 단어를 조금 몰라도 영어 지문을 충분히 독해할 수 있게 됩니다. 그 뿐인가요? 사회 현상이나 과학 원리를 배울 때도 이를 설명하고 있는 글을 잘 이해하면 해당 개념이나 법칙, 현상을 쉽게 익힐 수 있어요. 그래서 글을 잘 이해하면 모든 과목의 성적이 오르게 되는 것입니다.

자이스토리 중학 국어 독해력 완성

계단식으로 올바른 독해를 연습할 수 있어요!

"Follow Me!"에서는 마치 과외 선생님이 옆에서 나의 수준에 맞춰 설명해 주듯이 각 STEP별로 학습할 사항을 안내하고 있어요. 지문에서 어떤 것을 먼저 찾아야 글을 쉽게 이해할 수 있는지, 그 이후에는 어떤 과정을 거쳐야 독해를 제대로 하게 되는지를 차근차근 설명해 줍니다. "Follow Me!"에서 알려준 방법대로 지문을 읽는 연습을 하면 글의 내용을 정확히 이해하기 위해서는 어떤 것들을 먼저 파악해야 하는지 알게 되고, 문제를 쉽게 풀 수 있게 됩니다.

STEP III
글의 구조 파악하기,
주제 찾기

STEP II
문단 요약하기,
문단 간의 관계 파악하기

STEP I
핵심어 찾기,
중심 문장 찾기

- 중학 국어 **자이스토리** 독해력 완성 **1** [비문학] 중학 국어 독해 기초 연습 (중2~예비 중1)
- 중학 국어 **자이스토리** 독해력 완성 **2** [비문학] 중학 국어 독해 집중 훈련 (중3~중1)
- 중학 국어 **자이스토리** 독해력 완성 **3** [비문학] 중학 국어 독해 심화 학습 (예비 고1~중2)

문제를 쉽게 이해할 수 있는 친절하고 자세한 입체 첨삭 해설

- 혼자 공부하더라도 어렵지 않도록 모든 지문을 분석하고 입체 첨삭으로 시각화했으며, '왜 정답', '왜 오답'을 통해 모든 문제의 정답과 오답의 근거를 제시하였습니다.
- 수업 및 학습 지도 자료로 활용할 때 큰 효과를 거둘 수 있도록 지문 해제, 문단 요약, 주제, 정답 풀이, 오답 풀이 등도 상세하게 수록하였습니다.

구성과 특징

1 하루 2개 지문으로 재미있게 독해 시작!

▶ **눈높이에 맞는 흥미로운 내용으로 구성**
교과서 지문 속 소재를 중심으로 중학생이 흥미롭게 생각하는 내용을 난이도에 따라 구성했습니다.

▶ **매일 서로 다른 제재의 지문으로 학습**
비슷한 제재로 학습하여 지루함을 느끼지 않도록 서로 다른 2개 영역의 제재를 선택하여 수록했습니다.

▶ **STEP별 독해틀 제공**
각 단계에 따라 연습해야 하는 학습 요소를 지문 옆에 기본틀로 제공하였습니다. 지문을 읽고 직접 해당 내용을 찾고, 쓰면서 독해의 단계를 차근차근 익혀 보세요.

2 독해 방법을 단계별로 알려주는 나만의 과외 선생님 "Follow Me!"

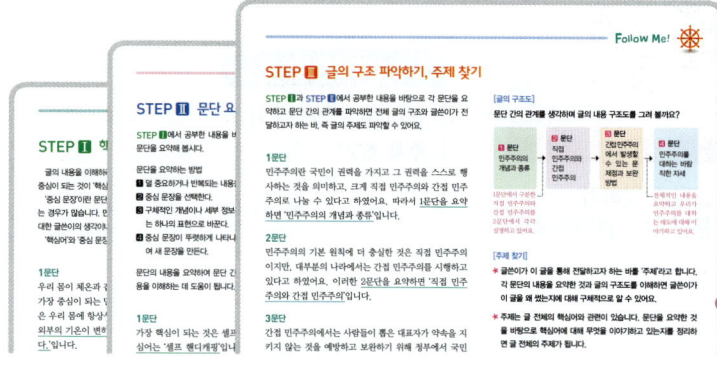

▶ **STEP별로 아주 쉽게 설명하는 Follow Me!**
지문을 독해하기 위해서 STEP이 필요한 이유와 STEP별로 제시된 학습 내용을 어떻게 적용해야 하는지 구체적인 방법을 알려줍니다.

▶ **STEP별 2일씩 Follow Me! 과외 선생님**
STEP별 학습 방법을 지문에 구체적으로 적용한 내용을 보여 줌으로써 혼자 지문을 독해 할 때에도 쉽게 따라 할 수 있습니다.

3 독해력 향상을 위한 STEP Ⅰ ~ Ⅲ [각 8일씩 구성]

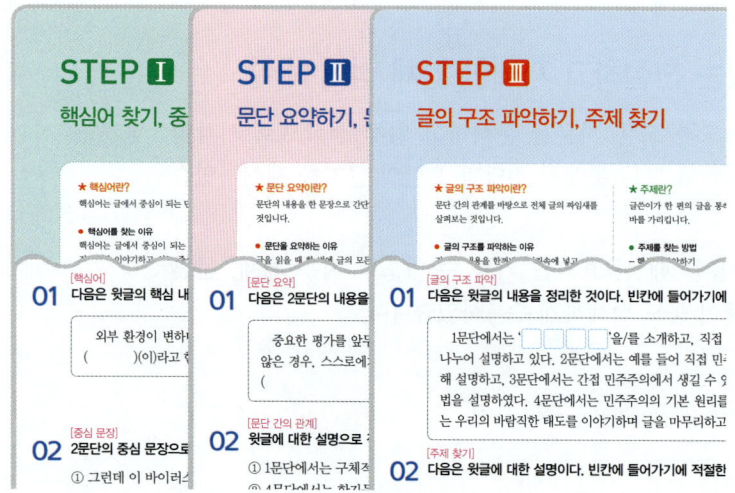

STEP Ⅰ – 핵심어 찾기, 중심 문장 찾기
글의 중심 소재인 핵심어와 글의 중심이 되는 중심 문장을 찾는 훈련을 합니다.

STEP Ⅱ – 문단 요약하기, 문단 간의 관계 파악하기
각 문단의 중심 내용을 요약하고 문단 간의 관계를 파악해 봅니다.

STEP Ⅲ – 글의 구조 파악하기, 주제 찾기
문단 간의 관계를 바탕으로 전체 글의 짜임새인 구조를 파악하고, 주제를 찾아봅니다.

● STEP별 학습 요소를 Day별 문제 01~02번, 06~07번을 통해 훈련할 수 있게 했습니다.
● STEP별로 각각 8일씩, 16지문을 학습하게 했습니다.

4 지문 이해를 돕는 어휘, 문제 풀이 팁 제공!

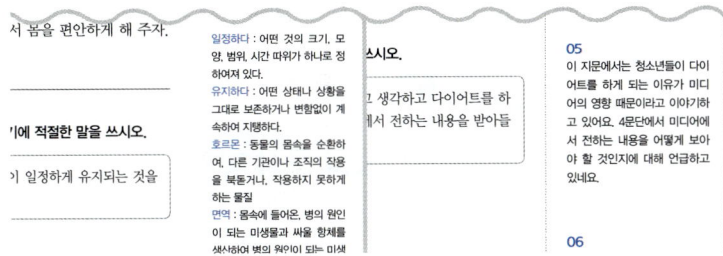

서 봄을 편안하게 해 주자.

일정하다 : 어떤 것의 크기, 모양, 범위, 시간 따위가 하나로 정하여져 있다.
유지하다 : 어떤 상태나 상황을 그대로 보존하거나 변함없이 계속하여 지탱하다.
호르몬 : 동물의 몸속을 순환하여, 다른 기관이나 조직의 작용을 북돋거나 작용하지 못하게 하는 물질
면역 : 몸속에 들어온, 병의 원인이 되는 미생물과 싸울 항체를 생산하여 병의 원인이 되는 미생

'기에 적절한 말을 쓰시오.

'기 일정하게 유지되는 것을

2 생각하고 다이어트를 하
 전하는 내용을 받아드

05
이 지문에서는 청소년들이 다이어트를 하게 되는 이유가 미디어의 영향 때문이라고 이야기하고 있어요. 4문단에서 미디어에서 전하는 내용을 어떻게 보아야 할 것인지에 대해 언급하고 있네요.

06

▶ **지문과 문제의 어휘 풀이 수록**
지문 및 문제에 나온 어려운 어휘와 개념어는 지문 바로 옆과 아래에 수록하여 쉽고 빠르게 찾아볼 수 있게 했습니다.

▶ **문제를 이해하는 방법 제시**
문제에서 묻는 핵심이 무엇인지, 지문에서 참고해야 할 부분이 어디인지 등을 알려줌으로써 문제 자체를 이해하지 못해서 풀지 못하는 일이 없도록 했습니다.

5 Review 어휘+배경지식으로 복습과 심화 학습까지!

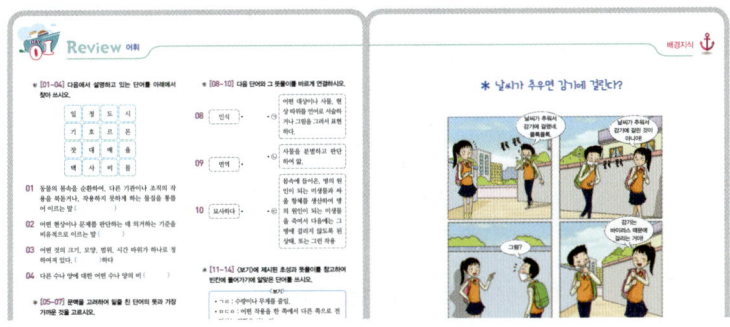

▶ **어휘 테스트**
Day별 어휘를 십자말풀이, 괄호 넣기, 유사어 찾기 등의 다양한 유형으로 테스트해 봄으로써 어휘를 쉽고 정확하게 익힐 수 있습니다.

▶ **지문과 관련된 배경지식**
• 지문에서 궁금했던 내용이나 비슷한 제재로 출제가 가능한 내용, 심화 학습이 필요한 내용으로 구성했습니다.
• 만화, 대화 등 다양한 시각적 자료로 구성하여 쉽고 재미있게 읽고, 오랫동안 기억할 수 있습니다.

6 다시는 틀리지 않게 완벽히 이해시키는 입체 첨삭 해설

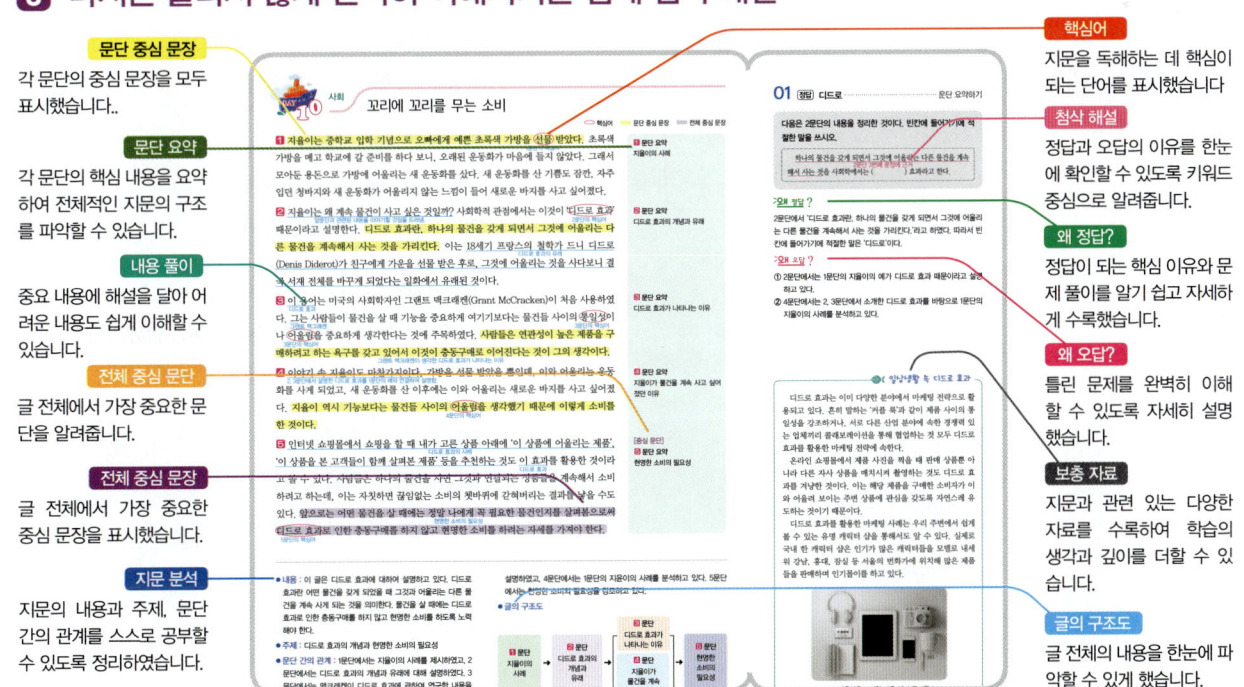

문단 중심 문장
각 문단의 중심 문장을 모두 표시했습니다.

문단 요약
각 문단의 핵심 내용을 요약하여 전체적인 지문의 구조를 파악할 수 있습니다.

내용 풀이
중요 내용에 해설을 달아 어려운 내용도 쉽게 이해할 수 있습니다.

전체 중심 문단
글 전체에서 가장 중요한 문단을 알려줍니다.

전체 중심 문장
글 전체에서 가장 중요한 중심 문장을 표시했습니다.

지문 분석
지문의 내용과 주제, 문단 간의 관계를 스스로 공부할 수 있도록 정리하였습니다.

핵심어
지문을 독해하는 데 핵심이 되는 단어를 표시했습니다

첨삭 해설
정답과 오답의 이유를 한눈에 확인할 수 있도록 키워드 중심으로 알려줍니다.

왜 정답?
정답이 되는 핵심 이유와 문제 풀이를 알기 쉽고 자세하게 수록했습니다.

왜 오답?
틀린 문제를 완벽히 이해할 수 있도록 자세히 설명했습니다.

보충 자료
지문과 관련 있는 다양한 자료를 수록하여 학습의 생각과 깊이를 더할 수 있습니다.

글의 구조도
글 전체의 내용을 한눈에 파악할 수 있게 했습니다.

차례

★ 글의 소재는 이렇게 구분해요!

- **인문** : 인간의 사상이나 문화를 대상으로 하는 언어, 역사, 철학, 윤리학, 논리학 등
- **사회** : 우리 사회와 관련된 정치, 경제, 법, 심리학, 제도, 복지, 언론, 사회 문화 등
- **예술** : 아름다움을 창조하는 구체적인 행위인 미술, 음악, 건축, 공연 등
- **과학** : 생물학, 물리학, 지구 과학, 화학 등
- **기술** : 정보 통신, 에너지 및 자원, 기계 등
- **복합** : 인문, 사회, 예술, 과학, 기술을 복합적으로 다룸.

STEP I
핵심어 찾기, 중심 문장 찾기

꾸준함이 독해력을 길러 줍니다.

1. Day별 일정 분량을 꾸준히 공부하세요!

- 매일 2개의 지문을 읽으며 글과 친숙해져 보세요.
- 아무리 지문을 많이 읽어도 눈으로만 읽으면 무엇을 말하고 있는지 이해할 수 없어요. 글쓴이가 말하고자 하는 것이 무엇인지 집중해서 읽고 스스로 정리해 보아야 해요.

2. 문제를 풀면서 글쓴이의 생각을 확인해 봐요!

- 지문을 읽고 문제를 푸는 것은 글쓴이의 생각을 제대로 이해했는지 점검하는 과정이에요.
- 문제를 풀면서 내가 이해한 것이 맞는지, 어떤 부분을 잘못 이해했는지 등을 꼼꼼히 확인하세요.

3. 글을 읽다가 궁금한 점은 찾아봐요!

- 잘 모르는 어휘는 풀이를 보고 문맥을 고려하여 그 뜻을 다시 생각해 보세요.
- 모르는 내용을 짐작만 하지 말고 정확하게 이해할 수 있도록 노력해 보세요.
- 이미 알고 있는 내용의 글은 이해하기에 어렵지 않은 것처럼, 배경지식이 쌓이면 글의 내용을 쉽게 이해할 수 있어요.

4. STEP Ⅰ~Ⅲ에 맞춰 연습하면 글을 더 쉽게 이해할 수 있어요!

- STEP 1~3에서는 글을 읽을 때 어떤 부분에 집중해야 하는지 안내해 줍니다.
- 핵심어는 어떻게 찾아야 하는지, 문단은 어떻게 요약하고 주제는 어떻게 찾는지 각 STEP에 따라 연습해 보세요.
- "Follow Me!"를 통해 STEP 1~3의 과정을 자세하게 설명하고 있어서 스스로 지문을 읽고 쉽게 독해할 수 있는 힘이 생겨요!
- 국어 독해력이 높아지면 수학 서술형 문제, 영어 지문, 사회·과학의 원리를 쉽게 이해할 수 있어서 모든 과목의 성적이 올라갑니다.

 학습 계획표 24일 완성

- 매일 2개의 지문을 읽고 정리하며, 리뷰(어휘 테스트+배경지식)를 통해 복습하는 학습 계획표입니다.
- 계획표대로 공부한 날은 빨간 펜으로 Day 칸에 X 표시해 보세요. X가 늘어날수록 독해력이 쑥쑥 높아질 거예요.

Day	틀린 문제 / 헷갈리는 문제 번호 적기	날짜	복습 날짜
01		월 일	월 일
02		월 일	월 일
03		월 일	월 일
04		월 일	월 일
05		월 일	월 일
06		월 일	월 일
07		월 일	월 일
08		월 일	월 일
09		월 일	월 일
10		월 일	월 일
11		월 일	월 일
12		월 일	월 일
13		월 일	월 일
14		월 일	월 일
15		월 일	월 일
16		월 일	월 일
17		월 일	월 일
18		월 일	월 일
19		월 일	월 일
20		월 일	월 일
21		월 일	월 일
22		월 일	월 일
23		월 일	월 일
24		월 일	월 일

STEP 1

핵심어 찾기, 중심 문장 찾기

★ 핵심어란?

핵심어는 글에서 중심이 되는 단어입니다.

● 핵심어를 찾는 이유

핵심어는 글에서 중심이 되는 단어이므로 글 전체에서 이야기하고 있는 중심 대상일 확률이 높습니다. 따라서 이 글이 무엇을 이야기하고 있는지를 파악하려면 핵심어를 찾는 것이 중요합니다.

● 핵심어를 찾는 방법

– 글에서 가장 많이 등장하는 말 찾기
– 글에서 가장 중심이 되는 말 찾기

★ 중심 문장이란?

중심 문장은 문단 또는 글을 대표하는 핵심 내용이 들어 있는 문장입니다. 보통 중심 문장은 문단의 처음이나 끝에 제시되는 경우가 많습니다.

● 중심 문장을 찾는 이유

하나의 문단에서는 보통 하나의 중심 내용을 이야기하므로, 중심 문장을 찾으면 그 문단에서 이야기하고자 하는 내용을 쉽게 파악할 수 있습니다.

● 중심 문장을 찾는 방법

– 가장 핵심이 되는 문장 찾기
– 그 문단의 내용을 요약하고 있는 문장 찾기
– 중심 문장이 구체적으로 나타나 있지 않은 경우에는 문단의 핵심어를 찾고 그 핵심어에 대한 글쓴이의 생각이나 태도를 파악하여 문장으로 구성하기

몸에서 열이 나도 추위를 느끼는 이유

우리 몸은 외부의 기온이 변하거나 먹는 음식이 달라져도 체온과 같은 몸의 상태를 일정하게 유지한다. 이처럼 외부 환경이 변하더라도 몸 안의 상태가 큰 변화 없이 일정하게 유지되는 것을 항상성이라고 한다. 특히 뇌에서 체온 조절을 담당하는 간뇌는 체온의 변화가 느껴지면 신경과 호르몬을 통해 신호를 보낸다. 이 신호에 의해 몸 안에서 발생되는 열의 양과 몸 밖으로 나가는 열의 양이 조절되어 체온이 일정하게 유지된다.

우리가 감기에 걸리는 이유는 면역 체계가 약해졌을 때 감기 바이러스가 몸에 들어와서 바이러스의 수를 늘리기 때문이다. 그런데 이 바이러스들은 높은 온도에 약하다. 그래서 우리 몸은 감기 바이러스가 몸에 들어오면 스스로를 보호하기 위해 체온을 높여 바이러스의 수가 늘어나는 것을 막는다.

그렇다면 감기에 걸려 몸에서 열이 나는데도 왜 춥고 몸이 떨리는 것일까? 그 이유는 간뇌의 작용 때문이다. 평상시에 간뇌는 우리 몸의 온도 기준을 36.5℃에 맞추어 놓고 거기에 맞게 체온을 조절한다. 그러나 감기 바이러스가 우리의 몸에 들어오면 간뇌는 감기 바이러스가 늘어나는 것을 막기 위하여 우리 몸의 기준 온도를 36.5℃보다 높게 설정해 놓고, 거기에 맞춰 체온을 조절한다. 그래서 몸에서 열이 나도 우리 몸의 온도 기준이 그보다 높게 맞춰져 있기 때문에 추위를 느끼게 되는 것이다. 하지만 춥다고 해서 옷을 껴입거나, 담요를 두르고 있으면 안 된다. 체온이 급격하게 올라가게 되면, 몸에 이상이 생길 수도 있기 때문이다.

감기는 면역력이 약해졌을 때 우리 몸에 바이러스가 들어와 걸리는 것이다. 그리고 우리 몸은 우리가 의식하지 않아도 항상 몸의 상태를 일정하게 유지하려고 노력한다. 그러니 감기에 걸렸을 때는 따뜻한 물을 마시고 충분히 쉬면서 몸을 편안하게 해 주자. 바이러스와 싸워 이길 수 있도록 말이다.

---

1 문단
핵심어 :
중심 문장에 밑줄 치세요.

2 문단
핵심어 :
중심 문장에 밑줄 치세요.

3 문단
핵심어 :
중심 문장에 밑줄 치세요.

4 문단
핵심어 :
중심 문장에 밑줄 치세요.

일정하다 : 어떤 것의 크기, 모양, 범위, 시간 따위가 하나로 정하여져 있다.
유지하다 : 어떤 상태나 상황을 그대로 보존하거나 변함없이 계속하여 지탱하다.
호르몬 : 동물의 몸속을 순환하여, 다른 기관이나 조직의 작용을 북돋거나, 작용하지 못하게 하는 물질
면역 : 몸속에 들어온, 병의 원인이 되는 미생물과 싸울 항체를 생산하여 병의 원인이 되는 미생물을 죽여서 다음에는 그 병에 걸리지 않도록 된 상태. 또는 그런 작용
조절하다 : 균형이 맞게 바로잡다. 적당하게 맞추어 나가다.
급격하다 : 변화의 움직임 따위가 급하고 격렬하다.

---

01 [핵심어]
다음은 윗글의 핵심 내용을 정리한 것이다. 빈칸에 들어가기에 적절한 말을 쓰시오.

> 외부 환경이 변하더라도 우리 몸의 상태가 큰 변화 없이 일정하게 유지되는 것을 (   )(이)라고 한다.

02 [중심 문장]
2문단의 중심 문장으로 가장 적절한 것은?

① 그런데 이 바이러스들은 높은 온도에 약하다.
② 그래서 우리 몸은 감기 바이러스가 몸에 들어오면 스스로를 보호하기 위해 체온을 높여 바이러스의 수가 늘어나는 것을 막는다.

STEP Ⅰ 핵심어 찾기, 중심 문장 찾기

글의 내용을 이해하려면 첫 번째로 핵심어와 중심 문장을 찾아야 합니다. 보통 글에 가장 많이 등장하고, 중심이 되는 것이 '핵심어'입니다.

'중심 문장'이란 문단 또는 글 전체의 핵심 내용이 들어 있는 문장으로, 대개 문단의 처음이나 끝에 제시되는 경우가 많습니다. 만약 중심 문장이 구체적으로 드러나 있지 않다면 문단의 핵심어를 찾고 그 핵심어에 대한 글쓴이의 생각이나 태도를 파악하여 문장을 새로 구성해야 해요.

'핵심어'와 '중심 문장'을 찾으면 문단에서 이야기하고자 하는 내용을 쉽게 파악할 수 있습니다.

1문단

우리 몸이 체온과 같은 몸의 상태를 유지하는 것을 항상성이라고 한다고 설명하고 있어요. 가장 중심이 되는 말이 항상성이므로 1문단의 핵심어는 '항상성'입니다. 1문단의 핵심 내용은 우리 몸에 항상성이 있다는 것이므로, 이 내용을 포함하고 있는 중심 문장은 '우리 몸은 외부의 기온이 변하거나 먹는 음식이 달라져도 체온과 같은 몸의 상태를 일정하게 유지한다.'입니다.

2문단

주로 등장하는 말은 바로 감기 바이러스이므로 2문단의 핵심어는 '감기 바이러스'입니다. 감기 바이러스가 높은 온도에 약하기 때문에 몸에 감기 바이러스가 들어오면 체온을 높여 바이러스를 막는다는 것이 2문단의 핵심 내용이므로, 중심 문장은 '그래서 우리 몸은 감기 바이러스가 몸에 들어오면 스스로를 보호하기 위해 체온을 높여 바이러스의 수가 늘어나는 것을 막는다.'입니다.

3문단

감기에 걸려서 열이 나도 추위를 느끼는 이유는 간뇌의 작용 때문이라고 설명하고 있습니다. 가장 중심이 되는 말이 간뇌이므로 3문단의 핵심어는 '간뇌'입니다. 간뇌가 작용하기 때문에 열이 나도 춥고 몸이 떨린다는 것이 3문단의 핵심 내용이므로 중심 문장은 '그렇다면 감기에 걸려 몸에서 열이 나는데도 왜 춥고 몸이 떨리는 것일까? 그 이유는 간뇌의 작용 때문이다.'입니다.

4문단

가장 중심이 되는 것이 핵심어이므로, 4문단의 핵심어는 '감기'입니다. 4문단의 핵심 내용은 항상성을 유지하려고 노력하는 우리 몸을 위해 감기에 걸렸을 때는 푹 쉬어야 한다는 것이므로, 중심 문장은 '그러니 감기에 걸렸을 때는 따뜻한 물을 마시고 충분히 쉬면서 몸을 편안하게 해 주자.'입니다.

❋ 이 글의 문단별 핵심어를 정리하면 '항상성', '감기 바이러스', '간뇌', '감기'입니다. 이 중 가장 중심이 되는 말이 '항상성'이므로 이 글 전체의 핵심어는 '항상성'입니다.

❋ 이 글의 핵심 내용은 우리의 몸은 항상성을 유지하려고 하기 때문에 간뇌가 작용하고, 이 때문에 감기에 걸렸을 때 몸에 열이 나도 춥고 떨린다는 것이므로 이 글 전체의 중심 문장은 '그렇다면 감기에 걸려 몸에서 열이 나는데도 왜 춥고 몸이 떨리는 것일까? 그 이유는 간뇌의 작용 때문이다.'입니다.

내가 살을 빼고 싶은 이유

2016년 서울시에서 발표한 '서울시 여성과 남성 건강 실태 분석'에 따르면, 정상 체중인 여자 청소년 가운데 절반이 자신을 뚱뚱하다고 생각한다고 한다. 이에 비해 남자 청소년 중 자신을 뚱뚱하다고 생각하는 사람은 약 30% 정도라고 한다. 그런데 비만율 조사 결과 비만인 남학생의 비율은 13.7%로, 6.6%를 기록한 비만인 여학생의 비율보다 2배가 넘는 수치로 나타났다.

이러한 인식을 증명하듯, 우리나라 청소년 10명 중 1명은 지나친 식단 조절로 섭식 장애를 앓고 있다고 한다. 섭식 장애란, 자기 스스로 살이 쪘다고 느껴 식사 후 죄책감을 느껴 구토하고 싶어 하거나, 아예 음식물을 섭취하지 않는 것을 의미한다. 많은 수의 청소년들이 자신이 살이 쪘다고 생각하며, 체중 감량을 위해 식단 조절을 하고 있는데, 이는 여자 청소년에게서 더욱 심하게 나타난다.

그런데 왜 청소년들은 자신이 비만이 아닌데도 자신을 뚱뚱하다고 생각하고 다이어트를 하는 것일까? 그리고 이러한 인식이 여자 청소년들에게서 더 많이 보이는 이유는 무엇일까? 다양한 원인이 있겠지만, 미디어의 영향을 무시할 수는 없다. TV 등의 미디어에서는 마른 체형의 연예인들을 긍정적으로 표현하고, 다소 체격이 있는 사람을 우스꽝스럽게 표현하는 경우가 많다. 특히 여성 연예인에 대한 잣대는 더욱 엄격하다. 청소년들이 이러한 내용을 계속 접하게 되면서 마르고 여윈 몸을 긍정적으로 보고, 그렇지 않은 몸에 대해서는 부정적으로 보는 편견을 갖게 되는 것이다.

그러므로 만약 지금 체중 감량을 위해 식단 조절을 하고 있거나, 살을 빼고 싶다는 생각이 든다면 다시 생각해 보자. 내가 살을 빼고 싶은 이유가 나의 건강 때문인지, 아니면 미디어의 영향 때문인지 말이다. 미디어에서 전하는 내용을 비판적으로 바라볼 때이다.

1 문단
핵심어 :
중심 문장에 밑줄 치세요.

2 문단
핵심어 :
중심 문장에 밑줄 치세요.

3 문단
핵심어 :
중심 문장에 밑줄 치세요.

4 문단
핵심어 :
중심 문장에 밑줄 치세요.

비율 : 다른 수나 양에 대한 어떤 수나 양의 비
인식 : 사물을 분별하고 판단하여 앎.
죄책감 : 저지른 잘못에 대하여 책임을 느끼는 마음
감량 : 수량이나 무게를 줄임.
잣대 : 어떤 현상이나 문제를 판단하는 데 의거하는 기준을 비유적으로 이르는 말
비판적 : 현상이나 사물의 옳고 그름을 판단하여 밝히거나 잘못된 점을 지적하는 것

[핵심어]
03 다음은 윗글의 핵심 내용을 정리한 것이다. 빈칸에 들어가기에 적절한 말을 쓰시오.

> 비만이 아닌 청소년들이 다이어트를 하는 이유에는 (   )의 영향을 무시할 수 없다.

[중심 문장]

04 2문단의 중심 문장으로 가장 적절한 것은?

① 이러한 인식을 증명하듯, 우리나라 청소년 10명 중 1명은 지나친 식단 조절로 섭식 장애를 앓고 있다고 한다.

② 많은 수의 청소년들이 자신이 살이 쪘다고 생각하며, 체중 감량을 위해 식단 조절을 하고 있는데, 이는 여자 청소년에게서 더욱 심하게 나타난다.

05 윗글의 내용을 고려하여 빈칸에 들어가기에 적절한 말을 쓰시오.

> 청소년들이 자신이 비만이 아닌데도 자신을 뚱뚱하다고 생각하고 다이어트를 하게 되는 이유에는 미디어의 영향이 크다. 따라서 미디어에서 전하는 내용을 받아들일 때에는 이를 (   )(으)로 바라보아야 한다.

05
이 지문에서는 청소년들이 다이어트를 하게 되는 이유가 미디어의 영향 때문이라고 이야기하고 있어요. 4문단에서 미디어에서 전하는 내용을 어떻게 보아야 할 것인지에 대해 언급하고 있네요.

06 윗글의 내용으로 적절하지 않은 것은?

① 많은 청소년들이 체중 감량을 위해 식단을 조절하고 있다.

② 지나친 식단 조절로 섭식 장애를 앓고 있는 청소년도 있다.

③ 비만인 남학생의 비율은 비만인 여학생의 비율과 거의 같다.

④ 정상 체중임에도 자신이 뚱뚱하다고 생각하는 여자 청소년이 남자 청소년보다 많다.

⑤ TV와 같은 미디어에서 마른 체형은 긍정적으로, 그렇지 않은 체형은 부정적으로 묘사하는 경우가 많다.

06
1문단과 2문단에서 통계 조사 결과 등을 제시하고 있네요. 또 3문단에서는 많은 청소년들이 다이어트를 하는 이유가 미디어의 영향일 수 있다는 글쓴이의 생각을 드러내고 있어요. 1~3문단의 내용을 중심으로 적절하지 않은 선택지를 골라볼까요?

07 글쓴이가 윗글을 통해 궁극적으로 말하고자 하는 바로 가장 적절한 것은?

① 지나친 식단 조절은 섭식 장애를 유발한다.

② 다이어트를 할 때에는 운동을 꼭 해야 한다.

③ 함부로 다른 사람의 신체를 평가해서는 안 된다.

④ 미디어가 전하는 내용에 대해 비판적인 시각을 가져야 한다.

⑤ 미디어에서 전하는 내용은 모두가 진실이므로 그대로 믿어야 한다.

07
글을 읽고 글쓴이가 무엇을 말하고자 하는지 파악하는 것은 글의 주제를 파악하는 것과 같습니다. 글쓴이가 여러분에게 전하고 싶은 말이 무엇일지를 생각해 보세요.

미디어 : 어떤 작용을 한쪽에서 다른 쪽으로 전달하는 역할을 하는 것. 어떤 사실이나 정보를 담아서 보내는 역할을 하는 것
조절하다 : 균형이 맞게 바로잡다. 또는 적당하게 맞추어 나가다.
묘사하다 : 어떤 대상이나 사물, 현상 따위를 언어로 서술하거나 그림을 그려서 표현하다.
유발하다 : 어떤 것이 다른 일을 일어나게 하다.

★ 정답은 [해설편 표지] 안쪽에 있습니다.

* [01~04] 다음에서 설명하고 있는 단어를 아래에서 찾아 쓰시오.

일	정	도	시
기	호	르	몬
잣	대	매	율
택	사	비	몰

01 동물의 몸속을 순환하여, 다른 기관이나 조직의 작용을 북돋거나, 작용하지 못하게 하는 물질을 통틀어 이르는 말 (   )

02 어떤 현상이나 문제를 판단하는 데 의거하는 기준을 비유적으로 이르는 말 (   )

03 어떤 것의 크기, 모양, 범위, 시간 따위가 하나로 정하여져 있다. (   )하다

04 다른 수나 양에 대한 어떤 수나 양의 비 (   )

* [05~07] 문맥을 고려하여 밑줄 친 단어의 뜻과 가장 가까운 것을 고르시오.

05
> 십 대에는 신체적, 심리적으로 <u>급격한</u> 변화를 겪는다.

① 느리다   ② 급하다   ③ 애매하다

06
> 그는 에어컨의 온도를 적당하게 <u>조절했다</u>.

① 맞추다   ② 보관하다   ③ 유지하다

07
> 건강을 <u>유지하기</u> 위해서는 규칙적으로 운동을 해야 한다.

① 내버리다   ② 지키다   ③ 쓰다

* [08~10] 다음 단어와 그 뜻풀이를 바르게 연결하시오.

08 인식 •

    • ㉠ 어떤 대상이나 사물, 현상 따위를 언어로 서술하거나 그림을 그려서 표현하다.

09 면역 •

    • ㉡ 사물을 분별하고 판단하여 앎.

10 묘사하다 •

    • ㉢ 몸속에 들어온, 병의 원인이 되는 미생물과 싸울 항체를 생산하여 병의 원인이 되는 미생물을 죽여서 다음에는 그 병에 걸리지 않도록 된 상태, 또는 그런 작용

* [11~14] 〈보기〉에 제시된 초성과 뜻풀이를 참고하여 빈칸에 들어가기에 알맞은 단어를 쓰시오.

〈보기〉
- ㄱㄹ : 수량이나 무게를 줄임.
- ㅁㄷㅇ : 어떤 작용을 한 쪽에서 다른 쪽으로 전달하는 역할을 하는 것
- ㅈㅊㄱ : 저지른 잘못에 대하여 책임을 느끼는 마음
- ㅂㅍㅈ : 현상이나 사물의 옳고 그름을 판단하여 밝히거나 잘못된 점을 지적하는 것

11 스마트폰은 가장 대표적인 정보 통신 (   )(이)다.

12 친구가 도움을 요청한 것을 어쩔 수 없이 거절하게 된 그는 평생을 (   )을/를 느끼며 살아야만 했다.

13 권투 선수는 체중 (   )에 실패하고 말았다.

14 우리가 인터넷 누리집을 돌아다니다가 많이 보게 되는 광고는 무조건 믿지 말고 (   )(으)로 받아들여야 한다.

✱ 날씨가 추우면 감기에 걸린다?

많은 사람들이 날씨가 추워지면 감기에 걸린다고 생각합니다. 그래서 겨울만 되면 "감기 조심하세요!" 등의 인사말을 건네곤 하죠. 하지만 진짜 날씨가 추워진다고 감기에 걸리는 것일까요?

사실은 그렇지 않습니다. 날씨가 추워서 감기에 걸리는 것이라면, 더운 여름에는 감기 환자가 없어야 하는데, 한여름에 우리는 감기에 걸리기도 하니까요. 감기는 날씨가 추워져서가 아니라, 우리 몸속에 들어오는 감기 바이러스를 이기지 못할 때 걸리는 것입니다.

그렇다면 감기에 걸리지 않기 위해서는 어떻게 해야 할까요? 우리 몸의 면역 기능을 높여주어야 합니다. 여기에서의 면역은 우리의 건강을 위협하는 외부의 여러 바이러스들로부터 우리를 보호해주는 기능을 말합니다. 면역 기능을 높이려면 외출 후에는 손발을 깨끗이 씻어야 합니다. 그리고 잠을 충분히 자는 등 휴식을 적절히 취하고, 맛있는 음식을 먹으며 영양분을 골고루 섭취해야 합니다.

재미없는 경기, 끝까지 보고 나와야 할까?

DAY 02 사회

시험이 끝난 주말, 호철이는 윤서와 치킨에 콜라까지 사서 야구장에 갔다. 그런데 생각보다 재미가 없다. 아직 2회 말인데 응원하는 팀이 7점이나 지고 있자, 윤서는 경기를 그만 보고 PC방에 가자고 한다. 이런 상황에서 어떻게 하는 것이 좋은 선택일까? 호철이는 이미 지불한 표 값과 치킨 값이 아까워 고민하다가 결국 경기를 끝까지 보기로 했다. 과연 호철이는 합리적인 선택을 한 것일까?

시간이 충분하거나 용돈이 많다면 호철이는 고민을 할 필요가 없을 것이다. 하지만 시간, 용돈이 정해져 있기 때문에 우리는 무언가를 포기해야 한다. 이처럼 어떤 것을 선택함으로써 포기하게 되는 것들 중 가장 가치가 큰 것을 경제학에서는 '기회비용'이라고 한다. 그리고 가장 적은 비용으로 가장 큰 만족감을 얻는 선택을 '합리적 선택'이라고 한다.

이를 테면 분식집에서 2,000원으로 음식을 사먹으려고 할 때, 라면을 선택했을 때의 만족감이 가장 크고 그 다음이 김밥, 떡볶이 순서라고 하자. 떡볶이나 김밥을 선택할 때의 기회비용은 라면을 먹었을 때의 만족감이고, 라면을 선택할 때의 기회비용은 김밥을 먹었을 때의 만족감이다. 그러므로 라면을 선택하는 것이 기회비용을 가장 적게 만드는 합리적 선택이다.

그런데 일단 돈을 내면 그 돈은 다시 돌려받을 수 없다. 이것을 '매몰 비용'이라고 한다. 매몰 비용은 돌려받을 수 없기 때문에 어떤 결정을 할 때에는 매몰 비용은 고려하지 않는 것이 현명하다. 표 값과 치킨 값이 아까워 경기를 끝까지 보는 것은 경제학적인 관점에서 보면 합리적이지 못한 것이다.

이미 엎질러진 물은 다시 주워 담을 수 없다. 앞으로는 경기가 재미없다면, 끝까지 보지 말고 그 자리를 벗어나 다른 즐거운 일을 하도록 하자. 기회비용은 고려하고 매몰 비용은 고려하지 않는 것, 그것이 합리적인 선택이니 말이다.

---

1 문단
핵심어 :
중심 문장에 밑줄 치세요.

2 문단
핵심어 :
중심 문장에 밑줄 치세요.

3 문단
핵심어 :
중심 문장에 밑줄 치세요.

4 문단
핵심어 :
중심 문장에 밑줄 치세요.

5 문단
핵심어 :
중심 문장에 밑줄 치세요.

선택 : 여럿 가운데서 필요한 것을 골라 뽑음.
지불하다 : 돈을 내어 주다. 또는 값을 치르다.
합리적 : 이론이나 이치에 합당한. 또는 그런 것
포기하다 : 하려던 일을 도중에 그만두어 버리다.
경제학 : 경제 현상을 분석하고 연구하는 학문
비용 : 어떤 일을 하는 데 드는 돈
매몰 : 보이지 아니하게 파묻히거나 파묻음.
고려하다 : 생각하고 헤아려 보다.
현명하다 : 어질고 슬기로워 사리에 밝다.

[핵심어]

01 다음은 윗글의 핵심 내용을 정리한 것이다. 빈칸에 들어가기에 적절한 말을 쓰시오.

> 어떤 것을 선택함으로써 포기하게 되는 것들 중 가장 가치가 큰 것을 (   )(이)라고 한다.

[중심 문장]

02 4문단의 중심 문장으로 가장 적절한 것은?

① 이것을 '매몰 비용'이라고 한다.
② 매몰 비용은 돌려받을 수 없기 때문에 어떤 결정을 할 때에는 매몰 비용은 고려하지 않는 것이 현명하다.

STEP **I** 핵심어 찾기, 중심 문장 찾기

1문단

야구장에 간 호철이의 예를 들고, 호철이가 경기를 끝까지 본 것이 합리적인 선택인지를 묻고 있어요. 가장 중심이 되는 말이 합리적인 선택이므로 1문단의 핵심어는 '합리적인 선택'입니다. 1문단의 핵심 내용은 호철이의 선택이 합리적인지를 묻는 것이므로, 이 내용을 포함하고 있는 중심 문장은 '과연 호철이는 합리적인 선택을 한 것일까?'입니다.

2문단

가장 중심이 되는 말은 기회비용과 합리적 선택이므로 2문단의 핵심어는 '기회비용', '합리적 선택'입니다. 기회비용과 합리적 선택이 무엇인지에 대해 설명하는 것이 2문단의 핵심 내용이므로, 중심 문장은 '어떤 것을 선택함으로써 ~ '합리적 선택'이라고 한다.'입니다.

3문단

분식집에서의 예를 들어 기회비용과 합리적 선택에 대해 설명하고 있습니다. 중심이 되는 말이 기회비용과 합리적 선택이므로 3문단의 핵심어는 '기회비용', '합리적 선택'입니다. 기회비용을 가장 적게 만드는 것이 합리적 선택이라는 것이 3문단의 핵심 내용이므로 3문단의 중심 문장은 '그러므로 라면을 선택하는 것이 기회비용을 가장 적게 만드는 합리적 선택이다.'입니다.

4문단

매몰 비용에 대해 설명하면서 호철이는 합리적 선택을 한 것이 아니었다고 이야기하고 있어요. 가장 많이 나오고 중심이 되는 말이 매몰 비용이므로, 4문단의 핵심어는 '매몰 비용'입니다. 이 문단의 핵심 내용은 합리적 선택을 하려면 매몰 비용은 고려하지 않아야 한다는 것이므로, 중심 문장은 '매몰 비용은 돌려받을 수 없기 때문에 어떤 결정을 할 때에는 매몰 비용은 고려하지 않는 것이 현명하다.'입니다.

5문단

합리적 선택에 대해 이야기하고 있으므로, 중심이 되는 5문단의 핵심어는 '합리적인 선택'입니다. 1문단의 질문에 대한 답을 하고 있는 5문단의 중심 문장은 '기회비용은 고려하고 매몰 비용은 고려하지 않는 것, 그것이 합리적인 선택이니 말이다.'입니다.

✻ 이 글의 문단별 핵심어를 정리하면 '합리적인 선택', '기회비용', '매몰 비용'입니다. 가장 많이 등장하면서 중심이 되는 말이 합리적 선택이므로 이 글 전체의 핵심어는 '합리적인 선택'입니다.

✻ 이 글의 핵심 내용은 합리적인 선택을 하기 위해서는 매몰 비용을 고려하지 말고 기회비용을 고려해야 한다는 것이므로, 이 글 전체의 중심 문장은 '기회비용은 고려하고 매몰 비용은 고려하지 않는 것, 그것이 합리적인 선택이니 말이다.'입니다.

아메리카노의 의미

한 조사에 따르면 우리나라의 커피 시장 규모는 11조원 정도이고, 1년 간 한 사람이 소비하는 커피의 양만해도 512잔에 달한다고 한다. 카페뿐만 아니라, 편의점과 길거리에 이르기까지 우리가 가장 쉽게 접할 수 있는 음료가 바로 커피이다. 그 중에서도 사람들이 많이 찾는 커피는 단연 에스프레소에 물을 부어 연하게 만든 아메리카노일 것이다. 그런데 왜 사람들은 이 연한 커피에 아메리카노라는 이름을 붙인 것일까?

그 이유에 대해 답을 하자면 제2차 세계대전으로 거슬러 올라가야 한다. 제2차 세계대전 때 이탈리아에 상륙한 미군들은 이탈리아 사람들이 주로 마시던 에스프레소 커피가 너무 진해서 마시기 부담스러웠다. 그래서 물을 타서 연하게 마시기 시작했다. 그것을 본 이탈리아 사람들은 이러한 모습이 무척이나 낯설게 느껴졌고, 미국인들이 마시는 커피라는 의미에서 에스프레소에 물을 탄 커피를 아메리카노라고 부르기 시작했다.

그렇다면 미국인들은 왜 커피를 연하게 마셨던 것일까? 이것은 보스턴 차 사건과 관련이 있다. 보스턴 차 사건이란, 1773년 12월 16일, 미국인들이 보스턴 항구에 정박해 있던 동인도 회사의 배에 실린 차 상자를 모두 바다에 던져 버린 사건을 말한다. 당시 미국인들은 매일 홍차를 마셨기 때문에 홍차의 수요가 매우 많았다. 그런데 영국 정부가 홍차에 세금을 많이 부과했을 뿐만 아니라, 영국인들이 차지하고 있는 동인도 회사에 차 무역 독점권을 주고, 미국의 차 수입을 막았다. 이에 화가 난 미국인들이 그와 같은 일을 벌인 것이다. 이 사건을 계기로 매일 홍차를 마시던 미국인들은 홍차 대신 커피를 마시기 시작했다. 홍차 대신 커피를 마신 것이기 때문에 커피를 홍차처럼 연하게 마시게 된 것이다.

정리하자면 우리가 자주 접하는 아메리카노의 아메리카(America)는 영어로 미국을 뜻하고, 노(no)는 이탈리아어로 '~처럼'을 뜻한다. 즉 아메리카노는 '㉠미국인처럼 마시는 커피'를 의미한다. 이제 길거리에서 아메리카노라는 이름을 보면 아메리카노에 얽힌 이야기를 떠올려 보는 것은 어떨까?

1 문단
핵심어 :
중심 문장에 밑줄 치세요.

2 문단
핵심어 :
중심 문장에 밑줄 치세요.

3 문단
핵심어 :
중심 문장에 밑줄 치세요.

4 문단
핵심어 :
중심 문장에 밑줄 치세요.

규모 : 씀씀이의 계획성이나 일정한 한도
소비하다 : 돈이나 물자, 시간, 노력 따위를 들이거나 써서 없애다.
접하다 : 가까이 대하다.
상륙하다 : 배에서 육지로 오르다.
수요 : 어떤 재화나 용역을 일정한 가격으로 사려고 하는 욕구
차지하다 : 사물이나 공간, 지위 따위를 자기 몫으로 가지다.
독점권 : 개인이나 하나의 단체가 다른 경쟁자를 배제하고 시장을 지배하여 이익을 독차지하는 경제적 권한

[핵심어]

03 다음은 윗글의 핵심 내용을 정리한 것이다. 빈칸에 들어가기에 적절한 말을 쓰시오.

> 아메리카노의 '아메리카(America)'는 영어로 미국을, 노(no)는 이탈리아어로 '~처럼'을 뜻한다. 즉 아메리카노는 '(   )처럼 마시는 커피'를 의미한다.

[중심 문장]

04 1문단의 중심 문장으로 가장 적절한 것은?

① 한 조사에 따르면 우리나라의 커피 시장 규모는 11조원 정도이고, 1년 간 한 사람이 소비하는 커피의 양만해도 512잔에 달한다고 한다.

② 그 중에서도 사람들이 많이 찾는 커피는 단연 에스프레소에 물을 부어 연하게 만든 아메리카노일 것이다.

③ 그런데 왜 사람들은 이 연한 커피에 아메리카노라는 이름을 붙인 것일까?

05 윗글에 대한 설명으로 적절하지 <u>않은</u> 것은?

① 구체적인 조사 결과를 제시하고 있다.

② 서로 반대되는 학자들의 의견을 소개하고 있다.

③ 질문을 던지고 이에 답하면서 내용을 전개하고 있다.

④ 중심 화제와 관련된 역사적인 사건을 이야기하고 있다.

⑤ 일상생활에서의 예를 들어 읽는 사람의 흥미를 유발하고 있다.

05
이 지문에서는 아메리카노가 왜 아메리카노가 되었는지에 대해 이야기하고 있어요. 어떠한 방식으로 글이 전개되고 있는지 생각해 보세요.

06 윗글의 내용을 고려하여 다음을 시간 순서대로 배열하시오.

> ㄱ. 미군들이 에스프레소가 진해서 물을 타서 마시기 시작함.
> ㄴ. 미국인들이 매일 홍차 대신 연한 커피를 마시게 됨.
> ㄷ. 영국 정부가 미국인들이 수입하는 홍차에 세금을 많이 부과함.
> ㄹ. 에스프레소에 물을 탄 커피를 아메리카노라고 부르게 됨.

(   ) → (   ) → (   ) → (   )

06
아메리카노가 아메리카노라고 불리게 된 이유에 대해 설명하면서 제2차 세계대전과 보스턴 차 사건이라는 두 가지 사건을 이야기하고 있어요. 각각의 사건이 어떤 영향을 주었는지 생각하며 ㄱ~ㄹ을 순서대로 배열해 보세요.

07 ㉠이 의미하는 바로 가장 적절한 것은?

① 미국에서만 마시는

② 우유와 함께 마시는

③ 영국 사람들이 만든

④ 물을 섞어 연하게 마시는

⑤ 얼음을 넣어 시원하게 마시는

07
글의 흐름을 고려하여 미국인처럼 커피를 마신다는 것이 무엇을 의미하는지 생각해 볼까요?

구체적 : 실제적이고 세밀한 부분까지 담고 있는 것
전개하다 : 내용을 진전시켜 펴 나가다.
유발하다 : 어떤 것이 다른 일을 일어나게 하다.
배열하다 : 일정한 차례나 간격에 따라 벌여 놓다.

★ 정답은 [해설편 표지] 안쪽에 있습니다.

* [01~03] 제시된 글자들을 조합하여 다음 뜻풀이에 해당하는 단어를 쓰시오.

선	감	모	매
율	규	몰	택

01 보이지 아니하게 파묻히거나 파묻음. (   )

02 씀씀이의 계획성이나 일정한 한도 (   )

03 여럿 가운데서 필요한 것을 골라 뽑음. (   )

* [04~07] 〈보기〉에 제시된 초성과 뜻풀이를 참고하여 빈칸에 들어가기에 알맞은 단어를 쓰시오.

〈보기〉
- ㄱㄹ하다 : 생각하고 헤아려 보다.
- ㅎㅁ하다 : 어질고 슬기로워 사리에 밝다.
- ㅍㄱ하다 : 하려던 일을 도중에 그만두어 버리다.
- ㅂㅇ : 어떤 일을 하는 데 드는 돈

04 진로를 계획할 때는 자신이 처한 상황을 현실적으로 (   )하는 것도 중요하다.

05 불미스러운 사고로 그는 대회 출전을 (   )할 수밖에 없었다.

06 자전거를 사는 데 생각보다 큰 (   )이/가 들어서 지연이는 부담을 느꼈다.

07 아무쪼록 신중하게 고민해서 (   )한 판단을 내리길 바란다.

* [08~09] 제시된 초성과 뜻풀이를 참고하여 다음 문장의 빈칸에 들어가기에 알맞은 단어를 쓰시오.

08 ㅅㅇ : 어떤 재화나 용역을 일정한 가격으로 사려고 하는 욕구
예 새로 만든 빵이 예상했던 것보다 (   )이/가 많으니 내일부터는 그 빵을 더 많이 만들어야겠어.

09 ㄷㅈㄱ : 개인이나 하나의 단체가 다른 경쟁자를 배제하고 시장을 지배하여 이익을 독차지하는 경제적 권한
예 그는 학교 앞 떡볶이 판매의 (   )을/를 얻게 되었다.

* [10~14] 다음 단어와 그 뜻풀이를 바르게 연결하시오.

10 접하다 ·   · ㉠ 가까이 대하다.

11 구체적 ·   · ㉡ 실제적이고 세밀한 부분까지 담고 있는 것

12 상륙하다 ·   · ㉢ 배에서 육지로 오르다.

13 배열하다 ·   · ㉣ 돈이나 물자, 시간, 노력 따위를 들이거나 써서 없애다.

14 소비하다 ·   · ㉤ 일정한 차례나 간격에 따라 벌여 놓다.

✱ 커피를 제일 처음 발견한 사람

coffee_1794

✩ 31,930명이 공감합니다.
오늘은 커피 원두를 보러 왔다. 늘 검게 볶아진 것만 보았는데 이렇게
가지에 매달려 있다니, 너무 신기해!!
#커피#커피콩#원두#신기해#커피콩은_빨갛다#빨간커피#신기신기

커피는 누가 가장 먼저 발견했을까요? 6~7세기경 아프리카 대륙 북동부에 있는 에티오피
아의 '칼디'라는 이름의 목동이 커피를 가장 먼저 발견했다고 해요. 칼디는 염소들이 빨간 열
매를 따 먹고 흥분하여 뛰어다니는 광경을 보았어요. 그래서 자신도 이 열매를 먹어보게 되
었고, 머리가 맑아지고 기분이 상쾌해지는 느낌을 받게 되었죠. 그는 이 사실을 이슬람 사원
의 수도승에게 알렸고, 이후 이 빨간 열매는 기분이 좋아지고 졸음을 방지해 주는 신비의 열
매로 알려지면서 여러 사원으로 퍼져 나갔어요.

시간이 지나면서 신기한 빨간 열매에 관한 소
문은 예멘이라는 나라에까지 흘러 들어 갔어요.
예멘에서는 이 빨간 열매가 엄청난 인기를 끌게
되었고, 농장에서 본격적으로 커피 나무를 재배
하기 시작했어요. 여러분에게도 익숙한 '모카 커
피'라는 이름은 예멘의 수출 항구인 '모카 항'의
이름을 따온 것이라고 해요!

모두를 위한 디자인

과거 참치 캔 뚜껑을 딸 때 뚜껑이 딱딱하여 잘 열리지 않고, 날카로운 가장자리 때문에 어려움을 겪었던 적이 있을 것이다. 하지만 요즘 만들어지는 참치 캔은 뚜껑이 호일로 되어 있어 쉽게 열 수 있고 손을 다칠 위험도 줄어들었다. 이처럼 많은 사람들이 더 편리하게 이용할 수 있도록 설계된 제품들에 적용된 디자인을 '유니버설 디자인'이라고 한다.

'유니버설 디자인'이란 사람들이 어떤 제품, 시설, 서비스 등을 이용할 때 성별, 나이, 언어, 장애의 유무에 상관없이 모든 사람이 무리 없이 이용할 수 있도록 설계하는 것이다. 그래서 '모든 사람을 위한 디자인(Design For All)', '범용(汎用) 디자인'이라고도 부른다. 이 용어는 미국의 건축가 로널드 메이스가 처음 만들었다고 한다.

유니버설 디자인에는 몇 가지 원칙이 있다. 첫 번째는 공평한 사용으로, 누구든지 편리하게 사용할 수 있어야 한다는 것이다. 두 번째는 사용의 융통성으로 다양한 사람들의 능력과 선호를 수용할 수 있어야 한다는 것이다. 양손 모두 쓸 수 있는 가위가 그 예이다. 세 번째는 사용자의 지식이나 경험과 관계없이 누구나 쉽게 사용법을 이해할 수 있어야 한다는 것이다. 그 외에도 사용자가 원하는 정보를 쉽게 전달할 것, 예상치 못한 상황에서 위험을 최소화할 것, 적은 힘으로도 쉽게 이용할 수 있도록 할 것 등이 있다. 요즘 판매되는 참치 캔도 이러한 원칙을 반영한 것이다. 적은 힘으로도 열 수 있고, 손을 다칠 위험도 줄었기 때문에 어린아이나 노인도 좀 더 편리하게 이용할 수 있게 되었다.

우리 주변에 유니버설 디자인이 적용된 사례는 또 있다. 신호등 옆에서 남은 시간을 알려주는 화살표들은 숫자를 모르는 사람들도 남은 시간을 쉽게 이해하여 안전하게 길을 건널 수 있도록 도와준다. 그리고 ㉠지하철에 있는 길이가 다른 손잡이도 키가 작은 사람과 큰 사람 모두 편리하게 이용할 수 있도록 설계된 것이다.

그동안 대부분의 제품들은 사용자들의 평균에 따라 만들어졌다. 이 때문에 사회가 정한 평균에서 벗어난 사람들은 불편함을 감수해야만 했다. 하지만 유니버설 디자인은 설계할 때부터 다양한 사용자를 고려하였고, 그 결과 훨씬 더 많은 사람들이 편리하게 생활할 수 있게 되었다. 많은 사람들이 행복하고 건강하게 살 수 있도록 도와주는 유니버설 디자인에 좀 더 관심을 가져보자.

[핵심어]

01 다음은 윗글의 핵심 내용을 정리한 것이다. 빈칸에 들어가기에 적절한 말을 쓰시오.

> 모든 사람이 어떤 제품, 시설, 서비스 등을 무리 없이 이용할 수 있도록 설계하는 것을 (   )(이)라고 한다.

---

1 문단
핵심어 :
중심 문장에 밑줄 치세요.

2 문단
핵심어 :
중심 문장에 밑줄 치세요.

3 문단
핵심어 :
중심 문장에 밑줄 치세요.

4 문단
핵심어 :
중심 문장에 밑줄 치세요.

5 문단
핵심어 :
중심 문장에 밑줄 치세요.

범용 : 여러 분야나 용도로 널리 쓰이는 것
공평하다 : 어느 쪽으로도 치우치지 않고 고르다.
융통성 : 그때그때의 사정과 형편을 보아 일을 처리하는 재주. 또는 일의 형편에 따라 적절하게 처리하는 재주
선호 : 여럿 가운데서 특별히 가려서 좋아함.
수용하다 : 어떠한 것을 받아들이다.
감수하다 : 책망이나 괴로움 따위를 달갑게 받아들이다.

[중심 문장]

02 1문단의 중심 문장으로 가장 적절한 것은?

① 과거 참치 캔 뚜껑을 딸 때 뚜껑이 딱딱하여 잘 열리지 않고, 날카로운 가장자리 때문에 어려움을 겪었던 적이 있을 것이다.

② 하지만 요즘 만들어지는 참치 캔은 뚜껑이 호일로 되어 있어 쉽게 열 수 있고 손을 다칠 위험도 줄어들었다.

③ 이처럼 많은 사람들이 더 편리하게 이용할 수 있도록 설계된 제품들에 적용된 디자인을 '유니버설 디자인'이라고 한다.

03 윗글을 읽고 답할 수 있는 질문으로 적절하지 <u>않은</u> 것은?

① 유니버설 디자인이란 무엇인가?
② 유니버설 디자인의 문제점은 무엇인가?
③ 유니버설 디자인의 원칙에는 무엇이 있는가?
④ 유니버설 디자인이 적용된 물건에는 무엇이 있는가?
⑤ 유니버설 디자인이라는 용어를 처음 사용한 사람은 누구인가?

03
이 지문에서는 유니버설 디자인이 무엇인지에 대해 설명하고 있어요. 지문을 꼼꼼히 읽고 알 수 없는 것을 골라 볼까요?

04 다음 중 ㉠에 적용된 유니버설 디자인의 원칙으로 가장 적절한 것은?

① 누구든지 편리하게 사용할 수 있어야 한다.
② 적은 힘으로도 쉽게 이용할 수 있어야 한다.
③ 누구나 쉽게 사용법을 이해할 수 있어야 한다.
④ 예상치 못한 상황에서의 위험을 최소화해야 한다.
⑤ 사용자가 원하는 정보를 쉽게 전달할 수 있어야 한다.

04
4문단에서는 유니버설 디자인이 적용된 사례를 설명하고 있습니다. 지하철에 있는 길이가 다른 손잡이들은 키가 작은 사람과 키 큰 사람 모두 편리하게 이용할 수 있게 디자인되었다고 한 것을 생각하며 문제를 풀어 보세요!

05 다음 중 유니버설 디자인이 적용되지 <u>않은</u> 것은?

① 양손 모두 쓸 수 있는 가위
② 오른손잡이용 컴퓨터 마우스
③ 버스에 있는 길이가 다른 손잡이
④ 호일로 되어 있어 쉽게 열 수 있는 참치 캔
⑤ 신호등 옆에서 남은 시간을 알려주는 화살표

05
주로 2문단과 3문단에서 유니버설 디자인이 적용된 예를 들고 있습니다. 2문단과 3문단에서 예로 든 물건들을 떠올려 보세요.

원칙 : 어떤 행동이나 이론 따위에서 일관되게 지켜야 하는 기본적인 규칙이나 법칙
적용되다 : 알맞게 이용되거나 맞추어져 쓰이다.
용어 : 일정 분야에서 주로 사용하는 말
최소화하다 : 가장 작게 하다.

정전이 되어도 자이로드롭은 안전하다고?

높은 곳에서 아래로 빠르게 떨어지는 놀이 기구인 자이로드롭은 약 70m 높이까지 천천히 올라갔다가 순식간에 아래로 떨어지면서 우리에게 짜릿함과 즐거움을 준다. 하지만 혹시 정전이 되면 큰 사고가 나지 않을까하는 걱정에 타는 것을 망설이게 되기도 한다. 결론부터 말하자면 자이로드롭은 정전이 되어도 안전하다. 자이로드롭에는 어떤 과학적 원리가 숨어 있는 것일까?

높은 곳에서 떨어지는 자이로드롭은 중력의 영향을 받아 떨어지는 속도가 점점 빨라지다가 지면으로부터 25m 지점부터는 브레이크가 작동한다. 그런데 이 브레이크는 전기로 작동하는 것이 아니라, 서로 같은 극의 자석이 만나면 서로 밀어내는 성질을 이용하여 작동하는 것이기 때문에 자이로드롭은 정전이 되더라도 안전하다.

조금 더 자세히 살펴보자. 우리가 자이로드롭을 타면 앉는 의자 뒤쪽에는 자석이 붙어 있고, 가운데 기둥의 아래쪽에는 구리, 아연, 주석 등으로 된 금속판이 붙어 있는데 이것이 자이로드롭의 브레이크 장치이다. 자이로드롭이 아래로 떨어지면서 속도의 변화가 생기면 의자 뒤쪽의 자석과 기둥 아래쪽의 금속판 사이의 상호작용으로 전류가 생긴다. 이로 인해 금속판은 자석의 성질을 갖게 된다. 이 때 금속판이 갖는 자석의 힘이 의자의 운동을 방해하는 방향으로 작용하게 되고, 이로 인해 자이로드롭은 속력이 줄어들면서 천천히 멈추게 된다. 이것이 자이로드롭이 멈추는 원리이다.

이처럼 자이로드롭의 브레이크는 의자 부분과 기둥 부분이 직접 접촉되지 않으면서 속력이 느려지는 방식을 사용하기 때문에 소음이 없고 접촉되는 부분이 닳아 없어지지 않는다는 장점이 있다. 자이로드롭의 브레이크가 자석의 원리로 작동하는 것을 알았으니, 이제는 정전이 되어 멈추면 어떻게 할지에 대한 걱정 없이 놀이기구를 즐겨 보자.

1 문단
핵심어 :
중심 문장에 밑줄 치세요.

2 문단
핵심어 :
중심 문장에 밑줄 치세요.

3 문단
핵심어 :
중심 문장에 밑줄 치세요.

4 문단
핵심어 :
중심 문장에 밑줄 치세요.

정전 : 오던 전기가 끊어짐.
중력 : 지구 위의 물체가 지구로부터 받는 힘
지면 : 땅의 거죽
구리 : 붉은색을 띤 금속 원소
아연 : 무르고 광택이 나는 청색을 띤 흰색의 금속 원소
주석 : 은백색의 고체 금속
전류 : 전하가 연속적으로 이동하는 현상
속력 : 속도의 크기. 또는 속도를 이루는 힘
접촉되다 : 서로 맞닿게 되다.

[핵심어]

06 다음은 윗글의 핵심 내용을 정리한 것이다. 빈칸에 들어가기에 적절한 말을 쓰시오.

> 자이로드롭의 브레이크는 전기로 작동하는 것이 아니라 서로 같은 극의 (   )이/가 만나면 밀어내는 성질을 이용하여 작동하기 때문에 정전이 되어도 안전하다.

[중심 문장]

07 1문단의 중심 문장으로 가장 적절한 것은?

① 하지만 혹시 정전이 되면 큰 사고가 나지 않을까하는 걱정에 타는 것을 망설이게 되기도 한다.
② 결론부터 말하자면 자이로드롭은 정전이 일어나도 안전하다.
③ 자이로드롭에는 어떤 과학적 원리가 숨어 있는 것일까?

08 윗글에 대한 설명으로 적절하지 <u>않은</u> 것은?

① 자이로드롭이 정전 때문에 멈춘 사례를 들고 있다.
② 자이로드롭의 브레이크의 장점을 이야기하고 있다.
③ 자이로드롭의 브레이크가 작동하는 방법을 설명하고 있다.
④ 자이로드롭의 브레이크 장치의 구성 성분을 소개하고 있다.
⑤ 자이로드롭이 정전 상황에도 안전한 이유에 대해 설명하고 있다.

08
이 지문에서는 높은 곳에서 아래로 빠르게 떨어지는 놀이기구인 자이로드롭이 떨어질 때 작동하는 브레이크의 원리와 구성 요소, 장점 등에 대해 소개하고 있네요. 이를 고려하여 문제를 풀어볼까요?

09 윗글을 통해 알 수 있는 내용으로 적절하지 <u>않은</u> 것은?

① 같은 극의 자석이 만나면 서로 밀어낸다.
② 중력은 자이로드롭이 떨어지는 속도와 관계가 없다.
③ 자이로드롭의 브레이크는 전기로 작동하는 것이 아니다.
④ 자이로드롭의 브레이크가 작동할 때에는 소음이 발생하지 않는다.
⑤ 자이로드롭의 브레이크는 오랜 시간이 지나도 닳아 없어지지 않는다.

09
1문단에서는 자이로드롭의 과학적 원리를 찾아보자고 하였고, 2문단~4문단에서는 자이로드롭의 브레이크가 작동하는 원리와 장점 등을 소개하고 있어요. 선택지에 제시된 내용이 지문의 어느 부분에서 이야기하고 있는지 찾아보세요.

10 윗글을 읽고 난 후의 반응으로 적절하지 <u>않은</u> 것은?

① 민채 : 자이로드롭은 정전이 되어도 안전하겠어.
② 소연 : 자이로드롭의 의자 뒤쪽에는 자석이 붙어 있구나.
③ 유진 : 구리, 아연, 주석 등으로 된 금속판이 자이로드롭의 브레이크 장치이구나.
④ 지수 : 자이로드롭은 서로 같은 극의 자석이 만나면 밀어내는 성질을 이용한 것이구나.
⑤ 서윤 : 자이로드롭의 브레이크가 작동하는 곳은 지면으로부터 30m 떨어진 지점이구나.

10
학생들의 반응을 살펴볼 때는 학생들이 지문의 내용을 정확히 파악했는지부터 생각해 보아야 해요. 글의 내용과 관련이 없거나, 잘못 이야기한 학생이 누구인지 살펴보세요.

사례 : 어떤 일이 전에 실제로 일어난 예
작동하다 : 기계 따위가 작용을 받아 움직이다. 또는 기계 따위를 움직이게 하다.
구성 : 몇 가지 부분이나 요소들을 모아서 일정한 전체를 짜 이룸. 또는 그 이룬 결과
성분 : 유기적인 통일체를 이루고 있는 것의 한 부분
소음 : 불규칙하게 뒤섞여 불쾌하고 시끄러운 소리

★ 정답은 [해설편 표지] 안쪽에 있습니다.

＊ [01~04] 〈보기〉의 글자들을 조합하여 다음 뜻풀이에 해당하는 단어를 쓰시오.

┌─────〈보기〉─────┐
음 범 선 분 소 용 성 호
└────────────────┘

01 불규칙하게 뒤섞여 불쾌하고 시끄러운 소리
( )

02 여럿 가운데서 특별히 가려 좋아함. ( )

03 유기적인 통일체를 이루고 있는 것의 한 부분
( )

04 여러 분야나 용도로 널리 쓰이는 것 ( )

＊ [05~08] 〈보기〉에 제시된 초성과 뜻풀이를 참고하여 빈칸에 들어가기에 알맞은 단어를 쓰시오.

┌─────────────〈보기〉─────────────┐
• ㅈㅈ : 오던 전기가 끊어짐.
• ㅈㄹ : 지구 위의 물체가 지구로부터 받는 힘
• ㅇㅌㅅ : 그때그때의 사정과 형편을 보아 일을 처리하는 재주. 또는 일의 형편에 따라 적절하게 처리하는 재주
• ㅇㅇ : 일정한 분야에서 주로 사용하는 말
└──────────────────────────────┘

05 주위에서는 그를 상황에 따라 입장을 달리하는 ( )이/가 있는 인물이라고 평가한다.

06 '팝 아트'는 영국의 미술 평론가 로렌스 알로웨이가 1950년대에 처음 사용한 ( )(이)다.

07 갑자기 우리 도시 전체가 ( )이/가 되어 집안의 불이 모두 꺼졌다.

08 물건이 위에서 아래로 떨어지는 것은 ( )이/가 작용하기 때문이다.

＊ [09~12] 다음에서 설명하고 있는 단어를 아래에서 찾아 쓰시오.

작	심	공	최
정	동	평	소
수	용	비	화
심	례	둘	기

09 기계 따위가 작용을 받아 움직이다. 또는 기계 따위를 움직이게 하다. ( )하다

10 가장 작게 하다. ( )하다

11 어떠한 것을 받아들이다. ( )하다

12 어느 쪽으로도 치우치지 않고 고르다. ( )하다

＊ [13~15] 문맥을 고려하여 밑줄 친 단어의 뜻과 가장 가까운 것을 고르시오.

13
┌──────────────────────────────┐
힘든 일들을 모두 <u>감수하면</u> 반드시 좋은 결과가 있을 것이다.
└──────────────────────────────┘
① 받아들이다 ② 평가하다 ③ 묻다

14
┌──────────────────────────────┐
어제부터 <u>적용된</u> 새로운 기술 덕분에 작업이 아주 편해졌다.
└──────────────────────────────┘
① 팔리다 ② 익숙하다 ③ 쓰이다

15
┌──────────────────────────────┐
사람이 다니는 길에서는 자전거의 <u>속력</u>을 적당히 낮추어야 한다.
└──────────────────────────────┘
① 세기 ② 속도 ③ 압력

✳ 배리어 프리(Barrier Free)란 무엇일까요?

배리어 프리란, 나이가 많은 사람이나 장애인들도 살기 좋은 사회를 만들기 위해 장벽, 즉 높은 문턱이나 계단 등을 허물자는 운동입니다. 1974년 국제연합 장애인생활환경전문가회의에서 '장벽 없는 건축 설계(Barrier free design)'에 관한 보고서가 나오면서 이 용어를 사용하기 시작했어요. 이후 휠체어를 탄 노인들이나 장애인들과 같은 약자들이 비장애인과 다름없이 편하게 살 수 있게 하자는 의미에서 주택이나 공공시설을 지을 때 문턱을 없애는 운동이 시행되었고, 이는 곧 세계로 확산되었어요.

2000년 이후에는 건축이나 도로, 공공시설 등을 넘어, 자격·시험 등을 제한하는 제도적이고 법률적인 장벽을 비롯해 각종 차별과 편견, 나아가 장애인이나 노인에 대해 사회가 가지는 마음의 벽까지 허물자는 운동의 의미로 배리어 프리의 의미가 확대되어 사용되고 있어요.

이러한 움직임에 따라 유니버설 디자인도 만들어지게 된 것이랍니다. 교통 약자들을 배려한 저상버스, 지하철 안의 높이가 다른 손잡이, 계단 옆에 함께 설치된 경사로 등에는 모두 약자들에 대한 배려가 담겨 있지요. 우리 주변에 배리어 프리가 적용된 예는 없는지 함께 생각해 봅시다.

옛사람들이 그림을 그린 이유

절에만 가도 불상을 그린 그림이 있고, 궁궐을 가도 임금의 얼굴을 그린 초상화인 어진을 볼 수 있다. 그렇다면 옛사람들은 왜 그림을 그렸을까?

옛사람들은 중요한 일을 기록하거나 기억하기 위해 그림을 그렸다. 사진기가 발명되기 이전까지 기록을 하는 대표적인 수단이 바로 그림이었다. 궁에서 일어나는 일을 그린 궁중기록화, 양반 사대부의 집안 행사를 그린 사가기록화, 임금님의 얼굴을 그린 어진도 모두 행사를 기록하거나, 얼굴 등을 기억하기 위해 그린 것이다.

교훈이나 깨달음을 얻기 위해 그림을 그리기도 했다. 조선 시대의 궁궐에서는 농사를 짓는 백성을 그린 그림을 걸어 두었고, 왕비의 침실에는 여자들이 길쌈하는 모습을 그려서 걸어 두었다. 또 양반의 사랑방에는 대나무를 그려서 걸어 두기도 했다. 왕과 왕비의 방에 그려둔 그림은 왕과 왕비로 하여금 백성들이 일하는 모습을 보면서 나라를 잘 다스리겠다는 마음을 가지게 하기 위한 것이었다. 또 양반의 사랑방에 그려 둔 대나무 그림은 대나무가 곧게 자라는 것처럼 양반들도 선비로서 항상 올바른 행동을 하라는 깨달음을 주기 위한 것이었다.

또 우리 조상들은 장식이나 감상을 위해 그림을 그리기도 했다. 여기에서의 장식은 말 그대로 집의 안팎을 꾸미는 것을 가리키는데, 대표적인 예로는 꽃이나 새를 그린 화조화가 있다. 우리나라를 비롯해 동아시아의 많은 국가의 사람들이 화조화를 그렸다. 특히 이름 없는 백성들도 방을 장식하기 위해 그림을 그렸는데, 가장 대표적인 것이 바로 민화이다. 민화는 대부분 현실에서 이뤄지기를 바라는 내용을 많이 담고 있었다.

그리고 옛사람들은 축하를 하거나 선물을 하기 위해 그림을 그리기도 했다. 조선 시대는 예의를 존중하는 사회였기 때문에 친하게 지내는 상대방에게 무슨 일이 생기면 편지를 써서 안부를 묻곤 했다. 친구의 아버지께서 생신을 맞이하면 편지 대신에 축하하는 그림을 그려 보내는 일도 흔했다.

이처럼 옛사람들은 기록을 하거나, 교훈을 주거나, 집을 장식하거나, 다른 사람에게 축하 등을 할 때 그림을 그렸다. 친구에게 SNS를 활용하여 메시지를 보낼 때 옛사람처럼 마음을 담은 그림도 한 장 보내는 것은 어떨까?

---

1 문단
핵심어 :
중심 문장에 밑줄 치세요.

2 문단
핵심어 :
중심 문장에 밑줄 치세요.

3 문단
핵심어 :
중심 문장에 밑줄 치세요.

4 문단
핵심어 :
중심 문장에 밑줄 치세요.

5 문단
핵심어 :
중심 문장에 밑줄 치세요.

6 문단
핵심어 :
중심 문장에 밑줄 치세요.

길쌈하다 : 실을 내어 옷감을 짜다.
사랑방 : 집의 안채와 떨어져 있는, 바깥주인이 거처하며 손님을 접대하는 곳
장식하다 : 옷이나 액세서리 따위로 치장하다.
존중하다 : 높이어 귀중하게 대하다.

---

01 [핵심어]
다음은 윗글의 핵심 내용을 정리한 것이다. 빈칸에 들어가기에 적절한 말을 쓰시오.

> 옛사람들은 중요한 일을 기록하거나 교훈이나 깨달음을 얻기 위해, 장식을 하거나 다른 사람에게 축하의 마음을 전하기 위해 (   )을/를 그렸다.

[중심 문장]

02 각 문단의 중심 문장으로 적절한 것은?

① 1문단 : 절에만 가도 불상을 그린 그림이 있고, 궁궐을 가도 임금의 얼굴을 그린 초상화인 어진을 볼 수 있다.
② 2문단 : 사진기가 발명되기 이전까지 기록을 하는 대표적인 수단이 바로 그림이었다.
③ 3문단 : 교훈이나 깨달음을 얻기 위해 그림을 그리기도 했다.
④ 4문단 : 우리나라를 비롯해 동아시아의 많은 국가의 사람들이 화조화를 그렸다.

03 다음은 4문단의 내용을 정리한 것이다. 빈칸에 들어가기에 적절한 말을 쓰시오.

> 이름 없는 백성들이 방을 장식하기 위해 그린 그림 중 가장 대표적인 것이 (   )(이)다.

03
4문단에서는 장식이나 감상을 위해 그린 그림에 대해 설명하고 있네요.

04 윗글의 내용을 바탕으로 옛사람들이 다음과 같은 그림을 그린 이유를 쓰시오.

출처 : 문화재청
(http://www.heritage.go.kr)

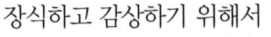
장식하고 감상하기 위해서

↓
□□하고, 기억하기 위해서

04
제시된 그림은 글에 등장하는 다양한 옛 그림의 예로 볼 수 있어요. 제시된 그림이 무엇을 그린 것인지를 파악한 후, 조상들이 이 그림을 왜 그렸을지를 생각해 봅시다.

05 윗글을 읽고 난 후의 반응으로 가장 적절한 것은?

① 소진 : 왕과 왕비의 침실에 걸어 둔 그림의 대부분은 궁중기록화이겠구나.
② 누리 : 옛사람들은 축하의 의미로 편지보다는 그림을 더 많이 이용했구나.
③ 아라 : 장식을 위한 그림은 전 세계 사람들 중 우리나라 사람들만 그린 것이구나.
④ 승아 : 조선 시대의 백성들은 현실에서 이루어지기를 바라는 내용을 담아 민화를 그렸구나.
⑤ 민주 : 화조화는 꽃이나 새를 그린 그림으로, 교훈이나 깨달음을 얻기 위해 많이 그려졌구나.

05
이 지문에서는 옛사람들이 그렸던 그림의 종류와 특징을 소개하고, 옛사람들이 그림을 그린 이유를 설명하고 있어요. 2문단부터 5문단을 중심으로 선택지의 내용이 적절한지 생각해 볼까요?

불상 : 부처의 형상을 표현한 상
발명되다 : 아직까지 없던 기술이나 물건이 새로 생각되어 만들어지다.
수단 : 어떤 목적을 이루기 위한 방법. 또는 그 도구

소년과 소녀는 왜 소나기를 만났을까?

황순원의 소설 〈소나기〉는 서울에서 시골로 내려온 소녀와 시골 소년이 개울가에서 만나면서 이야기가 시작된다. 산 너머에 가 보자는 소녀의 제안에 산에 놀러 간 두 사람은 갑자기 소나기를 만나게 된다. 금세 불어난 개울물 때문에 소년은 소녀를 업고 개울을 건너지만, 병을 앓고 있던 소녀는 결국 병이 악화되어 죽게 된다.

〈소나기〉를 읽은 사람이라면 소년과 소녀가 결국 헤어지게 된 것에 안타까움을 느낄 것이다. 하필이면 왜 소년과 소녀가 산으로 놀러 갔을 때 비가 내렸는지, 소나기가 야속하게 느껴질 수도 있다. ㉠소나기는 왜 하필 바로 그때, 즉 소년과 소녀가 산에 놀러 갔을 때 내렸던 것일까? ㉡잠깐 동안 짧게 내리는 소나기 때문에 개울물이 그렇게까지 금방 불어날 수 있을까? 소나기와 우리나라 하천의 특징을 살펴보면, 이 질문에 답을 할 수 있다.

소나기는 갑자기 세차게 쏟아지다가 곧 그치는 비를 가리킨다. 우리나라에 내리는 소나기는 대부분 대류성 강수이다. 대류성 강수란 땅에 있던 물이 하늘로 증발해 올라가서 무거운 구름을 만들고, 다시 비가 되어 땅으로 내리는 현상이다. 대류성 강수가 일어나려면 우선 지표면이 뜨겁게 가열되어야 한다. 그래서 일 년 중에는 여름철에 소나기가 가장 많이 내리고, 하루 중에는 가장 더운 낮 시간에 소나기구름이 형성되는 경우가 많다.

〈소나기〉 속 소년이 토요일 오전 수업을 끝내고 소녀와 산에 놀러 간 것이므로 그들이 산으로 갔던 시간은 아마 하루 중 가장 뜨거운 대낮이었을 것이다. 즉, 그 시간에는 소나기구름이 형성되기 좋은 때이기에 그들이 산속에서 놀고 있을 때 마침 소나기가 내린 것이다.

그렇다면 어떻게 개울물은 금방 불어났을까? 개울은 산골짜기나 들의 좁은 줄기를 따라 흐르는 물이다. 바로 이 좁다는 지형적 특징 때문에 개울물은 소나기에도 금방 불어난다. 즉, 소나기가 쏟아지면 그 빗물이 산을 타고 내려와 개울로 흘러든다. 이때 개울의 폭이 좁기 때문에 빗물의 양이 적어도 금방 수위가 높아지고 물살이 빨라진다. 이 때문에 〈소나기〉 속 소년과 소녀는 시련을 맞게 된 것이다.

이처럼 기후와 지리적 특성을 이해하면 문학 작품을 더욱 깊이 있게 감상할 수도 있다. 날마다 날씨만 확인할 것이 아니라, 우리가 실생활에서 경험하게 되는 다양한 기후 현상, 지리적 특성에도 관심을 가져 보자.

1 문단
핵심어 :
중심 문장에 밑줄 치세요.

2 문단
핵심어 :
중심 문장에 밑줄 치세요.

3 문단
핵심어 :
중심 문장에 밑줄 치세요.

4 문단
핵심어 :
중심 문장에 밑줄 치세요.

5 문단
핵심어 :
중심 문장에 밑줄 치세요.

6 문단
핵심어 :
중심 문장에 밑줄 치세요.

하필 : 다른 방도를 취하지 아니하고 어찌하여 꼭
야속하다 : 무정한 행동이나 그런 행동을 한 사람이 섭섭하게 여겨져 언짢다.
지표면 : 지구의 표면. 땅의 겉면
수위 : 강, 바다, 호수, 저수지 따위의 물의 높이
물살 : 물이 흘러 내뻗는 힘

[핵심어]

06 다음은 윗글의 핵심 내용을 정리한 것이다. 빈칸에 들어가기에 적절한 말을 쓰시오.

( )와/과 지리적 특성을 이해하면 문학 작품을 더욱 깊이 있게 감상할 수 있다.

[중심 문장]

07 **3문단의 중심 문장으로 적절한 것은?**

① 우리나라에 내리는 소나기는 대부분 대류성 강수이다.

② 대류성 강수가 일어나려면 우선 지표면이 뜨겁게 가열되어야 한다.

③ 그래서 일 년 중에는 여름철에 소나기가 가장 많이 내리고, 하루 중에는 가장 더운 낮 시간에 소나기구름이 형성되는 경우가 많다.

08 **다음은 윗글을 읽으면서 정리한 메모이다. 메모의 내용으로 적절하지 않은 것은?**

소설 〈소나기〉의 내용	① 소설의 주인공 : 서울에서 시골로 내려온 소녀와 시골에 사는 소년
	② 소설의 결말 : 건강하던 소녀가 소나기를 맞은 후 갑자기 병이 들어 죽음을 맞이하게 됨.
우리나라 소나기의 특징	③ 갑자기 세차게 쏟아지다가 곧 그치는 비로, 대류성 강수인 경우가 많음.
	④ 여름철 가장 더운 낮 시간에 내리는 경우가 많음.
우리나라 개울의 특징	⑤ 짧게 내리는 소나기에도 금방 수위가 높아지고 물살이 빨라짐.

08
이 지문에서는 소설 〈소나기〉의 내용과 관련하여 우리나라의 기후와 하천의 특징에 대해 설명하고 있어요. 1문단에서는 소설 〈소나기〉의 내용을, 3~4문단에서는 소나기의 특징을, 5문단에서는 개울의 특징을 설명하고 있네요.

09 **㉠에 대한 답을 쓰고자 한다. 빈칸에 들어가기에 적절한 말을 쓰시오.**

〈소나기〉 속 소년과 소녀가 산에 놀러 간 시간은 하루 중 가장 뜨거운 대낮이었다. 그래서 (   )이/가 형성되기 좋은 때여서 바로 그때 소나기가 내린 것이다.

09
㉠에 대해 답을 하려면 소나기가 왜 소년과 소녀가 산에 놀러 갔을 때 내렸는지를 설명하고 있는 문단을 찾아야 합니다. 4문단에서 그 이유를 설명하고 있네요!

10 **다음 중 ㉡과 관련된 우리나라의 지리적 특성으로 가장 적절한 것은?**

① 높은 산들은 거의 동쪽과 북쪽에 치우쳐 있다.

② 산이 많으며, 강과 하천들이 많이 발달해 있다.

③ 산이 많아서 산과 산 사이가 별로 넓지 않고 개울의 폭이 좁다.

④ 산보다는 평야가 많이 발달하여 지표면이 쉽게 가열되고 쉽게 식는다.

⑤ 하천이 많이 발달하였고, 물을 구하기 쉬운 하천을 중심으로 평야가 형성되었다.

10
㉡은 소나기 때문에 개울물이 불어난 이유에 대해 묻고 있어요! 윗글의 5문단에서 잠깐 동안 내린 소나기 때문에 개울물이 금방 불어날 수 있었던 이유를 설명하고 있지요? 그 이유와 관련된 우리나라의 지리적 특성이 무엇인지 생각해 보세요.

강수 : 비, 눈, 우박, 안개 따위로 지상에 내린 물
평야 : 기복이 매우 작고, 지표면이 평평하고 너른 들

★ 정답은 [해설편 표지] 안쪽에 있습니다.

[01~05] 다음 단어와 그 뜻풀이를 바르게 연결하시오.

01 길쌈하다 •

02 물살 •

03 하필 •

04 존중하다 •

05 장식하다 •

• ㉠ 실을 내어 옷감을 짜다.

• ㉡ 다른 방도를 취하지 아니하고 어찌하여 꼭

• ㉢ 물이 흘러 내뻗는 힘

• ㉣ 옷이나 액세서리 따위로 치장하다.

• ㉤ 높이어 귀중하게 대하다.

[06~08] 문맥을 고려하여 다음 문장의 빈칸에 들어가기에 알맞은 단어를 고르시오.

06
지구의 표면 또는 땅의 겉면을 (   )(이)라고 한다.

① 지표면   ② 지구본   ③ 해수면

07
기복이 매우 작고, 지표면이 평평하고 너른 들을 (   )(이)라고 한다.

① 대야   ② 평야   ③ 광산

08
집의 안채와 떨어져 있는, 바깥주인이 거처하며 손님을 접대하는 곳을 (   )(이)라고 한다.

① 사랑방   ② 마루   ③ 마굿간

[09~12] 〈보기〉에 제시된 초성과 뜻풀이를 참고하여 빈칸에 들어가기에 알맞은 단어를 쓰시오.

〈보기〉
• ㅂㅅ : 부처의 형상을 표현한 상
• ㅅㅇ : 강, 바다, 호수, 저수지 따위의 물의 높이
• ㄱㅅ : 비, 눈, 우박, 안개 따위로 지상에 내린 물
• ㅇㅅ하다 : 무정한 행동이나 그런 행동을 한 사람이 섭섭하게 여겨져 언짢다.

09 민수의 어머니는 자신의 속을 몰라주는 아들이 너무 (   )하다고 생각했다.

10 매년 여름에 비가 많이 오면 강물의 (   )이/가 높아지니까 강 근처를 지날 때에는 조심해야 한다.

11 일기 예보에서는 오전에는 날씨가 맑겠지만, 오후에는 (   ) 확률이 70%나 된다고 하였다.

12 아버지를 따라 난생 처음 절에 갔을 때, 무서운 표정을 한 (   )이/가 무섭게 느껴졌다.

[13~14] 문맥을 고려하여 밑줄 친 단어의 뜻과 가장 가까운 것을 고르시오.

13
종이가 <u>발명된</u> 이후 인류는 더욱 많은 것들을 쉽게 기록할 수 있게 되었다.

① 옮겨지다   ② 만들어지다   ③ 발전되다

14
그는 한 번 정한 목표는 어떤 <u>수단</u>을 써서라도 반드시 이루어 내는 성격이다.

① 방법   ② 기법   ③ 방지

✳ 민화에 까치와 호랑이가 자주 등장하는 이유

　우리나라 민화 중에서는 유독 까치와 호랑이, 그리고 소나무가 함께 등장하는 경우가 많아요. 호랑이와 까치, 그리고 소나무는 옛날부터 한국인이 매우 좋아하는 소재이기 때문에 이들을 그린 그림이 많은 것이죠.

　19세기에 들어서 까치와 호랑이가 함께 등장하는 민화의 수가 급격히 늘었어요. 이전까지는 배경에만 존재하던 까치가 위의 그림에서처럼 호랑이와 대등한 관계의 소재로 등장하게 되었답니다. 그림을 같이 살펴볼까요? 호랑이는 화면의 왼쪽 공간을 차지하고, 까치는 오른쪽 구석에 있는 소나무에 앉아 있어요. 까치는 부리를 한껏 벌리고 꼬리를 꼿꼿이 하여 호랑이와 함께 있음에도 아주 당당한 모습이네요.

　사실 이 모습은 그림 속 호랑이와 까치를 통해 당시 사회를 풍자하려는 의도가 담겨 있다고 볼 수 있어요. 힘이 있는 호랑이는 양반이나 권력을 가진 관리를 상징하고, 까치는 일반 백성을 상징해요. 그래서 민화 속 까치가 호랑이에게 기죽지 않는 듯한 모습을 보이는 것에는 당시의 관리들에 대한 백성들의 불만이 드러나 있다고 할 수 있어요. 이처럼 민화를 살펴보면, 민화가 그려졌던 당시의 사회적 분위기를 엿볼 수 있답니다.

성공을 위해 마시멜로를 아껴 두어야 할까?

요즘 우리 사회에 '소확행'을 추구하는 사람들이 점점 늘어나고 있다. 소확행은 '소소하지만 확실한 행복'이라는 말의 준말로, 거창하거나 특별하지 않아도 누구나 일상 속에서 쉽게 누릴 수 있는 작은 행복을 뜻한다. 소확행을 추구하는 사람들이 늘어나고 있는 이유는 무엇일까? 그리고 이러한 현상은 무엇을 의미하는 것일까? 유명한 심리 실험인 '마시멜로 테스트'를 통해 이에 대한 답을 생각해 보자.

'마시멜로 테스트'는 미국 스탠포드 대학의 연구진이 3~5세 아이들을 대상으로 진행한 연구이다. 연구진은 아이들에게 눈앞에 있는 마시멜로를 바로 먹지 않고 10분을 기다리면 하나의 마시멜로를 더 주겠다고 했다. 아이들은 10분을 참고 기다렸다가 마시멜로를 하나 더 받거나, 기다리지 않고 그 자리에서 바로 마시멜로를 먹는 두 가지의 반응을 보였다. 연구진은 서로 다른 반응을 보인 아이들의 성취도를 비교하였는데, 10분을 기다렸다가 마시멜로를 하나 더 받은 아이들의 성취도가 대부분 더 높게 나타났다. 이 연구 결과로 인해, 대부분의 사람들은 미래에 얻을 더 큰 이익을 위해 현재의 욕구를 참을 수 있는 능력이 성공의 요건이라고 생각하게 되었다.

하지만 이 연구 결과에 의문을 품은 사람들도 있었다. 그들은 눈앞에 놓인 마시멜로를 바로 먹어 버린 아이들 중에 가난한 가정 형편의 아이들이 많았다는 사실에 주목하였다. 아이들의 선택에 자라온 환경이 작용했다고 본 것이다. 가난한 형편의 아이들이 눈앞의 마시멜로를 바로 먹어 버린 것은 의지력이 부족하거나 어리석어서 미래를 생각하지 못한 것이 아니라, 현재의 좋은 것을 선택하는 것이 그 아이들에게는 최선의 선택이었기 때문이라는 것이 그들의 생각이다.

㉠위의 관점에서 생각한다면, 많은 사람들이 소확행에 관심을 보이고 있는 사회적 분위기는 단순한 유행이 아니라 우리 사회의 모습을 보여 주는 현상일 수도 있다. 사람들이 삶에 여유가 없고 힘들다고 느끼기 때문에 소확행을 추구하는 것이 아닐까? 힘든 삶 속에서 사람들은 이루기 어려워 보이는 미래의 큰 목표 대신에, 작지만 확실하게 얻을 수 있는 현재의 기쁨에 충실하는 '소확행'에 집중하게 된 것일 수도 있다.

1 문단
핵심어 :
중심 문장에 밑줄 치세요.

2 문단
핵심어 :
중심 문장에 밑줄 치세요.

3 문단
핵심어 :
중심 문장에 밑줄 치세요.

4 문단
핵심어 :
중심 문장에 밑줄 치세요.

준말 : 단어의 일부분이 줄어든 것
거창하다 : 일의 규모나 형태가 매우 크고 넓다.
추구하다 : 목적을 이룰 때까지 뒤쫓아 구하다.
성취도 : 목적한 바를 이룬 정도
욕구 : 무엇을 얻거나 무슨 일을 하고자 바라는 일
요건 : 필요한 조건
의지력 : 어떠한 일을 이루고자 하는 마음을 꿋꿋하게 지켜 나가는 힘
관점 : 사물이나 현상을 관찰할 때, 그 사람이 보고 생각하는 태도나 방향 또는 처지

[핵심어]
01 다음은 윗글의 핵심 내용을 정리한 것이다. 빈칸에 들어가기에 적절한 말을 쓰시오.

> (   ) 테스트를 통해 사람들은 미래에 얻을 더 큰 이익을 위해 현재의 욕구를 참을 수 있는 능력이 성공의 요건이라고 생각하게 되었다. 그러나 일부 사람들은 자라온 환경에 따라 최선의 선택이 달라질 수 있다고 보았다.

05_{DAY}

[중심 문장]
02 3문단의 중심 문장으로 가장 적절한 것은?

① 하지만 이 연구 결과에 의문을 품은 사람들도 있었다.

② 가난한 형편의 아이들이 눈앞의 마시멜로를 바로 먹어 버린 것은 의지력이 부족하거나 어리석어서 미래를 생각하지 못한 것이 아니라, 현재의 좋은 것을 선택하는 것이 그 아이들에게는 최선의 선택이었기 때문이라는 것이 그들의 생각이다.

03 윗글의 내용으로 가장 적절한 것은?

① 모든 사람들이 마시멜로 테스트의 연구 결과를 인정했다.

② 사람들은 이루기 어려워 보이는 미래의 큰 목표만을 추구한다.

③ 삶에 여유가 없고 힘들다고 느끼는 사람들은 소확행을 추구한다고 볼 수 없다.

④ 우리 사회에 일상 속에서 쉽게 누릴 수 있는 작은 행복을 추구하는 사람이 늘어나고 있다.

⑤ 마시멜로 테스트를 할 때 눈앞에 놓인 마시멜로를 바로 먹어 버린 아이들 중에 부유한 가정 형편의 아이들이 많았다.

03
이 지문에서는 마시멜로 테스트를 통해 요즘 우리 사회에서 '소확행'을 추구하는 사람들이 늘어나고 있는 현상에 대해 이야기하고 있어요. 선택지의 내용을 지문의 어느 부분에서 이야기하고 있는지 생각하며 문제를 풀어 볼까요?

04 다음은 4문단의 내용을 요약한 것이다. 빈칸에 들어가기에 가장 적절한 것은?

> '소확행'을 추구하는 사회 분위기는 _____.

① 사람들의 의지력이 약해졌음을 보여 준다.

② 성공을 추구하는 사람들의 수가 줄어들었음을 보여 준다.

③ 많은 사람들이 삶에 여유가 없다고 느끼고 있음을 보여 준다.

④ 일상생활에서 누리기 어려운 특별한 행복을 추구하는 것이 쉬움을 보여 준다.

⑤ 마시멜로 테스트의 결과처럼 미래의 행복을 위해 현재의 욕구를 참는 것이 힘들다는 것을 보여 준다.

04
1문단에서 '소확행'을 추구하는 사람들이 늘어나는 이유와, 이러한 현상이 의미하는 바가 무엇인지 생각해 보자고 하였어요. 그리고 마지막 문단에서는 글쓴이가 생각하는 사람들이 '소확행'을 추구하는 이유를 들고 있네요. 마지막 문단의 내용을 고려하여 문제를 풀어 보세요.

05 ㉠이 의미하는 바로 가장 적절한 것은?

① 미래의 행복을 위해 현재의 욕구를 포기해야 한다.

② 성공을 하려면 현재의 기쁨을 추구하지 말아야 한다.

③ 현재의 욕구를 포기하는 것은 성취도와 관계가 있다.

④ 가난한 형편의 아이들은 참을성이 부족해서 눈앞의 마시멜로를 먹은 것이다.

⑤ 마시멜로를 먹을 것인지 남겨둘 것인지를 선택할 때 자라온 환경이 영향을 미쳤을 것이다.

05
4문단의 '위의 관점'이란 바로 앞의 3문단의 관점이라고 볼 수 있습니다. 3문단에서는 마시멜로 테스트 결과에 의문을 품은 사람들의 생각을 이야기하고 있네요. 3문단의 내용을 고려하여 이 문제를 해결해 볼까요?

인정하다 : 확실히 그렇다고 여기다.
부유하다 : 재물을 풍부하게 가지고 있다.

우주의 중심

해는 동쪽에서 떠올랐다가 서쪽에서 진다. 가만히 서서 하늘을 바라보면 구름이 계속 흘러간다. 이런 것을 보면 나와 지구는 가만히 있는데, 태양이 지구 주변을 도는 것만 같다.

16세기 이전까지의 유럽인들도 지구가 우주의 중심이기 때문에 태양이 지구의 주변을 돈다고 생각하였다. 이를 천동설이라고 하는데, 사람들은 신이 창조한 지구가 우주의 중심에서 움직이지 않고 있으며, 지구를 중심으로 수성, 금성, 태양, 달 등이 일정한 속도로 움직인다고 여겼다. 하지만 실제로 수성, 금성, 태양, 달 등의 행성의 이동을 관측한 결과는 그들의 생각과 달랐다. 그래서 프톨레마이오스라는 과학자는 지구는 움직이지 않고 행성이 이동하는 현상을 설명하기 위해 81개나 되는 원을 그리기도 했다.

코페르니쿠스는 행성이 이동하는 것을 관측하기 위해 하늘에 그토록 많은 원을 그려야 하는 것이 마음에 들지 않았다. 그는 과학의 원리는 간결하게 표현되어야 한다고 생각했기 때문이다. 그래서 그는 태양과 다른 행성들이 모두 원을 그리며 이동한다면 지구 역시 원운동을 할 것이라고 생각하였다. 지구가 중심에서 가만히 있는 것이 아니라, 지구도 움직인다고 가정하고, 태양과 지구의 위치를 바꾸어 보았다. 그랬더니 행성의 움직임, 행성 간의 거리 등을 더욱 쉽고 간결하게 표현할 수 있었다. 그 결과 코페르니쿠스는 지구를 포함한 행성들이 태양을 중심으로 공전한다는 지동설을 주장하게 되었다.

코페르니쿠스의 지동설은 유럽 사회를 지배했던 사람들의 우주에 대한 생각을 크게 바꾸어 놓았다. 당시 모든 사람들이 천동설을 믿었던 사회 분위기 속에서 지구가 우주의 중심이 아니라고 주장하는 것은 쉬운 일이 아니었다. 그러나 코페르니쿠스는 죽기 직전, 자신의 이론을 정리하여 《천구의 회전에 관하여》라는 책을 출판하였고, 이후 케플러, 갈릴레이 등의 과학자들이 이 이론을 보완하고 발전시켜서 현재에 이르게 되었다. 코페르니쿠스가 지구와 태양의 위치를 바꾸어 버린 발상의 전환, 이것을 과학 혁명의 시작으로 보아야 하지 않을까?

1 문단
핵심어 :
중심 문장에 밑줄 치세요.

2 문단
핵심어 :
중심 문장에 밑줄 치세요.

3 문단
핵심어 :
중심 문장에 밑줄 치세요.

4 문단
핵심어 :
중심 문장에 밑줄 치세요.

창조하다 : 신(神)이 우주 만물을 처음으로 만들다.
관측하다 : 자연 현상 특히 천체나 기상의 상태, 추이, 변화 따위를 관찰하여 측정하다.
간결하다 : 간단하고 깔끔하다.
공전하다 : 한 천체가 다른 천체의 둘레를 주기적으로 돌다.
지배하다 : 외부의 요인이 사람의 생각이나 행동에 적극적으로 영향을 미치다.
보완하다 : 모자라거나 부족한 것을 보충하여 완전하게 하다.
발상 : 어떤 생각을 해 냄. 또는 그 생각
전환 : 다른 방향이나 상태로 바뀌거나 바꿈.
혁명 : 이전의 관습이나 제도, 방식 따위를 단번에 깨뜨리고 질적으로 새로운 것을 급격하게 세우는 일

[핵심어]
06 다음은 윗글의 핵심 내용을 정리한 것이다. 빈칸에 들어가기에 적절한 말을 쓰시오.

> 16세기 이전까지의 유럽인들은 태양이 지구의 주변을 돈다는 천동설을 주장했다. 그러나 코페르니쿠스는 (   )을/를 주장했다.

[중심 문장]

07 3문단의 중심 문장으로 가장 적절한 것은?

① 코페르니쿠스는 행성이 이동하는 것을 관측하기 위해 하늘에 그토록 많은 원을 그려야 하는 것이 마음에 들지 않았다.

② 그는 과학의 원리는 간결하게 표현되어야 한다고 생각했기 때문이다.

③ 그 결과 코페르니쿠스는 지구를 포함한 행성들이 태양을 중심으로 공전한다는 지동설을 주장하게 되었다.

08 윗글에 대한 설명으로 적절하지 <u>않은</u> 것은?

① 천동설과 지동설에 대해 설명하고 있다.

② 반대되는 생각을 가진 두 학자에 대해 이야기하고 있다.

③ 지구가 둥근 이유를 구체적인 이유를 들어 설명하고 있다.

④ 우리 주변에서 흔히 볼 수 있는 예를 들어 흥미를 유발하고 있다.

⑤ 코페르니쿠스의 생각이 사람들에게 미친 영향에 대해 설명하고 있다.

08
이 지문에서는 지동설과 천동설에 대해 설명하고 있어요. 전체적인 내용을 고려하여 선택지의 내용이 적절한지 생각해 봅시다.

09 윗글의 내용으로 적절하지 <u>않은</u> 것은?

① 프톨레마이오스는 천동설을 믿었다.

② 16세기 이전의 유럽인들은 대부분 천동설을 믿었다.

③ 프톨레마이오스는 우주의 중심이 지구라고 주장하였다.

④ 프톨레마이오스는 케플러, 갈릴레이의 이론에 영향을 미쳤다.

⑤ 16세기 이전의 유럽인들은 지구를 중심으로 수성, 태양 등이 일정하게 움직인다고 생각했다.

09
2문단에서는 16세기 이전의 천동설과 그것을 주장한 학자인 프톨레마이오스에 대해, 3문단에서는 지동설과 그것을 주장한 코페르니쿠스에 대해 이야기하고 있네요. 이러한 내용을 고려하여 문제를 풀어 볼까요?

10 다음은 윗글의 코페르니쿠스에 대해 정리한 것이다. 빈칸에 들어가기에 적절한 말을 쓰시오.

> 과학의 원리는 간결하게 표현되어야 한다고 생각함. → 태양과 다른 행성들은 원을 그리며 이동하므로 지구도 원운동을 할 것이라고 생각함. → 태양과 지구의 위치를 바꾸어 봄. → (   )을/를 주장하게 됨.

10
3문단에서 코페르니쿠스가 지동설을 주장하게 된 과정을 설명하고 있어요. 3문단의 내용을 살펴보면서 빈칸에 들어갈 말을 생각해 보세요.

유발하다 : 어떤 것이 다른 일을 일어나게 하다.
일정하다 : ① 어떤 것의 크기, 모양, 범위, 시간 따위가 하나로 정하여져 있다. ② 어떤 것의 양, 성질, 상태, 계획 따위가 달라지지 아니하고 한결같다.

★ 정답은 [해설편 표지] 안쪽에 있습니다.

＊[01~05] 다음 단어와 그 뜻풀이를 바르게 연결하시오.

01 혁명 •

• ㉠ 이전의 관습이나 제도, 방식 따위를 단번에 깨뜨리고 질적으로 새로운 것을 급격하게 세우는 일

02 성취도 •

• ㉡ 어떤 생각을 해 냄. 또는 그 생각

03 발상 •

• ㉢ 목적한 바를 이룬 정도

04 욕구 •

• ㉣ 어떠한 일을 이루고자 하는 마음을 꿋꿋하게 지켜 나가는 힘

05 의지력 •

• ㉤ 무엇을 얻거나 무슨 일을 하고자 바라는 일

＊[06~10] 제시된 글자들을 조합하여 다음 뜻풀이에 해당하는 단어를 쓰시오.

| 공 | 유 | 보 | 일 | 거 |
| 전 | 정 | 창 | 부 | 완 |

06 한 천체(天體)가 다른 천체의 둘레를 주기적으로 돌다. (　　　)하다

07 일의 규모나 형태가 매우 크고 넓다. (　　　)하다

08 재물을 풍부하게 가지고 있다. (　　　)하다

09 모자라거나 부족한 것을 보충하여 완전하게 하다.
(　　　)하다

10 어떤 것의 양, 성질, 상태, 계획 따위가 달라지지 아니하고 한결같다. (　　　)하다

＊[11~14] 제시된 초성과 뜻풀이를 참고하여 빈칸에 들어가기에 알맞은 단어를 쓰시오.

11 ㅈㅁ : 단어의 일부분이 줄어든 것
例 '뺏다'는 '빼앗다'의 (　　　)이다.

12 ㄱㅈ : 사물이나 현상을 관찰할 때, 그 사람이 보고 생각하는 태도나 방향 또는 처지
例 그들은 한 가지 사물을 서로 다른 (　　　)에서 바라보았다.

13 ㅈㅎ : 다른 방향이나 상태로 바뀌거나 바꿈.
例 창의력은 생각의 (　　　)에서 시작된다.

14 ㅊㄱ하다 : 목적을 이룰 때까지 뒤쫓아 구하다.
例 물건을 파는 사람이라면 누구나 더 큰 이익을 (　　　)하는 법이다.

＊[15~17] 문맥을 고려하여 다음 문장의 빈칸에 들어가기에 알맞은 단어를 고르시오.

15
선생님은 지철이가 많이 노력하였다는 점을 (　　　)하여 상을 주었다.

① 인정　　　② 거절　　　③ 진정

16
신을 믿는 사람들은 신이 세상의 모든 생물들을 (　　　)했다고 여긴다.

① 발생　　　② 보조　　　③ 창조

17
성재는 높은 산 위에 가서 망원경을 놓고 별을 (　　　)하는 것을 좋아한다.

① 추측　　　② 관측　　　③ 추가

✳ 혁명(revolution)이라는 단어와 코페르니쿠스의 관계

우리가 잘 알고 있는 '혁명(revolution)'이라는 단어는 어떻게 만들어진 것일까요? 이 단어는 지동설을 주장한 코페르니쿠스와 관련이 있어요. 코페르니쿠스는 《천구의 회전에 관하여 (De revolutionibus orbium coelestium)》라는 책을 썼는데, 이 제목에서 '혁명(revolution)' 이라는 단어가 만들어진 것이래요. 'revolutionibus'와 'revolution'. 많이 비슷하죠?

독일의 유명한 철학자인 칸트는 자신의 책에서 '코페르니쿠스적 전환'이라는 말을 사용하면서 자신의 인식이 이전과는 완전히 달라졌음을 드러냈어요. 칸트는 코페르니쿠스가 천동설에서 지동설로 사람들의 생각을 바꾸었다는 것을 고려하여, 인식이 크게 달라졌다는 것을 드러내기 위해 '코페르니쿠스적 전환'이라고 한 것이죠. 지금도 상식을 뒤엎는 새로운 발상을 이야기할 때 '코페르니쿠스적 전환'이라는 말을 많이 사용한다고 합니다.

지금 기존의 생각과는 다른 '코페르니쿠스적 전환'을 하고 있나요? 이러한 생각을 통해 코페르니쿠스와 같은 업적을 남긴다면, 여러분의 이름을 딴 '○○○ 전환'이라는 말이 새로 생길지도 모르겠네요!

첨성대의 역할

예로부터 우리나라에서는 농사를 지어 왔기 때문에 별의 움직임을 관측하는 것이 아주 중요한 일이었다. 계절에 따라 달라지는 별의 움직임을 관찰함으로써 씨를 뿌릴 시기와 곡식을 거둘 시기를 알 수 있었기 때문이다. 그래서 ㉠옛날부터 우리 조상들은 천문대를 만들어 별을 관찰해 왔다. 우리나라에서 가장 오래된 천문대는 신라 선덕 여왕 때 경주에 세운 첨성대이다. 동양에서 가장 오래된 천문대이기도 한 첨성대는 우리나라 국보 제31호이다.

높이 9.17m의 첨성대는 전체적으로 부드럽고 우아한 원통형의 돌탑이다. 약 362개의 벽돌을 사용하여 27단까지 쌓았는데, 362개의 돌은 1년을 의미하고, 27단은 탑 가장 아래의 기단석과 함께 28수 별자리와 관련이 있다고 한다. 첨성대의 내부는 제12단까지 흙으로 채웠고 맨 위에 우물 정(井)자 모양으로 길쭉한 돌 조각이 얹어져 있다. 이러한 구조를 가진 첨성대는 2016년 경주 지진과 2017년의 포항 지진 때에도 흔들림이 없이 제자리를 지킨 것으로 유명하다.

한편 경주에 가서 첨성대를 보고 그 모습에 실망하는 사람들도 있다. 보통 천문 관측 시설은 산 위나 높은 곳에 있는데, 첨성대는 평지에 있고 그 규모도 작기 때문이다. 특히 첨성대의 내부는 매우 좁고 불편해서, 만약 꼭대기에 관측기구를 설치하고 오르내리며 하늘을 관찰했다면 많은 어려움이 있었을 것이라는 게 사람들의 생각이다.

그렇다면 첨성대는 정말 별을 관측하기 위해 만들어진 것일까? 첨성대에서 천문을 관측하는 것이 현대의 천문학과 달리 국가의 운을 점치는 용도로 사용되었다는 의견도 있다. 이런 역할을 수행하기 때문에 높은 산 위가 아닌 평지, 왕궁의 근처에 세워졌다는 것이다. 또 다른 사람들은 첨성대를 천문 관측과는 전혀 상관없는 불교의 제단으로 여기기도 한다. 첨성대의 형태가 불교에서 부처님이 있는 가장 높은 산인 '수미산'을 닮았다는 것이 그 이유이다.

첨성대에서 별을 관측하였다는 직접적인 내용은 어떤 기록에도 남아 있지 않다. 그럼에도 첨성대, 별을 보는 곳이라고 하는 이유는 첨성대가 세워진 이후 신라의 천체 관측에 관한 기록이 기하급수적으로 늘었기 때문이다. 앞으로 관련된 기록이 더 발견된다면 첨성대에 얽힌 비밀도 풀리지 않을까?

---

1 문단
핵심어 :
중심 문장에 밑줄 치세요.

2 문단
핵심어 :
중심 문장에 밑줄 치세요.

3 문단
핵심어 :
중심 문장에 밑줄 치세요.

4 문단
핵심어 :
중심 문장에 밑줄 치세요.

5 문단
핵심어 :
중심 문장에 밑줄 치세요.

관측하다 : 육안이나 기계로 자연 현상 특히 천체나 기상의 상태, 추이, 변화 따위를 관찰하여 측정하다.
천문대 : 천문 현상을 관측하고 연구하기 위하여 설치한 시설. 또는 그런 기관
내부 : 안쪽의 부분
점치다 : 길흉과 화복을 판단하기 위하여 점괘를 내어 보다.
기하급수적 : 증가하는 수나 양이 아주 많은 것

[핵심어]

01 다음은 윗글의 핵심 내용을 정리한 것이다. 빈칸에 들어가기에 적절한 말을 쓰시오.

> (   )은/는 신라 선덕 여왕 때 세운 천문대로, 동양에서 가장 오래 되었으며 우리나라 국보 제31호이다.

06 DAY

02 [중심 문장]

5문단의 중심 문장으로 적절한 것은?

① 첨성대에서 별을 관측하였다는 직접적인 내용은 어떤 기록에도 남아 있지 않다.

② 그럼에도 첨성대, 별을 보는 곳이라고 하는 이유는 첨성대가 세워진 이후 신라의 천체 관측에 관한 기록이 기하급수적으로 늘었기 때문이다.

03 **윗글을 통해 답을 찾을 수 없는 질문은?**

① 첨성대의 높이는 얼마인가?

② 첨성대를 국보로 지정한 이유는 무엇인가?

③ 첨성대의 내부는 무엇으로 채워져 있는가?

④ 동양에서 가장 오래된 천문대는 어디에 있는가?

⑤ 사람들이 첨성대를 보고 실망하는 이유는 무엇인가?

03
이 지문에서는 우리나라의 첨성대에 대해 소개하고 있습니다. 선택지의 내용이 지문의 어느 부분에서 찾을 수 있는 내용인지를 떠올려 보세요!

04 **첨성대에 대한 설명으로 적절하지 않은 것은?**

① 첨성대는 동양에서 가장 오래된 천문대이다.

② 첨성대는 신라 선덕 여왕 때 경주에 세워졌다.

③ 첨성대에서 별을 관측하였다는 기록이 남아 있다.

④ 첨성대는 약 362개의 돌을 쌓아 만들어졌으며, 이 돌은 1년을 의미한다.

⑤ 첨성대를 불교의 제단으로 생각하는 사람들은 첨성대가 수미산을 닮았다는 것을 근거로 든다.

04
이 지문의 핵심어는 '첨성대'입니다. 첨성대에 대한 설명으로 적절하지 않은 선택지를 찾고, 왜 적절하지 않은지도 생각해 보세요.

05 **윗글의 내용을 고려할 때, ㉠의 이유로 가장 적절한 것은?**

① 소원을 빌기 위해

② 시간을 표시하기 위해

③ 계절의 변화를 연구하기 위해

④ 다음날의 날씨를 예측하기 위해

⑤ 씨를 뿌릴 시기와 곡식을 거둘 시기를 알기 위해

05
1문단의 내용을 고려하여 우리 조상들이 별을 관찰한 이유가 무엇인지 생각해 보세요.

국보 : 나라에서 지정하여 법률로 보호하는 문화재

지정하다 : 관공서, 학교, 회사, 개인 등이 어떤 것에 특정한 자격을 주다.

제단 : 제사를 지내는 단

고려하다 : 생각하고 헤아려 보다.

예측하다 : 미리 헤아려 짐작하다.

기압이 날씨에 미치는 영향

국어사전에 따르면 바람은 '기압의 변화 또는 사람이나 기계에 의하여 일어나는 공기의 움직임'이다. 여기에서의 기압은 무엇이고, 기압이 어떻게 바람을 일으키는 것일까? 기압은 공기의 무게 때문에 생기는 압력을 의미하는 것으로, 같은 장소라고 할지라도 시간, 온도에 따라 다를 수 있다. 두 지점의 기압에 차이가 생기면, 압력이 높은 곳에서 낮은 곳으로 이동하는 공기의 성질 때문에 바람이 불게 된다.

한편 기압은 대기의 상태를 표현하는 가장 기본적인 요소 중 하나이다. 고기압은 보통 맑은 날씨를, 저기압은 나쁜 날씨를 나타낸다. 그런데 왜 고기압일 때는 날씨가 좋고, 저기압일 때는 나쁠까? 이는 공기의 이동과 관련이 있다.

저기압은 일정한 부피에서 공기의 양이 주위보다 적어 기압이 낮은 곳이다. 그러므로 저기압 지역에서는 바람이 바깥에서 중심을 향해 불어오게 된다. 중심으로 모아진 바람은 위로 올라가게 되는데, 이 때문에 상승 기류가 생긴다. 상승 기류가 만들어지면 압력이 낮아지면서 공기의 수증기가 응결하여 구름이 만들어진다. 그래서 저기압 지역은 구름이 끼고 비나 눈이 내리는 등 날씨가 나빠지게 된다.

반면 대기 중에서 높이가 같은 주위보다 기압이 높은 영역을 고기압이라고 한다. 고기압 지역에서는 ㉠같은 원리로 공기가 바깥을 향해 불어 나가며 하강 기류가 만들어진다. 하강하는 공기는 수증기를 많이 흡수하는데, 주위에 있던 구름마저 수증기로 흡수해버리기 때문에 날씨가 맑아지게 된다.

이처럼 기압은 바람을 불게 하고 날씨에도 영향을 미치는 등 우리의 삶과 밀접한 관련이 있다. 오늘부터 일기 예보를 들으며 이 내용들을 떠올려 보자. 일기 예보가 전보다 재밌게 느껴질 것이다.

---

1 문단
핵심어 :
중심 문장에 밑줄 치세요.

2 문단
핵심어 :
중심 문장에 밑줄 치세요.

3 문단
핵심어 :
중심 문장에 밑줄 치세요.

4 문단
핵심어 :
중심 문장에 밑줄 치세요.

5 문단
핵심어 :
중심 문장에 밑줄 치세요.

압력 : 누르는 힘
대기 : 공기. 우주에 존재하고 있는 물체의 겉을 둘러싸고 있는 기체
부피 : 넓이와 높이를 가진 물건이 공간에서 차지하는 크기
상승 기류 : 대기 중에서 위로 올라가는 공기의 흐름
응결하다 : 기체 상태의 물의 일부가 액체로 변하다.
하강 기류 : 대기 중에서 아래로 내려가는 공기의 흐름
흡수하다 : 빨아서 거두어들이다.
밀접하다 : 아주 가깝게 맞닿아 있다. 또는 그런 관계에 있다.

[핵심어]

06 다음은 윗글의 핵심 내용을 정리한 것이다. 빈칸에 들어가기에 적절한 말을 쓰시오.

> 바람은 두 지점의 (   )의 차이로 인해 공기가 이동하는 성질 때문에 불게 된다.

[중심 문장]

07 5문단의 중심 문장으로 적절한 것은?

① 이처럼 기압은 바람을 불게 하고 날씨에도 영향을 미치는 등 우리의 삶과 밀접한 관련이 있다.
② 오늘부터 일기 예보를 들으며 이 내용들을 떠올려 보자.
③ 일기 예보가 전보다 재밌게 느껴질 것이다.

08 윗글의 내용으로 적절하지 <u>않은</u> 것은?

① 같은 장소에서의 기압은 온도에 따라 달라지기도 한다.
② 같은 장소에서의 기압은 시간에 따라 달라지기도 한다.
③ 공기의 무게 때문에 생기는 압력을 고기압이라고 한다.
④ 고기압 지역과 저기압 지역에서는 바람의 방향이 달라진다.
⑤ A 지점과 B 지점의 기압에 차이가 생기면 압력이 높은 곳에서 낮은 곳으로 공기가 이동하기 때문에 바람이 분다.

08
이 지문에서는 기압에 대해 설명하면서 기압의 차이 때문에 바람이 불고, 날씨도 달라진다고 하였어요. 선택지의 내용이 윗글의 어느 부분에서 찾을 수 있는 내용인지를 떠올려 보세요!

09 다음은 3문단의 내용을 정리한 것이다. 빈칸에 들어가기에 적절한 말을 쓰시오.

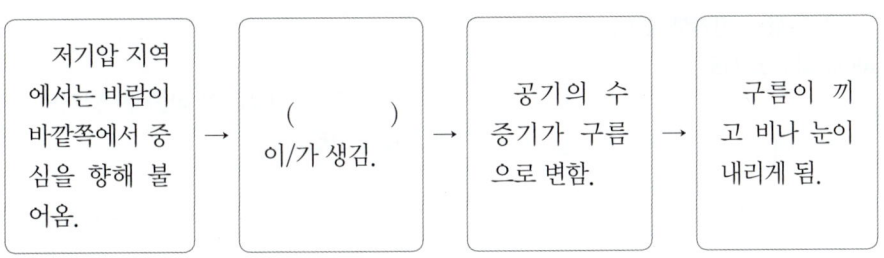

저기압 지역에서는 바람이 바깥쪽에서 중심을 향해 불어옴. → ( ) 이/가 생김. → 공기의 수증기가 구름으로 변함. → 구름이 끼고 비나 눈이 내리게 됨.

09
3문단에서는 저기압 지역에서 날씨가 나빠지는 이유를 설명하고 있어요. 3문단의 내용을 하나씩 생각해 가며 빈칸에 들어가기에 적절한 말을 생각해 보세요.

10 ㉠이 의미하는 바로 가장 적절한 것은?

① 차가운 공기는 아래쪽으로 이동한다.
② 부피가 일정하다면 공기의 양도 일정하다.
③ 온도가 일정하다면, 공기는 이동하지 않는다.
④ 공기는 압력이 높은 곳에서 낮은 곳으로 이동한다.
⑤ 같은 장소라도 시간, 온도에 따라 기압이 다를 수 있다.

10
3문단에서는 저기압 지역에서 날씨가 나빠지는 이유를, 4문단에서는 고기압 지역에서 날씨가 맑아지는 이유를 설명하고 있지요? 저기압에서 바람이 바깥에서 중심을 향해 불어오게 되는 이유가 무엇인지를 떠올리며 ㉠이 의미하는 바를 생각해 봅시다.

관련 : 둘 이상의 사람, 사물, 현상 따위가 서로 관계를 맺어 매여 있음. 또는 그런 관계
일정하다 : 어떤 것의 크기, 모양, 범위, 시간 따위가 하나로 정하여져 있다.

★ 정답은 [해설편 표지] 안쪽에 있습니다.

* [01~04] 제시된 초성과 뜻풀이를 참고하여 빈칸에 들어가기에 알맞은 단어를 쓰시오.

01 ㄱㅂ : 나라에서 지정하여 법률로 보호하는 문화재
예 우리나라 (   ) 제 1호인 남대문의 정식 이름은 숭례문이다.

02 ㅂㅍ : 넓이와 높이를 가진 물건이 공간에서 차지하는 크기
예 네 짐이 (   )을/를 많이 차지하니까 창고에 잠시 옮겨 두면 어떨까?

03 ㅈㄷ : 제사를 지내는 단
예 신석기 시대에 제사를 지낼 때 사용되었던 것으로 추측되는 (   )이/가 발견되었다.

04 ㄷㄱ : 공기, 우주에 존재하고 있는 물체의 겉을 둘러싸고 있는 기체
예 바람은 여러 가지 원인으로 인해 (   )이/가 움직이는 것을 의미한다.

* [05~08] 문맥을 고려하여 다음 문장의 빈칸에 들어가기에 알맞은 단어를 〈보기〉에서 찾아 쓰시오.

〈보기〉
고려   밀접   일정   예측

05 친구가 좋아하는 것을 (   )해서 생일 선물을 골랐다.

06 이번 청소년 도서전 주최측에서는 참가 인원을 500명 정도로 (   )하고 있다.

07 컴퓨터는 우리 생활과 (   )하게 연관되어 있다.

08 실험에 성공하기 위해 과학실의 온도를 (   )하게 유지하였다.

* [09~12] 제시된 글자들을 조합하여 다음 뜻풀이에 해당하는 단어를 쓰시오.

국	측	응	접
부	상	결	천
지	고	승	문
정	려	피	대

09 대기 중에서 위로 올라가는 공기의 흐름
(   ) 기류

10 천문 현상을 관측하고 연구하기 위하여 설치한 시설. 또는 그런 기관 (   )

11 관공서, 학교, 회사, 개인 등이 어떤 것에 특정한 자격을 주다. (   )하다

12 기체 상태의 물의 일부가 액체로 변하다.
(   )하다

* [13~15] 문맥을 고려하여 밑줄 친 단어의 뜻과 가장 가까운 것을 고르시오.

13
그 건물은 늘 문이 열려 있어서 <u>내부</u>가 훤히 보인다.

① 모양   ② 안쪽   ③ 바깥쪽

14
건물의 아랫부분은 큰 <u>압력</u>을 받기 때문에 특별히 더 튼튼하게 지어야 한다.

① 곡선   ② 속도   ③ 힘

15
종이를 코팅하면 종이가 물을 <u>흡수하지</u> 않는다.

① 빨아들이다   ② 내보내다   ③ 나누다

✽ 일기 예보 100% 이해하기

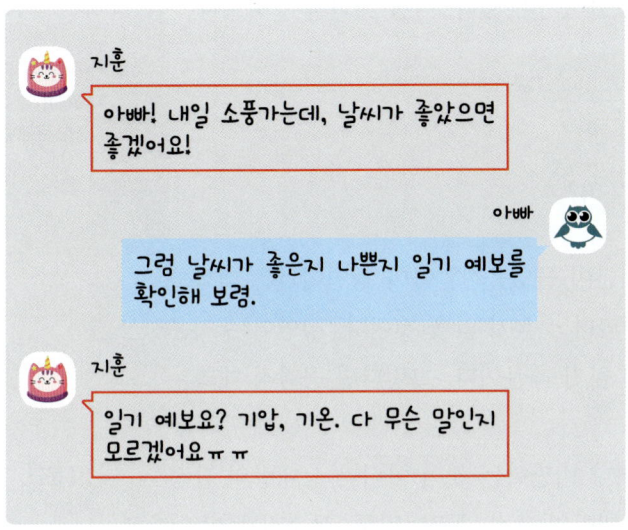

지훈
아빠! 내일 소풍가는데, 날씨가 좋았으면 좋겠어요!

아빠
그럼 날씨가 좋은지 나쁜지 일기 예보를 확인해 보렴.

지훈
일기 예보요? 기압, 기온. 다 무슨 말인지 모르겠어요ㅠㅠ

뉴스를 보다 보면 빠지지 않고 등장하는 것이 하나 있죠! 바로 기상 캐스터의 일기 예보입니다. 기상 캐스터들은 일기 예보에서 기온, 기압, 습도, 풍속 등 날씨의 여러 요소들을 알려 줍니다. 기상 캐스터들이 하는 말을 알아듣지 못하면 우리는 일기 예보를 완전히 이해할 수 없어요. 일기 예보에 자주 나오는 말을 지금 함께 알아볼까요?

먼저 '기온'은 땅에서 1.5m 높이에 있는 공기의 온도를 말해요. 최저 기온은 하루 중 제일 낮은 온도이고, 최고 기온은 하루 중 제일 높은 온도를 말하죠. '습도'는 공기 중에 포함되어 있는 수증기의 양을 말해요. 비가 오는 날에는 공기 중에 수증기가 많아 습도가 높고, 맑게 갠 날에는 공기 중에 수증기가 적어 습도가 낮아요.

'기압'은 공기의 압력을 말합니다. 주변과 비교하여 기압이 높은 곳을 고기압, 기압이 낮은 곳을 저기압이라고 하며, 바람은 기압이 높은 곳에서 낮은 곳으로 공기가 이동하여 생기는 것입니다. 즉, 기압과 관련이 있는 것이 바로 바람입니다. 이러한 바람과 관련이 있는 말인 '풍향'은 바람이 불어오는 방향을 의미하고, '풍속'은 바람이 불어오는 빠르기를 말해요.

앞으로는 일기 예보를 확인할 때 이와 같은 말들을 잘 살펴보세요! 언젠가 여러분이 기상 캐스터들처럼 날씨를 예보할 수도 있을 것입니다.

공감적 대화

공감적 대화란 대화에 참여한 사람들이 서로의 생각이나 감정을 깊이 이해하고 함께 나누는 대화를 의미한다. 공감적 대화의 방법에는 상대방의 말을 열린 마음으로 듣는 공감적 듣기와 자신의 감정을 적절하게 표현하는 말하기가 있다. 다음 대화를 살펴보자.

> 지윤 : 주말에 방 정리를 했는데, 너무 힘들었어.
> 정연 : 많이 힘들었구나. 무슨 일 있었어?
> 진희 : 너 청소 자주 안하지? 방 정리가 뭐가 힘들어?

내가 지윤이라면, 친구들의 말을 듣고 어떤 기분이 들었을까? 아마 정연이와는 대화를 이어나가고 싶을 것이고, 진희와는 더 이상 대화하고 싶지 않을 것이다. 정연이는 지윤이의 말에 공감을 하고 있지만, 진희는 그렇지 않기 때문이다. 그렇다면 공감적 대화는 어떻게 하는 것일까?

먼저 공감적 듣기는 상대방의 말을 분석하거나 비판하는 것이 아니라 상대방의 감정을 생각하며 듣는 것이다. 즉, 대화를 할 때 상대방의 표정, 몸짓, 말투, 목소리 등이 어떠한지 살피며 상대방의 감정을 파악하며 듣는 것이다. 위의 대화에서 정연이는 '많이 힘들었구나.'라며 지윤이의 감정에 공감하고 있다.

자신의 감정을 적절하게 표현하는 말하기 역시 공감적 대화의 방법이다. 위의 상황에서 진희의 말에 지윤이가 화를 낸다면 다툼으로 이어질 수도 있다. 이 때 지윤이는 화를 낼 것이 아니라, 당시의 상황을 구체적으로 말하고 감정을 솔직하게 이야기해야 한다. 대상과 상황을 고려하여 공손한 태도를 갖추면 더욱 좋다. 공손한 태도로 나의 감정을 이야기하면 상대도 자신의 말과 행동을 침착하게 돌아보고 대화할 수 있기 때문이다. 진희에게 "아까 내가 방 정리 때문에 힘들다고 말했을 때, 네가 '너 청소 자주 안하지? 방 정리가 뭐가 힘들어?'라고 말을 해서 기분이 안 좋았어. 다음부턴 좀 더 부드럽게 말해줄 수 있을까?"라고 한다면 진희도 지윤이에게 실수한 것을 깨닫고 사과를 할 것이다.

'＿＿＿㉠＿＿＿'라는 말이 있다. 그만큼 말이 갖는 힘이 크다는 것이다. 말 한 마디에 친구와 싸우기도 하고, 큰 힘을 얻기도 한다. 상대방의 감정에 공감하며 열린 마음으로 듣고, 또 나의 감정을 상대방이 잘 이해할 수 있도록 솔직하고 구체적으로 표현하는 것, 그것이 바로 공감적 대화이다.

1 문단
핵심어 :
중심 문장에 밑줄 치세요.

2 문단
핵심어 :
중심 문장에 밑줄 치세요.

3 문단
핵심어 :
중심 문장에 밑줄 치세요.

4 문단
핵심어 :
중심 문장에 밑줄 치세요.

5 문단
핵심어 :
중심 문장에 밑줄 치세요.

공감 : 남의 감정, 의견, 주장 따위에 대하여 자기도 그렇다고 느낌. 또는 그렇게 느끼는 기분
분석하다 : 얽혀 있거나 복잡한 것을 풀어서 개별적인 요소나 성질로 나누다.
비판하다 : 현상이나 사물의 옳고 그름을 판단하여 밝히거나 잘못된 점을 지적하다.

▶ 정답과 해설 p. 26

01 [핵심어]
다음은 윗글의 핵심 내용을 정리한 것이다. 빈칸에 들어가기에 적절한 말을 쓰시오.

> (   )은/는 대화에 참여한 사람들이 서로의 생각이나 감정을 깊이
> 이해하고 함께 나누는 대화를 의미한다.

02 [중심 문장]
1문단의 중심 문장으로 가장 적절한 것은?

① 공감적 대화란 대화에 참여한 사람들이 서로의 생각이나 감정을 깊이 이해하고
함께 나누는 대화를 의미한다.
② 공감적 대화의 방법에는 상대방의 말을 열린 마음으로 듣는 공감적 듣기와 자
신의 감정을 적절하게 표현하는 말하기가 있다.
③ 다음 대화를 살펴보자.

03 윗글에 대한 설명으로 적절하지 않은 것은?

① 구체적인 대화의 예를 들고 있다.
② 공감적 대화가 무엇인지 설명하고 있다.
③ 공감적 듣기가 무엇인지 설명하고 있다.
④ 공감적 대화를 하는 방법을 설명하고 있다.
⑤ 공감적 대화를 하지 않는 사람들을 비난하고 있다.

03
이 지문에서는 지윤, 정연, 진희의 대화를 예로 들어 공감적 대화에 대해 설명하고 있어요. 지문의 내용과 관련이 없는 선택지를 골라보세요!

04 '공감적 대화'에 대한 설명으로 적절하지 않은 것은?

① 대화 참여자들이 서로의 생각, 감정을 깊이 이해하는 것이다.
② 상대방의 말투, 표정 등에 유의해서 감정을 살피며 듣는 것이다.
③ 나의 감정을 상대방이 잘 이해할 수 있도록 구체적으로 표현하는 것이다.
④ 상대방의 말을 분석하며 듣고, 상대방이 하는 말의 문제점을 찾는 것이다.
⑤ 어떤 상황에서 자신이 느낀 감정을 솔직하게 표현하는 것도 공감적 대화이다.

04
이 지문의 핵심어는 '공감적 대화'입니다. 선택지에 제시된 내용이 각 문단의 어느 부분에서 다루고 있는지 살펴보세요.

05 ㉠에 들어갈 속담으로 가장 적절한 것은?

① 발 없는 말이 천 리 간다.
② 말 한마디에 천 냥 빚도 갚는다.
③ 입은 삐뚤어져도 말은 바로 해라.
④ 낮말은 새가 듣고 밤말은 쥐가 듣는다.
⑤ 가루는 칠수록 고와지고 말은 할수록 거칠어진다.

05
①~⑤는 모두 말과 관련된 속담이네요! 글의 흐름을 고려하면 ㉠에는 말의 힘과 관련된 속담이 들어가야 겠지요? 말에 대한 여러 속담의 의미를 생각하며 문제를 풀어 보세요.

적절하다 : 꼭 알맞다.
구체적 : 사물이 직접 경험하거나 지각할 수 있도록 일정한 형태와 성질을 갖추고 있는 것
비난하다 : 남의 잘못이나 결점을 책잡아서 나쁘게 말하다.
참여자 : 어떤 일에 끼어들어 관계하는 사람

 DAY **07** 사회

만 18세인 청소년에게 선거권을 주어야 할까?

선거권이란 대통령과 국회의원 등을 뽑는 선거에 참여할 수 있는 국민의 권리를 의미한다. 2005년 이전까지 우리나라에서는 만 20세 이상만 선거권을 갖고 있었지만, 2005년에 선거법이 개정되면서 만 19세 이상부터 선거권이 주어졌다. 현재 경제협력개발기구(OECD)* 34개국 가운데 가장 늦은 연령이다. OECD 회원국 가운데 오스트리아의 선거 연령은 만 16세로 가장 빠르며, 미국·영국·프랑스 등 많은 국가들의 선거 연령은 만 18세다. 일본은 2016년에 선거 연령을 만 20세에서 만 18세로 조정하였다. 이 때문에 우리나라에서는 매번 선거철이 되면 만 18세 청소년들에게 선거권을 주어야 하는지에 대해 찬성과 반대 측의 의견이 팽팽하게 맞서고 있다.

선거 연령을 만 18세로 낮추는 것에 찬성하는 측에서는 만 18세부터 납세·근로·국방의 의무가 부여되는데 선거권만 만 19세로 정해져 있는 것은 적절하지 못하다고 본다. 또한 청소년들이 충분히 정치적 결정을 할 능력도 갖추고 있다고 강조한다. 다양한 매체의 발달과 정치와 관련된 교육의 질이 향상됨에 따라 청소년들이 정치에 참여할 수 있는 환경이 예전보다 더 좋아졌고, 이 때문에 청소년들이 미성숙해서 그들에게 선거권을 줄 수 없다는 주장은 불합리하다고 이야기한다. 게다가 삶에 영향을 주는 선거에 참여함으로써 영향력을 행사하는 것은 기본권을 향상하는 일인 동시에 민주주의의 발전을 실현하는 것이라고도 덧붙인다.

이와는 반대로 선거 연령을 만 18세로 낮추는 것에 반대하는 측, 즉 선거 연령을 현재 상태인 만 19세로 유지해야 한다고 주장하는 측에서는 청소년들을 미성숙한 존재로 여긴다. 만 18세라면 대부분 고등학교 3학년일 것이며, 입시 등으로 바쁜 학생들이 정치에 관심을 갖기는 어렵다는 것을 근거로 든다. 정치에 관심을 크게 둘 수 없는 현실적인 상황에서 선거권을 갖게 된다면 투표를 못하는 사람들도 있을 것이고, 미숙한 결정을 할 가능성도 높다는 것이 그들의 생각이다.

민주주의 사회를 이끌어가는 필수적인 요소는 선거라고 해도 과언이 아니다. 과연 몇 세부터 선거권을 갖는 것이 옳은지에 대해 사회적 차원에서 진지한 의견 교환이 필요한 때이다.

* 경제협력개발기구 : 경제 성장, 개발 도상국 원조, 통상 확대의 세 가지를 주요 목적으로 하여 1961년에 창설된 국제 경제 협력 기구

---

1 문단
핵심어 :
중심 문장에 밑줄 치세요.

2 문단
핵심어 :
중심 문장에 밑줄 치세요.

3 문단
핵심어 :
중심 문장에 밑줄 치세요.

4 문단
핵심어 :
중심 문장에 밑줄 치세요.
권리 : 어떤 일을 행하거나 타인에 대하여 당연히 요구할 수 있는 힘이나 자격
납세 : 세금을 냄.
근로 : 부지런히 일함.
국방 : 외국의 침략에 대비 태세를 갖추고 국토를 방위하는 일
영향력 : 어떤 사물의 효과나 작용이 다른 것에 미치는 힘. 또는 그 크기나 정도
행사하다 : 부려서 쓰다.
향상하다 : 실력, 수준, 기술 따위가 나아지다. 또는 나아지게 하다.
미성숙하다 : 아직 성숙하지 못하다.

[핵심어]

06 다음은 윗글의 핵심 내용을 정리한 것이다. 빈칸에 들어가기에 적절한 말을 쓰시오.

> (   )(이)란 대통령과 국회의원 등을 뽑는 선거에 참여할 수 있는 국민의 권리를 의미한다.

[중심 문장]

07 2문단의 중심 문장으로 가장 적절한 것은?

① 선거 연령을 만 18세로 낮추는 것에 찬성하는 측에서는 만 18세부터 납세·근로·국방의 의무가 부여되는데 선거권만 만 19세로 정해져 있는 것은 적절하지 못하다고 본다.

② 또한 청소년들이 충분히 정치적 결정을 할 능력도 갖추고 있다고 강조한다.

08 윗글의 내용으로 적절하지 <u>않은</u> 것은?

① 우리나라에서는 2005년에 선거법이 개정되었다.

② 일본은 2016년에 선거 연령을 이전보다 낮추었다.

③ 우리나라에서는 만 18세부터 세금을 낼 의무를 진다.

④ OECD 국가 중 선거 연령이 가장 늦은 나라는 우리나라이다.

⑤ OECD 국가 중 선거 연령이 가장 빠른 나라는 영국이며, 영국의 선거 연령은 만 16세이다.

08
1문단에서 우리나라를 비롯한 OECD 국가들의 선거 연령에 대해 이야기하고 있네요. 1문단의 내용을 떠올리며 문제를 풀어볼까요?

09 〈보기〉는 2문단의 내용을 정리한 것이다. 가장 적절하지 <u>않은</u> 것은?

〈보기〉

선거 연령을 만 18세로 낮추는 것에 찬성하는 이유

㉠ 정치와 관련된 교육의 질이 높아짐.

㉡ 선거권만 만 19세로 정해져 있는 것은 적절하지 못함.

㉢ 청소년들은 정치적 결정을 할 능력을 갖추고 있지 않음.

㉣ 다양한 매체의 발달로 정치에 참여할 수 있는 환경이 예전보다 나빠짐.

① ㉠, ㉡   ② ㉠, ㉢   ③ ㉡, ㉢   ④ ㉡, ㉣   ⑤ ㉢, ㉣

09
2문단에서는 선거 연령을 만 18세로 낮추는 것에 찬성하는 측이 그렇게 주장하는 근거를 들고 있어요. 이들의 의견과 반대되는 것을 골라 보세요.

10 글쓴이가 윗글을 쓴 궁극적인 목적으로 가장 적절한 것은?

① OECD 국가들의 선거 연령을 알리기 위해

② 우리나라의 선거 연령이 만 19세로 정해진 이유를 알리기 위해

③ 우리나라에서 납세, 국방의 의무가 시작되는 나이를 알리기 위해

④ 선거 연령을 낮추는 것에 반대하는 사람들의 주장을 소개하기 위해

⑤ 우리나라에서 선거 연령을 만 18세로 낮추는 것에 대해 의견을 나누자고 권하기 위해

10
글에는 글쓴이의 생각이 담겨 있어요. 글을 읽고 글쓴이가 무엇을 말하고자 하는지 파악하는 것은 글의 주제를 파악하는 것과 같습니다.

연령 : 사람이나 동·식물 따위가 세상에 나서 살아온 햇수. =나이

개정되다 : 이미 정하였던 것이 고쳐져 다시 정해지다.

궁극적 : 더할 나위 없는 지경에 도달하는 것

★ 정답은 [해설편 표지] 안쪽에 있습니다.

[01~05] 〈보기〉에 제시된 초성과 뜻풀이를 참고하여 다음 문장의 빈칸에 들어가기에 알맞은 단어를 쓰시오.

〈보기〉
- ㄱㄱ : 남의 감정, 의견, 주장 따위에 대하여 자기도 그렇다고 느낌. 또는 그렇게 느끼는 기분
- ㅇㄹ : 사람이나 동·식물 따위가 세상에 나서 살아온 햇수
- ㄱㅂ : 외국의 침략에 대비 태세를 갖추고 국토를 방위하는 일
- ㄱㄹ : 어떤 일을 행하거나 타인에 대하여 당연히 요구할 수 있는 힘이나 자격
- ㄴㅅ : 세금을 냄.

01 어린 아이들은 (   )에 맞는 장난감을 가지고 놀아야 안전하다.

02 모든 인간은 자유롭게 자신의 의견을 말할 수 있는 (   )이/가 있다.

03 나는 친구의 슬픔에 (   )을/를 느꼈다.

04 돈을 벌면 그에 맞게 (   )의 의무를 다해야 한다.

05 모든 나라들은 자기 나라의 (   )을/를 튼튼히 하기 위해 노력한다.

[06~07] 문맥을 고려하여 밑줄 친 단어의 뜻과 가장 가까운 것을 고르시오.

06
> 민주 국가의 시민이라면 국가의 정책에 관심을 가지고 잘못된 점은 <u>비판하는</u> 자세를 가져야 한다.

① 맞추다   ② 무시하다   ③ 지적하다

07
> 한 건설 회사가 부실 공사를 했다는 사실이 알려지자 많은 사람들이 그 회사를 <u>비난했다</u>.

① 곤란하다   ② 이해하다   ③ 욕하다

[08~12] 다음의 글자들을 조합하여 다음 뜻풀이에 해당하는 단어를 쓰시오.

정	참	근	성	영	개	숙
미	여	로	자	향	력	배

08 어떤 일에 끼어들어 관계하는 사람 (   )

09 아직 성숙하지 못하다. (   )하다

10 어떤 사물의 효과나 작용이 다른 것에 미치는 힘. 또는 그 크기나 정도 (   )

11 부지런히 일함. (   )

12 이미 정하였던 것이 고쳐져 다시 정해지다.
(   )되다

[13~16] 사다리 타기에 따라, 빈칸에 들어갈 단어의 뜻을 〈보기〉에서 골라 번호를 쓰시오.

〈보기〉
① 사물이 직접 경험하거나 지각할 수 있도록 일정한 형태와 성질을 갖추고 있는 것
② 얽혀 있거나 복잡한 것을 풀어서 개별적인 요소나 성질로 나누다.
③ 꼭 알맞다.
④ 더할 나위 없는 지경에 도달하는 것

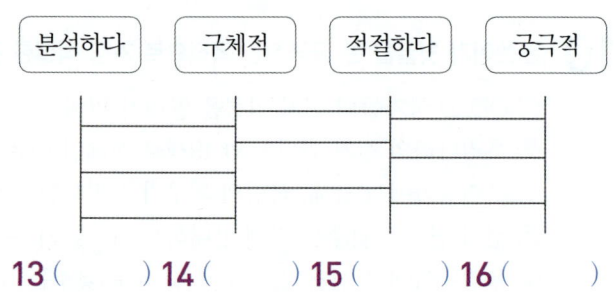

13 (   ) 14 (   ) 15 (   ) 16 (   )

✳ 청소년들의 정치 참여

옛날부터 청소년들은 나라가 바른 길로 가지 못한다고 느끼면 자신들의 의견을 강하게 드러냈어요. 대표적인 것으로는 이승만의 독재 정권을 몰아낸 4 · 19 혁명을 들 수 있죠. 이승만은 헌법을 두 번이나 고쳐서 무려 12년 동안이나 대통령 자리에 있었고, 계속해서 대통령을 하기 위해 부정 선거를 저질렀어요.

그러자 여기저기에서 부정 선거에 항의하는 시위가 벌어졌고, 이 시위를 막는 과정에서 마산상고 1학년 김주열 학생이 시신으로 마산 앞바다에서 발견되었어요. 이에 더욱 더 분노한 학생들과 시민들은 4월 19일에 서울과 광주, 부산 등 전국 곳곳에서 "부정 선거 다시 하라! 이승만 정권 물러가라!"라고 외치며 시위를 벌였고, 결국 이승만은 정권에서 물러나게 되었지요. 이 과정에서 많은 사람들이 다치고 죽고 말았어요. 특히 사망자의 41%가 학생들이었다고 하는 것은 그만큼 학생들이 이 시위에 많이 참여했었다는 것을 보여 줍니다.

이후에도 청소년들은 1980년 광주 민주화 운동 때에도, 최근의 '촛불 시위' 때에도 어엿한 시민으로 참여하여 자신들의 의견을 표현하고 있어요. 청소년들 역시 국민이고, 시민이기 때문이죠. 한 나라의 시민으로서 정치에 좀 더 관심을 갖고, 참여하기 위한 다양한 방안을 생각해 보세요!

공기 청정기의 원리

'삼한사온(三寒四溫)'이란, 7일을 주기로 사흘 동안 춥고 나흘 동안 따뜻한 우리나라 겨울 날씨를 의미한다. 요즘에는 이를 변형한 '삼한사미'라는 새로운 말이 생겼다. 겨울에 3일은 날씨가 춥고, 4일은 미세먼지*가 심각하여 공기의 질이 나쁘다는 의미이다. 예전에는 봄의 황사만 조심하면 된다고 생각했었지만, 어느새 사계절 내내 미세먼지가 우리의 삶을 심각하게 위협하고 있다. 사람들이 외출할 때에는 미세먼지용 마스크를 착용하게 되었고, 학교나 집에서도 공기를 정화하는 기능을 하는 공기 청정기를 설치하여 사용하게 되었다. 그렇다면 공기 청정기는 어떤 원리로 공기를 맑게 해주는 것일까?

공기 청정기가 공기 중 먼지 입자를 거르는 방식은 전기 집진 방식과 여과 흡착 방식으로 나눌 수 있다. 우리가 사용하는 공기 청정기는 보통 여과 흡착 방식으로 공기를 깨끗하게 한다.

여과 흡착 방식이란, 필터를 이용해 먼지 입자를 걸러내는 것이다. 필터는 공기 속의 먼지들의 크기 차이를 이용하여 공기 중에 섞여있는 고체 입자를 분리해 낸 후, 필터의 표면에 이것들을 달라붙게 한다. 필터의 종류에 따라 제거할 수 있는 먼지 입자의 크기가 달라지는데, 보통 입자가 큰 섬유 먼지 등을 1차로 거르고, 입자가 작은 미세먼지 등을 2차로 거르게 된다.

미세먼지가 인간의 건강에 나쁜 영향을 준다는 연구 결과가 계속 발표되고 있어, 미세먼지에 대한 사람들의 공포심도 커지고 있다. 성능이 뛰어난 공기 청정기를 통해 미세먼지를 거르는 것도 좋은 방법이지만, 수시로 창문을 열어 환기하는 것도 잊지는 말아야 한다. 실내에서도 미세먼지가 발생하기 때문이다. 하지만 무엇보다 중요한 것은 공기 청정기가 없이도 자유롭게 숨을 쉴 수 있도록 환경오염을 예방하는 것이 아닐까?

* 미세먼지 : 지름 10마이크로미터(㎛) 이하의, 눈으로 분간하기 어려울 정도로 아주 작은 먼지

---

1 문단
핵심어 :
중심 문장에 밑줄 치세요.

2 문단
핵심어 :
중심 문장에 밑줄 치세요.

3 문단
핵심어 :
중심 문장에 밑줄 치세요.

4 문단
핵심어 :
중심 문장에 밑줄 치세요.

변형하다 : 모양이나 형태가 달라지거나 달라지게 하다.
심각하다 : 상태나 정도가 매우 깊고 중대하다. 또는 절박함이 있다.
위협하다 : 힘으로 으르고 협박하다.
착용하다 : 의복, 모자, 신발, 액세서리 따위를 입거나, 쓰거나, 신거나 차거나 하다.
입자 : 물질을 구성하는 미세한 크기의 물체
집진 : 먼지나 쓰레기 따위를 한곳에 모으는 일
여과 : 거름종이나 여과기를 써서 액체 속에 들어 있는 침전물이나 입자를 걸러 내는 일
흡착 : 어떤 물질이 달라붙음.
표면 : 사물의 가장 바깥쪽. 또는 가장 윗부분
환기하다 : 탁한 공기를 맑은 공기로 바꾸다.

[핵심어]

01 다음은 윗글의 핵심 내용을 정리한 것이다. 빈칸에 들어가기에 적절한 말을 쓰시오.

> 공기 청정기가 먼지 입자를 거르는 방식은 (   )와/과 (   )
> (으)로 나눌 수 있다.

[중심 문장]

02 1문단의 중심 문장으로 가장 적절한 것은?

① '삼한사온(三寒四溫)'이란, 7일을 주기로 사흘 동안 춥고 나흘 동안 따뜻한 우리나라 겨울 날씨를 의미한다.

② 요즘에는 이를 변형한 '삼한사미'라는 새로운 말이 생겼다.

③ 그렇다면 공기 청정기는 어떤 원리로 공기를 맑게 해주는 것일까?

08 DAY

03 다음은 윗글의 내용을 정리한 것이다. 빈칸에 들어가기에 적절한 말을 순서대로 쓰시오.

> 공기 청정기가 (   ) 입자를 거르는 방식
> • 전기 집진 방식
> • 여과 흡착 방식 : (   )을/를 이용하여 먼지 입자를 걸러냄.

03
이 지문에서는 공기 청정기가 공기를 깨끗하게 하는 방법에 대해 설명하고 있어요. 특히 2, 3문단에서 이와 같은 내용을 설명하고 있군요.

04 윗글을 읽고 답할 수 있는 질문으로 가장 적절한 것은?

① 미세먼지가 심해진 이유는 무엇인가요?

② 공기 청정기가 공기를 어떻게 깨끗하게 하나요?

③ 미세먼지가 발생한 날 마스크는 어떻게 쓰는 것이 좋을까요?

④ 공기 청정기가 여과 흡착 방식만을 이용하는 이유는 무엇인가요?

⑤ 미세먼지가 사계절 내내 우리의 삶을 위협하는 이유는 무엇인가요?

04
선택지에 제시된 내용의 답을 이 지문의 어느 부분에서 찾을 수 있는지 확인해 보세요.

05 윗글의 내용으로 적절하지 않은 것은?

① 실내에서도 미세먼지가 발생한다.

② 과거보다 현재 미세먼지 문제가 더 심각하다.

③ 우리는 보통 여과 흡착 방식의 공기 청정기를 사용한다.

④ 미세먼지는 성능이 뛰어난 공기 청정기로만 거를 수 있다.

⑤ 공기 청정기가 없어도 자유롭게 숨을 쉬려면 환경오염을 먼저 예방해야 한다.

05
이 지문에서는 미세먼지를 거르는 공기 청정기에 대해 설명하고 있지요? 지문의 내용과 다른 내용이 쓰인 선택지를 찾아 보세요.

거르다 : 찌꺼기나 건더기가 있는 액체를 체나 거름종이 따위에 밭쳐서 액체만 받아 내다.

발생하다 : 어떤 일이나 사물이 생겨나다.

위험에 처한 사람을 구해야만 하는 법

성서에 따르면 한 유태인이 강도를 만나 상처를 입고 길가에 버려지자 다른 사람들은 모두 그 유태인을 외면하였지만, 평소 유태인들이 무시하고 싫어했던 사마리아인만은 그를 도와주었다고 한다. 착한 사마리아인 법은 이 이야기에서 시작된 것으로, 어떤 사람이 위험에 처해 있을 때 이를 보고도 구조하지 않고 그냥 지나간 사람들을 처벌하는 법을 의미한다.

착한 사마리아인 법처럼 위험에 처한 사람을 돕는 행동이 법에 의한 의무가 되어도 괜찮은가에 대해서는 찬성과 반대의 의견이 있다. ㉠찬성하는 쪽에서는 이것이 인간의 존엄성을 위해 꼭 지켜야 하는 최소한의 법이라고 주장한다. 과거에는 도덕규범들 중 몇몇은 법으로 정해 두었고 나머지는 개인의 양심에 맡겼다. 그랬더니 법과 달리 강제성이 없는 도덕규범과 같은 도덕적으로는 당연히 지켜져야 할 일들이 무시되는 경우가 많아졌다. 점차 인간의 생명과 같은 기본적인 권리들이 보호받지 못하는 경우가 많아졌고, 이와 같은 상황 때문에 착한 사마리아인 법을 도입하는 나라들이 생겨났다는 것이 찬성하는 쪽의 주장이다. 이들은 최소한의 도덕을 법으로 만들어 위험에 처한 사람을 구하기 위한 법적인 근거로 삼으려 한다.

한편 이와 ㉡반대되는 의견을 가진 사람들은 개인의 양심에 따른 도덕적 판단에 대해 법으로 강제성을 주는 것은 지나친 규제라고 주장한다. 위험한 상황을 목격했을 때 그 사람을 도와줄 것인지를 결정하는 것은 개인의 자유이기 때문에 도움이 필요한 사람을 돕지 않는 것은 도덕적으로 비난의 대상이 될 수는 있지만, 이를 법으로 정해서 그 사람에게 도덕적 행동을 요구하는 것은 개인의 자유를 침해한다는 것이다. 이들은 법적인 처벌을 피하기 위해 누군가를 돕는 것은 개인의 양심에서 비롯된 진실된 행동이 아니므로 도덕적으로 올바른 행동이 아니라고 본다.

가끔씩 뉴스를 통해 위험에 처한 주변 사람들을 외면하는 경우를 보게 된다. 이러한 문제를 해결하여 사람들이 안정적이고 행복하게 살 수 있도록 착한 사마리아인 법을 도입해야 한다는 주장도 틀린 것은 아니다. 하지만 우리나라에도 이 법을 도입해야 하는지는 좀 더 신중하게 생각해 보아야 한다.

1 문단
핵심어 :
중심 문장에 밑줄 치세요.

2 문단
핵심어 :
중심 문장에 밑줄 치세요.

3 문단
핵심어 :
중심 문장에 밑줄 치세요.

4 문단
핵심어 :
중심 문장에 밑줄 치세요.

성서 : 성경
처벌하다 : 형벌에 처하다.
존엄성 : 감히 범할 수 없는 높고 엄숙한 성질
도덕규범 : 사람들이 행동하는 데 지켜야 할 도덕적 본보기
규제 : 규칙이나 규정에 의하여 일정한 한도를 정하거나 정한 한도를 넘지 못하게 막음.
침해하다 : 침범하여 해를 끼치다.
도입하다 : 기술, 방법, 물자 따위를 끌어 들이다.

[핵심어]

06 다음은 윗글의 핵심 내용을 정리한 것이다. 빈칸에 들어가기에 적절한 말을 쓰시오.

> 어떤 사람이 위험에 처해 있을 때 이를 보고도 구조하지 않고 그냥 지나간 사람들을 처벌하기 위한 법을 (   )(이)라고 한다.

[중심 문장]

07 4문단의 중심 문장으로 가장 적절한 것은?

① 이러한 문제를 해결하여 사람들이 안정적이고 행복하게 살 수 있도록 착한 사마리아인 법을 도입해야 한다는 주장도 틀린 것은 아니다.

② 하지만 우리나라에도 이 법을 도입해야 하는지는 좀 더 신중하게 생각해 보아야 한다.

08 윗글에 대한 설명으로 가장 적절한 것은?

① 전문가의 의견을 인용하고 있다.

② 구체적인 조사 결과를 제시하고 있다.

③ 서로 반대되는 사람들의 의견을 소개하고 있다.

④ 질문을 던지고 이에 답하면서 내용을 전개하고 있다.

⑤ 다양한 학자들의 의견을 소개하고, 새로운 결론을 제시하고 있다.

08
이 지문에서는 착한 사마리아인 법에 대해 설명하고, 이에 대해 찬성하는 측의 주장과 반대하는 측의 주장을 소개하고 이야기하고 있어요.

09 윗글의 내용으로 적절하지 않은 것은?

① 도덕규범과 달리 법은 강제성이 있다.

② 인간의 기본적인 권리는 늘 보호받아 왔다.

③ 착한 사마리아인 법은 성서와 관련이 있다.

④ 착한 사마리아인 법을 도입한 나라도 있다.

⑤ 법을 통해 도움이 필요한 사람들을 반드시 돕도록 하는 것은 개인의 자유를 침해할 수도 있다.

09
선택지의 내용이 지문의 어느 부분에서 이야기하고 있는 것인지를 확인해 보세요.

10 ㉠, ㉡에 대한 설명으로 적절하지 않은 것은?

① ㉠은 착한 사마리아인 법이 인간의 존엄성을 지키기 위해 필요하다고 생각한다.

② ㉠은 착한 사마리아인 법을 통해 도덕적으로 당연히 지켜져야 할 일들이 무시되는 경우를 없애고자 한다.

③ ㉡은 개인의 양심에 따른 판단에 법으로 강제성을 주는 것은 지나치다고 생각한다.

④ ㉡은 법으로 벌을 받는 것을 피하기 위해 누군가를 돕는 것은 도덕적으로 올바르지 않다고 생각한다.

⑤ ㉠과 ㉡은 인간의 생명을 구하기 위해서라면 위험에 처한 사람을 돕는 행동이 법에 의한 의무가 되어도 괜찮다고 생각한다.

10
㉠은 착한 사마리아인 법을 찬성하는 사람들을, ㉡은 착한 사마리아인 법을 반대하는 사람들을 가리킵니다. 이들의 주장은 주로 2, 3문단에 제시되어 있네요. 2, 3문단을 중심으로 적절하지 않게 설명하고 있는 선택지를 골라볼까요?

인용하다 : 남의 말이나 글을 자신의 말이나 글 속에 끌어 쓰다.

전개하다 : 내용을 진전시켜 펴 나가다.

강제성 : 권력이나 위력(威力)으로 남의 자유의사를 억눌러 원하지 않는 일을 억지로 시키는 성질

★ 정답은 [해설편 표지] 안쪽에 있습니다.

* **[01~04]** 제시된 글자들을 조합하여 다음 뜻풀이에 해당하는 단어를 쓰시오.

집	진	여	해	엄	강	제	성
존	용	규	제	성	인	기	환

01 먼지나 쓰레기 따위를 한곳에 모으는 일 (   )

02 권력이나 위력(威力)으로 남의 자유의사를 억눌러 원하지 않는 일을 억지로 시키는 성질 (   )

03 감히 범할 수 없는 높고 엄숙한 성질 (   )

04 규칙이나 규정에 의하여 일정한 한도를 정하거나 정한 한도를 넘지 못하게 막음. (   )

* **[05~08]** 문맥을 고려하여 다음 문장의 빈칸에 들어가기에 알맞은 단어를 고르시오.

05
> 이번 태풍으로 인해 남부 지방의 피해가 (   ) 하다.

① 심란   ② 관찰   ③ 심각

06
> 자전거를 탈 때는 항상 헬멧을 (   )하여야 한다.

① 허용   ② 착용   ③ 착각

07
> 미세먼지는 (   )이/가 아주 작아서 우리 몸속으로 쉽게 들어온다.

① 입장   ② 입자   ③ 자원

08
> 글을 쓸 때는 주제에 맞게 내용을 (   )해야 한다.

① 전개   ② 전진   ③ 전공

* **[09~13]** 제시된 초성과 뜻풀이를 참고하여 빈칸에 들어가기에 알맞은 단어를 쓰시오.

09 ㅇㅇ하다 : 남의 말이나 글을 자신의 말이나 글 속에 끌어 쓰다.
㉠ 교장 선생님은 속담을 자주 (   )하신다.

10 ㅊㅎ하다 : 침범하여 해를 끼치다.
㉠ 헌법에 보장된 종교 선택의 자유를 (   )해서는 안됩니다.

11 ㄷㄷㄱㅂ : 사람들이 행동하는 데 지켜야 할 도덕적 본보기
㉠ 모두가 살기 좋은 세상을 만들기 위해서는 (   )을/를 지키는 것이 중요하다.

12 ㅎㄱ하다 : 탁한 공기를 맑은 공기로 바꾸다.
㉠ 겨울철에도 하루에 두 번 정도는 창문을 열어 집 안을 (   )할 필요가 있다.

13 ㅂㅅ하다 : 어떤 일이나 사물이 생겨나다.
㉠ 날씨가 건조한 가을에는 정전기가 많이 (   )한다.

* **[14~16]** 문맥을 고려하여 밑줄 친 단어의 뜻과 가장 가까운 것을 고르시오.

14
> 그는 뛰어난 바느질 솜씨로 아끼던 인형의 머리 모양을 <u>변형하였다</u>.

① 버리다   ② 넣다   ③ 바꾸다

15
> 사장님은 직원이 내놓은 새로운 정책을 회사에 <u>도입하기로</u> 결정했다.

① 적용하다   ② 떼어놓다   ③ 노력하다

16
> 키위의 <u>표면</u>은 거칠거칠하지만 속은 아주 부드럽다.

① 안쪽   ② 겉면   ③ 표정

✳ 천연 공기 청정기

요즘 우리나라에 미세먼지 농도가 높은 날이 이어지면서 공기를 정화하는 식물들이 인기를 얻고 있어요. 넓적한 잎을 통해 보통 식물보다 훨씬 많은 이산화탄소와 나쁜 물질을 빨아들이고, 밤에는 맑은 공기를 방출하는 것으로 유명한 식물로 산세베리아가 있죠.

연구 결과에 따르면 산세베리아는 10분 동안 음이온 2천 개를 내뿜는대요. 산세베리아에서 나온 음이온은 양이온을 띤 미세먼지와 달라붙는답니다. 그렇다면 미세먼지는 어떻게 될까요? 무게가 무거워지겠죠? 무거워진 미세먼지 입자는 더 이상 공기 중에 떠 있지 못하고 바닥으로 떨어지게 됩니다. 그럼 바닥만 청소하면 깨끗한 공기를 유지할 수 있게 됩니다. 게다가 산세베리아가 뿜는 음이온은 우리 몸의 혈액 순환을 도와주어 피로감을 덜어준다고 해요. 산세베리아가 공기도 깨끗하게 해주고 피로까지 풀어주는군요!

▲ 산세베리아

다른 식물들도 미세먼지를 거르는데 도움이 되냐고요? 그렇습니다. 보통 집에서 키우는 식물의 잎들이 반짝거리지요? 이 반짝거리는 층을 왁스층이라고 하는데, 미세먼지는 이 식물의 왁스층에 달라붙는대요. 또 식물의 잎 뒷면에는 공기구멍인 기공이 있는데, 식물은 이 기공을 통해 미세먼지를 빨아들인다고 해요. 기공 크기는 식물 종류에 따라 조금씩 다르기는 하지만, 대부분의 경우 20nm 정도라고 해요. 그러니까 2.5nm 이하의 먼지, 즉 초미세먼지들이 이 기공으로 흡수되어 사라지는 거죠!

공기 청정기도 물론 공기를 깨끗하게 하는 데에 도움이 되지만, 여러 식물들도 공기를 깨끗하게 해 준답니다. 전기가 필요 없는 천연 공기 청정기인 다양한 식물들! 오늘 내 방 창가에 식물이 심어져 있는 화분을 놓는 것은 어떨까요?

STEP II
문단 요약하기, 문단 간의 관계 파악하기

★ 문단 요약이란?
문단의 내용을 한 문장으로 간단하게 표현하는 것입니다.

● 문단을 요약하는 이유
글을 읽을 때 한 번에 글의 모든 정보를 기억하기란 쉽지 않아요. 그래서 문단별로 핵심 내용을 기억하는 것이 중요합니다. 문단별로 요약한 내용을 모아 놓으면 전체 글을 요약한 것이 되기 때문에 문단을 요약하면 전체 글의 내용을 파악할 수 있어요.

● 문단을 요약하는 방법
- 덜 중요하거나 반복되는 내용을 지운다.
- 중심 문장을 선택한다.
- 구체적인 개념이나 세부 정보를 나타내는 단어들을 모두 포함하는 하나의 표현으로 바꾼다.
- 중심 문장이 뚜렷하게 나타나 있지 않다면 내용을 다시 구성하여 새 문장을 만든다.

★ 문단 간의 관계 파악이란?
각 문단들이 서로 어떻게 연결되어 있는지 알아보는 것입니다.

● 문단 간의 관계를 파악하는 이유
한 편의 글은 여러 개의 문단으로 이루어져 있고, 보통 중심 문단과 그것을 뒷받침하는 문단으로 나눌 수 있어요. 따라서 문단 간의 관계를 파악하면 글쓴이가 그 글을 통해 말하고자 하는 바를 알 수 있고, 글 전체의 내용을 이해하는데 도움이 됩니다.

● 문단 간의 관계를 파악하는 방법
- '그리고, 또, 또한, 마찬가지로' 등의 연결 표현이 등장하면 앞에서 나온 내용과 비슷한 내용이 이어질 것이라고 예상하기
- '하지만, 그러나, 그렇지만, 그럼에도' 등의 연결 표현이 등장하면 앞의 내용과 반대되거나 다른 방향의 내용이 이어질 것이라고 예상하기
- '따라서, 즉, 결론적으로' 등의 연결 표현이 등장하면 앞의 내용을 요약하여 정리하거나, 다시 한 번 말함으로써 강조하는 내용이 이어질 것이라고 예상하기
- '이, 그, 저, 이러한' 등의 표현이 등장하면 이 표현들이 앞의 내용 중 무엇을 가리키는 것인지를 살펴보기

나 어제 시험공부 하나도 안 했어!

"나 어제 시험공부 하나도 안 했어."

많은 학생들이 시험 날 아침, 친구들을 만나면 이런 말을 한다. 왜 이러한 이야기를 하는 것일까? 심리학에서는 이런 행동을 스스로에게 불리한 조건을 만든다는 의미로 '셀프 핸디캐핑(Self-handicapping)'이라고 한다.

셀프 핸디캐핑이란 중요한 평가를 앞두고 자신이 좋은 평가를 받을 수 있을지가 확실하지 않은 경우, 스스로 그 일을 하기에 어려운 상황을 만들어 내고 그것을 다른 사람에게 알리는 행동을 말한다. 시험 전 날 공부를 하지 않고 그것을 친구들에게 알리는 것도 이에 해당된다.

사람들은 왜 자신에게 불리한 조건을 만드는 것일까? 스스로에게 불리한 조건을 만들어 두면 그 일을 실패하더라도 핑계를 댈 수 있고, 만약에 성공한다면 불리한 조건에도 성공한 것이라며 자신의 능력을 뽐낼 수 있기 때문이다.

미국의 사회 심리학자인 버글래스와 존스는 실험을 통해 이 현상을 증명했다. 그들은 '학습 능력과 약물 효과'라는 주제로 대학생을 대상으로 실험을 했다. 대학생을 A 그룹과 B 그룹으로 나누어 A 그룹은 간단한 문제를, B 그룹은 어려운 문제를 풀게 했다. 그리고 나서 다른 문제를 풀기 전에 A, B 그룹의 학생들에게 '문제 해결 능력을 향상시키는 a약'과 '문제 해결 능력을 감소시키는 b약' 중 하나를 선택해 먹도록 하였다. 모두 a약을 선택했을 것 같지만, B 그룹의 학생들은 대부분 b약을 선택했다. 어려운 문제를 풀었던 B 그룹 학생들이 다음 과제에서 자신들의 점수가 낮게 나올 것에 대비하여 오히려 문제 해결 능력을 저하시키는 약을 선택한 것이다.

셀프 핸디캐핑은 당장은 자신에 대한 다른 사람들의 부정적인 평가를 약하게 만들 수 있다. 하지만 장기적으로는 주변 사람들에게 '핑계만 대는 사람'으로 여겨지게 되며, 스스로의 능력을 올리기 위한 노력을 게을리 하게 되어 결국 큰 손해가 될 수도 있다. 그러므로 지나친 셀프 핸디캐핑은 자제해야 한다.

---

1 문단

요약 : ☐☐ ☐☐☐ ☐의 예

2 문단

요약 : 셀프 핸디캐핑의 의미

3 문단

요약 : 셀프 핸디캐핑을 하는 이유

4 문단

요약 : ☐☐☐☐☐와/과 ☐☐의 실험

5 문단

요약 : 셀프 핸디캐핑의 단점

평가 : 사물의 가치나 수준 따위를 평함. 또는 그 가치나 수준
해당되다 : 어떤 범위나 조건 따위에 바로 들어맞게 되다.
증명하다 : 어떤 사항이나 판단 따위에 대하여 그것이 진실인지 아닌지 증거를 들어서 밝히다.
향상하다 : 실력, 수준, 기술 따위가 나아지다. 또는 나아지게 하다.
감소하다 : 양이나 수치가 줄다. 또는 양이나 수치를 줄이다.
대비하다 : 일어날지도 모르는 어떠한 일에 대응하기 위하여 미리 준비하다.
저하하다 : 정도, 수준, 능률 따위가 떨어져 낮아지다.
장기적 : 오랜 기간에 걸치는 것
손해 : 물질적으로나 정신적으로 밑짐.
자제하다 : 자신의 강점이나 욕망을 스스로 억제하다.

[문단 요약]

01 다음은 2문단의 내용을 정리한 것이다. 빈칸에 들어가기에 적절한 말을 쓰시오.

> 중요한 평가를 앞두고 그 평가에서 자신이 좋은 결과를 얻을 수 있을지 확실하지 않은 경우, 스스로에게 불리한 상황을 만들고 그것을 다른 사람에게 알리는 행동을 (   )(이)라고 한다.

[문단 간의 관계]

02 윗글에 대한 설명으로 적절하지 **않은** 것은?

① 1문단에서는 구체적인 예를 들고, 2, 3, 4문단에서는 이에 대해 설명하고 있다.
② 4문단에서는 학자들의 실험을 소개하고, 5문단에서는 이에 대해 반대하고 있다.

STEP Ⅱ 문단 요약하기, 문단 간의 관계 파악하기

STEP Ⅰ 에서 공부한 내용을 바탕으로 각 문단의 핵심어를 찾고 문단을 요약해 봅시다.

문단을 요약하는 방법
❶ 덜 중요하거나 반복되는 내용을 지운다.
❷ 중심 문장을 선택한다.
❸ 구체적인 개념이나 세부 정보를 나타내는 단어들을 모두 포함하는 하나의 표현으로 바꾼다.
❹ 중심 문장이 뚜렷하게 나타나 있지 않다면 내용을 다시 구성하여 새 문장을 만든다.

문단의 내용을 요약하여 문단 간의 관계를 파악하면 글 전체의 내용을 이해하는 데 도움이 됩니다.

1문단

가장 핵심이 되는 말이 셀프 핸디캐핑이므로 1문단의 핵심어는 '셀프 핸디캐핑'입니다. 시험공부를 하지 않았다는 말을 하는 상황을 예로 들어 셀프 핸디캐핑이 무엇인지 설명하고 있어요. 그러므로 1문단을 요약하면 '셀프 핸디캐핑의 사례'입니다.(문단 요약 ❸ 적용)

2문단

가장 중심이 되는 말이 셀프 핸디캐핑입니다. 따라서 2문단의 핵심어는 '셀프 핸디캐핑'입니다. 셀프 핸디캐핑이 무엇인지 설명하고 있으므로, 2문단의 내용을 요약하면 '셀프 핸디캐핑의 의미'입니다.(문단 요약 ❸ 적용)

✱ 문단 관계 1문단에서는 구체적인 예를 들어 셀프 핸디캐핑에 대해 설명하고 있고, 2문단에서는 1문단에서 이야기한 셀프 핸디캐핑의 의미를 보충하고 있어요.

3문단

가장 많이 등장하는 단어는 불리한 조건입니다. 따라서 3문단의 핵심어는 '불리한 조건'입니다. 사람들이 불리한 조건을 만드는 이유, 즉 셀프 핸디캐핑을 하는 이유에 대해 설명하고 있어요. 이러한 내용을 다시 구성하여 3문단을 요약하면 '셀프 핸디캐핑을 하는 이유'입니다.(문단 요약 ❹ 적용)

4문단

가장 중심이 되는 단어는 증명입니다. 따라서 4문단의 핵심어는 '증명'입니다. 버글래스와 존스가 실험을 통해 사람들이 셀프 핸디캐핑을 하는 현상을 증명했다고 이야기하고 있습니다. 따라서 4문단의 내용을 요약하면 '버글래스와 존스의 실험'입니다.(문단 요약 ❹ 적용)

✱ 문단 관계 3문단에서는 사람들이 셀프 핸디캐핑을 하는 이유를 설명하였고, 4문단에서는 이를 구체적으로 증명한 실험을 소개하고 있습니다.

5문단

가장 자주 나오는 말이 셀프 핸디캐핑이므로 5문단의 핵심어는 '셀프 핸디캐핑'입니다. 지나친 셀프 핸디캐핑의 단점과 이에 대한 글쓴이의 생각을 이야기하고 있으므로 5문단의 내용을 요약하면 '셀프 핸디캐핑의 단점'입니다.

[문단 간의 관계 파악]

• 1문단 : 셀프 핸디캐핑의 사례 ─── 사례 제시
• 2문단 : 셀프 핸디캐핑의 의미 ─── 개념 보충
• 3문단 : 셀프 핸디캐핑을 하는 이유 ─┐ 사람들이 셀프 핸디캐핑을 하는
• 4문단 : 버글랜스와 존스의 실험 ─┘ 이유와 이를 증명하는 실험 소개
• 5문단 : 셀프 핸디캐핑의 단점 ─── 전체 내용 요약 및 단점 소개

✱ 이 글에서는 셀프 핸디캐핑의 의미를 설명하고, 지나친 셀프 핸디캐핑을 하지 말아야 한다고 이야기하고 있습니다. 이러한 내용을 모두 포함하고 있는 이 글 전체의 중심 문장은 '셀프 핸디캐핑이란 중요한 평가를 앞두고 자신이 좋은 평가를 받을 수 있을지가 확실하지 않은 경우, 스스로 그 일을 하기에 어려운 상황을 만들어 내고 그것을 다른 사람에게 알리는 행동을 말한다.'입니다.

✱ 각 문단을 요약한 것 중에서 핵심 내용을 뽑아 다시 요약하면 글 전체 내용을 요약한 것이 됩니다.

✱ 1문단에서는 셀프 핸디캐핑의 예, 2문단에서는 셀프 핸디캐핑의 의미, 3문단에서는 셀프 핸디캐핑을 하는 이유, 4문단에서는 버글래스와 존스의 실험, 5문단에서는 셀프 핸디캐핑의 단점에 대해 이야기하고 있으므로, 이 글 전체를 요약하면 '사람들은 셀프 핸디캐핑을 많이 하는데, 지나친 셀프 핸디캐핑은 자제해야 한다.'입니다.

〈이삭 줍는 여인들〉이 혁명을 유도한다고?

오른쪽의 그림은 사실주의 화가 장 프랑수와 밀레(Jean François Millet)의 대표작인 〈이삭 줍는 여인들(Des glaneuses)〉이다. 〈이삭 줍기〉라고도 불리는 이 그림은 추수가 끝나고 난 뒤 밭에 남겨진 이삭을 줍고 있는 여인들의 모습을 담고 있다. 언뜻 보기엔 평화로운 농촌의 모습을 그린 것처럼 보이는 이 그림을 밀레가 발표했을 때 당시 사회가 발칵 뒤집어졌다고 한다. 그 이유는 무엇일까?

▲ 밀레, 〈이삭 줍는 여인들〉
출처 : Hello PHOTO

당시에는 추수할 때 들판에 떨어진 이삭은 줍지 않았다고 한다. 가난한 사람들이 들판에 떨어진 이삭을 주워 가져가 먹고 살 수 있게 하기 위해서였다. 밀레는 남의 밭에 떨어진 이삭을 열심히 모으고 있는 두 여인과 이제 막 허리를 펴며 주운 것을 정리하고 있는 한 여인의 모습을 통해 궁핍한 삶을 살고 있는 농민과 노동자의 처지를 보여 주려고 한 것이다.

㉠이것이 왜 문제가 됐을까? 밀레가 살던 그 시기에 그림은 왕과 귀족 등 상류층만 누릴 수 있는 문화였다. 상류층 사람들은 자신들의 부와 지위를 과시하기 위해 그림을 이용했고, 대부분의 그림 속 주인공 역시 상류층의 사람들이었다. 그런데 밀레가 〈이삭 줍는 여인들〉에서처럼 신분이 낮고, 가난한 사람들을 그리자 가난한 민중을 부추겨 혁명을 유도한다면서 많은 비난을 받게 된 것이었다.

하지만 밀레는 혁명을 유도하기 위해 이 그림을 그린 것은 아니었다. 가난한 시골 농가에서 태어난 밀레는 가난했지만 계속 그림 공부를 했고, 조용한 시골 마을에서 평범한 사람들의 삶을 그리며 살았다. 그래서인지 그의 그림에는 가난한 삶, 그리고 노동에 대한 그의 따뜻한 시선과 깊은 생각이 담겨 있다. 일하는 농민의 모습을 과장하지 않고 있는 그대로 소박하게 그려낸 그의 그림이 후에 인상주의, 후기인상주의 화가들에게 큰 영향을 미친 것은 삶을 바라보는 그의 이러한 시선 때문일 것이다.

[문단 요약]

03 다음은 3문단의 내용을 요약한 것이다. 빈칸에 들어가기에 적절한 말을 쓰시오.

> 그림이 (   ) 사람들만이 누릴 수 있는 문화였던 시기에 밀레는 〈이삭 줍는 여인들〉에서 가난한 사람들을 주인공으로 표현해 민중을 부추겨 혁명을 유도한다고 비난을 받았다.

1 문단
요약 : 발표 당시 논란을 불러일으킨 밀레의 〈□□ 줍는 여인들〉

2 문단
요약 : 〈이삭 줍는 여인들〉에 담긴 밀레의 의도

3 문단
요약 : 밀레의 그림이 논란을 불러일으킨 배경

4 문단
요약 : □□의 작품 세계와 미술사적 의의

이삭 : 곡식이나 과일, 나물 따위를 거둘 때 흘렸거나 빠뜨린 낟알이나 과일, 나물을 이르는 말
추수 : 가을에 익은 곡식을 거두어들임.
궁핍하다 : 몹시 가난하다.
상류층 : 신분이나 생활 수준 따위가 높은 계층
지위 : 개인의 사회적 신분에 따르는 위치나 자리
과시하다 : 자랑하여 보이다.
혁명 : 국가 기초, 사회 제도, 경제 제도, 조직 따위를 근본적으로 고치는 일
유도하다 : 사람이나 물건을 목적한 장소나 방향으로 이끌다.
과장하다 : 사실보다 지나치게 불려서 나타내다.

▶ 정답과 해설 p. 36

[문단 간의 관계]

04 각 문단에 대한 설명으로 적절하지 않은 것은?

① 1문단에서는 구체적인 예를 통해 화제를 제시하고 있다.

② 2문단에서는 1문단과 관련된 배경을 설명하고 있다.

③ 3문단에서는 질문을 하고 답을 하는 형식으로 내용을 전개하고 있다.

④ 4문단에서는 다른 사람들의 말을 인용하고 있다.

05 윗글의 내용으로 가장 적절한 것은?

① 밀레는 인상주의 화가이다.

② 밀레가 그린 〈이삭 줍는 여인들〉은 발표 당시 많은 칭찬을 받았다.

③ 밀레의 〈이삭 줍는 여인들〉 속 여인들은 가난하지만 평범한 사람들이다.

④ 밀레의 그림은 특히 인물을 묘사하는 표현 기법이 우수하여 주목을 받았다.

⑤ 밀레가 그린 〈이삭 줍는 여인들〉은 그림이 발표될 당시에는 주목을 받지 못했다.

05
이 지문에서는 밀레의 〈이삭 줍는 여인들〉이 발표 당시에 비난을 받은 이유에 대해 설명하고 있습니다. 선택지의 내용이 지문의 내용과 다르다면 어떤 부분이 다른지를 생각해 보세요.

06 윗글을 읽고 답할 수 없는 질문은?

① 〈이삭 줍는 여인들〉은 어떤 모습을 담은 그림인가?

② 귀족들이 〈이삭 줍는 여인들〉을 보고 열광한 이유는 무엇인가?

③ 〈이삭 줍는 여인들〉이 발표될 당시 사회적 배경은 어떠했는가?

④ 밀레의 그림이 발표되었을 때 사회가 뒤집어진 이유는 무엇인가?

⑤ 밀레의 그림이 인상주의 화가들에게 영향을 미친 이유는 무엇인가?

06
선택지의 내용이 지문의 어느 부분에서 설명하고 있는 내용인지를 생각해 보세요!

07 ㉠이 가리키는 내용으로 가장 적절한 것은?

① 마을의 분위기를 평화롭게 묘사한 것

② 여인들이 밭에 남겨진 이삭을 줍는 것

③ 그림을 통해 사람들을 선동하려고 한 것

④ 가난한 사람을 그림의 주인공으로 등장시킨 것

⑤ 밭에서 노동하는 사람들의 모습을 과장해서 그린 것

07
문단의 첫머리에 나오는 '이것'은 바로 앞문단의 내용을 가리키는 경우가 많습니다. 3문단에서는 밀레의 그림이 문제가 된 이유에 대해 설명하고 있지요? 2문단에서는 무엇에 대해 이야기하고 있는지 생각해 보세요.

인용하다 : 남의 말이나 글을 자신의 말이나 글 속에 끌어 쓰다.

인상주의 : 19세기 후반 프랑스에서 일어난 근대 미술의 한 경향. 사물의 고유색을 부정하고 태양 광선에 의하여 시시각각으로 변해 보이는 대상의 순간적인 색채를 포착해서 밝은 그림을 그렸다.

기법 : 기교와 방법을 아울러 이르는 말

열광하다 : 너무 기쁘거나 흥분하여 미친 듯이 날뛰다.

묘사하다 : 어떤 대상이나 사물, 현상 따위를 언어로 서술하거나 그림을 그려서 표현하다.

선동하다 : 남을 부추겨 어떤 일이나 행동에 나서도록 하다.

★ 정답은 [해설편 표지] 안쪽에 있습니다.

＊ [01~03] 〈보기〉에 제시된 초성과 뜻풀이를 참고하여 다음 문장의 빈칸에 들어가기에 알맞은 단어를 쓰시오.

〈보기〉
- ㅎㅅ하다 : 실력, 수준, 기술 따위가 나아지다. 또는 나아지게 하다.
- ㅅㅎ : 물질적으로나 정신적으로 밑짐.
- ㄱㅅ하다 : 양이나 수치가 줄다. 또는 양이나 수치를 줄이다.

01 우리 떡볶이 가게를 찾아오는 손님의 수가 (   ) 하고 있는 것 같다.

02 자신의 이익만을 생각하여 남에게 (   )을/를 끼치는 행동을 해서는 안 된다.

03 아무도 없는 조용한 곳에서 공부를 하면 집중력을 (   )하는 데 도움이 된다.

＊ [04~06] 문맥을 고려하여 밑줄 친 단어의 뜻과 가장 가까운 것을 고르시오.

04
이번 시험에서는 꼭 백 점을 맞아서 내가 그 이론을 이해했다는 것을 증명할 것이다.

① 밝히다　　② 바꾸다　　③ 지치다

05
지난주부터 계속 새벽까지 공부를 해 온 지선이는 집중력이 점점 저하하는 것을 느꼈다.

① 넘어서다　　② 낮아지다　　③ 유지하다

06
가을걷이가 끝난 논밭을 보니 벌써 겨울이 오는 것만 같다.

① 추가　　② 추구　　③ 추수

＊ [07~09] 다음의 글자들을 조합하여 다음 뜻풀이에 해당하는 단어를 쓰시오.

조	치	박	대
수	관	비	용
평	상	개	념
가	균	혁	명

07 앞으로 일어날지도 모르는 어떠한 일에 대응하기 위하여 미리 준비하다. (   )하다

08 사물의 가치나 수준 따위를 평함. 또는 그 가치나 수준 (   )

09 국가 기초, 사회 제도, 경제 제도, 조직 따위를 근본적으로 고치는 일 (   )

＊ [10~11] 문맥을 고려하여 다음 문장의 빈칸에 들어가기에 알맞은 단어를 고르시오.

10
내 한 달치 용돈에 (   )하는 돈을 잃어버려서 기분이 아주 좋지 않다.

① 해당　　② 분리　　③ 정리

11
가까운 거리는 걸어 다니는 습관을 들이면 (   )으로 건강이 좋아지는 효과가 나타날 것이다.

① 공식적　　② 특수적　　③ 장기적

✳ 밀레의 〈만종〉

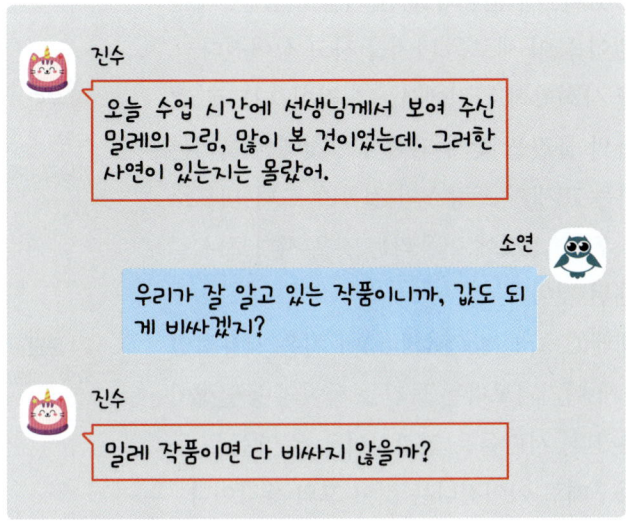

진수
오늘 수업 시간에 선생님께서 보여 주신 밀레의 그림, 많이 본 것이었는데. 그러한 사연이 있는지는 몰랐어.

소연
우리가 잘 알고 있는 작품이니까, 값도 되게 비싸겠지?

진수
밀레 작품이면 다 비싸지 않을까?

화가의 생전에는 별로 가치를 인정받지 못하다가 화가가 죽고 난 뒤에 값이 어마어마하게 뛰는 미술 작품들이 있어요. 우리가 알고 있는 밀레의 〈만종(Angelus)〉도 이러한 경우예요.

〈만종(Angelus)〉은 황혼이 깃드는 밭에서 농민 부부가 하던 일을 잠시 멈추고 교회의 종소리를 들으며 기도하고 있는 모습을 표현하고 있어요. 가로 66㎝, 세로 55.5㎝의 작은 그림이지만, 19세기 말 유럽의 근대 미술을 이야기할 때 빠지지 않는 작품입니다. 왜냐하면 〈만종〉은 신화와 역사를 그리던 것에서 벗어나 일상에 실제로 있는 사람과 삶을 묘사하게 된 것을 보여 주는 사실주의 회화의 명작이기 때문입니다. 밀레는 2년 동안이나 이 그림을 그렸다고 해요.

〈만종〉이 발표되었을 당시, 이 작품은 인기가 없었대요. 작품 제작을 의뢰했던 미국 사람은 이 작품을 찾아가지 않았고, 결국 작품을 완성한 다음 해인 1860년이 되어서야 벨기에의 한 미술상에게 낮은 가격에 팔게 되었어요. 하지만 1875년에 밀레가 죽고 나자 그의 작품이 가진 가치는 치솟기 시작했어요. 마침내 밀레가 죽은 지 14년이 지난 1889년, 경매에 붙여진 〈만종〉은 결국 55만 3000 프랑에 낙찰되었어요. 당시 고전이 아닌 현대 미술 작품에 매겨진 경매 가격으로는 최고라고 하네요.

꼬리에 꼬리를 무는 소비

지율이는 중학교 입학 기념으로 오빠에게 예쁜 초록색 가방을 선물 받았다. 초록색 가방을 메고 학교에 갈 준비를 하다 보니, 오래된 운동화가 마음에 들지 않았다. 그래서 모아둔 용돈으로 가방에 어울리는 새 운동화를 샀다. 새 운동화를 산 기쁨도 잠깐, 자주 입던 청바지와 새 운동화가 어울리지 않는 느낌이 들어 새로운 바지를 사고 싶어졌다.

1 문단
요약 : 지율이의 사례

지율이는 왜 계속 물건이 사고 싶은 것일까? 사회학적 관점에서는 이것이 '디드로 효과' 때문이라고 설명한다. 디드로 효과란, 하나의 물건을 갖게 되면서 그것에 어울리는 다른 물건을 계속해서 사는 것을 가리킨다. 이는 18세기 프랑스의 철학가 드니 디드로(Denis Diderot)가 친구에게 가운을 선물 받은 후로, 그것에 어울리는 것을 사다보니 결국 서재 전체를 바꾸게 되었다는 일화에서 유래된 것이다.

2 문단
요약 : ☐☐☐☐ ☐☐의 개념과 유래

이 용어는 미국의 사회학자인 그랜트 맥크래켄(Grant McCracken)이 처음 사용하였다. 그는 사람들이 물건을 살 때 기능을 중요하게 여기기보다는 물건들 사이의 통일성이나 어울림을 중요하게 생각한다는 것에 주목하였다. 사람들은 연관성이 높은 제품을 구매하려고 하는 욕구를 갖고 있어서 이것이 충동구매로 이어진다는 것이 그의 생각이다.

3 문단
요약 : 디드로 효과가 나타나는 이유

이야기 속 지율이도 마찬가지이다. 가방을 선물 받았을 뿐인데, 이와 어울리는 운동화를 사게 되었고, 새 운동화를 산 이후에는 이와 어울리는 새로운 바지를 사고 싶어졌다. 지율이 역시 기능보다는 물건들 사이의 어울림을 생각했기 때문에 이렇게 소비를 한 것이다.

4 문단
요약 : 지율이가 물건을 계속 사고 싶어졌던 이유

인터넷 쇼핑몰에서 쇼핑을 할 때 내가 고른 상품 아래에 '이 상품에 어울리는 제품', '이 상품을 본 고객들이 함께 살펴본 제품' 등을 추천하는 것도 이 효과를 활용한 것이라고 볼 수 있다. 사람들은 하나의 물건을 사면 그것과 연결되는 상품들을 계속해서 소비하려고 하는데, 이는 자칫하면 끊임없는 소비의 쳇바퀴에 갇혀버리는 결과를 낳을 수도 있다. 앞으로는 어떤 물건을 살 때에는 정말 나에게 꼭 필요한 물건인지를 살펴봄으로써 디드로 효과로 인한 충동구매를 하지 않고 현명한 소비를 하려는 자세를 가져야 한다.

5 문단
요약 : 현명한 ☐☐의 필요성

---

01 [문단 요약]
다음은 2문단의 내용을 정리한 것이다. 빈칸에 들어가기에 적절한 말을 쓰시오.

> 하나의 물건을 갖게 되면서 그것에 어울리는 다른 물건을 계속해서 사는 것을 사회학에서는 (　　　) 효과라고 한다.

02 [문단 간의 관계]
윗글에 대한 설명으로 적절하지 않은 것은?

① 2문단에서는 1문단에서 이야기한 예와 관련된 효과에 대해 설명하고 있다.
② 4문단에서는 2, 3문단의 내용을 바탕으로 1문단의 예를 분석하고 있다.
③ 5문단에서는 지금까지의 내용과 반대되는 학자들의 의견을 소개하고 있다.

사회학 : 사회의 근본 원리를 탐구하고 여러 사회 현상의 통일적인 관계를 밝히는 학문
관점 : 사물이나 현상을 관찰할 때, 그 사람이 보고 생각하는 태도나 방향 또는 처지
일화 : 세상에 널리 알려지지 아니한 흥미 있는 이야기
유래되다 : 사물이나 일이 생겨나게 되다.
용어 : 일정한 분야에서 주로 사용하는 말
주목하다 : 관심을 가지고 주의 깊게 살피다.
연관성 : 사물이나 현상이 일정한 관계를 맺는 특성이나 성질
욕구 : 무엇을 얻거나 무슨 일을 하고자 바라는 일

STEP Ⅱ 문단 요약하기, 문단 간의 관계 파악하기

> 문단을 요약하는 방법
> ❶ 덜 중요하거나 반복되는 내용을 지운다.
> ❷ 중심 문장을 선택한다.
> ❸ 구체적인 개념이나 세부 정보를 나타내는 단어들을 모두 포함하는 하나의 표현으로 바꾼다.
> ❹ 중심 문장이 뚜렷하게 나타나 있지 않다면 내용을 다시 구성하여 새 문장을 만든다.

1문단

가장 핵심이 되는 내용은 지율이가 초록색 가방을 선물 받았다는 것이므로 1문단의 핵심어는 '선물'입니다. 지율이가 초록색 가방을 선물 받은 이후로 자꾸 새로운 물건이 사고 싶다고 하였으므로, 1문단을 요약하면 '지율이의 사례'입니다.(문단 요약 ❸ 적용)

2문단

가장 많이 등장하는 말은 디드로 효과입니다. 따라서 2문단의 핵심어는 '디드로 효과'입니다. 디드로 효과가 무엇이고, 어떤 이야기에서 유래된 것인지에 대해 이야기하고 있으므로, 2문단의 내용을 요약하면 '디드로 효과의 개념과 유래'입니다.(문단 요약 ❸ 적용)

★ **문단 관계** 1문단에서는 구체적인 예를 들었고, 2문단에서는 1문단의 예를 통해 '디드로 효과'에 대해 설명하고 있습니다.

3문단

가장 핵심이 되는 말은 통일성, 어울림입니다. 따라서 3문단의 핵심어는 '통일성'과 '어울림'입니다. 맥크래켄이 생각한 사람들이 충동구매를 하는 이유에 대해 설명하고 있으므로, 이러한 내용을 정리하여 3문단을 요약하면 '디드로 효과가 나타나는 이유'입니다.(문단 요약 ❹ 적용)

★ **문단 관계** 3문단에서는 2문단에서 설명한 '디드로 효과'를 보충하여 설명하고 있습니다.

4문단

가장 핵심이 되는 말은 어울림입니다. 따라서 4문단의 핵심어는 '어울림'입니다. 지율이가 물건을 사는 이유가 물건들 사이의 어울림을 생각했기 때문이라고 하였으므로, 이러한 내용을 다시 구성하여 4문단을 요약하면 '지율이가 물건을 계속 사고 싶어졌던 이유'입니다.(문단 요약 ❹ 적용)

★ **문단 관계** 2문단과 3문단까지의 내용을 바탕으로 1문단의 사례를 분석하고 있어요.

5문단

가장 많이 등장하면서 핵심인 단어는 디드로 효과입니다. 따라서 5문단의 핵심어는 '디드로 효과'입니다. 앞으로 물건을 살 때에는 디드로 효과로 인한 충동구매를 피하기 위해 그 물건이 나에게 꼭 필요한 물건인지 살펴보아야 한다면서 전체 문단의 내용을 요약하고 있어요. 따라서 이러한 내용을 압축해 정리하여 5문단을 요약하면 '현명한 소비의 필요성'입니다.(문단 요약 ❷ 적용)

- 1문단 : 지율이의 사례 —— 사례 제시
- 2문단 : 디드로 효과의 개념과 유래 ⎤ 개념 제시 후, 보충 설명
- 3문단 : 디드로 효과가 나타나는 이유 ⎦
- 4문단 : 지율이가 물건이 계속 사고 싶어졌던 이유 —— 사례 분석
- 5문단 : 현명한 소비의 필요성 —— 글쓴이의 당부

★ 이 글에서는 구체적인 예를 들어 디드로 효과에 대해 설명하고 현명한 소비를 할 것을 당부하고 있습니다. 이러한 내용을 모두 포함하고 있는 이 글 전체의 중심 문장은 '앞으로는 어떤 물건을 살 때에는 정말 나에게 꼭 필요한 물건인지를 살펴봄으로써 디드로 효과로 인한 충동구매를 하지 않고 현명한 소비를 하려는 자세를 가져야 한다.'입니다.

★ 각 문단을 요약한 것 중에서 핵심 내용을 뽑아 다시 요약하면 글 전체 내용을 요약한 것이 됩니다.

★ 1문단에서는 지율이의 사례, 2문단에서는 디드로 효과의 개념과 유래, 3문단에서는 디드로 효과가 나타나는 이유, 4문단에서는 지율이가 계속 물건이 사고 싶어졌던 이유, 5문단에서는 현명한 소비의 필요성에 대해 이야기하고 있으므로 이 글 전체를 요약하면 '디드로 효과 때문에 충동구매를 할 가능성이 있으므로, 현명한 소비를 하려는 자세를 가져야 한다.'입니다.

엘리베이터가 움직이는 원리

무거운 물체를 들어 올리거나, 힘의 방향을 바꾸기 위해 사용하는 장치에는 도르래가 있다. 도르래는 바퀴에 홈을 파고 줄을 걸고 돌려 물건을 움직이는 장치로, 고정 도르래와 움직도르래, 복합 도르래 등으로 나눌 수 있다. 과거 우물의 두레박 등에서 쓰인 고정 도르래는 위치가 고정되어 있어 제자리에서 회전함으로써 힘의 방향을 바꾸는 용도로 주로 사용된다. 반면 움직도르래는 위치가 고정되지 않고 물체와 함께 위아래로 움직이는 도르래로, 적은 힘으로도 무거운 돌을 들어 올릴 수 있게 만든 장치인 거중기에서 사용되었다. 복합 도르래는 고정 도르래와 움직도르래를 함께 연결한 도르래이다.

우리 주변에서 도르래를 사용하는 대표적인 예로는 엘리베이터가 있다. 엘리베이터는 고정 도르래의 원리를 이용한다. 엘리베이터가 운행하는 통로의 가장 꼭대기에는 고정 도르래가 달려 있고, 그 도르래에는 두꺼운 로프가 매달려 있다. 이 로프의 한쪽 끝에는 승객이 타는 공간인 엘리베이터 박스가 있고 다른 쪽에는 평형추가 있어 엘리베이터 박스와 균형을 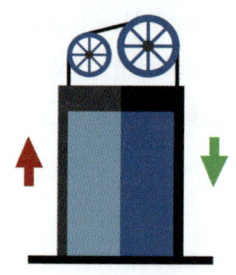 맞춘다. 그리고 모터로 굵은 로프를 감았다 풀었다 하면서 엘리베이터 박스를 위아래로 움직여 엘리베이터를 운행한다. 사람이 타지 않았을 때의 엘리베이터 박스의 무게는 추의 무게와 똑같기 때문에 이 둘은 평형 상태에 놓여 별다른 조치가 없어도 움직이지 않는다.

한편 요즈음에는 줄이 없는 엘리베이터도 개발되었다고 한다. 계속해서 엘리베이터와 관련된 기술이 발전하고 있는 것이다. 엘리베이터와 관련된 기술이 더욱더 발달하면 엘리베이터를 타고 우주에 가는 시대가 올 수도 있지 않을까?

[문단 요약]

03 다음은 2문단의 내용을 요약한 것이다. 빈칸에 들어가기에 적절한 말을 쓰시오.

> 엘리베이터는 (   ) 도르래의 원리를 이용한 것이다.

[문단 간의 관계]

04 각 문단에 대한 설명으로 적절하지 <u>않은</u> 것은?

① 1문단에서는 도르래의 종류를 나열하고 있다.

② 2문단에서는 1문단에서 언급한 도르래 중 엘리베이터에 적용된 도르래와 작동 원리를 설명하고 있다.

③ 3문단에서는 서로 다른 대상을 비교하며 글을 마무리하고 있다.

1 문단

요약 : ☐☐☐의 개념과 종류별 기능

2 문단

요약 : 엘리베이터가 작동하는 원리

3 문단

요약 : ☐☐☐☐☐ 기술에 관한 전망

장치 : 어떤 목적에 따라 기능하는 기계, 도구
로프 : 굵은 밧줄
평형추 : 평형을 이루게 하는 추
균형 : 어느 한쪽으로 기울거나 치우치지 아니하고 고른 상태
운행하다 : 차량 따위를 운용하다.
평형 상태 : 서로 다른 두 방향으로 진행하는 변화의 속도가 같기 때문에 겉보기에는 변화가 일어나고 있지 않은 것으로 보이는 상태
조치 : 벌어지는 사태를 잘 살펴서 필요한 대책을 세워 행함. 또는 그 대책
나열하다 : 죽 벌여 놓다.
적용되다 : 알맞게 이용되거나 맞추어져 쓰이다.

05 윗글을 읽고 빈칸에 들어가기에 적절한 말을 순서대로 쓰시오.

> **도르래**
> • 개념 : 무거운 물체를 들어 올리거나, 힘의 (   )을/를 바꾸기 위해 사용하
>   는 장치
> • 종류 : 고정 도르래, 움직도르래, 복합 도르래
> • 예 ┌ 고정 도르래 : 우물의 두레박, 엘리베이터
>   └ 움직도르래 : (   )

05
이 지문에서는 도르래에 대해 설명한 후, 도르래를 사용하는 대표적인 예인 엘리베이터의 작동 원리를 설명하고 있습니다. 제시된 내용은 1문단에서 설명하고 있으므로, 1문단을 중심으로 빈칸에 들어갈 말이 무엇인지 생각해 보세요.

10 DAY

06 윗글을 읽고 알 수 없는 것은?

① 도르래의 종류
② 복합 도르래의 개념
③ 엘리베이터의 안전장치
④ 엘리베이터 기술의 전망
⑤ 고정 도르래와 움직도르래가 사용된 예

06
선택지에 제시된 내용이 지문의 어느 부분과 관련되어 있는지 생각해 보세요! 지문에서 찾을 수 없는 선택지를 찾아볼까요?

07 윗글을 읽고 난 후의 반응으로 적절하지 않은 것은?

① 정화 : 도르래를 사용하면 적은 힘으로도 물체를 움직일 수 있구나.
② 안나 : 엘리베이터 박스와 평형추는 늘 같은 방향으로 움직이겠구나.
③ 은미 : 균형을 맞추기 위해서 엘리베이터 박스의 반대편에 평형추를 매단 것이
   구나.
④ 세라 : 엘리베이터는 고정 도르래의 원리를 이용하여 오르락내리락 움직이는
   구나.
⑤ 영진 : 복합 도르래는 고정 도르래와 움직도르래를 연결한 것이니까, 물체를 들
   어 올릴 때 드는 힘을 줄여주면서 힘의 방향을 바꿔주기도 하겠네.

07
이 지문의 1문단에서는 도르래의 원리를 설명하고, 2문단에서는 엘리베이터가 움직이는 원리를 설명하고 있어요. 각각의 원리를 적절하게 이해하지 못한 학생을 골라 볼까요?

개념 : 어떤 사물이나 현상에 대한 일반적인 지식
안전장치 : 쉴 때에 기계가 작동하지 못하도록 해 두는 장치
전망 : 앞날을 헤아려 내다봄. 또는 내다보이는 장래의 상황

DAY 10 Review 어휘

★ 정답은 [해설편 표지] 안쪽에 있습니다.

* [01~05] 제시된 글자들을 조합하여 다음 뜻풀이에 해당하는 단어를 쓰시오.

로	프	욕	구
평	용	어	초
형	자	주	목
상	태	존	감

01 굵은 밧줄 (   )

02 일정한 분야에서 주로 사용하는 말 (   )

03 관심을 가지고 주의 깊게 살피다. (   )하다

04 무엇을 얻거나 무슨 일을 하고자 바라는 일
(   )

05 서로 다른 두 방향으로 진행하는 변화의 속도가 같기 때문에 겉보기에는 변화가 일어나고 있지 않은 것으로 보이는 상태 (   )

* [06~07] 문맥을 고려하여 다음 문장의 빈칸에 들어가기에 알맞은 단어를 〈보기〉에서 찾아 쓰시오.

〈보기〉
전망   조치   평형추

06 그 사건이 벌어진 이후, 학생부에서는 (   )을/를 내리기로 했다.

07 무엇이든 열심히 하는 그 친구를 볼 때마다 그 친구의 (   )이/가 밝다는 생각이 든다.

* [08~11] 문맥을 고려하여 밑줄 친 단어의 뜻과 가장 가까운 것을 고르시오.

08
> 올해부터는 공식적인 모든 축구 경기에서 새로 바뀐 규칙이 <u>적용된다</u>.

① 만들어지다   ② 쓰이다   ③ 구매하다

09
> 똑같은 현상을 바라보더라도, 각자의 <u>관점</u>에 따라 다르게 이해할 수 있다.

① 입장   ② 포장   ③ 단점

10
> 서연이는 공책을 과목별로 <u>죽 벌여 놓았다</u>.

① 나열하다   ② 정의하다   ③ 적절하다

11
> 오늘 역사 시간에 세종대왕과 관련된 세상에 널리 알려지지 않은 흥미 있는 <u>이야기</u>를 듣게 되었다.

① 우화   ② 동화   ③ 일화

* [12~13] 다음 단어와 그 뜻풀이를 바르게 연결하시오.

12 장치 •

• ㉠ 사물이나 현상이 일정한 관계를 맺는 특성이나 성질

13 연관성 •

• ㉡ 어떤 목적에 따라 기능하도록 기계, 도구 따위를 그 장소에 장착함. 또는 그 기계, 도구

* 하나만 더! 쇼핑 중독

자꾸 물건을 사는 것을 우리는 '쇼핑 중독'이라고 해요. 쇼핑 중독인 사람들은 '이번에는 이것만 사야지.'라고 결심하고 쇼핑을 시작합니다. 그러나 쇼핑을 시작하게 되면, 처음에 이것만 사고 자제하겠다는 결심이 무너지고 말죠. 이 사람들은 사고 싶은 물건을 접하게 되면 굉장히 사고 싶다는 마음이 드는 것과 동시에 사서는 안 된다는 생각 사이에서 갈등을 겪게 됩니다. 결국 '이것은 이러한 이유 때문에 필요하다!'라는 생각, 즉 자기 합리화를 하게 되어 물건을 사게 되고 맙니다.

물건을 사면, 쇼핑 중독인 사람들은 일시적으로 만족감과 쾌감을 얻을 수 있어요. 하지만 이 기분도 잠시 뿐입니다. 쇼핑을 할 때만 잠깐 만족감을 얻고는 나머지 시간에는 오히려 우울감, 긴장감 등을 느끼게 되는 경우도 많아요. 또한, 쇼핑을 하지 않은 평상시에도 물건을 또 사야 할 것 같은 왠지 모르는 불안감도 느끼게 됩니다.

그렇다면 왜 사람들은 쇼핑에 중독되는 것일까요? 이것은 쇼핑을 통해서 만족감을 느끼고 텅 빈 마음을 보상하려는 마음 때문일 수 있어요. 지금 무엇이 사고 싶다면, 왜 그 물건이 사고 싶은지 생각해 보세요. 만약 내가 쇼핑 중독이라고 생각한다면 쇼핑이 아닌 다른 것을 통해 만족감을 느끼려고 노력해 보세요. 어느 순간, 물건을 사야만 한다는 생각에서 벗어날 수 있을 거예요.

연극의 이해

연극이란 배우가 각본에 따라 어떤 사건이나 인물을 말과 동작으로 관객에게 보여 주는 무대 예술을 의미한다. 즉, 연극은 특정한 상황을 설정하고 등장하는 배우들이 그 상황 속의 인물이 되어 말과 동작 등을 연기하는 것을 의미한다.

연극을 구성하는 요소에는 배우, 무대, 관객, 희곡이 있다. 배우는 극 중 등장인물이 되어 무대 위에서 무언가를 보여 주고 들려주는 역할을 하며, 관객은 무대 위의 배우가 전달하는 내용을 보고 듣고 이해한다. 그리고 어떤 내용을 어떻게 표현하고 전달할지에 관한 계획이 필요한데, 이를 글로 작성한 것을 희곡이라고 한다. 이러한 요소들이 모여 한 편의 연극이 만들어진다.

한편 연극의 내용은 허구이다. 작품 속에서 죽는 역할을 맡았다고 해서 실제로 죽는 것이 아니라는 것은 배우와 관객 모두 알고 있다. 하지만 연극이 시작되면 이러한 허구적인 내용을 자연스럽게 받아들이게 된다. 별다른 무대 장치가 없어도 무대를 영국이라고 설정하면 영국이 되고, 특별한 분장을 하지 않아도 배우들의 국적, 나이 등이 달라진다. 이처럼 연극은 허구적 상황과 이것이 실제 상황이라는 믿음이 함께하는 이중성을 가진다.

또한 연극은 현장성을 갖고 있다. ㉠시나 영화, 그림 등은 관객들이 그 작품을 보기 전에 이미 예술가의 창작이 완료된다. 반면 연극은 무대 위의 배우와 객석의 관객이 만나 함께하는 순간에 완성된다. 그렇기 때문에 연극은 매 순간 다른 공연이 만들어지며, 시간이 지나면 사라지는 일회적인 예술이다.

연극은 우리의 삶 속 다양한 부분을 다루고 있으며, 우리는 연극을 봄으로써 우리의 삶을 되돌아 볼 수도 있다. 다가오는 주말에는 연극 한 편을 관람하면서 스트레스도 해소하고 우리의 삶에 대해 생각해 보는 시간을 가져 보자.

---

01 [문단 요약]

다음은 1문단의 내용을 요약한 것이다. 빈칸에 들어가기에 적절한 말을 쓰시오.

> 배우가 각본에 따라 어떤 사건이나 인물을 말과 동작으로 관객에게 보여 주는 무대 예술을 (   )(이)라고 한다.

1 문단
요약 : ☐☐☐의 개념

2 문단
요약 : 연극의 구성 요소

3 문단
요약 : 연극의 특성 ① 이중성

4 문단
요약 : 연극의 특성 ② ☐☐☐

5 문단
요약 : 연극 감상의 순기능과 관람 권유

각본 : 연극이나 영화를 만들기 위하여 쓴 글. 배우의 동작이나 대사, 무대 장치 따위가 구체적으로 적혀 있다.
특정하다 : 특별히 정하여져 있다.
설정하다 : 새로 만들어 정해 두다.
허구 : 소설이나 희곡 따위에서, 실제로는 없는 사건을 작가의 상상력으로 재창조해 냄. 또는 그런 이야기
일회 : 일정한 순서나 경로를 한 번 돎. 또는 일정한 순서나 경로를 따라 한 번 돌림.

▶ 정답과 해설 p. 42

[문단 간의 관계]

02 각 문단에 대한 설명으로 적절하지 <u>않은</u> 것은?

① 1문단에서는 질문을 통해 연극이 무엇인지 설명하고 있다.

② 2문단에서는 연극을 구성하는 요소를 설명하고 있다.

③ 3문단과 4문단에서는 연극의 특성을 제시하고 있다.

④ 5문단에서는 독자들에게 권유하는 내용으로 글을 마무리하고 있다.

03 윗글을 읽고 답할 수 <u>없는</u> 질문은?

① 연극이란 무엇인가?

② 연극의 구성 요소에는 무엇이 있는가?

③ 연극이 가지고 있는 현장성이란 무엇인가?

④ 연극의 내용이 허구라는 것은 무슨 의미인가?

⑤ 연극은 왜 모든 순간 같은 공연이 만들어지는가?

03
이 지문에서는 연극에 대해 설명하고 있어요. 선택지의 내용이 지문의 어느 부분에서 설명한 내용인지를 생각하며 문제를 풀어볼까요?

11 DAY

04 ㉠에 대한 설명으로 가장 적절한 것은?

① 서로 다른 대상의 개념을 정의하고 있다.

② 서로 다른 대상의 차이점을 밝히고 있다.

③ 서로 다른 대상의 장점과 단점을 언급하고 있다.

④ 하나의 개념을 구성하는 여러 요소를 일정한 기준에 따라 나누고 있다.

⑤ 하나의 개념을 구성하는 여러 요소를 구체적인 예를 들어 설명하고 있다.

04
㉠은 총 두 문장으로 되어 있네요. 앞 문장에서 시나 영화, 그림에 대해 설명하고 있고, 뒷문장에서는 연극에 대해 설명하고 있어요. 앞문장과 뒷문장이 어떻게 연결되어 있는지 생각해 보세요.

05 윗글의 글쓴이가 글을 쓴 이유로 가장 적절한 것은?

① 연극을 관람할 때 유의할 점을 안내하기 위해서

② 연극이 무엇인지 설명하고 관람을 권유하기 위해서

③ 연극이 현대인의 삶에 미치는 영향을 설명하기 위해서

④ 연극과 영화를 비교하여 연극의 장점을 설명하기 위해서

⑤ 연극에서 관객의 역할을 설명하고 그 중요성을 강조하기 위해서

05
글에는 글쓴이의 생각이 담겨 있어요. 글을 읽고 글쓴이가 무엇을 말하고자 이 글을 썼는지 파악하는 것은 글의 주제를 파악하는 것이라고 볼 수 있어요.

구성 : 몇 가지 부분이나 요소들을 모아서 일정한 전체를 짜 이룸. 또는 그 이룬 결과

요소 : 사물의 성립이나 효력 발생 따위에 꼭 필요한 성분. 또는 근본 조건

정의하다 : 어떤 말이나 사물의 뜻을 명백히 밝혀 규정하다.

일정하다 : 어떤 것의 크기, 모양, 범위, 시간 따위가 하나로 정하여져 있다.

유의하다 : 마음에 새겨 두어 조심하며 관심을 가지다.

삶을 바꾸어 놓은 스마트폰

전기가 없던 시절, 농사를 짓는 사람들은 해가 뜨면 논이나 밭에 나가 일을 하고, 해가 지면 돌아와서 쉬었다. 비가 오면 쉬고, 날이 개면 다시 일을 하는 식으로 날씨의 영향을 많이 받았다. 그런데 전기를 이용하게 되면서 사람들은 밤이 되거나 날씨가 좋지 않으면 전등을 키고 일을 하거나 공부를 하게 되었다. 날이 더우면 선풍기나 에어컨 등을 틀었고 날이 추우면 히터 등의 난방 기구를 사용했다. 전기의 이용과 기술의 발달이 우리를 날씨의 영향에서 벗어나게 해 준 것이다. 그렇다면 요즘 우리 삶에서 떼어 놓을 수 없는 존재인 스마트폰은 현대인들의 삶을 어떻게 바꾸어 놓았을까?

먼저 사람들의 행동이 바뀌었다. 우리는 손가락으로 스마트폰을 터치함으로써 스마트폰의 다양한 애플리케이션을 이용하게 된다. 그래서 과거에는 물건을 쥘 때 보조용으로 사용하던 엄지손가락을 매우 많이 사용하게 되었다. 손가락의 움직임은 늘어났지만, 상대적으로 몸의 다른 부위를 움직이는 시간은 줄어들었다. 또한 메신저용 애플리케이션을 통해 다른 사람과 대화하게 되면서 예전보다 전화 통화를 하거나, 실제로 만나서 대화를 하는 일도 줄어들었다.

또 시간을 활용하는 것에서도 변화가 일어났다. 예전에는 통장을 만들거나 다른 사람에게 돈을 보내야 할 때 반드시 은행을 방문해야 했다. 또 과자나 과일 등을 사려고 해도 직접 시장이나 백화점 등을 가야만 했다. 하지만 스마트폰과 통신 기술의 발달로 스마트폰 애플리케이션을 이용하면 그 자리에서 통장을 만들고, 돈을 보낼 수 있게 되었다. 또 물건을 골라 결제를 하는 것만으로도 오전에 시킨 물건을 오후에 받아볼 수 있게 되었다. 은행이나 시장, 마트를 가지 않아도 일을 처리할 수 있게 되면서 사람들은 예전보다 여유 있는 삶을 살게 되었다.

스마트폰과 같은 기술의 발달은 이처럼 우리의 삶에 ㉠변화를 가져왔다. 앞으로는 더욱더 많은 기술이 개발될 것이고, 이는 우리의 삶에 더 큰 영향을 미칠 것이다. 빠르게 변화하는 사회에서 중심을 잡기 위해서는 기술의 영향력을 이해하고 이에 대비하려고 노력해야 한다.

[문단 요약]

06 다음은 3문단의 내용을 정리한 것이다. 빈칸에 들어가기에 적절한 말을 쓰시오.

> (   )의 애플리케이션을 통해 은행이나 마트를 가지 않아도 일을 처리할 수 있게 되면서 사람들은 예전보다 여유 있는 삶을 살게 되었다.

1 문단
요약 : 기술의 발달이 우리 삶에 미친 영향

2 문단
요약 : ☐☐☐☐으로 인한 사람들의 변화 ① 행동

3 문단
요약 : 스마트폰으로 인한 사람들의 변화 ② ☐☐ 활용

4 문단
요약 : 삶의 변화에 대비해야 할 필요성

난방 : 실내의 온도를 높여 따뜻하게 하는 일
터치하다 : 손을 대거나 건드리다.
상대적 : 서로 맞서거나 비교되는 관계에 있는 것
결제 : 돈을 주고받아 당사자 사이의 거래를 끝맺는 일

[문단 간의 관계]

07 각 문단에 대한 설명으로 적절하지 <u>않은</u> 것은?

① 1문단에서는 질문을 통해 읽는 사람의 흥미를 유발하고 있다.

② 2문단과 3문단에서는 1문단의 질문에 대해 답을 하고 있다.

③ 4문단에서는 미래를 부정적으로 전망하며 글을 마무리하고 있다.

08 윗글을 읽고 빈칸에 들어가기에 적절한 말을 쓰시오.

> 스마트폰의 발달로 손가락을 더 많이 이용하게 되는 등 사람들의 (   )이/가 바뀌었다. 또 스마트폰의 애플리케이션을 이용하여 마트 등을 직접 방문하지 않아도 물건을 구매할 수 있게 되면서 시간을 활용하는 것에서도 변화가 일어났다.

08
이 지문에서는 우리의 삶을 바꾸어 놓은 스마트폰의 발달에 대해 이야기하면서, 앞으로 더 많은 기술이 발달하면 우리의 삶이 더욱 많이 바뀔 것이라고 하였어요. 스마트폰의 발달로 우리의 삶이 어떤 모습으로 바뀌었는지 생각해 볼까요?

09 윗글의 내용을 고려할 때, ㉠의 예로 적절하지 <u>않은</u> 것은?

① 신체적인 움직임이 줄어듦.

② 예전보다 여유 시간이 많아짐.

③ 엄지손가락을 많이 사용하게 됨.

④ 예전보다 친구와 전화 통화를 많이 하게 됨.

⑤ 예전보다 친구와 실제로 만나서 대화하는 일이 줄어 듦.

09
㉠ '변화'는 스마트폰이 우리의 삶을 바꾸어 놓은 것을 가리킵니다. 2문단과 3문단의 내용을 고려하여 스마트폰이 우리의 삶에 가져온 변화를 생각해 봅시다.

10 글쓴이가 윗글을 통해 궁극적으로 말하고자 하는 바로 가장 적절한 것은?

① 기술의 영향력을 이해하고 미리 준비해야 한다.

② 사람들의 행동이 바뀐 것이 꼭 좋은 것만은 아니다.

③ 스마트폰 기술이 발달하더라도 우리의 삶을 변화시킬 수는 없다.

④ 날씨의 영향을 벗어나게 해 준 기술의 변화를 무조건 받아들여야 한다.

⑤ 은행이나 마트를 직접 찾아가서 일을 처리하는 것이 더 빠르고 안전하다.

10
글에는 글쓴이의 생각이 담겨 있어요. 글을 읽고 글쓴이가 무엇을 말하고자 이 글을 썼는지 파악하는 것은 글의 주제를 파악하는 것이라고 볼 수 있어요.

유발하다 : 어떤 것이 다른 일을 일어나게 하다.

부정적 : 그렇지 아니하다고 단정하거나 옳지 아니하다고 반대하는 것

전망하다 : 앞날을 헤아려 내다보다.

고려하다 : 생각하고 헤아려 보다.

신체적 : 사람의 몸에 관한 것

여유 : 물질적·공간적·시간적으로 넉넉하여 남음이 있는 상태

처리하다 : 사무나 사건 따위를 절차에 따라 정리하여 치르거나 마무리를 짓다.

11 DAY

＊[01~10] 다음 십자말 퍼즐을 완성하시오.

가로

01 몇 가지 부분이나 요소들을 모아서 일정한 전체를 짜이룸. 또는 그 이룬 결과

03 새로 만들어 정해 두다.

05 특별히 정하여져 있다.

07 서로 맞서거나 비교되는 관계에 있는 것

09 어떤 것의 크기, 모양, 범위, 시간 따위가 하나로 정하여져 있다.

세로

02 소설이나 희곡 따위에서, 실제로는 없는 사건을 작가의 상상력으로 재창조해 냄. 또는 그런 이야기

04 어떤 말이나 사물의 뜻을 명백히 밝혀 규정하다.

06 그렇지 아니하다고 단정하거나 옳지 아니하다고 반대하는 것

08 사람의 몸에 관한 것

10 일정한 순서나 경로를 한 번 돎. 또는 일정한 순서나 경로를 따라 한 번 돌림.

02				06			
01			05				
						08
03	04					
				07		
			09 10			

＊[11~14] 〈보기〉에 제시된 초성과 뜻풀이를 참고하여 다음 문장의 빈칸에 들어가기에 알맞은 단어를 쓰시오.

〈보기〉
• ㄱㅈ : 돈을 주고받아 당사자 사이의 거래를 끝맺는 일
• ㄴㅂ : 실내의 온도를 높여 따뜻하게 하는 일
• ㅇㅇ : 물질적·공간적·시간적으로 넉넉하여 남음이 있는 상태
• ㅇㅅ : 사물의 성립이나 효력 발생 따위에 꼭 필요한 성분. 또는 근본 조건

11 7월에는 ( )이/가 좀 있으니 오랜만에 여행을 한 번 다녀와야겠다.

12 온돌은 우리나라의 전통 ( ) 시설이다.

13 재미와 교훈은 이 프로그램의 핵심적인 ( )이다.

14 신용 카드는 우리 사회에서 사용되는 ( ) 수단 중 하나이다.

＊[15~16] 문맥을 고려하여 밑줄 친 단어의 뜻과 가장 가까운 것을 고르시오.

15
그 상자의 버튼을 누르면 안에서 인형이 갑자기 튀어나오니까 <u>유의해야 해</u>.

① 경험하다　② 조심하다　③ 비슷하다

16
모든 사람들이 우리가 기획한 행사가 아주 성공적일 것이라고 <u>전망했다</u>.

① 내다보다　② 전달하다　③ 도망하다

✳ 즉석에서 만들어지는 뮤지컬이 있다?

연극의 요소에는 배우, 무대, 관객, 희곡이 있어요. 그렇다면 희곡이 없는 공연도 있을까요? 뮤지컬 〈쇼 스토퍼〉는 희곡이 없어요. 이 공연에서 연출자는 관객들의 주문 사항을 칠판에 적고, 배우들은 관객들의 요구에 살을 붙여 한 편의 뮤지컬을 만들어 내요. 그래서 내용을 전혀 예측할 수 없죠. 〈쇼 스토퍼〉 같은 공연을 즉흥극이라고 합니다.

즉흥이란 사전에 준비된 대본이나 약속 없이 주어진 상황 속에서 역할에 맞게 충동적이고 감각적으로 표현하는 것을 말해요. 즉흥극에서 배우들은 인물이 느끼는 감정, 상황에 반응하는 태도, 주변과의 관계, 앞으로 전개될 이야기 등을 함께 생각하며 연기를 하게 됩니다. 그리고 연출자는 배우들이 이러한 상황과 역할에 몰입할 수 있도록 도와주는 역할을 합니다. 관객들이 장르, 등장인물의 이름, 명대사, 장소 등에 대하여 자신들이 원하는 것을 외치면 연출자가 그 중에서 마음에 드는 것들을 고르는 것이죠. '이러한 내용으로 이야기가 만들어질까?'라는 생각이 절로 드는 황당한 주문이 많이 나오는데, 결국엔 재미있는 이야기가 만들어집니다. 관객들이 매일 달라지니, 공연의 내용도 매일 달라지죠.

우리나라에서도 즉흥극이 있냐고요? 네, 있습니다. 〈오늘 처음 만드는 뮤지컬〉이라는 공연이 관객들에게 많은 사랑을 받았습니다. 연극, 뮤지컬 등을 보러 가게 된다면, 나의 상상력을 발휘할 수 있는 즉흥극에 도전해 보는 것은 어떨까요?

오른손은 '옳은 손'?

사람들이 가진 대표적인 편견 중 하나는 오른손은 옳고 정교한데 왼손은 옳지 않고 서툴다는 것이다. 영어에서 오른쪽을 뜻하는 'right'는 '옳은'을 의미한다. 왼쪽을 뜻하는 'left'는 쓸모없다는 뜻을 가진 단어 'lyft'에서 만들어졌다. 이는 오른쪽을 뜻하는 독일어의 레히트(recht), 프랑스어의 드루아(droit)에서도 마찬가지이다. 한국어에서도 오른손을 바른손이라고 부르기도 하는 것을 보면 많은 사람들이 오른쪽이 올바른 방향이라는 편견을 가지고 있음을 알 수 있다.

이러한 편견은 왜 생겨난 것일까? 이는 오른손잡이가 많아서 생겨난 것이라고 추측할 수 있다. 한 연구 결과에 따르면, 원래 인간의 25% 정도는 왼손잡이로 태어난다고 한다. 다시 말해, 4명 중 3명이 오른손잡이로, 1명은 왼손잡이로 태어나는 것이다. 그리고 사람들은 보통 자신과 다른 것을 이상하거나 옳지 않다고 생각하는 경향이 있다. 그렇기 때문에 상대적으로 숫자가 적은 왼손잡이들에 대한 편견이 생겨난 것이다.

그리고 이것은 왼손잡이들이 오른손잡이가 되도록 만들었다. 확률적으로 따져보면 전체 인구의 4분의 1은 왼손잡이여야 한다. 하지만 실제로 왼손잡이의 수는 훨씬 적다. 왼손을 사용하는 것은 옳지 않다는 편견 때문에 많은 왼손잡이들이 오른손잡이로 교정해야 한다는 압력을 받았고, 그 결과 오른손잡이로 바꾸게 된 경우가 많았던 것이다. 20세기 후반에 민주주의가 확산되고 이러한 압력이 약해지면서 왼손잡이의 숫자가 늘어난 것은 이를 뒷받침하는 근거로 볼 수 있다.

오른손잡이와 왼손잡이 중 누가 더 우수한지 가리는 것은 불가능하다. 우열을 가릴 수 있는 문제가 아니기 때문이다. 물론 현재는 오른손잡이의 수가 절대적으로 많아 오른손잡이로 사는 것이 더 편할 수는 있다. 하지만 다른 것이 틀린 것은 아니다. 왼손이든 오른손이든 자기가 편한 쪽을 선택하는 것이 정답일 것이다.

1 문단

요약 : [ ][ ][ ] 와/과 왼손에 대한 편견

2 문단

요약 : 왼손에 대한 편견이 생긴 이유

3 문단

요약 : 왼손에 대한 [ ][ ]이/가 왼손잡이 수에 미친 영향

4 문단

요약 : 다른 것이 틀린 것은 아님.

편견 : 공정하지 못하고 한쪽으로 치우친 생각

정교하다 : 솜씨나 기술 따위가 정밀하고 교묘하다.

서툴다 : 일 따위에 익숙하지 못하여 다루기에 설다.

추측하다 : 미루어 생각하여 헤아리다.

경향 : 현상이나 사상, 행동 따위가 어떤 방향으로 기울어짐.

상대적 : 서로 맞서거나 비교되는 관계에 있는 것

교정하다 : 틀어지거나 잘못된 것을 바로잡다.

우열 : 나음과 못함.

---

01 [문단 요약]
다음은 1문단의 내용을 요약한 것이다. 빈칸에 들어가기에 적절한 말을 쓰시오.

> 사람들이 가진 대표적인 편견 중 하나는 (   )은/는 옳고 정교한데 왼손은 그렇지 않다는 것이다.

02 [문단 간의 관계]
각 문단에 대한 설명으로 적절하지 않은 것은?

① 1문단에서는 일반적인 편견을 제시하고, 2문단에서는 이러한 편견이 생긴 원인을 밝히고 있다.

② 3문단에서는 2문단에서 설명한 현상으로 인해 생긴 결과를 제시하고 있다.

③ 4문단에서는 두 가지 대상의 공통점과 차이점을 정리하고 있다.

03 윗글의 내용으로 적절하지 <u>않은</u> 것은?

① 20세기 후반에 왼손잡이의 수가 늘어났다.
② 영어에서 오른쪽을 뜻하는 단어는 '옳은'이라는 뜻도 가지고 있다.
③ 독일어와 프랑스어에는 왼쪽이 올바른 방향이라는 생각이 담겨 있다.
④ 오른쪽이 올바른 방향이라는 편견은 오른손잡이의 수가 많아서 생긴 것이다.
⑤ 민주주의가 확산되기 전에는 왼손잡이를 오른손잡이로 교정하라는 압력이 흔히 있었다.

03
1문단에서 '영어'와 '독일어', '프랑스어', 우리나라 말에 담긴 편견에 대해 이야기하고 있어요. 1문단에 주목하여 문제를 풀어 보세요.

12 DAY

04 윗글에 대한 설명으로 적절하지 <u>않은</u> 것은?

① 질문을 던지며 그에 답하고 있다.
② 구체적인 연구 결과를 근거로 제시하고 있다.
③ 왼손잡이에 대한 편견을 없애는 방법을 알려 주고 있다.
④ 왼손잡이로 태어나는 사람들의 비율을 수치로 제시하고 있다.
⑤ 오른손과 왼손에 대한 편견이 드러나는 구체적인 예시를 들고 있다.

04
'왼손을 사용하는 것에 대한 편견'을 설명하기 위해 어떤 방법을 사용하고 있는지 살펴보세요.

05 글쓴이가 윗글을 통해 궁극적으로 말하고자 하는 바로 가장 적절한 것은?

① 왼손이 오른손보다 우수하다.
② 소수의 의견을 존중해야 한다.
③ 오른손잡이로 사는 것이 옳은 것이다.
④ 왼손을 사용하는 것이 틀린 것은 아니다.
⑤ 왼손잡이를 오른손잡이로 교정하는 것은 불가능하다.

05
4문단에서 글쓴이의 의견이 가장 직접적으로 드러나고 있어요. 4문단의 내용을 고려하여 글쓴이의 의견으로 가장 적절한 선택지를 골라 보세요.

민주주의 : 국민이 권력을 가지고 그 권력을 스스로 행사하는 제도. 또는 그런 정치를 지향하는 사상
확산되다 : 흩어져 널리 퍼지게 되다.
압력 : 권력이나 세력에 의하여 타인을 자기 의지에 따르게 하는 힘
수치 : 계산하여 얻은 값

고흐의 그림 속 비밀을 밝혀낸 천문학자

오른쪽에 제시된 그림은 고흐의 〈월출(Moonrise)〉이다. 처음에 이 그림은 제목 대신 F735라고 불렸다. 오른쪽 위쪽에 동그랗게 제시된 주황색 물체가 해인지 달인지 등, 이 그림을 둘러싼 다양한 의견들이 있었다. 그러던 중에 별을 연구하는 천문학자가 연구를 통해 F735가 달이 떠오르는 것을 그린 것임을 밝혀냈다. 천문학자가 어떻게 그림 속에 숨겨진 비밀을 밝힐 수 있었을까?

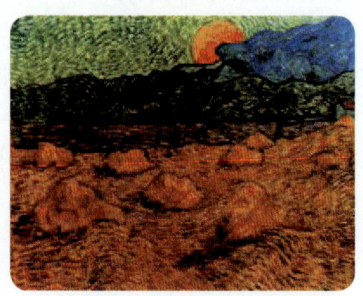

▲ 고흐, 〈월출(Moonrise)〉

고흐의 〈월출〉에 담긴 비밀을 분석한 사람은 미국의 천문학자 도널드 올슨이다. 올슨과 그의 연구팀은 고흐가 그의 동생 테오와 주고받은 편지를 분석하여 그림이 그려진 시기를 파악하였고, 그 시기에 고흐가 살았던 장소를 조사하였다. 이 그림은 고흐가 생레미 지역의 정신 병원에서 지낼 때 그렸던 것으로 밝혀졌는데, 연구팀은 그곳에 직접 찾아가서 고흐가 그림을 그린 위치에서 볼 수 있는 해와 달의 움직임을 모두 계산하였다. 그 결과 F735는 고흐가 1889년 7월 13일 밤 9시 8분에 보았던 보름달이 떠오르는 장면을 그린 것이라고 결론을 내렸다. ㉠이 연구의 결과로 F735는 〈월출〉이라는 이름을 얻게 된 것이다.

올슨과 연구팀은 다양한 미술 작품 속의 별자리나, 사진 속의 태양과 그림자의 방향을 고려하여 그림이 그려진 시간과 사진이 찍힌 시간을 추측하는 연구를 지속하였다. 그리고 자신들의 활동을 별자리나 태양, 달의 그림자 등을 연구하여 예술 작품이 창작된 시간을 추정하는 작업을 의미하는 '포렌식 아스트로노미(forensic astronomy)'라고 불렀다. 우리말로는 '법정 천문학', '탐정 천문학'이라고 번역되기도 한다.

천문학자인 올슨과 연구팀이 고흐의 그림 속에 담긴 비밀을 밝혀낼 수 있었던 것은 과학의 연구 방법을 예술 작품 연구에 활용하였기 때문이다. 흔히 과학과 예술은 거리가 먼 학문이라고 생각하지만 그들은 이 두 가지 영역이 연결되어 있다고 생각했고, 이러한 성과를 얻을 수 있었다. 고정 관념에서 벗어나 다양한 시도를 하는 모습을 본받아야 한다.

---

1 문단
요약 : F735의 비밀을 밝혀낸 ☐
☐☐☐

2 문단
요약 : 올슨과 연구팀이 고흐의 그림을 연구한 과정

3 문단
요약 : ☐☐☐☐☐
☐☐☐☐의 개념

4 문단
요약 : 올슨과 연구팀의 연구가 갖는 의의

분석하다 : 얽혀 있거나 복잡한 것을 풀어서 개별적인 요소나 성질로 나누다.
결론 : 최종적으로 판단을 내림. 또는 그 판단
지속하다 : 어떤 상태를 오래 계속하다.
창작되다 : 예술 작품을 독창적으로 지어내다.
추정하다 : 미루어 생각하여 판정하다.
번역되다 : 어떤 언어로 된 글이 다른 언어의 글로 옮겨지다.
본받다 : 본보기로 하여 그대로 따라 하다.

[문단 요약]

06 다음은 4문단의 내용을 요약한 것이다. 빈칸에 들어가기에 적절한 말을 쓰시오.

> 올슨의 연구팀은 (   )에서 벗어나, 과학의 연구 방법을 예술 작품 연구에 활용하여 고흐의 그림이 무엇을 그린 것인지 밝혀내는 성과를 얻었다.

▶ 정답과 해설 p. 48

07 각 문단에 대한 설명으로 가장 적절한 것은?

① 1문단에서는 고흐의 그림이 그려진 과정을 설명하고 있다.

② 3문단에서는 2문단에서 설명한 연구 방식이 무엇인지를 정의하고 있다.

③ 4문단에서는 1~3문단의 내용을 반박하고 있다.

08 윗글의 내용으로 적절하지 않은 것은?

① 고흐는 정신 병원에서 지낼 때에 〈월출〉을 그렸다.

② 도널드 올슨은 원래 미술을 전공하다가 천문학자가 되었다.

③ 포렌식 아스트로노미는 우리나라에서 탐정 천문학이라고도 불린다.

④ 올슨과 연구팀은 〈월출〉에 대한 연구 이후에도 포렌식 아스트로노미를 활용한 연구를 계속하였다.

⑤ 올슨과 연구팀의 연구가 이루어지기 전에는 〈월출〉 속 주황색 물체가 해인지 달인지 명확하게 밝혀지지 않았다.

08
이 지문에서는 올슨과 그 연구팀이 고흐의 그림 F735에 담긴 비밀을 밝혀낸 과정을 소개하고 있어요.

09 다음은 ㉠이 이루어진 과정을 정리한 것이다. 순서대로 나열한 것은?

> ⓐ 고흐가 살았던 장소에 찾아가 그림을 그렸던 정확한 장소를 찾음.
> ⓑ 고흐가 동생과 주고받았던 편지를 통해 그림이 그려진 시기와 그 시기에 고흐가 살았던 장소를 파악함.
> ⓒ 그림을 그렸던 위치에서 볼 수 있는 해와 달의 움직임을 모두 계산함.

① ⓐ → ⓑ → ⓒ

② ⓐ → ⓒ → ⓑ

③ ⓑ → ⓐ → ⓒ

④ ⓑ → ⓒ → ⓐ

⑤ ⓒ → ⓐ → ⓑ

09
㉠은 올슨 연구팀이 고흐의 그림 F735가 무엇을 그린 것인지 밝혀내기 위해 했던 연구를 의미해요. 주로 2문단에 그 과정이 나와 있군요.

10 윗글을 읽고 난 후의 반응으로 가장 적절한 것은?

① 고흐의 고향은 생레미 지역이구나.

② 고흐는 그의 남동생 테오와 사이가 좋지 않았구나.

③ 고정 관념에서 벗어나면 새로운 성과를 낼 수 있겠군.

④ 올슨과 연구팀은 연구의 업적을 인정받아 상을 많이 받았군.

⑤ 올슨과 연구팀 말고는 〈월출〉에 관심을 가진 사람이 한 명도 없었군.

10
지문의 내용을 적절하게 이해한 선택지를 찾아보세요.

전공하다 : 어느 한 분야를 전문적으로 연구하다.

활용하다 : 충분히 잘 이용하다.

시기 : 어떤 일이나 현상이 진행되는 시점

고정 관념 : 잘 변하지 아니하는, 행동을 주로 결정하는 확고한 의식이나 관념

업적 : 어떤 사업이나 연구 따위에서 세운 공적

★ 정답은 [해설편 표지] 안쪽에 있습니다.

---

* [01~04] 제시된 글자들을 조합하여 다음 뜻풀이에 해당하는 단어를 쓰시오.

편	공	전	시
기	적	업	견

01 어떤 일이나 현상이 진행되는 시점 (   )

02 공정하지 못하고 한쪽으로 치우친 생각 (   )

03 어느 한 분야를 전문적으로 연구하다.
(   )하다

04 어떤 사업이나 연구 따위에서 세운 공적 (   )

---

* [05~08] 제시된 초성과 뜻풀이를 참고하여 다음 문장의 빈칸에 들어가기에 알맞은 단어를 쓰시오.

05 ㄱㅈ ㄱㄴ : 잘 변하지 아니하는, 행동을 주로 결정하는 확고한 의식이나 관념
예 (   )을/를 버리고 나와 다른 사람도 한 명의 사람으로 존중해야 한다.

06 ㅇㅇ : 나음과 못함.
예 우리 학교를 대표하는 두 명의 육상 선수는 둘 다 정말 뛰어나서 (   )을/를 가릴 수가 없다.

07 ㄱㄹ : 최종적으로 판단을 내림. 또는 그 판단
예 두 사람의 싸움을 지켜보던 수민이는 두 사람 모두에게 잘못이 있다고 (   )을/를 내렸다.

08 ㅅㄷㅈ : 서로 맞서거나 비교되는 관계에 있는 것
예 수현이는 다른 과목에 비해 (   )(으)로 국어를 잘한다.

---

* [09~13] 다음 단어와 그 뜻풀이를 바르게 연결하시오.

09 정교하다 •

• ㉠ 솜씨나 기술 따위가 정밀하고 교묘하다.

10 서툴다 •

• ㉡ 국민이 권력을 가지고 그 권력을 스스로 행사하는 제도. 또는 그런 정치를 지향하는 사상

11 추측하다 •

• ㉢ 미루어 생각하여 헤아리다.

12 경향 •

• ㉣ 일 따위에 익숙하지 못하여 다루기에 설다.

13 민주주의 •

• ㉤ 현상이나 사상, 행동 따위가 어떤 방향으로 기울어짐.

---

* [14~17] 문맥을 고려하여 다음 문장의 빈칸에 들어가기에 알맞은 단어를 〈보기〉에서 찾아 쓰시오.

〈보기〉
확산 창작 추정 교정 활용 압력

14 자투리 시간을 잘 (   )해야 한다.

15 이 작품이 조선 후기의 것이라고 (   )하고 있다.

16 선생님은 무용 동작을 (   )해 주기 위해 학생들 손을 잡고 직접 시범을 보였다.

17 고려 시대의 기록 문학은 모두 한문으로 (   )되었다.

✳ 밤하늘의 나침반, 북극성

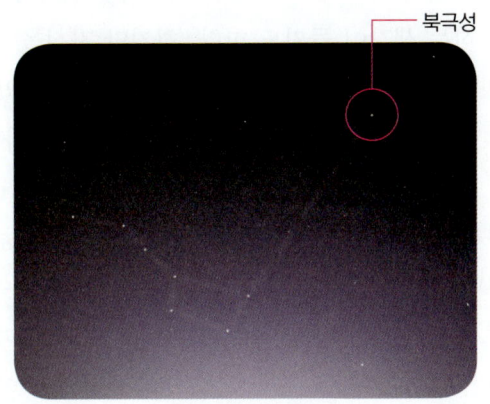

북극성

▲ 북두칠성과 북극성

미세먼지가 없는 아주 맑은 날, 주변이 깜깜한 곳에 가서 하늘을 올려다보면 무수히 많은 별을 만날 수 있어요. 이 무수히 많은 별 가운데, 천문학자들을 비롯한 모든 사람들의 나침반이 되어 주는 별이 있어요. 바로 북극성입니다.

북극성은 일 년 내내 북쪽에서 밝게 빛나고 있어요. 그래서 옛날부터 북극성은 사람들에게 방향을 알려주는 역할을 했답니다. 밤하늘의 모든 별은 북극성을 중심으로 하루 동안 시계 반대 방향으로 움직여요.

그럼 밤하늘의 북극성을 찾으려면 어떻게 해야 할까요? 먼저 북두칠성을 찾아야 해요. 북두칠성의 그릇 끝에 있는 두 별(알파별과 베타별)을 이어서 앞으로 다섯 배 정도 나아가면 북극성을 찾을 수 있답니다. 가을철과 겨울철에는 북두칠성이 지평선 가까이 있어서 잘 보이지 않기 때문에 카시오페이아자리가 기준이 됩니다. 카시오페이아자리의 W자 모양의 양쪽 끝별에서 안쪽으로 두 별을 연장하여 만나는 점에서 가운데 별을 이어 다섯 배 정도 나아가면 북극성을 찾을 수 있어요.

인간의 본성은 선할까, 악할까?

매일 각종 사회 범죄에 관한 기사가 보도된다. 물건을 훔치거나 사람을 해치고, 자신의 이익을 위해 다른 사람에게 해를 끼치는 여러 범죄에 관한 이야기를 접하다 보면, 인간은 원래 악하게 태어난 존재인가 하는 생각이 들기도 한다. 하지만 자신을 희생하여 타인의 목숨을 구하는 사람이나, 항상 다른 사람들을 도우며 사는 사람들이 있다는 것을 생각하면 원래는 선하게 태어난 인간이 후천적인 영향으로 악해지는 것인가 하는 의문도 든다.

1 문단
요약 : 인간의 본성에 대한 의문

이와 같은 의문은 아주 오래 전부터 이어져 왔다. 약 2천 년 전쯤에 살았던 동양의 두 철학자 맹자와 순자도 이에 대해 고민하였고, 각자 나름의 답을 내렸다. 맹자는 "사람의 성품이 선한 것은 물이 아래로 흐르는 것과 같으니, 선하지 않은 사람이 없으며 아래로 흘러가지 않는 물이 없다."라고 했다. 즉, 맹자는 인간의 본성이 태어날 때부터 선하다는 성선설(性善說)을 주장했다.

2 문단
요약 : 성선설을 주장한 ☐☐

눈앞에 물에 빠진 어린아이가 있다고 상상해 보자. 누구나 그 아이를 보면 안타까운 마음이 들어 그 아이를 구하려고 애쓸 것이다. 맹자에 의하면 우리가 이런 마음을 갖는 것은 다른 사람으로부터 비난을 받을까봐 걱정해서도 아니고, 다른 사람으로부터 칭찬을 받기 위해서도 아니다. 이는 인간의 선한 요소, 즉 도덕적인 마음에서 나오는 것이다.

3 문단
요약 : 성선설을 뒷받침하는 사례

반면 순자는 인간의 본성이 악하다는 성악설(性惡說)을 주장하였다. 놀이터에서 어린아이들을 관찰하면 가끔 아이들이 곤충을 잡아 잔인하게 죽이는 모습을 볼 수 있다. 인간의 본성이 선하다면 아이들이 작은 곤충도 소중히 여겨야 하는데, 아이들은 죽은 곤충을 보며 눈물 흘리기는커녕 죄책감을 느끼지도 않는다. 아이들이 보여 주는 이러한 순수한 악함은 순자의 성악설에 힘을 실어 주는 대표적인 근거이다.

4 문단
요약 : 성악설을 주장한 ☐☐

인간이 선한가, 악한가의 문제는 아직까지 확실하게 답할 수 없는 문제이다. 하지만 이러한 인간의 본성에 대한 고민을 통해 우리는 선함과 올바른 삶의 가치를 되새겨 볼 수 있을 것이다.

5 문단
요약 : 인간의 본성에 대해 고민하는 것의 가치

[문단 요약]
01 다음은 5문단의 내용을 요약한 것이다. 빈칸에 들어가기에 적절한 말을 쓰시오.

> 우리는 인간이 선한가 악한가의 문제를 고민함으로써 (   )와/과 올바른 삶의 가치를 되새겨 볼 수 있다.

희생하다 : 다른 사람이나 어떤 목적을 위하여 자신의 목숨, 재산, 명예, 이익 따위를 바치거나 버리다. 또는 그것을 빼앗기다.
후천적 : 성질, 체질, 질환 따위가 태어난 후에 얻어진 것
성품 : 사람의 성질이나 됨됨이
본성 : 사람이 본디부터 가진 성질. 사물이나 현상에 본디부터 있는 고유한 특성
가치 : 대상이 인간과의 관계에 의하여 지니게 되는 중요성

▶ 정답과 해설 p. 50

[문단 간의 관계]

02 각 문단에 대한 설명으로 적절하지 **않은** 것은?

① 1문단에서는 서로 반대되는 사례를 들고 있다.

② 3문단에서는 구체적인 예를 들어 2문단의 내용을 보충하고 있다.

③ 5문단에서는 1~4문단의 내용을 요약하고, 읽는 사람을 설득하고 있다.

03 윗글을 읽고 빈칸에 들어가기에 적절한 말을 순서대로 쓰시오.

> 인간의 본성은 태어날 때부터 선하다고 생각하는 입장을 (   )(이)라고 하고,
> 인간의 본성이 태어날 때부터 악하다고 생각하는 입장을 (   )(이)라고 한다.

03
이 지문에서는 인간의 본성에 대한 맹자와 순자의 의견을 소개하고 있어요. 특히 2문단과 4문단에서 성선설과 성악설이 무엇인지에 대해 설명하고 있어요.

13^DAY

04 윗글의 내용으로 적절하지 **않은** 것은?

① 맹자는 사람의 본성이 선하다고 주장하였다.

② 순자는 사람의 본성이 악하다고 주장하였다.

③ 인간의 본성이 선한지 악한지는 쉽게 결론지을 수 없다.

④ 맹자는 인간의 모든 선한 행동이 다른 사람으로부터 비난을 받지 않기 위한 것이라고 보았다.

⑤ 아이들이 곤충을 잔인하게 잡아 죽인 후에 죄책감을 갖지 않는 것은 인간의 본성이 악하다는 증거이다.

04
2문단과 4문단에서는 성선설과 성악설이 무엇인지를 설명하고 있어요. 3문단과 4문단에서는 예를 들고 있네요. 또 5문단에서는 인간의 본성을 판단하는 것이 어렵다고 하였네요.

05 다음 중 4문단에 추가할 예로 가장 적절한 것은?

① 민희는 속이 상해 우는 친구를 위로해 주었다.

② 진수는 버스에서 할아버지께 자리를 양보했다.

③ 수지는 급식실에서 밥을 먼저 먹기 위해 새치기를 했다.

④ 혁수는 다리가 불편한 친구가 계단을 내려가는 것을 도와주었다.

⑤ 민경이는 3개월 동안 모은 용돈을 불우 이웃 돕기 성금으로 냈다.

05
4문단에서는 순자의 성악설에 대해 설명하고 있네요. 선택지 가운데 성악설을 뒷받침해 줄 만한 예를 찾아보세요!

보충하다 : 부족한 것을 보태어 채우다.
요약하다 : 말이나 글의 요점을 잡아서 간추리다.
결론짓다 : 최종적으로 판단을 내리다.
비난 : 남의 잘못이나 결점을 책잡아서 나쁘게 말함.
죄책감 : 저지른 잘못에 대하여 책임을 느끼는 마음

우리 몸의 열쇠, 홍채

불과 몇 년 전까지만 해도 미래 사회를 그린 영화들에서는 홍채를 인식하여 보안 장치를 해제하는 장면이 자주 등장했다. 하지만 이러한 장면은 이제 더 이상 미래 사회에서만 일어날 수 있는 일이 아니다. 지금 이 순간에도 홍채 인식은 중요 기관에서 보안 수단으로 활용되고 있고, 심지어는 우리가 사용하고 있는 스마트폰 중에서도 보안을 해제하는 수단으로 홍채 인식을 활용하는 경우가 있다. 홍채란 과연 무엇이고, 어떤 이유로 보안 수단으로 활용되는 것일까?

홍채는 눈의 각막*과 수정체* 사이에 존재하는 납작한 도넛 모양의 막이다. 우리 눈을 보면 눈동자의 가장 가운데에 작은 원 모양이 보인다. 그것이 바로 동공인데, 홍채는 바로 동공으로 들어오는 빛의 양을 조절하는 역할을 한다. 빛의 양이 많아지면 홍채가 동공의 크기를 줄여서 빛이 덜 들어오게 하고, 빛의 양이 적어지면 홍채가 동공의 크기를 크게 만들어서 빛을 최대한 들어오게 한다.

홍채가 보안 수단으로 활용될 수 있는 이유는 사람마다 홍채의 모양이 모두 다르기 때문이다. 홍채의 무늬를 이루는 요소는 약 200가지 정도여서, 그 조합에 따라서 무수히 많은 수의 무늬를 만들 수 있다. 전 세계 모든 사람들의 홍채 모양이 모두 다르다고 단정할 수는 없지만, 한 사람이 다른 사람과 홍채의 모양이 똑같을 확률은 10억분의 1이라고 한다. 이는 한 사람의 지문이 다른 사람의 지문과 일치할 확률보다 훨씬 더 적은 확률이다. 그래서 지문 인식 대신 홍채 인식을 보안 수단으로 사용하는 기업과 사람들이 늘어나고 있다.

홍채 인식은 현재 사용되는 보안 수단 중에서 가장 높은 정확성과 낮은 오류 확률을 보인다. 앞으로 홍채 인식은 더욱 각광 받는 보안 수단이 될 것이며, 더 다양한 분야에서 활용되어 우리의 일상 속에 자리 잡을 것이다.

* 각막 : 눈알의 앞쪽 바깥쪽을 이루는 투명한 막. 이 막을 통하여 빛이 눈으로 들어간다.
* 수정체 : 안구의 동공 바로 뒤에 붙어 있는 볼록 렌즈 모양의 탄력성 있는 투명체

---

1 문단
요약 : 보안 수단으로 활용되는 ☐☐

2 문단
요약 : 홍채의 개념과 역할

3 문단
요약 : 홍채가 ☐☐ 수단으로 활용되는 이유

4 문단
요약 : 홍채 인식의 장점과 전망

보안 : 안전을 유지함.
해제하다 : 설치하였거나 장비한 것 따위를 풀어 없애다.
인식 : 사물을 분별하고 판단하여 앎.
단정하다 : 딱 잘라서 판단하고 결정하다.
확률 : 일정한 조건 아래에서 어떤 사건이 일어날 가능성의 정도
오류 : 그릇되어 이치에 맞지 않는 일
각광 : 사회적 관심이나 흥미
분야 : 여러 갈래로 나누어진 범위나 부분

---

06 [문단 요약]
다음은 4문단의 내용을 요약한 것이다. 빈칸에 들어가기에 적절한 말을 쓰시오.

> (   ) 인식은 현재 사용되는 보안 수단 중에서 가장 높은 정확성을 가지고 있어서 앞으로도 더욱 각광 받는 보안 수단이 될 것이다.

[문단 간의 관계]

07 각 문단에 대한 설명으로 적절하지 <u>않은</u> 것은?

① 1문단에서는 앞으로 이야기할 중심 대상을 소개하고 있다.
② 2문단에서는 홍채의 생김새를 이야기하여 읽는 사람의 이해를 돕고 있다.
③ 4문단에서는 3문단의 내용과는 반대되는 내용을 설명하고 있다.

08 윗글의 내용으로 가장 적절한 것은?

① 전 세계 사람들의 홍채의 모양은 모두 다르다.
② 홍채 인식이 지문 인식보다 더 보편화되어 있다.
③ 동공은 눈의 각막과 수정체 사이에 존재하는 막이다.
④ 홍채는 동공으로 들어오는 빛의 양을 조절하는 역할을 한다.
⑤ 다른 사람과 지문이 일치할 확률보다 홍채가 일치할 확률이 더 높다.

08
지문의 내용과 선택지의 내용이 서로 일치하는지를 살펴봐야 해요. 홍채에 대해 주로 설명하고 있는 2문단과 3문단에 주목하세요.

09 다음 중 윗글을 읽고 알 수 <u>없는</u> 내용은?

① 홍채의 역할
② 홍채와 동공의 관계
③ 홍채의 무늬를 이루는 요소의 개수
④ 동공을 통해 들어올 수 있는 빛의 양
⑤ 기업들이 보안 수단으로 지문 인식보다 홍채 인식을 사용하는 이유

09
선택지의 내용을 지문의 어느 부분에서 찾을 수 있는지 생각해 보세요. 홍채, 동공, 보안 기술과 관련된 내용은 주로 2문단과 3문단에서 이야기하고 있네요!

10 윗글을 읽은 학생들의 반응으로 적절하지 <u>않은</u> 것은?

① 민이 : 우리 눈의 동공으로 빛이 들어오는구나.
② 준현 : 홍채와 동공은 서로 영향을 주고받겠구나.
③ 태희 : 지문 인식이 홍채 인식보다 정확성이 높겠구나.
④ 지연 : 보안 기술 중 홍채 인식이 오류가 적은 편이구나.
⑤ 수연 : 홍채 인식 기술은 앞으로 더 많은 분야에서 사용되겠구나.

10
홍채와 동공에 대해서는 2문단에서, 홍채가 보안 수단으로 활용되는 이유는 3문단에서 이야기하고 있어요. 또 4문단에서는 앞으로 홍채 인식 기술의 발전 가능성에 대해서 이야기하고 있네요.

보편화되다 : 널리 일반인에게 퍼지다.
막 : 생물체의 모든 세포나 기관을 싸고 있거나 경계를 이루는 얇은 층. 고막, 복막, 세포막 따위가 있다.
일치하다 : 비교되는 대상들이 서로 어긋나지 아니하고 같거나 들어맞다.
정확성 : 바르고 확실한 성질. 또는 그런 정도

★ 정답은 [해설편 표지] 안쪽에 있습니다.

✱ [01~02] 제시된 초성을 참고하여, 다음 뜻풀이에 해당하는 단어를 완성하시오.

01 ㅎㅈ하다 : 설치하였거나 장비한 것 따위를 풀어 없애다. (   )

02 ㄱㄱ : 사회적 관심이나 흥미 (   )

✱ [03~06] 다음 단어와 그 뜻풀이를 바르게 연결하시오.

03 오류 •   • ㉠ 저지른 잘못에 대하여 책임을 느끼는 마음

04 비난 •   • ㉡ 그릇되어 이치에 맞지 않는 일

05 본성 •   • ㉢ 사람이 본디부터 가진 성질, 사물이나 현상에 본디부터 있는 고유한 특성

06 죄책감 •   • ㉣ 남의 잘못이나 결점을 책잡아서 나쁘게 말함.

✱ [07~08] 〈보기〉를 참고하여, 다음 빈칸에 들어가기에 알맞은 단어를 쓰시오.

〈보기〉
• ㄱㅊ : 대상이 인간과의 관계에 의하여 지니게 되는 중요성
• ㅎㅊㅈ : 성질, 체질, 질환 따위가 태어난 후에 얻어진 것

07 우리는 생명의 (   )을/를 소중하게 생각해야 한다.

08 고집은 타고난 것일 수 있지만, (   )(으)로 부모의 과보호에 의해 생겨날 수도 있다.

✱ [09~12] 사다리 타기에 따라, 빈칸에 들어갈 단어의 뜻을 〈보기〉에서 골라 기호를 쓰시오.

〈보기〉
㉠ 사람의 성질이나 됨됨이
㉡ 안전을 유지함.
㉢ 사물을 분별하고 판단하여 앎.
㉣ 여러 갈래로 나누어진 범위나 부분

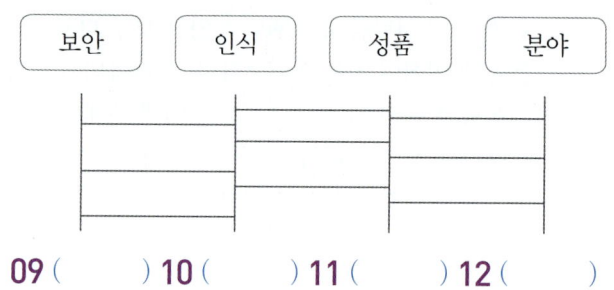

보안   인식   성품   분야

09 (   ) 10 (   ) 11 (   ) 12 (   )

✱ [13~16] 제시된 글자들을 조합하여 다음 뜻풀이에 해당하는 단어를 쓰시오.

결	성	다	확	정
짓	충	단	하	다
론	정	보	하	다

13 딱 잘라 판단하고 결정하다. (   )

14 바르고 확실한 성질, 또는 그런 정도 (   )

15 최종적으로 판단을 내리다. (   )

16 부족한 것을 보태어 채우다. (   )

✱ 지문이 없는 사람도 있다고요?

우리의 손가락 끝마디 안쪽에 있는 무늬를 지문이라고 합니다. 지문은 우리가 태어나기도 전인 엄마의 뱃속에서 만들어져 대부분 평생 그 모양이 변하지 않습니다. 그래서 우리는 지문을 통해 신분을 확인하기도 하고, 범죄 현장에서는 지문을 발견하면 이를 통해 범인을 잡아내기도 합

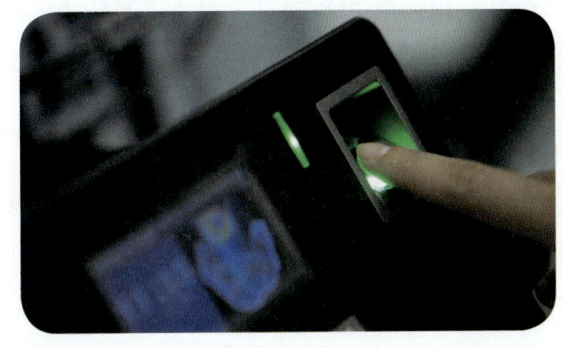

니다. 또한 지문 인식 기술은 홍채 인식이 개발되기 전까지 가장 많이 쓰이는 보안 수단이기도 했습니다.

그렇다면 모든 사람들이 지문을 가지고 있을까요? 거의 모든 사람들이 지문을 가지고 있지만, 지문이 없는 사람도 존재한다고 합니다. 지난 2007년 미국의 한 공항에서 지문이 없는 스위스 국적의 여성이 입국을 거절당하는 사건이 발생하면서 지문이 없는 사람도 있다는 사실이 밝혀졌습니다. 이 여성은 '무지문증(ADG, Adermatoglyophia)'에 걸린 것이라고 하는데요, 우리나라에도 무지문증인 사람이 10여 명이 있다고 합니다.

학자마다 무지문증의 원인을 다양하게 추측하지만, 최근에는 그 원인이 돌연변이 유전자 때문이라는 연구 결과가 발표되었다고 합니다. 무지문증에 걸린 사람의 가족들을 조사한 결과, 그녀 말고도 여러 가족들이 지문이 없이 태어난 것으로 밝혀졌기 때문입니다. 이들은 모두 태아 시기에 피부 세포가 차곡차곡 접혀 주름이 만들어지게끔 도와주는 기능을 하는 어떤 유전자가 보통의 사람들과는 다르게 돌연변이 형태를 하고 있다고 합니다. 그래서 지문이 없게 된 것이지요. 이러한 사실을 밝혀낸 연구진은 이 돌연변이 유전자에 대한 연구를 앞으로도 계속할 것이라고 하니, 무지문증에 관한 더욱 흥미로운 사실들이 밝혀질 수 있을 것으로 보입니다.

조선의 인재 등용 방식

지갑에 오천 원을 넣고 다니면 시험에 붙는다는 속설이 돈 적이 있다. 이 속설은 왜 만들어졌을까? 그 이유는 바로 오천 원 지폐 속에 있다. 지폐 속의 인물이 '율곡 이이'이 기 때문이다. 이이는 13세 때 처음 과거 시험에 응시하여 29세가 될 때까지 총 아홉 번 의 과거에서 장원 급제를 하여 구도장원공(九度壯元公)이라고 불리기도 했다. 시험에 붙고자 하는 마음을 가진 사람들이 이러한 이이의 기운이라도 받고자 이런 속설을 만들 어 낸 것이다.

이이가 9번이나 붙은 과거 시험은 어떤 것이었을까? 과거 시험이 본격적으로 시행된 것은 고려의 제4대 임금인 광종 때부터였지만, 체계적으로 시작된 것은 조선 시대부터 이다. 조선 시대의 과거 시험은 문과와 무과, 잡과로 나뉘어서 치러졌으며, 문과는 유교 경전에 대해 묻는 것과 당시의 정책에 대해 논하는 것으로 또 나뉘어졌다. 각 시험은 소 과와 대과로 단계가 구분되어 있었고, 소과에 합격하면 생원이나 진사가 되고, 성균관 에 입학할 수 있었다. 소과에 합격한 사람들이나 성균관의 유생들은 대과에 응시할 수 있었다. 대과는 지방에서 치르는 초시와, 초시 합격생들을 모아서 서울에서 치르는 복 시, 임금 앞에서 치르는 어전시로 나뉘었다. 어전시에 오르면 관직에 오를 수 있었다. 이 같은 과거 시험은 3년에 한 번씩 치르는 식년시가 원칙이었지만, 임시 시험도 자주 있었다.

과거 시험을 통해서만 관직에 오를 수 있었을까? 공을 세운 신하나 고위 관리의 자제 를 관리로 채용하는 음서제를 통해서도 관직에 오를 수 있었다. 고려 시대에는 5품 이 상 관리의 자제들이, 조선 시대에는 2품 이상 관리의 자제들이 시험을 보지 않고도 관 직에 올랐다.

음서제는 고종 때 공식적으로 폐지되었고, 과거 시험은 1894년 갑오개혁 때 폐지되었 다. 즉, 조선 시대 때 인재를 등용했던 방식은 크게 과거 시험과 음서제라고 할 수 있다. 과거 시험은 이제는 사라진 역사 속의 제도이지만, 이를 통해 인재를 등용하여 나라를 발전시키고 백성들을 잘 다스리고자 했던 선조들의 마음을 엿볼 수 있다.

[문단 요약]

01 다음은 1문단의 내용을 요약한 것이다. 빈칸에 들어가기에 적절한 말을 쓰시오.

> 오천 원짜리 지폐 속의 인물은 과거 시험에서 9번이나 급제를 한 (   )(으)로, 그의 기운을 받고 시험에 붙고자 한 사람들이 지갑에 오천 원을 넣고 다니면 시험에 붙는다는 속설을 만들어 냈다.

1 문단
요약 : 오천 원짜리 지폐에 관한 속설

2 문단
요약 : 조선의 인재 등용 방식 ①
□□□□

3 문단
요약 : 조선의 인재 등용 방식 ②
□□□

4 문단
요약 : 과거 시험의 의의

속설 : 세간에 전하여 내려오는 설이나 견해
급제 : 과거에 합격하던 일
시행되다 : 실지로 행해지다.
경전 : 유학의 성인과 현인이 남긴 글
논하다 : 의견이나 이론을 조리 있게 말하다.
응시하다 : 시험에 응하다.
자제 : 남을 높여 그의 아들을 이르는 말
폐지되다 : 실시되어 오던 제도 나 법규, 일 따위가 그만두어지 거나 없어지다.
인재 : 어떤 일을 할 수 있는 학 식이나 능력을 갖춘 사람
등용하다 : 인재를 뽑아서 쓰다.

▶ 정답과 해설 p. 54

[문단 간의 관계]

02 각 문단에 대한 설명으로 적절하지 <u>않은</u> 것은?

① 1문단에서는 율곡 이이와 관련된 속설을 이야기하고 있다.
② 2문단에서는 과거 시험에 대해 구체적으로 설명하고 있다.
③ 3문단과 4문단에서는 구체적인 예를 들어 과거 시험에 대한 다양한 주장을 소개하고 있다.

03 윗글의 내용으로 적절하지 <u>않은</u> 것은?

① 소과에 합격한 사람은 성균관에 입학할 수 있었다.
② 과거 시험은 3년에 한 번 치르는 식년시가 원칙이었다.
③ 문과는 유교 경전에 대해 묻는 것과 정책에 대해 논하는 것으로 나뉘었다.
④ 조선 시대 때에는 5품 이상 관리의 자식들이 시험 없이 관직에 오를 수 있었다.
⑤ 과거에는 공을 세운 신하나 고위 관리의 자식을 관리로 채용하는 음서제가 있었다.

03
이 지문에서는 과거 시험에 대해서는 2문단에서, 음서제에 대해서는 3문단에서 설명하고 있어요.

04 윗글에 대한 설명으로 가장 적절한 것은?

① 율곡 이이와 초시 합격생들을 비교하고 있다.
② 음서제로 관직에 오른 사람들의 이름을 나열하고 있다.
③ 과거 시험이 얼마나 어려웠는지에 대해 이야기하고 있다.
④ 율곡 이이의 말을 언급하며 과거 시험의 내용을 소개하고 있다.
⑤ 조선 시대의 인재 등용 제도인 과거 시험에 대해 설명하고 있다.

04
이 지문에서는 조선 시대의 인재 등용 방식인 과거 시험과 음서제에 대해 소개하고 있어요.

05 윗글을 읽고 답할 수 있는 질문으로 가장 적절한 것은?

ㄱ. 과거 시험의 실제 문제는 어떤 형식이었을까?
ㄴ. 음서제와 과거 시험은 언제까지 시행되었을까?
ㄷ. 과거 시험이 체계적으로 시작된 때는 언제일까?
ㄹ. 음서제를 통해 인재로 등용된 사람에는 누가 있을까?

① ㄱ, ㄴ   ② ㄱ, ㄹ   ③ ㄴ, ㄷ
④ ㄴ, ㄹ   ⑤ ㄷ, ㄹ

05
2문단에서는 과거 시험에 대해, 3문단에서는 음서제에 대해 설명하고 있어요. 또 4문단에서는 음서제와 과거 시험이 언제까지 시행되었는지를 이야기하고 있네요.

원칙 : 어떤 행동이나 이론 따위에서 일관되게 지켜야 하는 기본적인 규칙이나 법칙
고위 : 높고 귀한 지위
채용하다 : 사람을 골라서 쓰다.
나열하다 : 죽 벌여 놓다.
체계적 : 일정한 원리에 따라서 낱낱의 부분이 짜임새 있게 조작되어 통일된 전체를 이루는 것

DAY 14 과학 별의 죽음, 초신성

밤하늘의 빛나는 별은 영원히 존재할까? 별도 태어나고, 자라다가 결국은 죽게 된다. 그렇다면 별이 죽는 모습은 어떨까? 우리도 별이 죽는 모습을 볼 수 있을까?

태양보다 10배 정도 무거운 별들은 죽을 때 태양이 100억 년 동안 내보낼 에너지를 한꺼번에 내보내고, 태양 10억 개만큼의 밝기로 빛나다 서서히 어두워진다. 별이 죽어가는 모습이지만 우리가 보기에는 한동안 새로운 별이 나타난 것처럼

▲ 초신성

보이기 때문에 이를 초신성(Supernova)이라고 한다. 옛날 우리나라에서는 잠시 머물렀다 사라진다는 의미로 초신성을 손님별이라고 불렀다.

사람들은 언제부터 초신성을 관찰했을까? 최초로 이를 기록한 사람들은 중국인들이다. 중국인들은 185년에 초신성에 대한 기록을 남겼다. 또 1054년에 매우 밝게 빛나는 새로운 별의 출현을 알아본 것도 중국인들이다. 서양에서도 초신성의 관측이 이어졌다. 1572년 티코 브라헤가 '티코 초신성'을 발견하였고, 1604년에 요하네스 케플러(Johannes Kepler, 1571~1630)도 '케플러 초신성'을 발견했다. 이 케플러 초신성은 가장 최근에 우리 은하에서 관측된 초신성으로, 케플러 초신성이 130회나 관측된 기록이 〈조선왕조실록〉에도 남아 있다.

1604년 이후 우리 은하에서 초신성이 발견되지는 않았지만, 망원경과 카메라의 발달로 인해 외부 은하의 초신성을 매년 발견하고 있다. 우리나라에서도 서울대학교 초신성 탐사팀이 1999년에 처음으로 초신성을 발견하여 찍은 사진을 공개하기도 했다.

초신성은 단지 별의 죽음으로 끝나는 것일까? 여러 종류의 초신성들 중 일부 특정한 종류의 초신성은 외부 은하까지의 거리를 측정하는데 사용된다. 이를 통해 우주의 팽창 속도를 알아낼 수 있게 되었다. 게다가 각 은하의 형성 초기에 초신성이 생성되는 정도가 어느 정도였는지에 따라 그 은하가 무엇으로 형성되었는지도 알아낼 수 있다. 이처럼 초신성은 우리에게 많은 것을 알려 준다.

---

1 문단
요약 : 별의 죽음

2 문단
요약 : ☐☐☐의 개념

3 문단
요약 : 역사적으로 초신성을 관측한 사례

4 문단
요약 : 우리나라에서 초신성을 관측한 사례

5 문단
요약 : 초신성 관측의 의의

출현 : 나타나거나 또는 나타나서 보임.
관측되다 : 육안이나 기계로 자연 현상 특히 천체나 기상의 상태, 추이, 변화 따위가 관찰되어 측정되다.
탐사 : 알려지지 않은 사물이나 사실 따위를 샅샅이 더듬어 조사함.
특정하다 : 특별히 정하여져 있다.
측정하다 : 일정한 양을 기준으로 하여 같은 종류의 다른 양의 크기를 재다.
생성되다 : 사물이 생겨나다.
형성되다 : 어떤 형상이 이루어지다.

[문단 요약]

06 다음은 5문단의 내용을 요약한 것이다. 빈칸에 들어가기에 적절한 말을 쓰시오.

> 일부 초신성은 우리에게 우주의 (   ) 속도와 은하가 무엇으로 형성되었는지를 알려 준다.

[문단 간의 관계]

07 각 문단에 대한 설명으로 가장 적절하지 <u>않은</u> 것은?

① 1문단에서는 질문을 통해 읽는 사람의 호기심을 불러일으키고 있다.

② 2문단에서는 중심 대상과 관련된 다양한 의견을 소개하고 있다.

③ 5문단에서는 1~4문단에서 설명한 중심 대상의 의의를 언급하고 있다.

08 윗글을 읽고 빈칸에 들어가기에 적절한 말을 쓰시오.

> 별이 죽어가는 모습이지만, 새로운 별이 나타난 것처럼 보이기 때문에 우리는 이를 (   )(이)라고 한다.

08
2문단에서 초신성의 개념을 소개하고 있네요.

09 윗글을 읽고 알 수 있는 내용은?

① 초신성의 시대별 변화

② 초신성의 개념과 역할

③ 초신성이 처음 생긴 시기

④ 초신성이 방출하는 에너지의 종류

⑤ 초신성이 지구에 떨어지는 데 걸리는 시간

09
지문에서는 초신성이 무엇인지, 초신성은 언제부터 관측했고, 그 역할은 무엇인지에 대해 이야기하고 있어요.

10 윗글의 내용으로 적절하지 <u>않은</u> 것은?

① 초신성을 최초로 기록한 사람은 중국인이다.

② 초신성을 통해 우주의 팽창 속도를 알아낼 수 있다.

③ 1604년 이후에도 우리 은하에서는 초신성이 많이 발견되었다.

④ 가장 최근에 우리 은하에서 관측된 초신성은 케플러 초신성이다.

⑤ 과거 우리나라 사람들은 초신성을 '손님별'이라고 부르기도 했다.

10
초신성 관측의 역사에 대해 설명하고 있는 3문단을 주목하세요!

방출하다 : 입자나 전자기파의 형태로 에너지를 내보내다.

팽창 : 부풀어서 부피가 커짐.

발견되다 : 미처 찾아내지 못하였거나 아직 알려지지 아니한 사물이나 현상, 사실 따위가 찾아내지다.

최근 : 얼마 되지 않은 지나간 날부터 현재 또는 바로 직전까지의 기간

★ 정답은 [해설편 표지] 안쪽에 있습니다.

* [01~02] 제시된 초성을 참고하여, 다음 뜻풀이에 해당하는 단어를 완성하시오.

01 ㄴ하다 : 의견이나 이론을 조리 있게 말하다.
( )

02 ㄱㅊ되다 : 육안이나 기계로 자연 현상, 특히 천체나 기상의 상태, 추이, 변화 따위가 관찰되어 측정되다.
( )

* [03~06] 다음 단어와 그 뜻풀이를 바르게 연결하시오.

03 급제 •
• ㉠ 어떤 일을 할 수 있는 학식이나 능력을 갖춘 사람

04 출현 •
• ㉡ 과거에 합격하던 일

05 인재 •
• ㉢ 알려지지 않은 사물이나 사실 따위를 샅샅이 더듬어 조사함.

06 탐사 •
• ㉣ 나타나거나 또는 나타나서 보임.

* [07~08] 〈보기〉를 참고하여, 다음 문장의 빈칸에 들어가기에 알맞은 단어를 쓰시오.

〈보기〉
• ㅍㅈ되다 : 실시되어 오던 제도나 법규, 일 따위가 그만두어지거나 없어지다.
• ㅂㅊ하다 : 입자나 전자기파의 형태로 에너지를 내보내다.

07 노비제가 ( )되어 이 나라의 모든 노비들이 풀려나게 된 것이었다.

08 은하가 태양계에 ( )하는 빛의 양은 은하의 기울기에 따라 달라진다.

* [09~12] 사다리 타기에 따라, 빈칸에 들어갈 단어의 뜻을 〈보기〉에서 골라 기호를 쓰시오.

〈보기〉
㉠ 세간에 전하여 내려오는 설이나 견해
㉡ 남을 높여 그의 아들을 이르는 말
㉢ 유학의 성인과 현인이 남긴 글
㉣ 부풀어서 부피가 커짐.

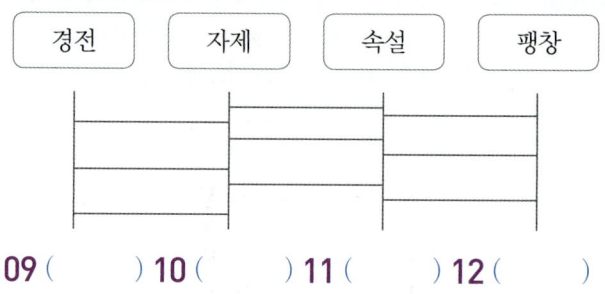

경전   자제   속설   팽창

09 ( ) 10 ( ) 11 ( ) 12 ( )

* [13~16] 제시된 글자들을 조합하여 다음 뜻풀이에 해당하는 단어를 쓰시오.

등	다	성	되	용
용	다	되	생	하
채	직	하	형	다

13 인재를 뽑아서 쓰다. ( )

14 사람을 골라서 쓰다. ( )

15 사물이 생겨나다. ( )

16 어떤 형상이 이루어지다. ( )

✳ 안드로메다은하

20세기 초까지만 해도 사람들은 우리 은하계가 우주의 전부라고 생각했습니다. 당시의 망원경은 지금보다 기능이 좋지 않았기 때문에 우주에 존재하는 모든 물체가 뿌연 구름 덩어리처럼 보였고, 그래서 사람들은 이를 모두 성운이라고 불렀습니다. 하지만 기술이 발달하면서 더 좋아진 성능을 가진 망원경으로 성운을 관찰하게 되면서 새로운

▲ 안드로메다은하

14 DAY

사실들이 발견되었습니다. 뿌연 구름 덩어리처럼 생긴 줄만 알았던 성운 안에 수많은 별들이 모여 있는 별들의 집단, 즉 은하가 있다는 것을 알게 된 것입니다.

우리에게 가장 친숙한 은하는 바로 안드로메다은하입니다. 안드로메다은하(M31)는 우리 은하계를 닮은 가장 가까운 이웃 은하입니다. 천문학자들은 우리 은하계 밖에 다른 은하가 있는가를 두고 오랜 시간 동안 이야기를 나누어 왔는데, 마침내 1920년에 '허블'이라는 천문학자가 100인치짜리 망원경으로 우리 은하계 바깥에 있는 외부 은하를 밝혀내었습니다. 그것이 바로 사진 속의 안드로메다은하랍니다. 은하의 바깥쪽을 둘러싸고 있는 커다란 고리가 보이나요? 은하의 중심으로부터 멀리 떨어진 곳에서는 별이 활발히 형성되는데 바로 이때 별들이 방출하는 강한 자외선이 고리처럼 보이는 것이랍니다.

우리가 먹는 초콜릿은 어디에서 왔을까?

우리가 즐겨 먹는 달콤한 초콜릿은 어디에서 온 것일까? 초콜릿의 원료인 카카오콩은 보통 아프리카에서 많이 재배된다. 아프리카의 카카오콩으로 만들어진 초콜릿이 수천 킬로미터나 떨어진 우리나라까지 오게 되어 우리가 그것을 사 먹게 되는 것이다. 그렇다면 카카오콩을 재배하는 사람들은 우리가 낸 돈으로 풍족하게 생활하고 있을까?

초콜릿을 만드는 주된 원료인 카카오콩은 가나, 나이지리아와 같은 아프리카 지역에서 주로 재배된다. 카카오콩 농장에서 카카오콩을 따는 일은 보통 아침 6시부터 밤 10시까지 이루어지는데, 이를 담당하는 것은 9세에서 12세 사이의 어린이들이다. 우리가 사 먹는 초콜릿이 한 개에 1000원이라면, 이렇게 열심히 일하는 카카오콩 농장의 어린이들에게 돌아가는 돈은 20원 남짓이라고 한다. 초콜릿을 팔아서 받은 대부분의 돈은 이 어린이들이 아니라 초콜릿 회사와 중간 상인들이 나누어 갖는다.

카카오콩 농장의 어린이들이 좀 더 돈을 많이 받게 할 수는 없는 것일까? 초콜릿이 만들어지는 과정을 알게 된 사람들은 초콜릿의 중간 유통 과정을 없애고, 생산자들로부터 직접 초콜릿을 사는 방법으로 카카오콩을 재배하여 초콜릿을 생산하는 사람들이 더 잘 살 수 있도록 돕기로 했다. 즉, 생산자들이 한 노동에 대한 정당한 대가를 지불하고, 이를 통해 소비자들이 좀 더 좋은 제품을 얻고자 한 것이다. 이를 생산자의 입장에서는 '공정 무역'이라고 하고, 소비자의 입장에서는 '윤리적 소비'라고 한다.

그렇다면 공정 무역을 통해 윤리적 소비를 하면 좋은 점은 무엇일까? 생산자들에게 정당한 대가를 지불하였기 때문에, 생산자들에게 더 많은 이득이 돌아감으로써 그들이 인간답게 살도록 도울 수 있다. 또 생산자들은 누가 그것을 소비하는지 알게 되기 때문에 농약 등을 마구잡이로 사용하지 않게 된다. 게다가 기업들의 과도한 노동력 착취 등의 문제도 해소될 수 있다.

이제 우리 주변에서도 공정 무역 초콜릿 등을 흔히 볼 수 있다. 일반 초콜릿 대신 공정 무역 초콜릿을 사 먹음으로써 나는 물론 다른 사람도 돕는 착한 소비를 해 보자.

▲ 초콜릿의 재료인 카카오콩

---

1 문단
요약 : ☐☐☐의 생산과 소비 과정

2 문단
요약 : 초콜릿 생산과 판매 과정

3 문단
요약 : ☐☐ 무역과 윤리적 소비

4 문단
요약 : 공정 무역을 통한 윤리적 소비의 좋은 점

5 문단
요약 : 윤리적 소비 권유
원료 : 어떤 물건을 만드는 데 들어가는 재료
재배되다 : 식물이 심기어 가꾸어지다.
풍족하다 : 매우 넉넉하여 부족함이 없다.
정당하다 : 이치에 맞아 올바르고 마땅하다.
대가 : ① 물건의 값으로 치르는 돈 ② 일을 하고 그에 대한 값으로 받는 보수
착취 : 계급 사회에서 생산 수단을 소유한 사람이 생산 수단이 없는 직접 생산자로부터 그 노동의 성과를 무상으로 취득함. 또는 그런 일
해소되다 : 어려운 일이나 문제가 되는 상태가 해결되어 없어지다.

---

01 [문단 요약]
다음은 3문단의 내용을 요약한 것이다. 빈칸에 들어가기에 적절한 말을 쓰시오.

> 생산자들의 노동에 대한 정당한 대가를 지불하고, 이를 통해 소비자들이 좀 더 좋은 제품을 얻고자 하는 것을 생산자 입장에서는 '(   )'(이)라고 하며, 소비자 입장에서는 '윤리적 소비'라고 한다.

▶ 정답과 해설 p. 58

02 [문단 간의 관계]
각 문단에 대한 설명으로 적절하지 않은 것은?

① 1문단에서는 질문을 던져 읽는 사람의 흥미를 끌고 있다.
② 2문단에서는 문제가 되는 상황을 제시하고 있다.
③ 3문단과 4문단에서는 학자들의 다양한 의견을 소개하고 있다.

03 **윗글을 읽고 알 수 없는 내용은?**

① 초콜릿의 원료
② 윤리적 소비를 하면 좋은 점
③ 카카오콩이 주로 재배되는 지역
④ 공정 무역 초콜릿을 사 먹어야 하는 이유
⑤ 어린이들이 카카오콩 농장에서 일을 하는 이유

03
이 지문에서는 초콜릿의 주 원료인 카카오콩이 어디에서 재배되는지를 소개하고, 공정 무역과 윤리적 소비에 대해 설명하고 있어요.

04 **'공정 무역'을 통해 얻게 되는 효과로 적절하지 않은 것은?**

① 과도한 노동 착취를 막을 수 있다.
② 과소비를 막아 합리적인 소비를 할 수 있다.
③ 농약 등을 마구잡이로 사용하지 않을 수 있다.
④ 생산자들이 인간답게 살아갈 수 있도록 도울 수 있다.
⑤ 생산자들의 노동에 대한 정당한 대가를 지불할 수 있다.

04
3문단에서는 공정 무역과 윤리적 소비에 대해 설명하고, 4문단에서는 공정 무역을 통한 윤리적 소비를 하면 좋은 점을 소개하고 있어요.

05 **윗글을 읽고 난 후의 반응으로 적절하지 않은 것은?**

① 공정 무역은 기업에서부터 시작한 운동이구나.
② 우리가 먹는 초콜릿의 원료는 아프리카에서 왔구나.
③ 공정 무역 초콜릿을 사 먹는 착한 소비자가 되어야겠어.
④ 우리가 초콜릿을 사고 내는 돈은 유통 과정에서 중간 상인들이 많이 가져가겠구나.
⑤ 어린이들이 아침 6시부터 밤 10시까지 카카오콩 농장에서 일을 한다니, 마음이 너무 아파.

05
선택지에 제시된 내용이 지문의 어느 부분에 나왔는지를 살펴보아야 해요.

과도하다 : 정도에 지나치다.
과소비 : 돈이나 물품 따위를 지나치게 많이 써서 없애는 일
합리적 : 이론이나 이치에 합당한 것
마구잡이 : 이것저것 생각하지 아니하고 닥치는 대로 마구 하는 짓
지불하다 : 돈을 내어 주다. 또는 값을 치르다.
유통 : 상품 따위가 생산자에서 소비자, 수요자에 도달하기까지 여러 단계에서 교환되고 분배되는 활동

손난로의 원리

추운 겨울이 되면 두꺼운 외투와 함께 많은 사람들에게 사랑받는 물건이 있다. 주머니 속 작은 난로라고 불리는 '손난로'이다. 손난로는 속에 액체가 들어 있는 액체형 손난로와 철 가루를 이용한 고체형 손난로로 나눌 수 있다. 요즘 우리가 자주 사용하는 검은 가루가 담긴 일회용 손난로는 바로 고체형 손난로이다.

고체형 손난로는 무엇으로 만들어질까? 바로 과학 시간에 자주 접하는 철 가루이다. 철 가루가 어떻게 난로 노릇을 하는 걸까? 고체형 손난로에는 철 가루와 탄소 가루, 염화 나트륨 등이 들어 있다. 고체형 손난로를 잡고 흔들면 철 가루가 공기 중 산소와 서서히 반응해 열을 낸다. 이때 염화 나트륨은 철이 산소와 더욱 빨리 반응하게 한다. 이처럼 철 가루가 산소와 반응하는 것을 산화 반응이라고 하며, 고체형 손난로는 철 가루의 산화 반응을 이용한 것이다. 한번 산

▲ 산화되어 녹슨 철

화된 철은 다시 사용할 수 없다. 한편 공기 중에 있는 못이 녹이 스는 것 역시 산화 반응이다. 하지만 속도가 매우 느려서 못이 산화 반응을 할 때 우리가 열을 느끼지는 못한다.

고체형 손난로가 총 두 겹으로 포장되어 판매되는 이유는 무엇일까? 그것은 바로 손난로 속 철 가루가 공기와 만나는 것을 막기 위해서이다. 손난로를 만들어서 운반하는 도중에 철 가루가 산소를 만나서 열이 발생하면 정작 따뜻한 온기가 필요할 때에는 다시 열을 발생시킬 수 없다. 그래서 고체형 손난로의 바깥 포장은 공기가 쉽게 통과할 수 없는 재료로 만들고, 속의 포장은 공기가 쉽게 통과할 수 있는 재료로 만드는 것이다.

1 문단
요약 : ☐☐☐의 종류

2 문단
요약 : 고체형 손난로의 재료와 원리

3 문단
요약 : ☐☐☐ 손난로가 두 겹으로 포장되어 판매되는 이유

[문단 요약]
06 다음은 2문단의 내용을 정리한 것이다. 빈칸에 들어가기에 적절한 말을 쓰시오.

> 고체형 손난로를 잡고 흔들면 철 가루가 공기 중 산소와 서서히 반응하며 열을 낸다. 이처럼 철가루와 산소가 반응하는 것을 ( ) 반응이라고 한다.

[문단 간의 관계]
07 각 문단에 대한 설명으로 적절하지 **않은** 것은?

① 1문단에서는 손난로를 종류를 나누어 살펴보고 있다.
② 2문단에서는 손난로의 재료를 설명하고 있다.
③ 3문단에서는 액체형 손난로와 고체형 손난로를 비교하고 있다.

반응하다 : 자극에 대응하여 어떤 현상이 일어나다.
산화 : 어떤 물질이 산소와 결합되거나 수소를 잃는 일
포장되다 : 물건이 싸이거나 꾸려지다.
운반하다 : 물건 따위를 옮겨 나르다.
온기 : 따뜻한 기운
포장 : 물건을 싸거나 꾸림, 또는 싸거나 꾸리는 데 쓰는 천이나 종이
통과하다 : 어떤 곳이나 때를 거쳐서 지나가다.

08 윗글을 읽고 빈칸에 들어가기에 적절한 말을 쓰시오.

손난로	액체형 손난로 : 속에 액체가 들어 있음.
	고체형 손난로 : 속에 ( ), 탄소 가루, 염화 나트륨 등이 들어 있음.

08
이 지문에서는 우리가 자주 쓰는 물건인 손난로에 대해 설명하고 있어요. 특히 1문단에서 손난로를 액체형 손난로와 고체형 손난로로 나누어 설명하고 있네요.

09 윗글에 대한 설명으로 가장 적절한 것은?

① 손난로를 발명한 사람을 소개하고 있다.
② 우리나라 사람들이 손난로를 사용하지 않는 이유를 밝히고 있다.
③ 사람들이 고체형 손난로를 주로 사용하는 이유를 탐구하고 있다.
④ 산화 반응을 처음 밝혀낸 사람과 그 사람의 업적을 나열하고 있다.
⑤ 철 가루와 산소의 산화 작용을 중심으로 고체형 손난로의 원리를 안내하고 있다.

09
이 지문에서는 손난로 중 특히 고체형 손난로의 원리를 소개하고 있어요. 선택지의 내용이 지문의 어느 부분에서 이야기하고 있는지를 살펴볼까요?

15 DAY

10 윗글의 내용으로 적절하지 않은 것은?

① 한 번 산화된 철은 다시 사용할 수 없다.
② 액체형 손난로를 잡고 흔들면 열이 난다.
③ 공기 중에 있는 못이 녹이 스는 것은 산화 반응 때문이다.
④ 고체형 손난로의 재료는 염화 나트륨, 철 가루, 탄소 가루 등이다.
⑤ 철 가루와 공기가 만나는 것을 막기 위해 고체형 손난로는 보통 두 겹으로 포장되어 판매된다.

10
1문단에서 액체형 손난로와 고체형 손난로에 대해 언급하고 있어요. 2문단에서는 고체형 손난로의 재료를, 3문단에서는 고체형 손난로가 두 겹으로 포장되어 팔리는 이유를 설명하고 있네요.

탐구하다 : 진리, 학문 따위를 파고들어 깊이 연구하다.
업적 : 어떤 사업이나 연구 따위에서 세운 공적
나열하다 : 죽 벌여 놓다.
원리 : 사물의 근본이 되는 이치
안내하다 : 어떤 내용을 소개하여 알려 주다.

★ 정답은 [해설편 표지] 안쪽에 있습니다.

★ [01~02] 제시된 초성을 참고하여, 다음 뜻풀이에 해당하는 단어를 쓰시오.

01 ㅈㄷ하다 : 이치에 맞아 올바르고 마땅하다.
( )

02 ㅈㅂ하다 : 돈을 내어 주다. 또는 값을 치르다.
( )

★ [03~06] 다음 단어와 그 뜻풀이를 바르게 연결하시오.

03 원료 •   • ㉠ 어떤 물건을 만드는 데 들어가는 재료

04 산화 •   • ㉡ 어떤 사업이나 연구 따위에서 세운 공적

05 업적 •   • ㉢ 물건의 값으로 치르는 돈

06 대가 •   • ㉣ 어떤 물질이 산소와 결합되거나 수소를 잃는 일

★ [07~08] 〈보기〉를 참고하여, 다음 문장의 빈칸에 들어가기에 알맞은 단어를 쓰시오.

〈보기〉
• ㄱㅅㅂ : 돈이나 물품 따위를 지나치게 많이 써서 없애는 일
• ㅎㄹㅈ : 이론이나 이치에 합당한 것

07 화려한 광고는 소비자의 (   )을/를 조장할 수 있다.

08 그는 항상 일을 원칙에 따라 (   )(으)로 진행했다.

★ [09~12] 다음은 단어의 의미이다. 아래의 단어를 찾아 비밀번호를 알아내시오.

컴퓨터를 사용하려면 비밀번호를 입력해 주세요.
비밀번호는 ☐ ☐ ☐ ☐

〈보기〉
① 통과하다   ② 재배되다
③ 해소되다   ④ 안내하다

09 식물이 심기어 가꾸어지다. (   )

10 어떤 내용을 소개하여 알려 주다. (   )

11 어떤 곳이나 때를 거쳐 지나가다 (   )

12 어려운 일이나 문제가 되는 상태가 해결되어 없어지다.
(   )

★ [13~17] 제시된 글자들을 조합하여 다음 뜻풀이에 해당하는 단어를 쓰시오.

포	온	운	풍	되
반	기	족	개	소
취	다	하	착	장

13 따뜻한 기운 (   )

14 물건 따위를 옮겨 나르다. (   )

15 매우 넉넉하여 부족함이 없다. (   )

16 계급 사회에서 생산 수단을 소유한 사람이 생산 수단을 갖지 않은 직접 생산자로부터 그 노동의 성과를 무상으로 취득함. 또는 그런 일 (   )

17 물건을 싸거나 꾸림. 또는 싸거나 꾸리는 데 쓰는 천이나 종이 (   )

✳ 깎아 둔 사과의 색이 변하는 이유

사과를 깎아 둔 채로 10분이 지났다고 생각해 봅시다. 사과는 어떻게 될까요? 사과의 겉이 갈색으로 변하겠지요? 이러한 현상을 '갈변'이라고 합니다. 갈변은 특정 대상이 갈색으로 변하는 현상을 의미하는데, 주로 사과나 배, 바나나 등 과일의 껍질을 벗긴 채로 공기 중에 일정 시간을 놓았을 때 확인할 수 있습니다.

갈변 현상은 왜 일어나는 것일까요? 이는 바로 산화 반응 때문입니다. 산화 반응이란 어떤 물질이 산소와 만나서 성분이 변화하는 것을 가리킵니다. 사과와 배 등에는 폴리페놀과 이를 산화시키는 폴리페놀 옥시데이즈라는 효소가 들어있는데, 우리가 과일의 껍질을 벗기면 과일 속의 폴리페놀 옥시데이즈가 공기 중의 산소를 만나 폴리페놀의 산화 반응을 일으킵니다.

그렇다면 어떻게 해야 갈변 현상을 막을 수 있을까요? 방법은 간단합니다. 껍질을 벗긴 과일이 공기 중의 산소와 만나지 않게 하면 됩니다. 그리고 폴리페놀은 구리나 철을 만나면 산화 반응이 더욱 활성화되기 때문에 스테인리스로 만든 칼을 사용해 과일을 깎는 것이 좋습니다. 또한 사과를 소금물이나 설탕물에 담가 두는 것도 갈변을 막는 데에 도움이 됩니다.

시험 불안

시험 전날 밤, 재영이는 시험지에 있는 글씨를 제대로 읽지 못하고 빈 종이로 답지를 내는 꿈을 꾸었다. 같은 반의 시율이는 시험을 보기 직전에 식은땀을 흘리며 배가 아팠다. 시험 기간이 되면 재영이나 시율이처럼 많은 학생들이 심리적·신체적 고통을 느끼곤 한다. 왜 이런 일이 발생하는 것일까?

어떤 일을 앞두고 불쾌한 일이 일어나거나 위험이 닥칠 것처럼 느껴지는 정서적 상태를 '불안'이라고 한다. 시험을 보는 상황에서 재영이가 느낀 불안은 꿈을 통해 나타났고, 시율이가 느낀 불안은 배앓이라는 신체적인 반응으로 나타났다. 재영이나 시율이처럼 시험을 앞두거나 시험을 치르는 상황에서 학생들이 느끼는 불안을 '시험 불안'이라고 하며, 시험 불안은 정신적, 행동적, 신체적 반응을 포함한다.

그렇다면 시험 불안은 시험 결과에 어떠한 영향을 미칠까? 한 연구 결과에 따르면 시험 불안을 느끼는 사람이 시험을 본 경우, 그렇지 않은 상태의 사람이 시험을 본 것보다 점수가 9점 이상 낮은 것으로 나타났다고 한다. 자신의 능력이 평가된다고 여겨지는 상황에서의 높은 시험 불안이 시험을 보는 학생들에게 영향을 미친 것이다. 그렇다면 이러한 시험 불안은 꼭 없어져야만 하는 것일까?

많은 사람들에게 불안은 제거하거나 극복해야 할 부정적인 것으로 여겨진다. 하지만 불안은 스스로에게 위험 신호를 보냄으로써 그에 대비할 수 있도록 준비시키는 신체 반응 중 하나이다. 또한 적당한 불안과 긴장은 평소와는 다른 상황에 적응하려고 하는 몸의 가장 기본적인 반응이다. 이러한 불안은 잘 조절하기만 하면 집중력을 높여 좋은 결과를 내는 데에 도움을 주기도 한다.

시험 불안도 마찬가지이다. 시험 불안을 느낀다고 너무 초조해하거나 불안 증세에만 집중하기보다는, 몸에서 나타나는 반응을 있는 그대로 받아들이면서 현재 자신이 느끼는 감정이나 신체 변화를 관찰하는 것이 좋다. 불안하면 불안한 대로 자연스럽게 행동을 하다 보면 어느새 불안이 편안한 수준으로 줄어들 것이다.

---

1 문단
요약 : 시험 기간에 나타나는 심리적·신체적 고통

2 문단
요약 : [　　]와/과 시험 불안의 개념

3 문단
요약 : [　　][　　]의 부정적인 영향

4 문단
요약 : 불안의 역할과 긍정적인 영향

5 문단
요약 : 시험 불안에 대처하는 바람직한 자세

정서 : 사람의 마음에 일어나는 여러 가지 감정. 또는 감정을 불러일으키는 기분이나 분위기
극복하다 : 악조건이나 고생 따위를 이겨 내다.
대비하다 : 앞으로 일어날지도 모르는 어떠한 일에 대응하기 위하여 미리 준비하다.
적응하다 : 일정한 조건이나 환경 따위에 맞추어 응하거나 알맞게 되다.
수준 : 사물의 가치나 질 따위의 기준이 되는 일정한 표준이나 정도

[문단 요약]

01 다음은 2문단의 내용을 요약한 것이다. 빈칸에 공통적으로 들어가기에 적절한 말을 쓰시오.

> 어떤 일을 앞두고 불쾌한 일이 일어나거나 위험이 닥칠 것처럼 느껴지는 정서적 상태를 (　　　)(이)라고 하며, 시험을 앞두거나 시험을 치르는 상황에서 학생들이 느끼는 불안을 시험 (　　　)(이)라고 한다.

▶ 정답과 해설 p. 62

[문단 간의 관계]

02 각 문단에 대한 설명으로 적절하지 <u>않은</u> 것은?

① 1문단에서는 구체적인 사례를 들어 독자의 흥미를 이끌어 내고 있다.
② 2문단에서는 불안과 시험 불안의 개념을 소개하고 있다.
③ 4문단에서는 3문단에서 설명한 개념과 반대되는 개념을 제시하고 있다.

03 윗글의 내용으로 가장 적절한 것은?

① 시험 불안은 신체적인 반응으로만 나타난다.
② 시험 불안은 제거해야 하는 부정적인 요소이다.
③ 시험 불안은 성적에 전혀 영향을 미치지 않는다.
④ 불안하고 초조한 증상에 집중하면 시험 불안을 빨리 해소할 수 있다.
⑤ 불안은 위험 신호를 보냄으로써 우리로 하여금 그에 대비할 수 있게 한다.

03
이 지문에서는 불안 가운데 특히 시험 불안에 대해 설명하고 있어요. 시험 불안이 무엇인지, 어떻게 나타나는지, 우리에게 어떠한 영향을 미치는지 등에 대해 생각해 보세요.

04 윗글을 읽고 알 수 <u>없는</u> 내용은?

① 시험 불안의 사례
② 불안의 긍정적인 측면
③ 불안과 시험 불안의 개념
④ 시험 불안을 줄이는 방법
⑤ 학생들이 시험 불안을 없애려고 하는 이유

04
각 문단의 핵심어와 중심 문장을 떠올리며 문제를 풀어 보세요.

16 DAY

05 윗글을 참고했을 때, 다음 대화에서 지혁이 할 말로 가장 적절한 것은?

> 은채 : 오늘 수학 시험을 앞두고 손발에 땀이 나고, 배가 너무 아팠어.
> 지혁 : 수학 시험에 부담을 느낀 모양이구나. 그런 걸 바로 시험 불안이라고 한대.
> 은채 : 시험 불안? 어떻게 하면 이것을 줄일 수 있는데?
> 지혁 : _____

① 시험 불안을 줄이는 방법은 없어.
② 불안한 감정에만 집중하고 있으면 괜찮아져.
③ 불안하면 불안한 대로 자연스럽게 행동해 봐.
④ 운동장을 몇 바퀴 돌고 오면 피곤해서 잊게 돼.
⑤ 시험 결과에 영향을 미치지 않으니까 너무 신경 쓰지 마.

05
5문단에서 시험 불안에 대처하는 방법을 소개하고 있어요. 이를 고려하여 지혁이가 할 말을 골라 보세요.

반응 : 자극에 대응하여 어떤 현상이 일어남. 또는 그 현상
제거하다 : 없애 버리다.
해소하다 : 어려운 일이나 문제가 되는 상태를 해결하여 없애 버리다.
신호 : 일정한 부호, 표지, 소리, 몸짓 따위로 특정한 내용 또는 정보를 전달하거나 지시를 함. 또는 그렇게 하는 데 쓰는 부호
부담 : 어떠한 의무나 책임을 짐.

원근법에 나타난 동양과 서양의 차이

일정한 시점에서 본 공간과 물체를 눈으로 보는 것처럼 멀고 가까움을 느낄 수 있도록 종이와 같은 평면에 표현하는 것을 원근법이라고 한다. 원근법은 동양의 산수화와 서양의 풍경화를 그릴 때 매우 중요한 역할을 했다. 그렇다면 서양과 동양의 원근법의 차이점은 무엇일까?

서양의 원근법은 크게 색채 원근법과 선 원근법으로 나누어 설명할 수 있다. 색채 원근법은 가까이에 있는 것에는 빨간색을, 먼 곳에 있는 것에는 청색을 칠하는 등 색의 심리 효과를 이용하는 것이다. 우리가 주로 알고 있는 원근법은 선 원근법으로, 앞에 있는 대상은 크게, 중간의 대상은 중간 크기로, 먼 것은 작게 표현하여 거리가 멀어질수록 대상의 형태가 점점 작아지다 마지막에 점으로 모이게 그리는 것을 가리킨다. 색채 원근법과 선 원근법 모두 대상을 보는 사람이 중심이 되기 때문에 본 사람의 위치에 따라 그리고자 하는 대상의 형태가 달라진다.

동양의 대표적인 원근법은 삼원법이다. 삼원법은 고원법, 심원법, 평원법으로 구별할 수 있다. 똑같은 산을 표현한다고 했을 때 높은 산 아래에서 위를 쳐다보는 방식으로 표현한 것을 고원법이라고 하고, 높은 산에서 아래를 내려다보는 방식으로 표현한 것을 심원법이라고 한다. 또 산 위에서 다른 산 위, 즉 비슷한 높이에서 바라보는 방식으로 표현한 것을 평원법이라고 한다. 삼원법은 사람이 중심이 아니라, 그리고자 하는 대상이 중심이었다. 그래서 그리고자 하는 대상을 중심에 두고, 그리는 사람이 다양한 각도에서 이를 담아내려고 했다.

동양과 서양의 원근법이 이처럼 차이가 있는 이유는 무엇일까? 이것은 동양과 서양 사람들의 사고방식이 다르기 때문이다. 서양 사람들은 인간을 중시했기 때문에 자연을 정복해야 하는 대상으로 생각했다. 반면에 동양 사람들은 자연과 인간을 하나로 보고, 자연과 인간이 더불어 살아간다고 여겼다.

동양과 서양의 원근법 가운데 어떤 것이 더 좋다고 할 수는 없다. 다만 각각의 방식이 삶의 방식과 문화적인 차이 때문에 나타난 것이라고 이해하고, 서로를 존중하는 태도를 가져야 한다.

[문단 요약]

06 다음은 1문단의 내용을 요약한 것이다. 빈칸에 들어가기에 적절한 말을 쓰시오.

> 일정한 시점에서 본 공간과 물체를 눈으로 보는 것처럼 멀고 가까움을 느낄 수 있도록 종이와 같은 평면에 표현하는 것을 (   )(이)라고 한다.

1 문단
요약 : ☐☐☐의 개념

2 문단
요약 : 서양 원근법의 종류와 특징

3 문단
요약 : ☐☐ 원근법의 종류와 특징

4 문단
요약 : 동양과 서양의 원근법에 차이가 있는 이유

5 문단
요약 : 차이를 존중하는 태도의 필요성
시점 : 어떤 대상을 볼 때에 시력의 중심이 가 닿는 점
산수화 : 동양화에서, 산과 물이 어우러진 자연의 아름다움을 그린 그림
구별하다 : 성질이나 종류에 따라 갈라놓다.
담아내다 : 글, 말 따위에 어떤 내용을 나타내다.
사고방식 : 어떤 문제에 대하여 생각하고 궁리하는 방법이나 태도
정복하다 : 다루기 어렵거나 힘든 대상 따위를 뜻대로 다룰 수 있게 되다.

[문단 간의 관계]

07 각 문단에 대한 설명으로 적절하지 <u>않은</u> 것은?

① 1문단에서는 원근법이 무엇인지 설명하고 있다.

② 3문단에서는 구체적인 예를 들어 2문단의 내용을 보충하고 있다.

③ 5문단에서는 4문단의 내용을 정리하고 결론을 도출하고 있다.

08 윗글을 읽고 다음 빈칸에 들어가기에 적절한 말을 순서대로 쓰시오.

> (   )의 원근법은 대상을 보는 사람이 중심이 되고, (   )의 원근법은
> 그리고자 하는 대상이 중심이 된다.

08
2문단에서는 서양의 원근법에 대해, 3문단에서는 동양의 원근법에 대해 설명하고 있어요.

09 윗글의 내용으로 적절하지 <u>않은</u> 것은?

① 서양의 원근법에서는 그리고자 하는 대상이 중심이 된다.

② 선 원근법에서는 가까운 것은 크게, 먼 것은 작게 표현한다.

③ 서양의 원근법은 크게 색채 원근법과 선 원근법으로 나눌 수 있다.

④ 색채 원근법에서 가까이에 있는 물체를 표현할 때는 빨간색을 칠한다.

⑤ 서양의 원근법에서는 본 사람의 위치에 따라 그리고자 하는 대상의 형태가 달라진다.

09
2문단에서는 서양의 원근법에 대해 설명하고 있어요. 서양의 원근법은 색채 원근법과 선 원근법으로 나뉘며, 대상을 보는 사람이 중심이 되었다고 하네요.

10 다음은 동양의 원근법 중 하나가 적용된 그림이다. 윗글을 읽고 이 그림을 본 사람들의 반응으로 적절하지 <u>않은</u> 것은?

▲ 정선, 〈구룡폭도〉

① 정선은 폭포를 자신과 함께 살아가는 자연물 중 하나로 여겼겠군.

② 이 그림에는 자연과 인간을 하나로 보는 인식이 담겨 있다고 볼 수 있군.

③ 정선은 그리고자 하는 대상인 폭포를 중심에 두고 이 그림을 그렸겠군.

④ 폭포의 힘찬 물줄기를 보니 폭포를 정복하고자 했던 정선의 노력이 느껴지는군.

⑤ 폭포 위쪽에 있는 나무들이 작게 표현된 것을 보니 고원법이 적용되었다고 볼 수 있군.

10
동양의 원근법과 동양 사람들의 사고방식에 대해 설명하고 있는 3문단과 4문단에 주목하여 문제를 풀어 보세요.

도출하다 : 판단이나 결론 따위를 이끌어 내다.
색채 : 물체가 빛을 받을 때 빛의 파장에 따라 그 거죽에 나타나는 특유의 빛
물체 : 구체적인 형태를 가지고 있는 것
적용되다 : 알맞게 이용되거나 맞추어져 쓰이다.

16 DAY

★ 정답은 [해설편 표지] 안쪽에 있습니다.

[01~02] 제시된 초성을 참고하여, 다음 뜻풀이에 해당하는 단어를 쓰시오.

01 ㅁ ㅊ : 구체적인 형태를 가지고 있는 것 (   )

02 ㅅ ㅈ : 어떤 대상을 볼 때에 시력의 중심이 가 닿는 점 (   )

[03~06] 다음 단어와 그 뜻풀이를 바르게 연결하시오.

03 정서 •

• ㉠ 사물의 가치나 질 따위의 기준이 되는 일정한 표준이나 정도

04 수준 •

• ㉡ 어려운 일이나 문제가 되는 상태를 해결하여 없애 버림.

05 해소 •

• ㉢ 사람의 마음에 일어나는 여러 가지 감정. 또는 감정을 불러일으키는 기분이나 분위기

06 산수화 •

• ㉣ 동양화에서, 산과 물이 어우러진 자연의 아름다움을 그린 그림

[07~08] 〈보기〉를 참고하여, 다음 문장의 빈칸에 들어가기에 알맞은 단어를 쓰시오.

〈보기〉
• ㅈㅇ하다 : 일정한 조건이나 환경 따위에 맞추어 응하거나 알맞게 되다.
• ㄷㅂ하다 : 앞으로 일어날지도 모르는 어떠한 일에 대응하기 위하여 미리 준비하다.

07 새 학교에 전학 온 민수는 환경에 빨리 (   )했다.

08 시험에서 좋은 점수를 받기 위해서는 시험에 미리 (   )해야 한다.

[09~12] 문맥을 고려하여 밑줄 친 단어의 뜻과 가장 가까운 것을 고르시오.

09
어떤 학자들은 사람들을 몇 가지 유형으로 **가르기**도 한다.

① 구별하다   ② 구조하다   ③ 구경하다

10
이 화장품은 각질을 **없애는** 데 매우 효과적이다.

① 제배하다   ② 수거하다   ③ 제거하다

11
우리는 어려움을 **이겨 내기** 위해 힘을 모았다.

① 극복하다   ② 반복하다   ③ 항복하다

[12~14] 제시된 글자들을 조합하여 다음 뜻풀이에 해당하는 단어를 쓰시오.

반	사	식	부
고	담	응	방

12 자극에 대응하여 어떤 현상이 일어남. (   )

13 어떠한 의무나 책임을 짐. (   )

14 어떤 문제에 대하여 생각하고 궁리하는 방법이나 태도 (   )

✱ 옛 그림을 감상하는 방법

▲ 헌종가례진하도 병풍

출처 : 문화재청(http://www.heritage.go.kr)

미술관을 방문하면 우리 조상들이 남긴 그림들을 만날 수 있습니다. 그렇다면 조상들이 남긴 옛 그림은 어떻게 보는 것이 좋을까요?

그림을 코앞에서 보아야 할까요? 아닙니다. 그림을 볼 때는 적어도 그림의 크기의 대각선 길이의 1배 혹은 1.5배 정도 떨어진 거리에서 감상해야 합니다. 아주 작은 그림 같은 경우에는 가까운 위치에서 보는 것이 당연히 좋습니다. 하지만 크기가 큰 그림의 경우에는 바로 앞에서 보는 것보다는 조금 떨어져서 보아야 전체적인 모습을 감상할 수 있습니다.

그렇다면 우리나라의 옛 그림은 어떤 방향으로 보아야 할까요? 우리는 글을 읽을 때 왼쪽 위에서 오른쪽 아래로 읽습니다. 이는 요즘의 글이 가로로 쓰여 있기 때문입니다. 하지만 우리 조상들은 글을 세로로 썼습니다. 이러한 특성이 옛 그림에도 그대로 적용되어서, 그림을 그릴 때도 오른쪽 위에서 시작하여 왼쪽 아래로 그려 나갔습니다. 그래서 옛 그림을 볼 때는 오른쪽 위에서 왼쪽 아래로 보아야 합니다. 우리 조상들이 자주 사용했던 병풍도 이와 같이 감상해야 해요.

이제부터 옛 그림을 볼 때에는 그림의 대각선 길이의 1배 혹은 1.5배 정도 떨어진 거리에서, 오른쪽 위에서 왼쪽 아래로 시선을 이동하며 그림을 감상해 봅시다. 우리 조상들의 그림을 더욱 풍부하고 정확하게 감상할 수 있을 것입니다.

STEP Ⅲ
글의 구조 파악하기, 주제 찾기

★ 글의 구조 파악이란?
문단 간의 관계를 바탕으로 전체 글의 짜임새를 살펴보는 것입니다.

● 글의 구조를 파악하는 이유
긴 글의 내용을 한꺼번에 머릿속에 넣고 이해하는 것은 쉽지 않습니다. 그래서 글의 구조를 파악하면 머릿속에서 긴 글의 내용을 체계적으로 정리할 수 있어서 글의 내용을 이해하는 데 도움이 됩니다.

● 글의 구조를 파악하는 방법
각 문단의 내용을 요약한 후, 문단 간의 관계를 파악하면 글의 구조도 파악할 수 있어요. 이때 글의 구조도를 그리면 글의 내용을 한눈에 파악하는 데 도움이 됩니다.

★ 주제란?
글쓴이가 한 편의 글을 통해 전달하고자 하는 바를 가리킵니다.

● 주제를 찾는 방법
– 핵심어 파악하기
– 문단 요약한 것을 바탕으로 핵심어에 대해 무엇을 이야기하고 있는지 정리하기

Tip 제목과 주제의 관계
- 글쓴이는 자신의 글을 통해 사람들에게 자신이 이야기하고자 하는 바를 전달합니다. 그러므로 글쓴이는 사람들이 자신의 글을 읽게 하기 위해 글의 제목을 지을 때에도 신경을 많이 씁니다. 글을 읽기 전에 제목을 확인해 보세요. 보통 제목에 나타난 소재가 그 글에서 주로 이야기하고 있는 '핵심어'일 가능성이 높아요!
- 만약 제목이 없는 글이라면, 내가 글쓴이라고 생각하며 글의 제목을 무엇이라고 붙일지를 고민해 보세요!

사회 민주주의

민주주의란 국민이 권력을 가지고 그 권력을 스스로 행사하는 것을 말한다. 민주주의는 크게 직접 민주주의와 간접 민주주의로 나눌 수 있다. 직접 민주주의란 국가 의사의 결정과 집행에 국민이 직접 참여하는 민주주의를 의미하고, 간접 민주주의란 국민이 선출한 대표들이 국가의 의사를 결정하는 민주주의를 의미한다.

고대 그리스에서처럼 국민들이 한곳에 모여 토론을 벌이고, 그 결과를 정치에 반영하는 것은 직접 민주주의에 해당하고, 오늘날의 우리나라에서처럼 선거를 통해 국민들의 의사를 반영하는 것은 간접 민주주의에 해당한다. 민주주의의 기본 원칙에 더 충실한 것은 직접 민주주의이다. 하지만 오늘날에는 인구도 너무 많고, 모든 인구를 수용하여 토론이나 합의를 할 수도 없으므로 대부분의 나라에서는 간접 민주주의를 시행하고 있다.

만약 사람들이 뽑은 대표자가 자기가 한 약속을 지키지 않거나, 국민들의 의사와는 전혀 다른 결정을 함으로써 국민들이 큰 피해를 입게 된다면 어떻게 해야 할까? 이러한 점을 예방하고 보완하기 위해 정부에서는 어떠한 정책을 실시하기 전에 설문 조사나 공청회 등의 방법을 통해 국민의 의견을 듣는 제도를 운영하고 있다. 또 주민 소환제나 탄핵과 같은 방법으로 잘못을 한 대표자를 꾸짖거나 내쫓는 방안도 마련되어 있다.

요즘에는 전자 통신 기술이 발달함에 따라, 전자 매체를 통해 시민이 직접 정치에 참여하는 전자 민주주의도 많이 거론되고 있다. 직접 민주주의이든, 간접 민주주의이든, 전자 민주주의이든 기본적으로는 인권, 자유권, 평등권, 다수결의 원리, 법치주의 등을 기본 원리로 한다는 것에는 차이가 없다. 이러한 원리들이 잘 지켜지기 위해서는 우리부터가 민주주의를 제대로 알고 이해하려고 노력해야 한다.

* **글 전체의 중심 문단을 찾고 요약하시오.**

● 중심 문단 : ☐문단

● ☐문단 요약 :

---

01 [글의 구조 파악]
다음은 윗글의 내용을 정리한 것이다. 빈칸에 들어가기에 적절한 말을 쓰시오.

> 1문단에서는 '☐☐☐☐'을/를 소개하고, 직접 민주주의와 간접 민주주의로 나누어 설명하고 있다. 2문단에서는 예를 들어 직접 민주주의와 간접 민주주의에 대해 설명하고, 3문단에서는 간접 민주주의에서 생길 수 있는 문제와 이를 보완하는 방법을 설명하였다. 4문단에서는 민주주의의 기본 원리를 제시하고, 민주주의를 대하는 우리의 바람직한 태도를 이야기하며 글을 마무리하고 있다.

02 [주제 찾기]
다음은 윗글에 대한 설명이다. 빈칸에 들어가기에 적절한 말을 쓰시오.

> 윗글에서는 민주주의가 무엇인지에 대해 소개하고, 직접 민주주의와 간접 민주주의로 나누어 설명하고 있다. 이 글 전체의 핵심어는 '민주주의'이고, 민주주의를 제대로 이해해야 한다고 이야기하고 있으므로 이 글의 주제는 '☐☐☐☐을/를 제대로 알고 이해하려는 노력의 필요성'이다.

행사하다 : 권리의 내용을 실현하다.
의사 : 무엇을 하고자 하는 생각
집행 : 법률, 명령, 재판, 처분 따위의 내용을 실행하는 일
선출하다 : 여럿 가운데서 골라 내다.
충실하다 : 충직하고 성실하다.
수용하다 : 어떠한 것을 받아들이다.
시행하다 : 실지로 행하다.
보완하다 : 모자라거나 부족한 것을 보충하여 완전하게 하다.
공청회 : 국회나 행정 기관에서 일의 관련자에게 의견을 들어 보는 공개적인 모임
소환제 : 임기가 끝나기 전에 국민 또는 주민이 내놓은 의견으로 공무원을 그만두게 하는 제도
탄핵 : 대통령·국무 위원·법관 등을 국회에서 의논하여 해임하거나 처벌하는 일 또는 그런 제도
거론되다 : 어떤 사항이 논제로 제기되거나 논의되다.

STEP Ⅲ 글의 구조 파악하기, 주제 찾기

STEP Ⅰ과 STEP Ⅱ에서 공부한 내용을 바탕으로 각 문단을 요약하고 문단 간의 관계를 파악하면 전체 글의 구조와 글쓴이가 전달하고자 하는 바, 즉 글의 주제도 파악할 수 있어요.

1문단

민주주의란 국민이 권력을 가지고 그 권력을 스스로 행사하는 것을 의미하고, 크게 직접 민주주의와 간접 민주주의로 나눌 수 있다고 하였어요. 따라서 1문단을 요약하면 '민주주의의 개념과 종류'입니다.

2문단

민주주의의 기본 원칙에 더 충실한 것은 직접 민주주의이지만, 대부분의 나라에서는 간접 민주주의를 시행하고 있다고 하였어요. 이러한 2문단을 요약하면 '직접 민주주의와 간접 민주주의'입니다.

3문단

간접 민주주의에서는 사람들이 뽑은 대표자가 약속을 지키지 않는 것을 예방하고 보완하기 위해 정부에서 국민의 의견을 듣는 설문 조사나 공청회를 실시하고 있고, 대표자가 국민들에게 피해를 입히면 꾸짖거나 내쫓기 위해 주민 소환제나 탄핵과 같은 방안이 있다고 하였어요. 이러한 내용을 정리하여 3문단을 요약하면 '간접 민주주의에서 발생할 수 있는 문제점과 보완 방법'입니다.

4문단

모든 민주주의는 인권, 자유권, 평등권, 다수결의 원리, 법치주의 등을 기본 원리로 한다면서 우리가 민주주의를 제대로 알고 이해하려고 노력해야 한다고 하였어요. 이 내용을 정리하여 4문단을 요약하면 '민주주의를 대하는 바람직한 자세'입니다.

[문단 간의 관계 파악]

* 1문단에서 이야기한 민주주의에 대해 2, 3문단에서 구체적으로 설명하고 있어요. 특히 2문단에서는 직접 민주주의와 간접 민주주의를 비교하여 설명하고 있고, 3문단에서는 간접 민주주의에서 발생할 수 있는 문제점과 이를 보완하는 방법을 소개하고 있어요.

[글의 구조도]

문단 간의 관계를 생각하며 글의 내용 구조도를 그려 볼까요?

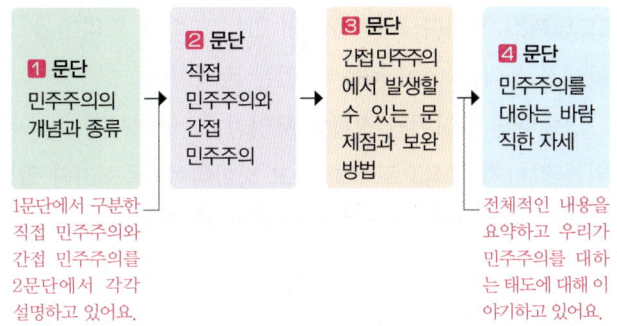

1문단에서 구분한 직접 민주주의와 간접 민주주의를 2문단에서 각각 설명하고 있어요.

전체적인 내용을 요약하고 우리가 민주주의를 대하는 태도에 대해 이야기하고 있어요.

[주제 찾기]

* 글쓴이가 이 글을 통해 전달하고자 하는 바를 '주제'라고 합니다. 각 문단의 내용을 요약한 것과 글의 구조도를 이해하면 글쓴이가 이 글을 왜 썼는지에 대해 구체적으로 알 수 있어요.

* 주제는 글 전체의 핵심어와 관련이 있습니다. 문단을 요약한 것을 바탕으로 핵심어에 대해 무엇을 이야기하고 있는지를 정리하면 글 전체의 주제가 됩니다.

* 따라서 이 글의 핵심어는 '민주주의'입니다. 1문단에서는 민주주의의 개념과 종류를, 2문단에서는 간접 민주주의와 직접 민주주의를, 3문단에서는 간접 민주주의에서 발생할 수 있는 문제점과 보완 방법을, 4문단에서는 민주주의를 대하는 바람직한 자세에 대해 이야기하고 있으므로 이 글의 주제는 '민주주의의 개념과 민주주의를 제대로 알고 이해하려는 노력의 필요성'입니다.

DAY 17 예술

음악이란 무엇인가?

시내버스, 전철 등의 대중교통을 이용할 때 꼭 챙기는 것 중 하나가 바로 이어폰이다. 이어폰을 통해 나오는 음악이 없다면, 대중교통에서의 시간이 참으로 더디게 흘러간다고 느껴질 것이다. 배경음악이 없는 영화나 드라마를 상상할 수도 없듯, 우리의 일상생활에서 음악은 떼어 놓을 수 없는 존재이다.

그렇다면 음악이란 정확히 무엇일까? 국어사전에 따르면 음악이란 박자, 가락, 음성 따위를 갖가지 형식으로 조화하고 결합하여, 목소리나 악기를 통하여 사상 또는 감정을 나타내는 예술이다. 이는 모든 소리가 음악이 될 수는 없다는 것을 의미한다. 다른 사람들이 누군가가 내는 소리가 사상 또는 감정을 나타낸다고 생각해야만 비로소 음악이 된다.

일반적으로 음악의 3요소를 리듬, 멜로디, 하모니라고 한다. 박자나 빠르기 등으로 표현되는 리듬은 음의 장단이나 강약 따위가 반복될 때의 그 규칙적인 음의 흐름을 가리킨다. 멜로디는 음의 높낮이의 변화가 리듬과 연결되어 하나로 더해져 만들어지는 음의 흐름을 의미한다. 하모니는 두 개 이상의 음이 일정한 법칙에 따라 동시에 울리는 화음의 연결이라고 할 수 있다.

요즘에는 하모니가 없이 리듬과 멜로디로만 구성되는 음악도 있으므로, 음악을 이루는 기본 요소는 리듬과 멜로디라고 보는 사람들도 있다. 그 중에서도 리듬은 음표의 장단, 악센트, 음의 셈여림, 빠르기 등에 따라 표현되어 음악의 구조를 이루기 때문에 가장 근본적인 음악 요소라고 볼 수 있다. 일부 래퍼들은 리듬만 가지고서도 즉흥적으로 랩을 하여 음악을 만들기도 한다.

일상생활에서 접하는 여러 음악들을 그저 배경음악으로 흘려들을 것이 아니라, 그 음악을 구성하고 있는 리듬, 멜로디, 하모니 등을 구체적으로 살피면서 들어보자. 같은 음악일지라도 새로운 재미를 발견할 수 있을 것이다.

* 글 전체의 중심 문단을 요약하고 주제를 쓰시오.

1) ☐ 문단 요약 :

2) 주제
☐☐ 의 개념과 3요소

더디다 : 어떤 움직임이나 일에 걸리는 시간이 오래다.
조화하다 : 서로 잘 어울리다.
결합하다 : 둘 이상의 사물이나 사람이 서로 관계를 맺어 하나가 되다.
사상 : ① 어떠한 사물에 대하여 가지고 있는 구체적인 사고나 생각 ② 판단, 추리를 거쳐서 생긴 의식 내용
요소 : 사물의 성립이나 효력 발생 따위에 꼭 필요한 성분. 또는 근본 조건
장단 : 길고 짧음.
근본적 : 근본을 이루거나 근본이 되는. 또는 그런 것
즉흥적 : 그 자리에서 일어나는 감흥이나 기분에 따라 하는. 또는 그런 것
접하다 : 소식이나 명령 따위를 듣거나 받다.
구성하다 : 몇 가지 부분이나 요소들을 모아서 일정한 전체를 짜 이루다.

[글의 구조 파악]
03 다음은 윗글의 내용을 정리한 것이다. 빈칸에 들어가기에 적절한 말을 쓰시오.

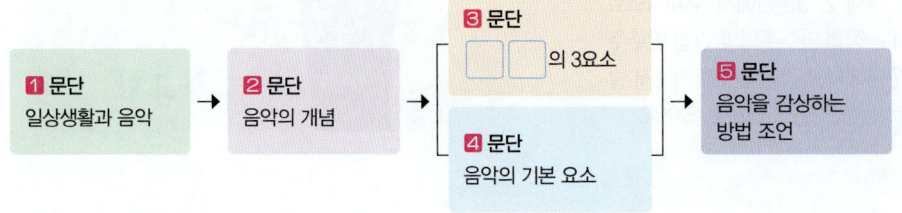

1 문단 일상생활과 음악 → **2 문단** 음악의 개념 → **3 문단** ☐☐ 의 3요소 / **4 문단** 음악의 기본 요소 → **5 문단** 음악을 감상하는 방법 조언

[주제 찾기]

04 다음은 윗글에 대한 설명이다. 빈칸에 들어가기에 적절한 말을 쓰시오.

> 1문단에서는 우리의 일상생활과 음악의 관계를 이야기하고, 2문단에서는 음악의 사전적 정의를 소개하고 있다. 또 3문단에서는 음악의 3요소를 설명하고, 4문단에서는 음악의 3요소 가운데 기본 요소가 무엇인지를 밝히고 있다. 5문단에서는 음악을 감상하는 방법을 제안하고 있다. 따라서 이 글에서는 음악의 개념과 음악의 요소에 대해 이야기하고 있으므로, 이 글의 주제는 '음악의 개념과 3□□'이다.

05 윗글을 읽고 빈칸에 들어가기에 적절한 말을 순서대로 쓰시오.

> 음악을 이루는 요소에는 (   ), 멜로디, 하모니가 있다. 요즘에는 하모니가 없이 리듬과 (   )(으)로만 구성된 음악도 있으므로 하모니를 음악의 기본 요소로 보지 않는 사람들도 있다.

05
3문단에서 음악의 3요소에 대해 설명하고 있어요. 또 4문단에서 음악의 기본 요소에 대한 사람들의 시각을 소개하고 있네요.

06 윗글의 내용으로 가장 적절한 것은?

① 모든 소리는 음악이 될 수 있다.
② 멜로디는 음악의 가장 근본적인 요소이다.
③ 음악의 3요소는 리듬, 멜로디, 하모니이다.
④ 음의 장단이나 강약 따위의 반복을 멜로디라고 한다.
⑤ 두 개 이상의 음이 일정한 법칙에 따라 동시에 울리는 것을 리듬이라 한다.

06
음악의 정의와 음악을 구성하고 있는 요소들을 설명하고 있는 1~3문단에 주목하여 문제를 풀어 보세요.

07 윗글에 대한 설명으로 적절하지 **않은** 것은?

① 음악의 개념을 정의하고 있다.
② 음악의 정의에 대해 질문을 하고 있다.
③ 음악을 구성하는 요소로 분석하여 설명하고 있다.
④ 음악을 구성하고 있는 요소들 간의 차이점을 언급하고 있다.
⑤ 일상생활에서의 예를 들어 음악에 대한 읽는 사람의 흥미를 유발하고 있다.

07
이 지문에서 음악을 설명하기 위해 어떤 방법을 사용하고 있는지 생각해 보세요.

정의하다 : 어떤 말이나 사물의 뜻을 명백히 밝혀 규정하다.
분석하다 : 얽혀 있거나 복잡한 것을 풀어서 개별적인 요소나 성질로 나누다.
언급하다 : 어떤 문제에 대하여 말하다.
유발하다 : 어떤 것이 다른 일을 일어나게 하다.

★ 정답은 [해설편 표지] 안쪽에 있습니다.

* [01~02] 제시된 초성을 참고하여 다음 뜻풀이에 해당하는 단어를 쓰시오.

01 ㄱㅊㅎ : 국회나 행정 기관에서 일의 관련자에게 의견을 들어 보는 공개적인 모임 (   )

02 ㄱㄹ되다 : 어떤 사항이 논제로 제기되거나 논의되다. (   )

* [03~06] 다음 단어와 그 뜻풀이를 바르게 연결하시오.

03 집행 •

04 요소 •

05 의사 •

06 탄핵 •

• ㉠ 대통령·국무 위원·법관 등을 국회에서 의논하여 해임하거나 처벌하는 일. 또는 그런 제도

• ㉡ 법률, 명령, 재판, 처분 따위의 내용을 실행하는 일

• ㉢ 사물의 성립이나 효력 발생 따위에 꼭 필요한 성분. 또는 근본 조건

• ㉣ 무엇을 하고자 하는 생각

* [07~08] 문맥을 고려하여 다음 문장의 빈칸에 들어가기에 알맞은 단어를 고르시오.

07
어떤 문제에 대하여 말하는 것을 '(   )하다'라고 한다.

① 언급   ② 언행   ③ 다급

08
얽혀 있거나 복잡한 것을 풀어서 개별적인 요소나 성질로 나누는 것을 '(   )하다'라고 한다.

① 애석   ② 분수   ③ 분석

* [09~11] 제시된 초성과 뜻풀이를 참고하여 다음 문장의 빈칸에 들어가기에 알맞은 단어를 쓰시오.

〈보기〉
• ㅅㅊ하다 : 여럿 가운데서 골라내다.
• ㅈㄷ : 춤, 노래 따위의 빠르기나 가락을 주도하는 박자
• ㅈㅎㅈ : 그 자리에서 일어나는 감흥이나 기분에 따라 하는. 또는 그런 것.

09 학급 반장을 (   )하다.

10 그녀는 음악의 (   )에 맞추어 춤을 추었다.

11 진수는 (   )(으)로 바이올린 연주를 하였다.

* [12~14] 제시된 글자들을 조합하여 다음 뜻풀이에 해당하는 단어를 쓰시오.

성	하	행	구
다	출	합	시
배	되	디	더

12 실지로 행하다. (   )하다

13 몇 가지 부분이나 요소들을 모아서 일정한 전체를 짜 이루다. (   )하다

14 어떤 움직임이나 일에 걸리는 시간이 오래다.
(   )

✳ 음악의 아버지와 어머니는 누구?

사람들은 음악의 아버지는 바흐이고, 음악의 어머니는 헨델이라고 합니다. 왜 이 두 사람에게 이런 별칭이 붙었을까요? 바흐가 음악의 아버지라고 불리는 이유는 바로 바흐가 바로크 시대 이전의 음악이 오늘날의 서양 음악으로 발전할 수 있도록 음악의 기초를 닦았기 때문입니다. 게다가 바흐의 음악에서 풍기는 분위기가 온화하면서도 무게감 있고, 굳건한 인상을 풍기기 때문에 마치 아버지와 같다고 해서 음악의 아버지라고 불렸습니다.

그렇다면 헨델은 왜 음악의 어머니라고 불릴까요? 헨델은 남자인데 말이에요. 헨델의 음악은 아주 화려하면서도 포근하고, 자유롭고, 아름답습니다. 그래서 마치 포근한 어머니의 품에 안긴 것 같은 느낌을 사람들에게 준다고 하여 사람들이 헨델을 음악의 어머니라고 불렀답니다.

정리하자면, 헨델과 바흐가 활동하기 이전까지의 서양 음악은 지금처럼 다양하거나 화려하지 않고 아주 단조로운 편이었습니다. 하지만 바흐와 헨델이 여러 음악을 작곡하면서 서양 음악이 눈부시게 발전하게 되었습니다. 바로 이러한 이들의 공로 때문에 바흐와 헨델을 음악의 아버지, 어머니라고 부르게 된 것입니다. 하지만 어머니와 아버지의 역할이 따로 없는 요즘에는 바흐와 헨델을 음악의 아버지 혹은 어머니라고 부르기보다는 '부모님'이라고 불러야 하지 않을까요?

17 DAY

영수증 속 환경 호르몬

마트나 편의점에서 물건을 구입하면 꼭 받는 것이 있다. 바로 영수증이다. 그런데 이 영수증을 맨손으로 만지면 위험하다는 것을 알고 있는 사람은 얼마나 될까? 산업화가 진행되면서 우리 주변에는 과거에 없었던 수많은 화학 물질들이 생겨났다. 어떤 것들은 몸속에 들어올 경우 정상적인 호르몬의 작용을 방해하며 내분비계 혼란을 일으킨다. 이 같은 물질을 통틀어 '환경 호르몬', 혹은 '내분비계 교란 물질'이라고 한다. 현재 환경 호르몬으로 공식적으로 분류되는 화학 물질로는 다이옥신, DDT, 프탈레이트, 중금속, 비스페놀A가 대표적인데, 영수증에서 주로 나오는 환경 호르몬이 바로 비스페놀A이다.

비스페놀A는 1891년 러시아 화학자 디아닌이 처음 합성한 것이다. 비스페놀A는 흰색의 광택이 나는 물질로, 우리가 자주 사용하는 플라스틱을 만드는 재료이기도 하며 영수증뿐만 아니라 은행 등에서 주는 대기표에도 사용된다. 종이에 사용되는 비스페놀A의 경우 우리가 먹을 가능성은 낮다. 그러나 손에 땀이 난 상태로 혹은 손을 씻은 후 깨끗이 닦지 않은 채로 오래 접촉할 경우 피부를 통한 흡수율이 10배나 높아진다.

연구에 따르면 비스페놀A는 유방암 및 뇌종양, 비만 등 각종 질환을 유발하며, 특히 유아와 임산부에게 치명적인 영향을 미칠 수 있다고 한다. 인체에 들어간 비스페놀A는 대부분 소변 등으로 배출되기 때문에 비스페놀A가 유해하지 않다는 주장이 있기는 하지만, 여전히 비스페놀A에 대해 사람들은 크게 걱정하고 있다.

비스페놀A와 같은 유해한 환경 호르몬을 피하기 위해서는 종이 영수증을 사용하기보다는 전자 영수증을 사용하는 것이 좋다. 또 음식을 보관할 때는 유리나 나무 그릇을 사용하도록 하고, 음식을 플라스틱 용기에 담아 전자레인지에 돌리는 것을 피해야 한다. 이와 같은 사소한 생활 습관을 바꿈으로써 환경 호르몬의 영향을 되도록 피해 보자.

＊글 전체의 중심 문단을 찾고 요약하시오.

● 중심 문단 : ☐ 문단

● ☐ 문단 요약 :

[글의 구조 파악]

01 다음은 윗글의 내용을 정리한 것이다. 빈칸에 들어가기에 적절한 말을 쓰시오.

> 1문단에서는 '☐☐☐☐☐'에 대해 설명하고 있다. 2문단과 3문단에서는 환경 호르몬 중 비스페놀A에 대해 자세히 소개하고 있다. 4문단에서는 비스페놀A와 같은 환경 호르몬을 피하기 위한 생활 습관을 이야기하며 글을 마무리하고 있다.

[주제 찾기]

02 다음은 윗글에 대한 설명이다. 빈칸에 들어가기에 적절한 말을 쓰시오.

> 윗글에서는 환경 호르몬 중 비스페놀A가 우리의 건강에 미치는 영향에 대해 설명하고 있다. 이 글 전체의 핵심어는 '환경 호르몬'이고, 비스페놀A와 같은 환경 호르몬을 피하기 위해 노력해야 한다고 이야기하고 있으므로 이 글의 주제는 '비스페놀A와 같은 ☐☐☐☐☐이/가 우리의 몸에 미치는 영향'이다.

구입하다 : 물건 따위를 사들이다.
호르몬 : 몸속을 돌아다니며 다른 기관이나 조직의 작용을 빠르게 하거나 그치게 하는 물질
작용 : 어떠한 현상을 일으키거나 영향을 미침.
내분비계 : 우리 몸의 내부로 호르몬을 분비하는 신체 기관
통틀다 : 있는 대로 모두 한데 묶다.
교란 : 마음이나 상황 따위를 뒤흔들어서 어지럽고 혼란하게 함.
합성하다 : ① 둘 이상의 것을 합쳐서 하나를 이룬다. ② 둘 이상의 원소를 결합하여 새로운 화합물을 만들거나, 간단한 화합물에서 복잡한 화합물을 만든다.
광택 : 빛의 반사로 물체의 표면에서 반짝거리는 빛
유발하다 : 어떤 것이 다른 일을 일어나게 하다.
치명적 : 생명을 위협하는 것
배출되다 : 안에서 밖으로 밀려 내보내지다.
유해하다 : 해로움이 있다.

STEP Ⅲ 글의 구조 파악하기, 주제 찾기

1문단

우리 몸속에 들어올 경우 정상적인 호르몬의 작용을 방해하며 내분비계 혼란을 일으키는 물질이 환경 호르몬이라고 하였어요. 또 환경 호르몬으로 분류되는 물질 가운데 영수증에서 자주 나오는 것이 비스페놀A라고 하였어요. 따라서 <u>1문단을 요약하면 '환경 호르몬의 개념과 종류'</u>입니다.

2문단

플라스틱과 영수증, 은행의 대기표 등을 만들 때 사용하는 비스페놀A는 피부를 통해 우리 몸에 흡수될 수 있다고 하였어요. 그래서 <u>2문단을 요약하면 '우리의 피부를 통해 흡수될 수 있는 비스페놀A'</u>입니다.

3문단

비스페놀A는 유방암 및 뇌종양, 비만 등 각종 병을 일으키고, 어린아이와 임산부에게 나쁜 영향을 미칠 수 있다고 했어요. 한편 소변 등으로 배출되기 때문에 해롭지 않다는 주장도 있다고 하였어요. 이러한 <u>3문단을 요약하면 '비스페놀A가 인체에 미치는 영향'</u>입니다.

4문단

환경 호르몬을 피하기 위해 종이 영수증보다는 전자 영수증을 사용하고, 유리나 나무 그릇을 쓰며, 플라스틱 용기에 음식을 담아 전자레인지를 사용하지는 말자고 하였어요. 이 내용을 정리하여 <u>4문단을 요약하면 '환경 호르몬을 피하기 위한 생활 습관'</u>입니다.

[문단 간의 관계 파악]

✱ 2문단에서는 1문단에서 이야기한 '비스페놀A'에 대해 구체적으로 설명하고 있어요.

✱ 3문단에서는 2문단에서 설명한 비스페놀A가 인체에 미치는 영향에 대해 설명하고 있어요. 즉, 2문단의 내용을 보충하고 있는 것이죠.

[글의 구조도]

문단 간의 관계를 생각하며 글의 내용 구조도를 그려 볼까요?

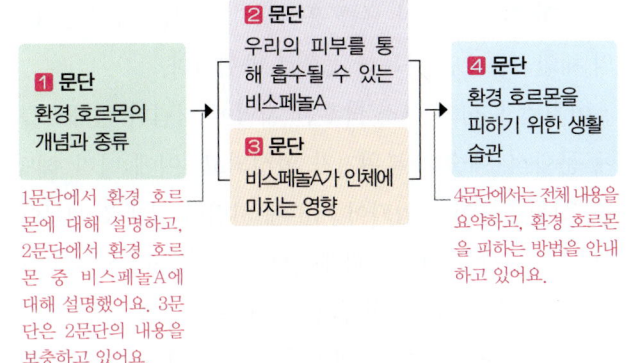

1문단에서 환경 호르몬에 대해 설명하고, 2문단에서 환경 호르몬 중 비스페놀A에 대해 설명했어요. 3문단은 2문단의 내용을 보충하고 있어요.

4문단에서는 전체 내용을 요약하고, 환경 호르몬을 피하는 방법을 안내하고 있어요.

[주제 찾기]

✱ 글쓴이가 이 글을 통해 전달하고자 하는 바를 '주제'라고 합니다. 각 문단의 내용을 요약한 것과 글의 구조도를 이해하면 글쓴이가 이 글을 왜 썼는지에 대해 구체적으로 알 수 있어요.

✱ 주제는 글 전체의 핵심어와 관련이 있습니다. 문단을 요약한 것을 바탕으로 핵심어에 대해 무엇을 이야기하고 있는지를 정리하면 글 전체의 주제가 됩니다.

✱ 따라서 이 글의 핵심어는 '환경 호르몬'입니다. 1문단에서는 환경 호르몬의 개념과 종류를, 2문단에서는 우리의 피부를 통해 흡수될 수 있는 비스페놀A를, 3문단에서는 비스페놀A가 인체에 미치는 영향을, 4문단에서는 환경 호르몬을 피하기 위한 생활 습관에 대해 이야기하고 있으므로 <u>이 글의 주제는 '비스페놀A와 같은 환경 호르몬이 우리 몸에 미치는 영향'</u>입니다.

DAY 18 사회

핫플레이스의 그늘, 젠트리피케이션

한때 홍익대학교 인근 거리는 젊은 예술가들의 공간이라고 불렸다. 젊은 예술가들은 독특한 느낌의 가게들을 운영하며 자신만의 예술적 재능을 뽐냈고, 많은 사람들의 발길이 이어졌다. 그러나 요즘 홍익대학교 인근 거리는 예전의 분위기는 사라지고 대기업들의 체인점들로만 가득한 곳으로 바뀌었다.

이처럼 도심의 다소 낙후한 지역에 저렴한 임대료를 찾는 예술가 등이 몰려 이 지역에 문화적·예술적 분위기가 형성되고, 이에 따라 해당 지역 가치가 상승한 이후 중상층, 상류층들이 유입되어 기존에 저렴한 임대료 때문에 머물렀던 거주민은 외부로 나가게 되는 현상을 '젠트리피케이션(Gentrification)'이라고 한다.

우리나라의 젠트리피케이션은 다음과 같은 순서로 나타난다. 먼저, 임대료가 상대적으로 싼 곳에 독특한 느낌의 문화 시설이나 카페 등이 하나둘씩 들어와서 장사를 시작한다. 이후 사람들이 몰려들어 인기 있는 장소가 되고, 입소문과 SNS 등의 영향으로 사람들이 더욱더 많이 방문하게 된다. 그 결과 상점과 주택의 보증금과 월세가 치솟게 되면서 그 지역의 분위기를 형성했던 사람들은 결국 그곳을 떠나게 된다.

젠트리피케이션은 꼭 나쁘기만 한 것일까? 그곳을 떠나야만 하는 입장에서는 삶의 터전을 잃는 것이므로 나쁘다고 할 수 있다. 또 체인점이 가득해짐에 따라 거리가 획일화된다는 단점도 있다. 그러나 젠트리피케이션을 통해 낙후되었던 공간이 개선되고, 경제적, 사회·문화적으로 활기를 잃었던 공간이 활성화되면서 사람들이 몰려 도시가 재생된다는 장점도 있다. 이와 같이 젠트리피케이션 같은 사회 현상에는 장점과 단점이 존재한다. 어느 한쪽의 입장에서만 사회 현상을 평가할 것이 아니라, 다양한 관점에서 사회 현상을 바라보는 시각이 중요한 때이다.

[글의 구조 파악]

03 다음은 윗글의 내용을 정리한 것이다. 빈칸에 들어가기에 적절한 말을 쓰시오.

> 1문단에서는 구체적인 사례를 들어 읽는 사람들의 흥미를 이끌어 내고, 2문단에서는 중심 대상인 '☐☐☐☐☐☐☐'의 의미를 제시하고 있다. 3문단에서는 우리나라의 젠트리피케이션의 순서를 소개하고, 4문단에서는 젠트리피케이션의 장단점을 언급하며 사회 현상을 바라보는 다양한 시각이 필요함을 강조하고 있다.

＊ 글 전체의 중심 문단을 요약하고 주제를 쓰시오.

1) ☐문단 요약 :

2) **주제**

☐☐☐☐☐☐☐☐☐

와/과 이와 같은 사회 현상을 바라보는 바람직한 자세

인근 : 이웃한 가까운 곳
독특하다 : 특별하게 다르다.
도심 : 도시의 중심부
낙후하다 : 기술이나 문화, 생활 따위의 수준이 일정한 기준에 미치지 못하고 뒤떨어지다.
저렴하다 : 물건 따위의 값이 싸다.
임대료 : 남에게 물건이나 건물 따위를 빌려준 대가로 받는 돈
형성되다 : 어떤 형상이 이루어지다.
유입되다 : 사람이 어떤 곳으로 모여들게 되다.
거주민 : 일정한 지역에 거주하는 사람들
터전 : 살림의 근거지가 되는 곳
획일화되다 : 모두가 한결같아서 다름이 없게 되다.
개선되다 : 잘못된 것이나 부족한 것, 나쁜 것 따위가 고쳐져 더 좋게 되다.
활성화되다 : 사회나 조직 등의 기능이 활발해지다.
재생되다 : 타락하거나 희망이 없어졌던 사람이 다시 올바른 길을 찾아 살아가게 되다.

▶ 정답과 해설 p. 72

[주제 찾기]

04 다음은 윗글에 대한 설명이다. 빈칸에 들어가기에 적절한 말을 쓰시오.

> 윗글에서는 젠트리피케이션이 무엇인지에 대해 설명하고 있다. 이 글 전체의 핵심어는 '젠트리피케이션'이고, 젠트리피케이션의 개념과 장단점을 바탕으로 사회 현상을 다양한 관점에서 바라보는 것의 중요성에 대해 이야기하고 있으므로 이 글의 주제는 '☐☐☐☐☐☐☐와/과 같은 사회 현상을 바라보는 바람직한 자세'이다.

05 윗글의 내용으로 적절하지 않은 것은?

① 젠트리피케이션은 장점과 단점을 모두 갖고 있다.
② 젠트리피케이션이 일어나면 도시가 활성화될 수 있다.
③ 젠트리피케이션 때문에 삶의 터전을 잃는 사람들이 있다.
④ 젠트리피케이션이 일어나면 도시 공간이 개선될 수도 있다.
⑤ 젠트리피케이션이 나타난 거리는 독특하고 다양한 가게들로 가득하다.

05
젠트리피케이션의 장단점에 대해 설명하는 4문단에 주목하여 문제를 풀어 보세요.

06 〈보기〉를 우리나라의 젠트리피케이션 흐름에 따라 나열한 것으로 가장 적절한 것은?

─〈보기〉─
ㄱ. 사람들이 몰려 인기 있는 장소가 된다.
ㄴ. 상점과 주택의 보증금과 월세가 치솟는다.
ㄷ. 임대료가 싼 곳에 독특한 분위기의 상점이 들어선다.
ㄹ. 그 지역의 독특한 분위기가 사라지고 거주민이 떠난다.
ㅁ. 입소문과 SNS의 영향으로 더 많은 사람들이 방문한다.

① ㄱ → ㄴ → ㄷ → ㄹ → ㅁ
② ㄱ → ㄷ → ㄴ → ㅁ → ㄹ
③ ㄴ → ㄱ → ㅁ → ㄹ → ㄷ
④ ㄷ → ㄱ → ㅁ → ㄴ → ㄹ
⑤ ㄷ → ㄹ → ㄱ → ㄴ → ㅁ

06
3문단에서 우리나라의 젠트리피케이션의 순서를 언급하고 있어요. 3문단의 내용을 고려하여 정답을 찾아보세요!

07 윗글의 글쓴이가 글을 쓴 이유로 가장 적절한 것은?

① 젠트리피케이션의 원인을 밝히기 위해서
② 젠트리피케이션의 문제점을 알리기 위해서
③ 젠트리피케이션에 대한 올바른 이해를 돕기 위해서
④ SNS와 젠트리피케이션의 관계에 대해 설명하기 위해서
⑤ 우리나라의 젠트리피케이션이 가진 문제점과 해결 방안을 제시하기 위해서

07
4문단에서 젠트리피케이션과 같은 사회 현상을 다양한 관점에서 바라보아야 한다고 이야기하고 있어요. 이를 고려하면 글쓴이가 글을 쓴 이유를 알 수 있겠죠?

치솟다 : 위쪽으로 힘차게 솟다.
입소문 : 입에서 입으로 전하는 소문

★ 정답은 [해설편 표지] 안쪽에 있습니다.

★ **[01~02]** 제시된 초성을 참고하여, 다음 뜻풀이에 해당하는 단어를 쓰시오.

01 ㄴㅎ하다 : 기술이나 문화, 생활 따위의 수준이 일정한 기준에 미치지 못하고 뒤떨어지다. (   )하다

02 ㄷㅅ : 도시의 중심부. 대도시의 경우에는 관공서·회사·은행·사무소 따위가 모여 있고 정치적·경제적 기능의 중심이 되어 가장 번창한 곳 (   )

★ **[03~07]** 다음 단어와 그 뜻풀이를 바르게 연결하시오.

03 거주민 •

• ㉠ 살림의 근거지가 되는 곳

04 입소문 •

• ㉡ 입에서 입으로 전하는 소문

05 교란 •

• ㉢ 일정한 지역에 거주하는 사람들

06 터전 •

• ㉣ 마음이나 상황 따위를 뒤흔들어서 어지럽고 혼란하게 함.

07 치명적 •

• ㉤ 생명을 위협하는 것

★ **[08~09]** 제시된 사전적 의미에 맞는 단어를 고르시오.

08
있는 대로 모두 한데 묶다.

① 통틀다   ② 비틀다   ③ 뒤틀다

09
빛의 반사로 물체의 표면에서 반짝거리는 빛

① 주택   ② 광택   ③ 자택

★ **[10~14]** 문맥을 고려하여 빈칸에 들어가기에 알맞은 단어를 고르시오.

엄마 : 재진아, 어버이날에 할머니께 엽서를 보내는 게 어떨까?
재진 : 좋아요. 그런데 할머니댁 우편번호가 뭐예요?
엄마 : 다음 뜻풀이를 맞히면, 알아낼 수 있어! 잘 한 번 해볼까?

〈 보기 〉

① 합성하다   ② 유발하다
③ 개선되다   ④ 유입되다
⑤ 독특하다

10 특별하게 다르다. 다른 것과 견줄 수 없을 정도로 뛰어나다. (   )

11 사람이 어떤 곳으로 모여들게 되다. (   )

12 잘못된 것이나 부족한 것, 나쁜 것 따위가 고쳐져 더 좋게 되다. (   )

13 둘 이상의 것을 합쳐서 하나를 이루다. (   )

14 어떤 것이 다른 일을 일어나게 하다. (   )

✳ 환경 호르몬의 주범, 플라스틱

폴리염화 비닐(PVC)은 우리 생활에서 가장 널리 사용되고 있는 플라스틱 중 하나입니다. 값이 싸고, 원하는 모양을 쉽게 만들 수 있고, 재활용하기도 쉽기 때문입니다. PVC는 파이프 같은 건축 자재는 물론, 밀폐 용기, 벽지, 장난감 같은 생활용품과 주사기 같은 의료 용품으로도 널리 쓰인답니다. 그런데 한 국제 환경 단체에서는 이 PVC를 '환경 호르몬 위험 물질' 1순위로 언급했습니다. 이렇게 널리 쓰이고 있는 플라스틱이 환경 호르몬을 배출하는 장본인이었다니, 충격적이죠?

하지만 사실 PVC 자체는 인체에 해롭지 않습니다. 순수한 PVC는 매우 단단한 물질입니다. 그래서 건축 자재를 만들 때는 PVC를 있는 그대로 사용합니다. 하지만 PVC로 생활용품을 만들 때에는 단단한 PVC를 부드럽게 만들어 주는 화학 물질인 '프탈레이트'라는 것을 섞습니다. 바로 이 프탈레이트에서 환경 호르몬이 나오는 것입니다. 실험 결과에 따르면 프탈레이트는 우리 몸의 신장, 심장, 허파뿐만 아니라, 생식 기관에도 아주 해로운 영향을 끼칠 수 있다고 합니다.

생활용품으로 만들어진 PVC에 섞여 있는 이 프탈레이트는 서서히 배출되는데, 온도가 높아지면 배출되는 속도가 더 빨라집니다. 그래서 플라스틱 용기에 뜨거운 음식을 넣거나 플라스틱 용기를 전자레인지에 돌리면 환경 호르몬이 나온다고 하는 것입니다. 식용유 등의 기름 성분을 플라스틱 용기에 담아 두는 것도 좋지 않습니다. 프탈레이트가 기름에 녹아 나올 수 있기 때문입니다.

이미 다른 나라에는 프탈레이트가 든 플라스틱의 사용을 엄격히 제한하는 법이 마련되었다고 합니다. 그런데 아직 우리나라에는 이러한 법이 마련되어 있지 않기 때문에 PVC로 만든 생활용품을 사용할 때에는 우리가 미리 주의를 기울여야 합니다.

평생 함께하는 친구, 미생물

우리의 몸속에 살고 있는 미생물의 수는 얼마나 될까? 인체 전체의 세포 수가 약 30조 개라고 하는데, 우리 몸속 미생물의 수는 이보다 더 많은 약 39조 개라고 한다. 우리는 우리 몸속의 수많은 미생물을 눈으로 볼 수도 없고 몸으로 느낄 수도 없지만, 이 미생물들이 우리의 몸에 영향을 주고 있는 것은 분명하다.

몸속 미생물은 피부, 머리카락, 입속 등 온몸에 분포되어 있지만 대부분은 장 속에 모여 있다고 한다. 우리의 장 속 미생물은 약 1000종에 달한다고 알려져 있는데, 우리가 태어나는 과정에서 어머니로부터 미생물을 물려받기도 하고, 우리의 입을 통해 다양한 미생물이 들어오기도 한다. 그래서 갓난아기의 장 속 미생물은 세 살 정도가 되면 어른의 것과 비슷해진다고 한다.

우리의 장 속에 자리를 잡은 미생물 가운데 상당수는 우리의 몸속에 평생 동안 함께하게 된다. 이 미생물들은 우리 몸속에 세균이 들어오는 것을 막고, 우리의 몸이 스스로 소화하지 못하는 영양분을 분해하여 흡수할 수 있는 형태로 바꿔 주며, 비타민 K를 만들어 내기도 하는 등 우리 몸의 전반적인 대사 과정에 직접적인 영향을 미친다.

한편 장 속 미생물들이 만들어 내는 물질에는 호르몬이나 신경 전달 물질을 닮은 것이 있다. 이것들은 우리의 신경에 영향을 미쳐서 우리가 화를 내게 하거나, 스트레스를 받게 하기도 하고, 성격까지도 바꿔 놓을 수 있다고 한다. 게다가 사람마다 차이는 있으나 장 속 미생물들은 뇌의 유전자까지 달라지게 하여 여러 가지에 영향을 미칠 수도 있다는 연구 결과가 발표되기도 했다.

지금까지 살펴본 것처럼 매우 작은 미생물들이 우리의 몸에 큰 영향을 미치고 있음을 알 수 있다. 눈에 보이지 않는다고 무시할 것이 아니라, 우리의 건강과 기분까지 좌지우지하는 미생물들에 대해 관심을 가져 보자.

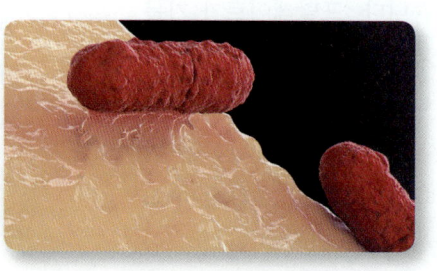

[글의 구조 파악]

01 다음은 윗글의 내용을 정리한 것이다. 빈칸에 들어가기에 적절한 말을 쓰시오.

> 1문단에서는 중심 대상인 '☐☐☐'에 대해 이야기하고 있다. 2문단에서는 장 속에 존재하는 미생물에 대해 이야기하고, 3문단과 4문단에서는 장 속 미생물의 역할과, 장 속 미생물들이 만들어 내는 물질들이 우리에게 미치는 영향에 대해 설명하고 있다. 5문단에서는 1~4문단의 내용을 요약하고, 읽는 사람에게 미생물에 관심을 가질 것을 권하고 있다.

---

*글 전체의 중심 문단을 요약하고 주제를 쓰시오.

1) ☐문단 요약:

2) 주제
☐☐☐☐이/가 우리 몸에 미치는 영향

분포되다 : 일정한 범위에 흩어져 퍼져 있다.
달하다 : 일정한 표준, 수량, 정도 따위에 이르다.
상당수 : 어지간히 많은 수
분해하다 : 여러 부분이 결합되어 이루어진 것을 그 낱낱으로 나누다.
흡수하다 : 영양소 및 물을 거두어들이다.
전반적 : 어떤 일이나 부문에 대하여 그것과 관계되는 전체에 걸친. 또는 그런 것
대사 : 생물체가 몸 밖으로부터 섭취한 영양물질을 몸 안에서 분해하고, 합성하여 생체 성분이나 생명 활동에 쓰는 물질이나 에너지를 생성하고 필요하지 않은 물질을 몸 밖으로 내보내는 작용
좌지우지하다 : 이리저리 제 마음대로 휘두르거나 다루다.

[주제 찾기]

02 다음은 윗글에 대한 설명이다. 빈칸에 들어가기에 적절한 말을 쓰시오.

> 윗글에서는 우리 몸속 미생물 중 장 속 미생물이 우리의 몸에 미치는 영향에 대해 설명하고 있다. 이 글 전체의 핵심어는 '미생물'이고, 미생물들이 우리의 몸에 영향을 미친다고 이야기하고 있으므로 이 글의 주제는 '미생물이 우리의 ☐ 에 미치는 영향'이다.

03 윗글의 내용으로 적절하지 <u>않은</u> 것은?

① 우리 몸속에는 약 39조 개의 미생물이 존재한다.
② 우리 몸속의 미생물 중 대부분은 장 속에 모여 있다.
③ 우리 장 속의 미생물은 몸속에 세균이 들어오는 것을 막는다.
④ 우리 장 속에 존재하는 미생물들은 우리의 성격을 바꿀 수도 있다.
⑤ 우리 장 속의 미생물의 수는 세 살부터 어른이 될 때까지 계속해서 증가한다.

04 장 속 미생물에 대한 설명으로 적절하지 <u>않은</u> 것은?

① 비타민 A를 생산한다.
② 스트레스를 유발하기도 한다.
③ 뇌의 유전자가 변형되게 할 수도 있다.
④ 우리 몸의 전반적인 대사 과정에 영향을 준다.
⑤ 우리가 바로 소화하지 못하는 영양분을 분해해 흡수를 돕는다.

05 윗글의 내용을 보충하기 위해 〈보기〉가 들어가기에 적절한 위치는?

─〈보기〉─

> 미국 캘리포니아 공대의 사르키스 마즈마니안 교수팀은 파킨슨병*을 앓는 모델 쥐를 이용해서 파킨슨병과 장 속 미생물의 연관성을 관찰했다. 연구팀은 장 속에 미생물을 가지지 못한 쥐와 장 속에 미생물을 가진 쥐를 비교했는데, 미생물을 가지지 못한 쥐보다 장 속에 미생물을 가진 쥐에게서 더 심한 파킨슨병 증상이 나타나는 것을 확인할 수 있었다.
>
> * 파킨슨병 : 신경 세포들이 어떤 원인에 의해 소멸하게 되어 이로 인해 뇌 기능의 이상을 일으키는 질병

① 1문단 뒤   ② 2문단 뒤   ③ 3문단 뒤
④ 4문단 뒤   ⑤ 5문단 뒤

03
이 지문에서는 우리 몸속에 존재하는 미생물에 대해 이야기하고 있어요. 특히 2~4문단에서는 장 속 미생물에 대해 설명하고 있네요.

04
주로 3문단과 4문단에서 장 속 미생물의 역할과 그것이 우리 몸에 끼치는 영향에 대해 설명하고 있어요.

05
제시된 글은 뇌 기능의 이상을 일으키는 질병인 '파킨슨병'과 장 속 미생물의 관계를 조사한 결과를 다루고 있군요. 4문단에서 장 속 미생물과 뇌의 유전자 변형에 대한 연구 결과를 이야기하고 있어요.

19 DAY

존재하다 : 현실에 실재하다.
증가하다 : 양이나 수치가 늘다.
유발하다 : 어떤 것이 다른 일을 일어나게 하다.
변형되다 : 모양이나 형태가 달라지다.
소멸하다 : 사라져 없어지다.

물가는 왜 자꾸 변할까?

작년에 1,000원이었던 아이스크림이 올해는 1,200원이, 1,500원이었던 과자가 2,000원이 되면 우리는 흔히 물가가 올랐다고 한다. 여기에서의 물가란 여러 가지 상품이나 서비스의 가치를 종합적이고 평균적으로 본 개념이다. 다시 말해서 1,200원이 아이스크림의 가치를 화폐 단위로 나타낸 것이라면, 물가는 아이스크림과 과자의 가격을 합하여 이를 나눈 것을 의미한다.

물가는 늘 항상 정해져 있는 것이 아니라, 상황에 따라 변한다. 물가를 변하게 하는 대표적인 원인으로 생산 원가를 꼽을 수 있다. 생산 원가란 과자와 같은 물건을 생산하는 데 드는 원료비, 인건비 등을 통틀어 이르는 것으로, 우리나라의 물가는 특히 원료비에 큰 영향을 받는다. 우리나라의 기업들은 물건을 생산하는 원료가 되는 원자재를 해외에서 많이 수입한다. 그래서 해외의 원자재의 값이 오르면 원료비가 높아지고, 이는 우리나라 물가에도 영향을 미친다. 마찬가지로 환율이 오르면 그만큼 우리가 우리나라 돈을 주고 사는 원자재의 가격도 높아지기 때문에 물가가 오르게 된다.

물가를 변하게 하는 또 다른 원인으로 물건을 팔려고 하는 사람과 사려고 하는 사람의 수를 들 수 있다. 물건을 사려는 사람은 많은데 팔 물건이 모자랄 경우에는 물가가 오르게 되며, 반대로 팔려는 물건은 많은데 사려는 사람이 적으면 물가는 떨어지게 된다. 예를 들어 여름철에 비가 너무 많이 내려 전국 배추밭의 대부분의 배추를 먹을 수 없게 되었다고 생각해 보자. 이 때 팔 수 있는 배추는 적은데 사람들이 배추를 많이 사려고 하면 배추의 가격이 오르게 되고, 이 때문에 전체 물가도 오르게 된다.

이처럼 물가는 다양한 원인 때문에 올라가기도 하고 내려가기도 한다. 물가가 오르면 물건을 사고자 하는 사람들은 물건을 제대로 살 수 없게 되고, 물가가 내리면 물건을 팔고자 하는 사람들은 제 값에 물건을 팔 수 없게 된다. 물가가 우리의 삶에 이토록 큰 영향을 미치는 것이다. 이러한 이유 때문에 국가에서는 물가가 지나치게 오르거나 내리는 것을 막고자 다양한 정책을 실행한다.

[글의 구조 파악]

06 다음은 윗글의 내용을 정리한 것이다. 빈칸에 들어가기에 적절한 말을 쓰시오.

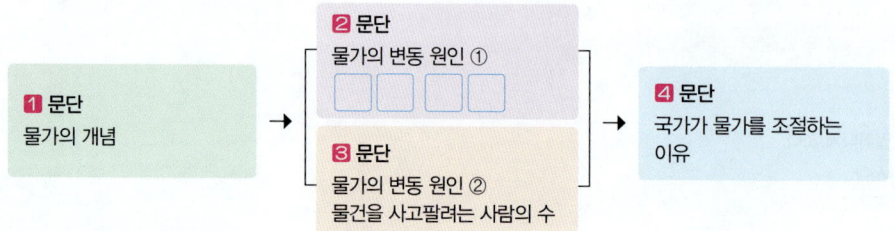

*글 전체의 중심 문단을 요약하고 주제를 쓰시오.

1) ☐문단 요약 :

2) 주제
☐☐의 개념과 물가가 변하는 원인

종합적 : 여러 가지를 한데 모아 합한 것
평균적 : 수량이나 정도 따위가 중간이 되는. 또는 그런 것
화폐 : 상품 교환 가치의 척도가 되며 그것의 교환을 매개하는 일반화된 수단. 주화, 지폐, 은행권 따위가 있다.
단위 : 수량을 수치로 나타낼 때 기초가 되는 일정한 기준
생산 : 인간이 생활하는 데 필요한 각종 물건을 만들어 냄.
원가 : 상품의 제조, 판매, 배급 따위에 든 재화와 용역을 단위에 따라 계산한 가격
원료 : 어떤 물건을 만드는 데 들어가는 재료
원자재 : 공업 생산의 원료가 되는 자재
정책 : 정치적 목적을 실현하기 위한 방책
실행하다 : 실제로 행하다.

07 다음은 윗글에 대한 설명이다. 빈칸에 들어가기에 적절한 말을 쓰시오.

> 윗글에서는 물가의 개념을 소개하고, 물가가 변하는 원인을 생산 원가와 물건을 사고팔려는 사람의 수라는 두 가지 측면으로 나누어 설명하고 있다. 이 글 전체의 핵심어는 '물가'이고, 물가가 다양한 원인 때문에 올라가기도 하고 내려가기도 한다고 이야기하고 있으므로 이 글의 주제는 '☐☐의 개념과 물가가 변하는 원인'이다.

08 다음은 3문단의 내용을 요약한 것이다. 빈칸에 들어가기에 적절한 말을 순서대로 쓰시오.

> 물건을 사려고 하는 사람이 많은데 팔 물건이 모자라면 물가는 (   ) 되고, 팔려는 물건은 많은데 살 사람이 적으면 물가는 (   ) 된다.

08
3문단에서는 물가의 변동 원인을 물건을 사고팔려는 사람들의 수와 연결하여 설명하고 있어요.

09 윗글에 대한 설명으로 가장 적절한 것은?

① 물가의 구성 요소들을 나열하고 있다.
② 물가와 생산 원가의 공통점을 설명하고 있다.
③ 구체적인 예를 들어 물가에 대해 설명하고 있다.
④ 다양한 대상에 빗대어 물가의 개념을 정의하고 있다.
⑤ 물가와 생산 원가를 비교하여 물가의 특징을 밝히고 있다.

09
이 지문에서 물가의 개념과 물가를 변하게 하는 요인을 설명하기 위해 어떤 방법을 사용하고 있는지 살펴보세요.

19_{DAY}

10 윗글의 내용으로 적절하지 <u>않은</u> 것은?

① 물가는 우리의 삶에 많은 영향을 미치고 있다.
② 물가는 정해져 있는 것이 아니라 항상 변화한다.
③ 우리나라에서는 다른 나라에 원자재를 많이 수출한다.
④ 국가에서는 물가를 안정시키기 위해 다양한 정책을 실행한다.
⑤ 국제 사회에서 환율이 오르면 우리나라의 물가도 올라갈 수 있다.

10
2문단에서는 물가와 생산 원가의 관계를 설명하고 있어요. 또 4문단에서는 물가가 우리의 삶에 영향을 미치기 때문에 국가가 나서서 물가 안정 정책을 실행한다고 설명하고 있네요.

구성 : 몇 가지 부분이나 요소들을 모아서 일정한 전체를 짜 이룸. 또는 그 이룬 결과
요소 : 사물의 성립이나 효력 발생 따위에 꼭 필요한 성분. 또는 근본 조건
나열하다 : 죽 벌여 놓다.
정의하다 : 어떤 말이나 사물의 뜻을 명백히 밝혀 규정하다.
수출하다 : 국내의 상품이나 기술을 외국으로 팔아 내보내다.
국제 : 나라 사이에 관계됨.
환율 : 자기 나라 돈과 다른 나라 돈의 교환 비율. 외국환 시장에서 결정된다.

✱ **[01~02]** 제시된 초성을 참고하여 다음 뜻풀이에 해당하는 단어를 쓰시오.

01 ㅂㅎ되다 : 모양이나 형태가 달라지다. (   )

02 ㅇㄱ : 상품의 제조, 판매, 배급 따위에 든 재화와 용역을 단위에 따라 계산한 가격 (   )

✱ **[03~06]** 다음 단어와 그 뜻풀이를 바르게 연결하시오.

03 상당수 •

04 화폐 •

05 환율 •

06 전반적 •

• ㉠ 상품 교환 가치의 척도가 되며 그것의 교환을 매개한 일반화된 수단

• ㉡ 어지간히 많은 수

• ㉢ 어떤 일이나 부문에 대하여 그것과 관계되는 전체에 걸친. 또는 그런 것

• ㉣ 자기 나라 돈과 다른 나라 돈의 교환 비율. 외국환 시장에서 결정된다.

✱ **[07~08]** 제시된 초성과 뜻풀이를 참고하여 다음 문장의 빈칸에 들어가기에 알맞은 단어를 쓰시오.

〈보기〉
• ㅇㄹ : 어떤 물건을 만드는 데 들어가는 재료
• ㅍㄱㅈ : 수량이나 정도 따위가 중간이 되는. 또는 그런 것

07 우리나라에는 (   )을/를 수입해서 제품을 만드는 기업이 많다.

08 요즘 학생들은 예전에 비해 (   )으로 키가 큰 편이다.

✱ **[09~12]** 사다리 타기에 따라, 빈칸에 들어갈 단어의 뜻을 〈보기〉에서 골라 기호를 쓰시오.

〈보기〉
① 일정한 표준, 수량, 정도 따위에 이르다.
② 여러 부분이 결합되어 이루어진 것을 그 낱낱으로 나누다.
③ 실제로 행하다.
④ 사라져 없어지다.

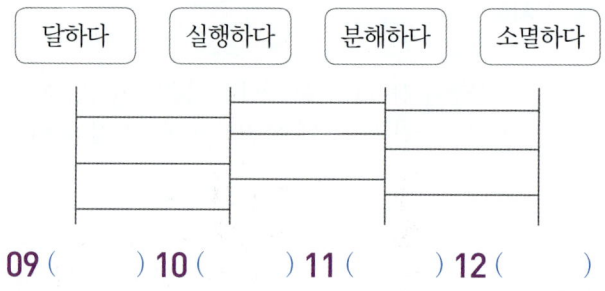

09 (   ) **10** (   ) **11** (   ) **12** (   )

✱ **[13~15]** 제시된 글자들을 조합하여 다음 뜻풀이에 해당하는 단어를 쓰시오.

기	원	재	양
재	자	정	다
움	존	하	책

13 현실에 실재하다. (   )

14 정치적 목적을 실현하기 위한 방책 (   )

15 공업 생산의 원료가 되는 자재 (   )

✱ 우리 몸에 나쁜 영향을 미치는 미생물, 세균

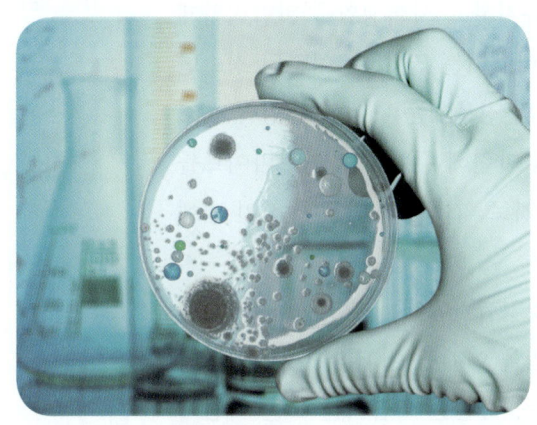

미생물이란 눈으로는 볼 수 없는 아주 작은 생물을 말합니다. 미생물에는 보통 세균, 효모 등이 있는데, 바이러스를 포함하는 경우도 있습니다. 장 속 미생물들은 우리에게 이로운 영향을 주지만, 질병을 일으키는 세균들이 우리의 몸에 들어오면 우리는 병에 걸리게 됩니다. 우리 몸에 나쁜 영향을 주는 미생물인 세균에는 무엇이 있을까요?

결핵균, 파상풍균, 콜레라균 등은 아주 무서운 세균입니다. 특히 파상풍균은 상처를 통해 우리 몸에 들어와 몸속에서 점점 수를 늘려 갑니다. 우리 몸속에서 수를 늘린 파상풍균은 독소를 내뿜는데, 이로 인해 우리가 파상풍에 걸리게 되면 입이 굳어져서 벌리기 어렵게 되고, 온몸이 쑤시는 듯한 느낌이 듭니다. 증상이 심하면 근육이 굳으면서 온몸에 경련을 일으키기도 하고, 심하면 사망에 이르기까지 합니다.

어떻게 하면 파상풍균과 같은 세균의 침입을 막을 수 있을까요? 일단 상처가 났을 때에는 곧바로 상처 부위를 소독하는 것이 중요합니다. 예방 접종을 하는 것도 좋은 방법입니다. 그리고 무엇보다 생활 속에서 실천할 수 있는 가장 손쉬운 방법은 바로 손과 발을 깨끗이 씻는 습관을 들이는 것입니다. 늘 우리의 몸을 청결하게 하면 세균이 우리 몸에 들어오는 것을 효과적으로 예방할 수 있습니다.

법이 필요한 이유

사회

마음이 곧고 착하여 법의 규제가 없어도 나쁜 짓을 하지 않는 사람을 보고 우리는 '법 없이 산다.'라고 한다. 과연 우리는 이 표현처럼 법이 없이도 살 수 있을까?

법이란 국가의 강제력이 따라오는, 사회의 질서를 유지하고 사회생활을 바람직하게 이끄는 법률, 명령, 규칙, 조례 등을 일컫는다. 우리나라에서는 만 15세 미만의 청소년들은 아르바이트를 할 수 없고, 만 18세 미만인 청소년의 경우에는 나이를 증명하는 호적 증명서와 보호자 등의 동의서를 아르바이트 장소에 마련해 두어야만 아르바이트를 할 수 있다. 왜 그럴까? 이는 많은 사람들이 함께 지키기로 약속하고 만든 규칙인 법에서 위와 같은 기준을 정하고 있기 때문이다.

국가는 왜 법을 만들고 우리에게 법을 지키게 하는 것일까? 법에는 개인이나 단체 등이 어떤 권리를 가지고 어떠한 행위를 할 수 있는지, 법을 어기면 어떠한 벌을 받게 되는지가 제시되어 있다. 그래서 법은 그 사람이 부자이든, 가난한 사람이든 모든 사람이 같은 대접을 받고 각자의 능력과 노력에 따라 정당한 보상과 대우를 받을 수 있게 한다. 즉, 법은 우리들 개개인의 권리를 보호하고, 사람들 사이, 혹은 사람과 기업 사이의 다툼도 해결해 주어 우리 사회를 평화롭고 질서 있게 유지한다. 이러한 이유 때문에 국가가 법을 만들고, 우리에게 법을 꼭 지키게 하는 것이다.

인간이라면 누구나 태어나서 죽을 때까지 법의 보호와 규제를 받는다. 법은 우리를 벌주기 위한 것이라기보다는, 우리들의 권리를 지켜 주고 사회의 질서를 유지해 주는 수단이다. 따라서 우리는 아주 사소한 법일지라도 지키기 위해 노력해야 한다.

* 글 전체의 중심 문단을 요약하고 주제를 쓰시오.

1) ☐문단 요약 :

2) 주제
☐의 개념과 필요성, 목적

강제력 : 강제하는 힘이나 권력
유지하다 : 어떤 상태나 상황을 그대로 보존하거나 변함없이 계속하여 지탱하다.
조례 : 지방 자치 단체가 법의 범위 안에서 지방 의회의 의논을 거쳐 그 지방의 사무에 관하여 만드는 법
증명하다 : 어떤 사항이나 판단 따위에 대하여 그것이 진실인지 아닌지 증거를 들어서 밝히다.
마련하다 : 헤아려서 갖추다.
권리 : 어떤 일을 행하거나 타인에 대하여 당연히 요구할 수 있는 힘이나 자격
대접 : 마땅한 예로써 대함.
보상 : 어떤 것에 대한 대가로 갚음.
대우 : 어떤 사회적 관계나 태도로 대하는 일
규제 : 규칙이나 규정에 의하여 일정한 한도를 정하거나 정한 한도를 넘지 못하게 막음.

[글의 구조 파악]

01 다음은 윗글의 내용을 정리한 것이다. 빈칸에 들어가기에 적절한 말을 쓰시오.

1문단에서는 '법'과 관련된 표현을 통해 의문을 드러내고 있다. 2문단에서는 '☐'의 개념을 정의하고, 청소년과 관련된 예시를 들고 있다. 3문단에서는 법의 목적과 법을 지켜야 하는 이유를 설명하고, 4문단에서는 법을 지켜야 한다고 강조하고 있다.

[주제 찾기]

02 다음은 윗글에 대한 설명이다. 빈칸에 들어가기에 적절한 말을 쓰시오.

윗글에서는 법이 무엇인지에 대해 설명하고 있다. 이 글 전체의 핵심어는 '법'이고, 법의 역할과 법을 지켜야 하는 이유에 대해 이야기하고 있으므로 이 글의 주제는 '☐의 개념과 필요성, 목적'이다.

03 윗글의 내용으로 적절하지 <u>않은</u> 것은?

① 법은 국가의 강제력을 가진다.
② 인간은 누구나 법의 보호와 규제를 받는다.
③ 법에는 법을 어기면 받게 될 처벌 등이 제시되어 있다.
④ 만 15세 미만의 청소년은 보호자 동의서가 있으면 아르바이트를 할 수 있다.
⑤ 법은 개개인의 권리를 보호하고, 능력과 노력에 따라 정당한 대우를 받게 해 준다.

03
선택지의 내용이 지문의 어느 부분에 제시되어 있는지를 살펴보세요.

04 윗글에 대한 설명으로 적절하지 <u>않은</u> 것은?

① 법의 개념을 정의하고 있다.
② 법과 관련된 질문을 던지고 있다.
③ 앞에서 언급한 내용을 요약하여 정리하고 있다.
④ 법과 관련된 다양한 통계 자료를 제시하고 있다.
⑤ 법에 대한 이해를 돕기 위해 구체적인 사례를 제시하고 있다.

04
이 지문에서 법의 개념과, 법이 필요한 이유를 설명하기 위해 어떤 방법을 사용하고 있는지 생각해 보세요.

05 윗글을 읽고 〈보기〉에 대해 반응한 것으로 가장 적절한 것은?

─〈보기〉─

현성이는 자전거를 타다 크게 다쳐 병원에 입원하게 되었다. 그런데 알고 보니 그 자전거에는 살 때부터 문제가 있었다. 이에 현성이는 자전거 판매자에게 문제가 있는 자전거를 팔았으니, 손해를 배상해 달라고 요구하였다. 하지만 판매자는 이를 거절하였다. 결국 현성이는 소송을 제기하였고, 법원은 자전거 판매자에게 현성이의 손해를 배상해 주라고 판결했다.

① 법원은 결국 법을 통해 자전거 판매자를 보호해 준 것이군.
② 법원의 판결을 보니 법은 현성이의 권리를 보호해 주지 못하였군.
③ 현성이는 사회를 평화롭게 유지하기 위해 법을 이용하기로 한 것이군.
④ 법이 현성이와 자전거 판매자 사이의 다툼을 해결해 주는 역할을 하였군.
⑤ 법원의 판결을 통해 현성이는 자신의 능력에 따른 정당한 보상을 받게 되었군.

05
법의 필요성에 대해 설명하고 있는 3문단에 주목하여 〈보기〉의 사례에서 법이 어떠한 역할을 하고 있는지 생각해 봅시다.

20DAY

정당하다 : 이치에 맞아 올바르고 마땅하다.
요약하다 : 말이나 글의 요점을 잡아서 간추리다.
통계 자료 : 어떤 현상을 전체적으로 한눈에 알아보기 쉽게 일정한 체계에 따라 숫자로 나타내는 데 바탕이 되는 자료. 또는 그것에 반영된 자료
손해 : 물질적으로나 정신적으로 밑짐.
배상하다 : 남의 권리를 침해한 사람이 그 손해를 물어 주다.
제기하다 : 소송을 일으키다.

종합 예술, 영화

DAY 20 예술

1895년 12월 28일 밤 9시, 프랑스 파리의 그랑카페에서 뤼미에르 형제는 사람들을 모아 놓고 〈공장을 나서는 노동자들(La Sortie des Usines Lumière)〉이라는 영상을 스크린에 비치게 하여 틀어 주었다. 이것을 본 사람들은 새로운 발명품에 흥분을 감추지 못했고, 언론에서도 이를 칭찬했다. 이것이 바로 오늘날에도 사랑을 받고 있는 예술 장르인 '영화'의 시작이다.

영화란 일정한 의미를 갖고 움직이는 대상을 촬영하여 이를 스크린에 재현하는 종합 예술을 의미한다. 사람들이 영화에 열광하는 이유도 바로 영화의 종합 예술적인 성격 때문이다. 고흐의 〈해바라기〉와 같은 미술 작품, 베토벤의 〈운명〉과 같은 음악 작품들은 우리에게 한 번에 하나의 예술만을 접하게 한다.

_____㉠ 스크린에 비치는 영상으로 구현되는 영화 속 장면은 미술의 영역을, 배경음악은 음악의 영역을 포함하고 있다. 게다가 영상 속 사람들의 움직임은 춤과 연극의 영역을 포함하고, 전체적으로 진행되는 이야기는 문학의 영역을 포괄한다. 이처럼 영화는 우리에게 한 번에 다양한 예술을 접하게 한다.

영화는 한 마디로 '영상(이미지)으로 만들어진 그림'이라고 할 수 있다. 영화는 하나의 사진, 즉 하나의 프레임으로 시작한다. 24장의 사진이 1초 안에 순차적으로 비춰짐으로써 움직임을 만들어 내는데, 이것을 컷(Cut)이라고 한다. 컷이 모여 쇼트(Shot)를 이루고, 쇼트들이 모여서 신(Scene)이 되며, 신들이 모인 것이 하나의 시퀀스(Sequence)가 된다. 여러 개의 시퀀스들이 모여서 비로소 한 편의 영화(Film)가 되는 것이다.

기술이 발달함에 따라 우리는 영화를 영화관뿐만 아니라, 집이나 학교 등에서 빔 프로젝터를 통해 보기도 하고, 스마트폰을 통해 보기도 한다. 지금까지 영화의 내용에만 집중하여 영화를 감상했다면 이제 영화의 내용뿐 아니라, 영화의 종합 예술적 성격을 살피면서 영화를 감상해 보자. 색다른 매력을 느낄 수 있을 것이다.

[글의 구조 파악]

06 다음은 윗글의 내용을 정리한 것이다. 빈칸에 들어가기에 적절한 말을 쓰시오.

1 문단		2 문단		4 문단		5 문단
□□ 의 시작	→	영화의 개념 / 3 문단 영화의 종합 예술적인 성격	→	영화의 구성 요소 : 프레임, 컷, □□, 신, 시퀀스	→	영화 감상법 제안

(오른쪽 여백)

✱ 글 전체의 중심 문단을 요약하고 주제를 쓰시오.

1) □ 문단 요약 :

2) 주제
□□ 의 종합 예술적 성격

스크린 : 영화 따위를 비추기 위한 백색 또는 은색의 막. 또는 그 영화

언론 : 매체를 통하여 어떤 사실을 밝혀 알리거나 어떤 문제에 대하여 여론을 형성하는 활동

재현하다 : 다시 나타나다. 또는 다시 나타내다.

열광하다 : 너무 기쁘거나 흥분하여 미친 듯이 날뛰다.

접하다 : 소식이나 명령 따위를 듣거나 받다.

구현되다 : 어떤 내용이 구체적인 사실로 나타나다.

영역 : 활동, 기능, 효과, 관심 따위가 미치는 일정한 범위

포괄하다 : 일정한 대상이나 현상 따위를 어떤 범위나 한계 안에 모두 끌어넣다.

07 **[주제 찾기]**
다음은 윗글에 대한 설명이다. 빈칸에 들어가기에 적절한 말을 쓰시오.

> 윗글에서는 영화의 개념과 영화의 종합 예술적 성격에 대해 설명하고 있다. 이 글 전체의 핵심어는 '영화'이고, 종합 예술적 성격을 갖고 있는 영화의 성격을 고려하여 영화를 감상해 보자고 감상하자고 이야기하고 있으므로 이 글의 주제는 '☐☐의 종합 예술적 성격'이다.

08 **윗글을 읽고 알 수 <u>없는</u> 내용은?**

① 영화의 시작
② 사람들이 영화에 열광하는 이유
③ 영화 속 1컷에 담긴 사진의 개수
④ 영화에 나타난 사회 비판적인 성격
⑤ 과학 기술의 발달로 인한 영화 관람 장소의 변화

09 **윗글의 내용으로 적절하지 <u>않은</u> 것은?**

① 뤼미에르 형제가 영화를 처음 만들었다.
② 영화는 하나의 사진, 즉 프레임으로 시작한다.
③ 쇼트가 모여 컷이 되고, 컷이 모여 시퀀스가 된다.
④ 영화는 영상으로 만들어진 그림이라고 할 수 있다.
⑤ 영화 한 편을 통해 미술, 음악, 연극, 문학 등의 다양한 예술 영역을 접할 수 있다.

10 **다음을 참고할 때 ㉠에 들어가기에 적절한 말은?**

> 2문단에서는 사람들이 영화를 좋아하는 이유가 영화의 종합 예술적 성격 때문이라고 하면서, 미술 작품인 고흐의 〈해바라기〉나 음악 작품인 베토벤의 〈운명〉이 각각 하나의 예술 영역만 담고 있다고 하였다. 이어지는 3문단에서는 영화가 미술, 음악, 문학, 연극, 춤 등 다양한 영역을 포함하고 있다고 설명하였다. 따라서 ㉠에는 앞의 내용과 뒤의 내용이 상반될 때 쓰는 표현인 (   )을/를 넣는 것이 자연스럽다.

① 또한
② 이처럼
③ 그러나
④ 그리고
⑤ 그러므로

08
각 문단의 핵심어와 중심 문장을 떠올리며 문제를 풀어 보세요.

09
1문단에서는 영화의 시작을 언급하고 있고, 2, 3문단에서는 영화의 개념과 영화의 종합 예술적인 성격에 대해 설명하고 있어요. 또 4문단에는 영화의 화면 구성에 대해 설명하고 있네요.

10
2문단과 3문단에서는 서로 반대되는 내용이 이어지고 있죠? 서로 반대되는 내용이 이어질 때 어떤 말을 쓰는 것이 가장 적절한지 생각해 보세요.

20 DAY

비판적 : 연현상이나 사물의 옳고 그름을 판단하여 밝히거나 잘못된 점을 지적하는 것
관람 : 연극, 영화, 운동 경기, 미술품 따위를 구경함.
상반되다 : 서로 반대되거나 어긋나게 되다.

★ 정답은 [해설편 표지] 안쪽에 있습니다.

＊ [01~02] 제시된 초성을 참고하여 다음 뜻풀이에 해당하는 단어를 쓰시오.

01 ㅈㅁ하다 : 어떤 사항이나 판단 따위에 대하여 그것이 진실인지 아닌지 증거를 들어서 밝히다.
( )하다

02 ㄱㅈ : 규칙이나 규정에 의하여 일정한 한도를 정하거나 정한 한도를 넘지 못하게 막음. ( )

＊ [03~06] 다음 단어와 그 뜻풀이를 바르게 연결하시오.

03 언론 ·   · ㉠ 지방 자치 단체가 법의 범위 안에서 지방 의회의 의논을 거쳐 그 지방의 사무에 관하여 만드는 법

04 손해 ·   · ㉡ 어떤 사회적 관계나 태도로 대하는 일

05 조례 ·   · ㉢ 물질적으로나 정신적으로 밑짐.

06 대우 ·   · ㉣ 매체를 통하여 어떤 사실을 밝혀 알리거나 어떤 문제에 대하여 여론을 형성하는 활동

＊ [07~08] 다음을 참고하여, 빈칸에 들어갈 알맞은 단어를 쓰시오.

〈보기〉
• ㅂㅅ : 어떤 것에 대한 대가로 갚음.
• ㄱㄹ : 연극, 영화, 운동 경기, 미술품 따위를 구경함.

07 지하철 공사로 인해 마을 주민들이 입은 손해에 대한 ( )이/가 이루어졌다.

08 일요일에 프로 야구 경기 ( )을/를 하기로 했다.

＊ [09~12] 제시된 뜻풀이에 해당하는 단어를 고르시오.

09
헤아려서 갖추다.	
마련하다	맞이하다

10
다시 나타나다. 또는 다시 나타내다	
재현하다	재생하다

11
현상이나 사물의 옳고 그름을 판단하여 밝히거나 잘못된 점을 지적하는 것	
비관적	비판적

12
일정한 대상이나 현상 따위를 어떤 범위나 한계 안에 모두 끌어 넣다.	
포괄하다	포용하다

＊ [13~14] 다음의 글자들을 조합하여 다음 뜻풀이에 해당하는 단어를 쓰시오.

| 지 | 영 | 력 | 역 |
| 권 | 유 | 다 | 하 |

13 활동, 기능, 효과, 관심 따위가 미치는 일정한 범위
( )

14 어떤 상태나 상황을 그대로 보존하거나 변함없이 계속하여 지탱하다. ( )

✳ 영화의 배급과 상영

최근에 극장에 가 본 적이 있나요? 보통 우리나라의 극장들은 '멀티플렉스'라고 해서 한 극장에서 두 개 이상의 스크린을 가지고 있는 경우가 많습니다. 그래서 한 영화관에서 여러 개의 스크린으로 같은 영화를 하루에도 수 십 차례씩 상영하기도 합니다.

그렇다면 영화는 어떻게 극장에서 상영되는 것일까요? 영화를 제작하고 나면 배급과 상영이 이루어집니다. 여기에서 '배급'이란, 영화를 관객 및 시청자에게 전달하는 일을 의미합니다. 즉, 배급을 통해 영화가 극장에서 상영될 수 있는 것입니다. 영화의 배급을 돕는 회사를 배급사라고 하는데, 배급사에서는 특정한 영화를 개봉시키기 위해 극장과 계약을 맺고, 이 계약에 따라 극장은 영화를 상영하게 됩니다.

아무리 좋은 영화라고 해도 극장에서 상영하지 않으면 우리가 볼 수 없겠지요? 따라서 영화의 배급은 영화를 상영하기 위해 이루어지는 가장 기본적인 절차라고 할 수 있습니다. 요즘에는 스마트폰으로 영화를 보는 사람들도 늘고 있어서, 극장에만 배급을 하던 배급사들이 이제는 스마트폰 애플리케이션으로도 영화를 배급하고 있습니다.

화폐는 언제부터 사용되었을까?

우리 생활에서 없어서는 안 될 필수적인 것을 하나 꼽으라고 한다면 그것은 '돈'이다. 편의점에 가서 과자를 산다고 생각해 보자. 우리가 과자 한 봉지를 골라 계산을 하기 위해 만 원짜리 지폐를 내면, 점원은 오천 원 혹은 천 원짜리 지폐와 동전으로 거스름돈을 줄 것이다. 이처럼 우리가 사용하는 다양한 모양의 돈은 언제부터 사용되었을까? 옛날 사람들도 우리와 같은 돈을 사용했을까?

돈은 화폐라고도 한다. 화폐는 시대마다 모양, 이름, 가치가 모두 달랐다. 기록에 따르면, 우리나라에서 화폐가 처음 사용된 것은 삼국 시대 이전이라고 한다. 조선 시대의 역사서인 〈동국사략〉과 〈해동역사〉에는 삼국 시대 이전에 최초의 화폐 격인 '자모전'을 사용하였고, 동전 등을 만들었다는 기록이 있다. 하지만 많은 학자들은 삼국 시대까지는 화폐가 만들어졌어도 쌀 등의 물품을 통해 주로 거래가 이루어졌을 것이라고 본다.

유물로 남아 있는 우리나라의 가장 오래된 화폐는 무엇일까? 바로 고려 시대에 만들어진 '건원중보'이다. 고려 시대의 '건원중보'는 중국 당나라의 '건원중보'를 본뜬 것이지만, 뒷면에 '동국(東國)'이라는 글자를 새겨 고려의 화폐임을 나타내었다. 수도인 개성에서는 건원중보가 활발히 사용되었지만 다른 지역에서는 여전히 쌀 등이 거래 수단으로 더 많이 사용되어서 이 화폐가 전국적으로 사용되지는 못하였다.

▲ 건원중보

▲ 상평통보

출처 : 국립중앙박물관

조선 후기에 이르러 화폐가 전국적으로 사용되었다. 이때 동그란 모양에 안쪽에는 네모난 구멍이 뚫려 있는 엽전인 '상평통보'가 많이 쓰였다. 인조 때 처음 만들어진 상평통보는 숙종 때에 서울과 일부 지역을 시작으로 점차 퍼져 전국적으로 사용하게 되었다.

조선 말기에는 서양의 동전을 본 뜬 대동은전, 당오전 등이 있었다. 그 후 일제 강점기 때에는 조선은행에서 발행한 화폐가 사용되다가, 광복 후 한국은행에서 발행한 천 원 권, 백 원 권을 시작으로 우리나라에 지폐가 널리 사용되기 시작하였다.

[글의 구조 파악]

01 다음은 윗글의 내용을 정리한 것이다. 빈칸에 들어가기에 적절한 말을 순서대로 쓰시오.

> 1문단에서는 구체적인 사례를 들어 중심 화제인 '☐'을/를 언급하고 물음의 형식으로 앞으로 이어질 글의 내용을 제시하고 있다. 2~5문단에서는 시간의 흐름에 따라 우리나라 ☐☐의 변화 과정을 설명하고 있다.

글 전체의 중심 문단을 요약하고 주제를 쓰시오.

1) ☐ 문단 요약 :

2) 주제
우리나라 ☐☐의 역사

유물 : 선대의 인류가 후대에 남긴 물건

본뜨다 : 무엇을 본보기로 삼아 그대로 좇아 하다.

수단 : 어떤 목적을 이루기 위한 방법. 또는 그 도구

발행하다 : 화폐, 증권, 증명서 따위를 만들어 세상에 내놓아 널리 쓰도록 하다.

[주제 찾기]
02 다음은 윗글에 대한 설명이다. 빈칸에 들어가기에 적절한 말을 쓰시오.

> 윗글에서는 삼국 시대 이전, 고려 시대, 조선 후기, 조선 말 이후로 시대를 나누어 우리나라의 화폐 사용에 대해 설명하고 있다. 이 글 전체의 핵심어는 '화폐'이고, 시대에 따라 어떤 화폐가 쓰였는지에 대해 이야기하고 있으므로 이 글의 주제는 '우리나라 ☐☐의 역사'이다.

03 윗글의 내용으로 가장 적절한 것은?

① 상평통보는 조선 숙종 때 처음 만들어졌다.
② 대동은전과 당오전은 서양의 동전을 본 뜬 것이다.
③ 조선 시대 말에 한국은행에서 지폐를 처음 발행하였다.
④ 일제 강점기 때부터 우리나라에서 지폐가 널리 사용되었다.
⑤ 고려 시대 때부터 우리나라 모든 지역에서 화폐가 활발하게 사용되었다.

03
2문단에서는 삼국 시대 이전의 화폐의 사용에 대해 설명하고 있어요. 3문단에서는 고려 시대의 화폐, 4문단에서는 조선 후기의 화폐, 5문단에는 조선 말기와 광복 후의 화폐에 대해 설명하고 있네요.

04 윗글에 대한 설명으로 가장 적절한 것은?

① 상평통보의 특성과 한계를 설명하고 있다.
② 화폐의 여러 가지 기능을 상황에 따라 나열하고 있다.
③ 시간의 흐름에 따라 화폐가 변화해 온 것을 설명하고 있다.
④ 자모전과 건원중보의 차이점을 소개하고 우열을 가리고 있다.
⑤ 우리나라에서 사용된 화폐의 문제점을 중심으로 내용을 전개하고 있다.

04
이 지문에서는 우리나라 화폐의 변화 과정을 시간의 흐름에 따라 설명하고 있어요.

21 DAY

05 우리나라의 화폐를 만들어진 시간 순서대로 나열한 것으로 가장 적절한 것은?

① 자모전 – 당오전 – 건원중보 – 상평통보
② 자모전 – 건원중보 – 상평통보 – 당오전
③ 당오전 – 자모전 – 상평통보 – 건원중보
④ 건원중보 – 상평통보 – 자모전 – 당오전
⑤ 건원중보 – 상평통보 – 당오전 – 자모전

05
2~5문단의 내용을 고려하여 우리나라 화폐가 어떻게 변화했는지 파악해 보세요.

한계 : 사물이나 능력, 책임 따위가 실제 작용할 수 있는 범위. 또는 그런 범위를 나타내는 선
나열하다 : 죽 벌여 놓다.
우열 : 나음과 못함.
전개하다 : 내용을 진전시켜 펴 나가다.

남향집이 꼭 좋은 집일까?

대부분의 건물은 창문을 가지고 있다. 건물의 창문은 실내에 빛을 들여오기도 하고 바람을 통하게 하기도 한다. 어떤 나라에서는 건물을 짓고 경치가 좋은 쪽으로 창문을 낸다고 하는데, 우리나라에서는 건물이 햇빛을 받는 방향에 따라 창문을 낸다. 그렇다면 어떤 방향으로 창문이 난 집이 좋은 집일까?

우리나라 사람들이 가장 선호하는 방향은 남향이다. 남쪽으로 창문이 난 집, 즉 남향집에는 하루 종일 집 안에 햇빛이 잘 들어오기 때문에 추운 겨울에도 따뜻하고, 해가 더 이상 들어오지 않을 때까지 불을 켜지 않아도 되므로 에너지도 절약할 수 있다. 하지만 햇빛이 바로 들어오기 때문에 가구 등이 많이 상한다는 단점이 있다. 또 우리가 낮에 학교를 가기도 하는 등 집에서 생활하는 시간이 적기 때문에 모든 사람에게 꼭 남향집이 좋다고는 할 수 없다.

우리나라 사람들은 북향집을 선호하지 않지만 서양 사람들, 특히 10층 이상에 위치한 집에 사는 사람들은 북향집을 많이 선호한다고 한다. 북향집에서는 하루 종일 받는 햇빛의 양이 남향만큼 많지는 않다. 그러나 실내에 들어오는 빛이 산란광이고 그 양도 거의 일정하기 때문에 가구 등이 상하지 않고, 집 안팎의 경치가 아름답게 보인다는 장점이 있다. 그래서 미술관이나 사무용 건물은 북향인 곳이 많다. 미술관에서는 전시하고 있는 작품들을 잘 보여 줄 수 있는 일정하고 풍부한 산란광이 필요하기 때문에 북향을 선호한다. 사무용 건물에서는 난방보다는 냉방으로 인한 에너지 소모가 더 크기 때문에 한여름의 빛을 차단할 수 있는 북향이 더 유리하다.

동향집은 중·고등학교 학생들이나 직장인들이 많은 가정에 적합하다. 아침에 가장 먼저 해를 맞이할 수 있어 하루를 활기차게 시작할 수 있기 때문이다. 서향집은 오후에 햇빛이 잘 들어오기 때문에 더위보다 추위를 더 타는 사람이나, 겨울이 더 길고 추운 지방의 사람들이 사는 집으로 적합하다.

지금까지 살펴본 것처럼 남향집이 무조건 좋은 것이 아니라, 건물의 용도나 사는 사람들에 따라 적합한 방향의 집이 달라짐을 알 수 있다. ㉠지금 우리가 살고 있는 집이나, 학교에 어느 방향으로 창문이 나 있는지 살펴보고 그 이유를 생각해 보자.

＊글 전체의 중심 문단을 요약하고 주제를 쓰시오.

1) ☐문단 요약 :

2) **주제**

용도나 살고 있는 사람에 따라 달라지는 적합한 ☐☐의 집

선호하다 : 여럿 가운데서 특별히 가려서 좋아하다.
산란광 : 흩어진 빛
일정하다 : 어떤 것의 양, 성질, 상태, 계획 따위가 달라지지 아니하고 한결같다.
소모 : 써서 없앰.
차단하다 : 다른 것과의 관계나 접촉을 막거나 끊다.
유리하다 : 이익이 있다.
적합하다 : 일이나 조건 따위에 꼭 알맞다.
용도 : 쓰이는 길. 또는 쓰이는 곳

[글의 구조 파악]

06 다음은 윗글의 내용을 정리한 것이다. 빈칸에 들어가기에 적절한 말을 순서대로 쓰시오.

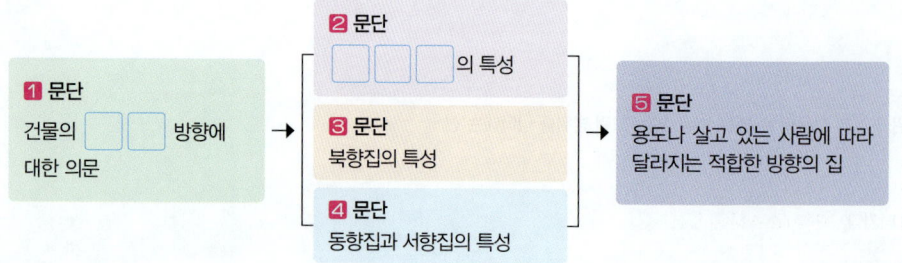

1 문단
건물의 ☐☐ 방향에 대한 의문

→

2 문단
☐☐☐ 의 특성

3 문단
북향집의 특성

4 문단
동향집과 서향집의 특성

→

5 문단
용도나 살고 있는 사람에 따라 달라지는 적합한 방향의 집

[주제 찾기]

07 다음은 윗글에 대한 설명이다. 빈칸에 들어가기에 적절한 말을 순서대로 쓰시오.

> 1문단에서는 건물에 난 창문의 방향에 대해 질문하고, 2~4문단에서는 건물의 방향에 따라 달라지는 건물의 특성에 대해 이야기하고 있다. 또 5문단에서는 건물의 용도나 사는 사람에 따라 어느 방향의 집이 적합한지가 달라진다고 했다. 따라서 이 글에서는 창문이 난 방향에 따른 건물의 특성에 대해 이야기하고 있으므로 주제는 '건물의 ☐☐(이)나, 살고 있는 사람에 따라 달라지는 적합한 ☐☐의 집'이다.

08 윗글의 내용으로 가장 적절한 것은?

① 동향집은 하루 종일 햇빛이 집에 들어온다.
② 서향집은 더위를 많이 타는 사람들에게 적합하다.
③ 미술관이나 사무용 건물은 북향을 선호하는 경우가 많다.
④ 동향집은 추운 겨울에 따뜻하기 때문에 에너지가 절약된다.
⑤ 북향집은 가장 먼저 아침 해를 맞이할 수 있기 때문에 직장인이 많은 가정에 적합하다.

08
2~4문단에서 남향집, 북향집, 동향집, 서향집의 특성을 각각 설명하고 있어요. 이를 참고하여 문제를 풀어 보세요.

09 글쓴이가 ㉠과 같이 말한 이유로 가장 적절한 것은?

① 남향집이 아니면 건물의 가치가 떨어지므로
② 빛이 들어오는 방향에 따라 건물의 가격이 달라지므로
③ 건물에 나 있는 창문에 따라 사람들의 성격이 달라지므로
④ 사람들이 선호하는 창문 방향에 따라 건물의 모양이 달라지므로
⑤ 건물의 용도나 사는 사람들에 따라 적합한 방향의 집이 달라지므로

09
글쓴이가 ㉠과 같이 말한 이유는 보통 바로 앞 문장을 통해 알 수 있어요. 앞 문장의 내용을 바탕으로 적절한 선택자를 골라 볼까요?

21 DAY

10 윗글을 읽고 다음 질문에 답하려고 한다. 빈칸에 들어가기에 가장 적절한 것은?

> 질문자 : 저는 하루 종일 제 방에 들어오는 빛의 양이 너무 많지 않으면서도 일정했으면 좋겠습니다. 또한 최근에 큰맘 먹고 장만한 가구가 빛 때문에 상하지 않기를 원해요. 또 집 안팎의 경치가 아름답게 보이기를 바랍니다. 저는 어떤 방향의 집을 구해야 할까요?
> 전문가 : _____을 추천합니다.

① 남향집　　　② 북향집　　　③ 동향집
④ 서향집　　　⑤ 창문이 없는 집

10
질문과 답변의 형식이지만, 결국에는 내용을 묻는 문제입니다. 질문하는 사람이 원하는 조건의 집이 지문에서 어떤 방법의 집이 가진 특성인지 살펴보세요.

가치 : 사물이 지니고 있는 쓸모
장만하다 : 필요한 것을 사거나 만들거나 하여 갖추다.
안팎 : 사물이나 영역의 안과 밖
추천하다 : 어떤 조건에 적합한 대상을 책임지고 소개하다.

★ 정답은 [해설편 표지] 안쪽에 있습니다.

---

* [01~02] 제시된 초성을 참고하여 다음 뜻풀이에 해당하는 단어를 쓰시오.

01 ㄱㅊ : 사물이 지니고 있는 쓸모 (   )

02 ㅂㅎ하다 : 화폐, 증권, 증명서 따위를 만들어 세상에 내놓아 널리 쓰도록 하다. (   )하다

---

* [03~06] 다음 단어와 그 뜻풀이를 바르게 연결하시오.

03 용도 •

04 선호하다 •

05 유물 •

06 소모 •

• ㉠ 여럿 가운데서 특별히 가려서 좋아하다.

• ㉡ 써서 없앰.

• ㉢ 쓰이는 길. 또는 쓰이는 곳

• ㉣ 선대의 인류가 후대에 남긴 물건

---

* [07~08] 제시된 초성과 뜻풀이를 참고하여 다음 문장의 빈칸에 들어가기에 알맞은 단어를 쓰시오.

〈보기〉
• ㅎㄱ : 사물이나 능력, 책임 따위가 실제 작용할 수 있는 범위. 또는 그런 범위를 나타내는 선
• ㅅㄷ : 어떤 목적을 이루기 위한 방법. 또는 그 도구

07 봉주는 오늘도 자신의 (   )을/를 뛰어넘고, 달리기 신기록을 달성하였다.

08 그를 설득하는 데 어떤 방법도 통하지 않으니, 어쩔 수 없이 최후의 (   )을/를 써야겠다.

---

* [09~12] 사다리 타기에 따라, 빈칸에 들어갈 단어의 뜻을 〈보기〉에서 골라 번호를 쓰시오.

〈보기〉
① 어떤 것의 양, 성질, 상태, 계획 따위가 달라지지 아니하고 한결같다.
② 무엇을 본보기로 삼아 그대로 좇아 하다.
③ 이익이 있다.
④ 사물이나 영역의 안과 밖

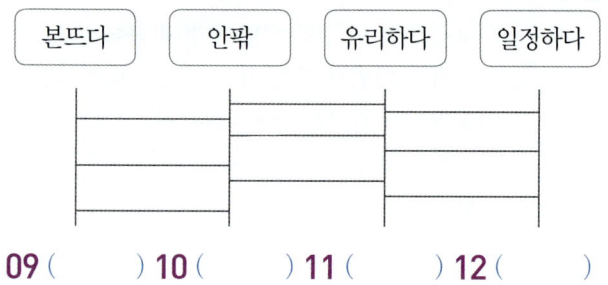

본뜨다   안팎   유리하다   일정하다

09 (   ) **10** (   ) **11** (   ) **12** (   )

---

* [13~16] 제시된 글자들을 조합하여 다음 뜻풀이에 해당하는 단어를 쓰시오.

되	추	적	단
다	발	차	장
합	천	다	만
다	하	행	하

13 필요한 것을 사거나 만들거나 하여 갖추다.
(   )하다

14 일이나 조건 따위에 꼭 알맞다. (   )하다

15 어떤 조건에 적합한 대상을 책임지고 소개하다.
(   )하다

16 다른 것과의 관계나 접촉을 막거나 끊다.
(   )하다

✳ 화폐의 기능

은우

선생님, 저 질문이 있어요. 돈이 만들어지지 않았던 아주 먼 옛날에는 사람들이 필요한 물건을 어떻게 구했을까요?

옛날에는 자기가 가지고 있는 물건을 갖고 싶은 물건과 바꾸었단다. 이것을 물건과 물건의 교환, 즉 물물 교환이라고 해. 그런데 물물 교환을 하다 보니 여러 가지 문제가 생겼어. 그래서 좀 더 쉽게 물건을 교환하기 위해서 화폐가 만들어졌고, 시간이 지남에 따라 금속 화폐인 동전과 지폐로 발전하다가, 오늘날에는 신용 카드 등의 신용 화폐도 생겨났지.

선생님

은우

그렇군요. 하긴, 물물 교환을 할 때에는 내가 갖고 싶은 물건을 가진 사람이 없거나, 내가 가진 물건을 원하는 사람이 없으면 거래가 쉽지 않았겠어요. 그럼 화폐가 어떤 기능을 가졌기에 물물 교환의 불편함을 없앨 수 있었나요?

화폐의 기능은 크게 세 가지로 볼 수 있어. 첫 번째는 교환 매매의 기능인데, 화폐를 상품이나 서비스로 교환하는 것을 가리킨단다. 쉽게 말해서 쌀이 필요하면 돈과 쌀을 교환하는 것인데, 이 기능 덕분에 물물 교환의 불편함이 없어졌다고 할 수 있지.
두 번째로, 화폐는 가치 척도의 기능이 있어. 상품의 가치를 화폐 단위, 즉 가격으로 나타내는 것을 말해. 우리는 가격을 보고 상품의 가치를 알거나, 서로 다른 상품의 가치를 비교할 수도 있지.
마지막으로 화폐는 가치 저장의 기능도 가지고 있어. 돈은 오래 가지고 있어도 그 가치가 유지되니까 가치를 저장할 수 있는 것이지. 우리가 돈을 저금하는 것이 곧 화폐의 가치를 저장하는 것이란다.

선생님

공유 경제란 무엇인가?

집을 나누어 쓰는 '에어비앤비', 차를 나누어 쓰는 '쏘카', 자전거를 나누어 쓰는 서울시의 '따릉이'. 이 세 가지의 공통점은 무엇일까? 바로 어떤 물건을 다른 사람과 나누어 쓴다는 것이다. '에어비앤비', '쏘카', '따릉이'처럼 이미 생산된 제품을 여럿이 함께 공유해서 사용하는 것을 경제학에서는 '공유 경제'라고 한다.

'공유 경제'라는 표현은 미국 하버드 대학교의 로런스 레식(Lawrence Lessig) 교수가 처음 사용하였다. 그는 공유 경제란 재화나 서비스를 개인이 혼자 소유하고 사용하는 것이 아니라, 네트워크*에 연결되어 있는 참여자들끼리 무료 또는 일정한 요금을 내고 나누어 쓰는 경제 활동을 의미한다고 하였다.

얼핏 보기에 '공유'와 '경제'라는 표현을 함께 사용하는 것은 어울리지 않는 것처럼 보인다. 왜냐하면 사람들은 공중 화장실의 휴지처럼 다른 사람과 함께 공유하는 자원을 공짜라고 인식하고 마구 써 버림으로써 아무도 쓸 수 없게 만드는 경우도 있기 때문이다. 그렇지만 공유 경제에서 공유되는 자원은 엄연히 개인의 소유물이기 때문에 이와 같은 문제는 생기지 않는다.

또한 공유 경제는 여러 가지 장점이 있다. 사용자는 물건을 사는 데 필요한 돈과 시간 등을 절약할 수 있고, 소유자는 사용하지 않는 물건을 다른 사람에게 빌려줌으로써 수익을 얻을 수 있다. 사용자와 소유자 모두 이익을 얻게 되므로, 사회적으로 낭비되는 손실을 줄여 준다. 게다가 자원의 활용을 극대화하기 때문에 남는 자원으로 인해 생길 수 있는 환경오염도 줄일 수 있다.

_____㉠ 이러한 공유 경제와 관련된 제품이나 서비스를 이용하다가 사고가 발생할 경우 법적 책임에 대한 규정이 명확하지 않으며, 이를 규제할 수 있는 법이나 제도도 마련되지 않았다는 문제점이 있다. 따라서 무턱대고 공유 경제 물건이나 서비스를 사용하기보다는 사용하기 전에 약관 등을 꼼꼼히 살펴보고, 피해를 최소화하면서 공유 경제의 장점을 누릴 수 있도록 노력해야 한다.

* 네트워크 : 어떠한 일이나 문제점을 처리하는 데 각 기관 따위가 긴밀하게 연결되어 조직적이고 효율적으로 움직일 수 있도록 만든 체계

[글의 구조 파악]

01 다음은 윗글의 내용을 정리한 것이다. 빈칸에 들어가기에 적절한 말을 순서대로 쓰시오.

> 1문단에서는 구체적인 예를 통해 중심 대상인 '☐☐☐☐'에 대해 소개하고 있다. 2문단에서는 공유 경제의 개념과 이를 처음 사용한 사람을 소개하고, 3문단에서는 공유와 경제가 다소 어울리지 않는다는 사람들의 생각을 제시하고 있다. 4문단에서는 공유 경제의 ☐☐을/를 제시하고, 5문단에서는 4문단과는 달리 공유 경제의 문제점을 이야기하고 있다.

＊ 글 전체의 중심 문단을 요약하고 주제를 쓰시오.

1) ☐문단 요약 :

2) 주제
☐☐☐☐의 장단점과 바람직한 활용 방안

생산되다 : 인간이 생활하는 데 필요한 각종 물건이 만들어지다.

공유하다 : 두 사람 이상이 한 물건을 공동으로 소유하다.

소유하다 : 가지고 있다.

자원 : 인간 생활 및 경제 생산에 이용되는 원료로서의 광물, 산림, 수산물 따위를 통틀어 이르는 말

수익 : 이익을 거두어들임. 또는 그 이익

소유자 : 어떤 것을 자기의 것으로 가지고 있는 자

손실 : 손해를 봄. 또는 그 손해

극대화하다 : 아주 커지다. 또는 아주 크게 하다.

명확하다 : 명백하고 확실하다.

규제하다 : 규칙이나 규정에 의하여 일정한 한도를 정하거나 정한 한도를 넘지 못하게 막다.

▶ 정답과 해설 p. 86

[주제 찾기]

02 다음은 윗글에 대한 설명이다. 빈칸에 들어가기에 적절한 말을 쓰시오.

> 윗글에서는 공유 경제가 무엇인지에 대해 설명하고 있다. 이 글 전체의 핵심어는 '공유 경제'이다. 공유 경제의 장점과 단점에 대해 설명하고, 공유 경제를 이용할 때 신중한 태도를 가져야 한다고 이야기하고 있으므로 이 글의 주제는 '☐☐☐☐의 장단점과 활용 방안'이다.

03 윗글의 글쓴이가 이 글을 쓴 목적으로 가장 적절한 것은?

① 공유 경제의 개념만 정의하기 위해서
② 공유 경제의 장점을 소개하기 위해서
③ 공유 경제의 문제점만을 강조하기 위해서
④ 환경오염을 줄이는 데에 공유 경제가 도움이 된다고 주장하기 위해서
⑤ 공유 경제의 장단점을 밝히고, 장점을 누리기 위해 노력하라고 당부하기 위해서

03
5문단에 글쓴이가 글을 쓴 의도가 드러나 있어요.

04 윗글을 읽고 난 후의 반응으로 적절하지 <u>않은</u> 것은?

① 공유 경제를 이용하면 물건을 살 때 필요한 돈과 시간을 절약할 수도 있겠군.
② 이미 생산된 제품을 여럿이 함께 공유해서 사용하는 것을 공유 경제라고 하는군.
③ 공유 경제는 미국 하버드 대학의 로런스 레식 교수가 처음으로 사용한 표현이군.
④ 공유 경제와 관련된 서비스를 이용할 때에는 약관 등을 꼼꼼히 살펴보아야 하겠군.
⑤ 공유 경제와 관련된 물건을 이용하는 사람은 다른 사람과 함께 공유하는 물건을 마구 써 버리겠군.

04
1문단에서는 공유 경제에 대해 소개하고, 2문단에서는 공유 경제라는 용어를 처음 사용한 사람이 누구인지 밝히고 있어요. 3문단과 4문단에서는 공유 경제의 장단점을 설명하고 있네요.

05 문맥을 고려할 때, ㉠에 들어갈 말로 가장 적절한 것은?

① 그래서 ② 따라서 ③ 그러나
④ 그러므로 ⑤ 요약하자면

05
4문단에서는 공유 경제의 장점을, 5문단에서는 공유 경제의 문제점을 설명하고 있네요.

당부하다 : 말로 단단히 부탁하다.
절약하다 : 함부로 쓰지 아니하고 꼭 필요한 데에만 써서 아끼다.
약관 : 계약의 당사자가 다수의 상대편과 계약을 체결하기 위하여 일정한 형식에 의하여 미리 마련한 계약의 내용

국어의 특질 : 상징어의 발달

'시냇물이 졸졸 흐른다.'를 '시냇물이 줄줄 흐른다.'라고 바꾸면 느낌이 어떠한가? 시냇물이 '졸졸' 흐른다고 할 때보다 시냇물이 '줄줄' 흐른다고 하면 시냇물의 물줄기가 더 굵은 느낌이 든다. 또 '주먹밥이 돌처럼 단단하다.'를 '주먹밥이 돌처럼 딴딴하다.'라고 바꾸면 느낌이 어떻게 달라질까? 주먹밥이 돌처럼 '단단하다'라고 할 때보다 '딴딴하다'라고 할 때가 주먹밥에 힘을 주어도 더욱 잘 안 부서질 것 같이 느껴진다. 이처럼 문장에서 모음 또는 자음 하나만 바꾸었을 뿐인데 전체의 느낌과 분위기가 달라지는 경우가 있다.

'시냇물이 졸졸 흐른다.'를 '시냇물이 줄줄 흐른다.'로 바꿀 때 '졸졸'의 'ㅗ'가 'ㅜ'로 바뀐다. 이처럼 자음이나 모음이 바뀜에 따라 의미보다는 말소리나 말투의 차이에 따른 느낌과 맛, 즉 어감만 달라지는 경우가 있다. 이를 '어감의 분화'라고 한다.

국어의 모음은 양성 모음과 음성 모음으로 나눌 수 있다. 'ㅏ, ㅗ'와 같은 양성 모음은 밝고 날카롭고 작고 가벼운 느낌을 준다. 'ㅓ, ㅜ'와 같은 음성 모음은 어둡고 둔하고 크고 무거운 느낌을 준다. 그래서 양성 모음이 쓰인 '졸졸', '방긋방긋' 등의 단어를 보면 밝고 작고 가벼운 느낌이 들지만, 음성 모음이 쓰인 '줄줄', '벙긋벙긋' 등의 단어들은 상대적으로 무겁고 둔한 느낌이 든다.

어감의 분화는 자음에서도 일어난다. 자음의 경우 '예사소리-된소리-거센소리' 순으로 소리의 세기가 커진다. '주먹밥이 돌처럼 단단하다.'를 '주먹밥이 돌처럼 딴딴하다.'로 바꿀 때 '단단'의 'ㄷ'이 'ㄸ'으로 바뀐다. 예사소리인 '단단하다'에 비해 된소리로 이루어진 '딴딴하다'는 더 강하고 단단한 느낌을 준다. 거센소리인 '탄탄하다'는 된소리인 '딴딴하다'에 비해 더 크고 거친 느낌을 준다.

그래서 우리 국어에서는 '퐁당퐁당-풍덩풍덩' 같은 의성어와 '달랑달랑-덜렁덜렁', '감감하다-깜깜하다-캄캄하다'와 같은 의태어로 나누어 볼 수 있는 상징어가 다른 언어에 비해 많이 발달하였다. 우리도 평소에 이러한 어감의 분화를 생각하며 언어생활을 하면 다른 사람에게 전달하고자 하는 바를 좀 더 정확히 전할 수 있을 것이다.

[글의 구조 파악]

06 다음은 윗글의 내용을 정리한 것이다. 빈칸에 들어가기에 적절한 말을 쓰시오.

1 문단
느낌과 분위기가 달라지는 문장의 변화
→
2 문단
[ ][ ]의 분화의 개념
→
3 문단
어감의 분화 ① 모음
4 문단
어감의 분화 ② 자음
→
5 문단
상징어가 발달한 국어

특질 : 특별한 기질이나 성질
상징어 : 소리나 모양, 동작 따위를 흉내 내는 말
어감 : 말소리나 말투의 차이에 따른 느낌과 맛
분화 : 단순하거나 같은 것에서 복잡하거나 다른 것으로 변함.
의성어 : 사람이나 사물의 소리를 흉내 낸 말
의태어 : 사람이나 사물의 모양이나 움직임을 흉내 낸 말

[주제 찾기]
07 다음은 윗글에 대한 설명이다. 빈칸에 들어가기에 적절한 말을 쓰시오.

> 1문단에서는 자음이나 모음이 바뀜에 따라 문장의 느낌이 달라지는 예를 제시하고 있다. 2문단에서는 '어감의 분화'에 대해 설명하고, 3문단과 4문단에서는 자음과 모음으로 나누어 어감의 분화를 설명하고 있다. 5문단에서는 어감의 분화로 인해 우리 국어에서 상징어가 많이 발달했다고 하였다. 따라서 이 글에서는 어감의 분화로 인한 우리 국어의 상징어 발달에 대해 이야기하고 있으므로 주제는 '국어의 특질 – 어감의 분화로 인한 □□□의 발달'이다.

08 윗글을 읽고 답할 수 있는 질문으로 적절하지 <u>않은</u> 것은?

① 어감의 분화란 무엇인가?
② 영어의 상징어에는 무엇이 있는가?
③ 국어의 모음에는 무엇과 무엇이 있는가?
④ 양성 모음과 음성 모음의 차이는 무엇인가?
⑤ 예사소리와 거센소리 중 소리의 세기가 더 큰 것은 무엇인가?

08
선택지에 제시된 내용이 지문의 어느 부분과 관련되는지 살펴보세요.

09 윗글의 내용으로 가장 적절한 것은?

① '딴딴하다'는 '탄탄하다'보다 더 크고 거친 느낌을 준다.
② '졸졸'은 '줄줄'에 비해 상대적으로 무겁고 둔한 느낌이 든다.
③ 국어는 다른 언어에 비해 의성어, 의태어 등의 상징어가 발달하였다.
④ 자음은 '예사소리 – 거센소리 – 된소리' 순으로 소리의 세기가 커진다.
⑤ 모음과 자음이 바뀜에 따라 의미가 바뀌는 것을 어감의 분화라고 한다.

09
1~4문단에서 다양한 예를 들어 어감의 분화에 대해 설명하고 있어요. 이에 주목하세요.

10 다음 중 밝고 작고, 가벼운 느낌을 주는 모음으로만 이루어진 상징어는?

① 철컹   ② 꿀꿀   ③ 번쩍   ④ 쏙쏙   ⑤ 껄껄

10
3문단에서 '밝고 작고, 가벼운 느낌을 주는 모음은 양성 모음이라고 하였어요.

예사소리 : 국어의 'ㄱ', 'ㄷ', 'ㅂ', 'ㅅ', 'ㅈ' 따위의 소리
거센소리 : 국어의 'ㅊ', 'ㅋ', 'ㅌ', 'ㅍ' 따위의 소리
된소리 : 국어의 'ㄲ', 'ㄸ', 'ㅃ', 'ㅆ', 'ㅉ' 따위의 소리

22 DAY

★ 정답은 [해설편 표지] 안쪽에 있습니다.

* [01~02] 제시된 초성을 참고하여 다음 뜻풀이에 해당하는 단어를 쓰시오.

01 ㄱㅇ하다 : 두 사람 이상이 한 물건을 공동으로 소유하다. (   )

02 ㅈㅇ하다 : 함부로 쓰지 아니하고 꼭 필요한 데에만 써서 아끼다. (   )

* [03~06] 다음 단어와 그 뜻풀이를 바르게 연결하시오.

03 수익 ·

04 손실 ·

05 자원 ·

06 어감 ·

· ㉠ 말소리나 말투의 차이에 따른 느낌과 맛

· ㉡ 이익을 거두어들임. 또는 그 이익

· ㉢ 손해를 봄. 또는 그 손해

· ㉣ 인간 생활 및 경제 생산에 이용되는 원료로서의 광물, 산림, 수산물 따위를 통틀어 이르는 말

* [07~08] 〈보기〉에 제시된 초성과 뜻풀이를 참고하여 다음 문장의 빈칸에 들어가기에 알맞은 단어를 쓰시오.

〈보기〉
• ㅇㅌㅇ : 사람이나 사물의 모양이나 움직임을 흉내 낸 말
• ㅅㅇㅈ : 어떤 것을 자기의 것으로 가지고 있는 자

07 이 작품은 (   )을/를 이용하여 주제를 표현하고 있는 것이 특징이다.

08 그 시인은 풍부한 감성의 (   )였다.

* [09~12] 사다리 타기에 따라, 빈칸에 들어갈 단어의 뜻을 〈보기〉에서 골라 기호를 쓰시오.

〈보기〉
① 소리나 모양, 동작 따위를 흉내 내는 말, 의성어와 의태어로 나뉜다.
② 사람이나 사물의 소리를 흉내 낸 말
③ 단순하거나 같은 것에서 복잡하거나 다른 것으로 변함.
④ 계약의 당사자가 다수의 상대편과 계약을 체결하기 위하여 일정한 형식에 의하여 미리 마련한 계약의 내용

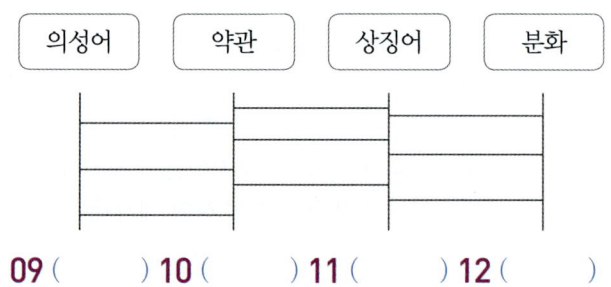

의성어   약관   상징어   분화

09 (   ) 10 (   ) 11 (   ) 12 (   )

* [13~15] 제시된 글자들을 조합하여 다음 뜻풀이에 해당하는 단어를 쓰시오.

명	규	화	하	원
대	확	다	다	이
하	제	극	하	다

13 명백하고 확실하다. (   )하다

14 아주 커지다. 또는 아주 크게 하다. (   )하다

15 규칙이나 규정에 의하여 일정한 한도를 정하거나 정한 한도를 넘지 못하게 막다. (   )하다

✳ 공유지의 비극

　서울시의 '따릉이'처럼 어떤 물건을 다른 사람과 나누어 쓰면 좋은 점만 있을까요? 사실 과거에 경제학자들은 '공유'와 '경제'는 같이 이야기할 수 없다고 생각했어요. 왜냐하면 사람들이 어떤 것을 공유하면 그것을 화목하게 나누어 쓰는 것이 불가능하다고 보았거든요. 이러한 것을 바로 '공유지의 비극'이라고 해요.

　위의 만화에서처럼 한 마을에 가축들을 풀어놓고 풀을 먹일 수 있는 공동의 언덕, 즉, 공유지가 있었어요. 이 공유지를 이용할 때 돈을 내지 않기 때문에 사람들은 자신이 키우는 많은 양들을 저곳에 가서 먹이곤 했죠. 그 결과 풀이 자라는 속도보다 양이 풀을 뜯는 속도가 더 빨라졌고, 결국 풀이 가득했던 언덕은 풀 한 포기 자라지 않는 땅이 되고 말았어요.

　공유지의 비극이란 공기, 물 등 공동체가 함께 사용해야 할 자원을 시장에 맡겨 놓으면 모든 사람의 이기심 때문에 큰 위기가 찾아올 수 있다는 경제학 이론이에요. '공유 경제'는 과연 '공유지의 비극'을 피할 수 있을까요? 공유 자원을 올바로 사용하기 위한 방법이 무엇인지 생각해 보세요.

프로메테우스의 불

그리스 신화에는 인간이 아니었음에도 인간을 매우 사랑하여 비극적인 결말을 맞이한 거인족이 등장한다. 바로 '프로메테우스(Prometheus)'이다. 프로메테우스는 '미리 알다.' 혹은 '먼저 생각하는 사람'이라는 뜻으로, 신화 속 그는 이름처럼 미래를 내다볼 수 있었다. 신들의 왕이었던 제우스는 그에게 인간과 짐승 등 피조물을 창조하는 임무를 주었고, 프로메테우스는 이를 훌륭하게 해내며 공로를 인정받았다.

미래를 미리 아는 능력을 이용하여 제우스의 신임을 받았던 프로메테우스는 무슨 이유로 비극적인 결말을 맞이했던 것일까? 프로메테우스는 인간을 만든 직후에 인간에게 주어서는 안 될 선물, 바로 '불'을 주었다. 당시 제우스는 인간이 불을 가지면 위험한 상황이 생길 것을 염려하여 인간에게 불을 주는 것을 엄격하게 금지하고 있었다. 그런데 프로메테우스는 자신이 만든 인간을 너무 사랑하여 제우스 몰래 인간에게 불을 주었다. 그 결과 인간은 무기를 만들고 농사를 짓는 등 문화를 발전시킬 수 있게 되었지만, 프로메테우스는 제우스의 노여움을 샀다.

프로메테우스가 제우스의 노여움을 산 일이 또 있었다. 당시 인간들은 신들에게 고기를 제물로 바쳤다. 제우스는 항상 인간들이 바친 고기 중 좋은 부위만 선택했고, 인간은 안 좋은 부위만 먹게 되었다. 이를 못마땅하게 여긴 프로메테우스는 제우스를 속여 인간들이 좋은 고기를 먹을 수 있게 도왔다. 고기의 안 좋은 부위들만 모아서 두꺼운 지방으로 감싸 맛있게 보이게 했고, 좋은 부위들은 위장으로 싸서 맛없게 보이게 만든 것이다.

나중에 프로메테우스가 인간에게 해 준 모든 사실을 알게 된 제우스는 크게 분노하였고, 인간에게서 불을 빼앗았다. 하지만 프로메테우스는 대장장이 신인 헤파이토스의 대장간에서 불을 훔쳐 다시 인간에게 주었고, 화를 참지 못한 제우스는 프로메테우스에게 큰 벌을 내렸다.

이처럼 신화 속 프로메테우스는 인간을 사랑하여 신의 금기를 깨고 결국에는 비극을 맞이한 비운의 인물이다. 그의 이야기에서 유래하여, '프로메테우스의 불'은 어떤 금기에도 굴하지 않고 불가능에 도전하는 정신을 의미하게 되었다.

[글의 구조 파악]

01 다음은 윗글의 내용을 정리한 것이다. 빈칸에 들어가기에 적절한 말을 순서대로 쓰시오.

> 1문단에서는 □□□□□□에 대해 소개하고, 2문단과 3문단에서는 그가 비극적인 결말을 맞이한 이유를 제시하고 있다. 4문단에서는 2문단과 3문단에서 이야기한 프로메테우스가 한 행동의 결과를 알려 주고 있다. 5문단에서는 2~4문단의 내용을 바탕으로 '프로메테우스의 □'이/가 의미하는 바를 밝히며 글을 마무리하고 있다.

＊ 글 전체의 중심 문단을 요약하고 주제를 쓰시오.

1) □ 문단 요약 :

2) **주제**

프로메테우스의 비극적 결말과 '□□□□□□의 불'의 의미

비극적 : 비통하고 참담하거나 불행하게 얽힌 것
내다보다 : 앞일을 미리 헤아리다.
공로 : 일을 마치거나 목적을 이루는 데 들인 노력과 수고. 또는 일을 마치거나 그 목적을 이룬 결과로서의 공적
노여움 : 분하고 섭섭하여 화가 치미는 감정
금기 : 마음에 꺼려서 하지 않거나 피함.
비운 : 불행한 운명

[주제 찾기]

02 다음은 윗글에 대한 설명이다. 빈칸에 들어가기에 적절한 말을 쓰시오.

> 윗글에서는 그리스 신화 속 프로메테우스에 얽힌 이야기를 통해 프로메테우스의 불이 의미하는 바를 설명하고 있다. 이 글 전체의 핵심어는 '프로메테우스'이고, 어떤 금기에도 굴하지 않고 불가능에 도전하는 정신을 프로메테우스의 불이라고 한다고 이야기하고 있으므로 이 글의 주제는 '프로메테우스의 ☐ 의 의미'이다.

03 프로메테우스에 대한 설명으로 적절하지 <u>않은</u> 것은?

① 프로메테우스는 인간과 피조물을 창조하였다.
② 프로메테우스는 비극적인 결말을 맞이하였다.
③ 프로메테우스는 인간에게 불을 선물로 주었다.
④ 프로메테우스는 항상 고기의 좋은 부위만 먹었다.
⑤ 프로메테우스는 제우스를 속이고 인간에게 많은 혜택을 주었다.

03
1문단에서 프로메테우스에 대해 소개하고, 2~4문단에서 프로메테우스가 인간들을 위해 한 일을 설명하고 있어요.

04 다음은 윗글을 읽은 학생이 정리한 메모이다. 적절하지 <u>않은</u> 것은?

> ① 프로메테우스의 능력 – 미래를 내다봄.
> ② 불이 인간 생활에 미친 영향 – 농사, 문화 발전
> ③ 프로메테우스의 임무 – 인간과 짐승 등 피조물 창조하기
> ④ 제우스가 화가 난 이유 – 헤파이토스가 불을 인간에게 주어서
> ⑤ 프로메테우스라는 이름의 의미 – 미리 알다, 먼저 생각하는 사람

04
각 문단의 핵심어와 중심 내용을 떠올리며 문제를 풀어 보세요.

23 DAY

05 다음 중 '프로메테우스의 불'을 가졌다고 평가할 수 있는 사람은?

① 엄격하게 자신을 통제하는 우진
② 누가 시키지 않아도 교실을 정리하는 치현
③ 자신에게 주어진 역할을 충실히 해내는 유진
④ 친구와 함께 학교의 규칙을 어기며 즐거워하는 형식
⑤ 주변에서 불가능하다고 말해도 어떤 일을 하게 되면 끝까지 도전하는 종현

05
5문단에서는 '프로메테우스의 불'이 의미하는 바에 대해 설명하고 있어요. 그러한 정신을 가진 사람을 골라 보세요.

피조물 : 조물주에 의하여 만들어진 모든 것
창조하다 : 전에 없던 것을 처음으로 만들다.
혜택 : 은혜와 덕택을 아울러 이르는 말
통제하다 : 일정한 방침이나 목적에 따라 행위를 제한하거나 제약하다.

DAY 23 기술 — 우리 일상을 바꾸어 놓을 5G 기술

우리는 스마트폰에 각종 메신저 애플리케이션을 설치하고 이를 통해 친구와 대화하며, 때로는 인터넷 강의를 듣고 공부를 하기도 한다. 우리의 생활에서 이제는 스마트폰을 떼어 놓을 수 없는데, 스마트폰과 가장 ㉠밀접한 기술이 바로 이동 통신 기술이다.

이동 통신 기술이란, 선이 없이 스마트폰 등을 활용하여 음성, 영상, 데이터 등을 장소에 상관없이 주고받을 수 있게 하는 기술을 의미한다. 음성 통화만 가능했던 1세대부터 시작된 이동 통신 기술은 2019년에 이르러 5G라고 불리는 5세대 이동 통신 기술(5G, 5 generation mobile communications)로 발전하였다.

5G의 정식 이름은 IMT-2020이다. 최고 다운로드 속도는 20Gbps, 최저 다운로드 속도는 100Mbps으로, 4세대 이동 통신인 LTE에 비해 처리 속도는 20배 이상 빠르고, 처리 용량은 100배가 더 많다. 5G 기술이 ㉡상용되면서 더 짧은 시간 동안 더 많은 데이터를 처리할 수 있게 되었고, 많은 사람들은 이 덕분에 우리 일상생활이 크게 변할 것이라고 예상한다.

기존의 2세대(CDMA), 3세대(WCDMA), 4세대(LTE) 이동 통신 기술은 휴대 전화를 연결하는 통신망에 ㉢불과했지만, 5G는 휴대 전화를 넘어 가상 현실(VR), 증강 현실(AR), 자율 주행, 사물 인터넷(IoT) 기술 등 모든 전자 기기를 연결하는 기술이다. 5G가 모든 기기를 연결하기 때문에 사람과 사물 간의 통신은 물론, 사람과 동물, 사물과 사물 간의 통신도 이루어질 것으로 보인다.

5G 기술을 이용하면 어떤 물건이 떨어지는 것도 ㉣방지할 수 있다. 즉, 떨어질 위험이 있는 물건에 센서를 ㉤부착해 두고, 이 물건이 조금이라도 움직이는 것이 느껴지면 물건에 부착된 센서가 이것을 관리하는 센터에 움직임을 알린다. 센터는 물건의 움직임을 보고 받은 후, 그 물건이 추락하지 않도록 다른 조치를 취한다. 이 모든 것을 가능하게 하는 것이 바로 5G 기술이다.

2019년 4월 3일 오후 11시, 우리나라에서 세계 최초로 개통된 5G. 이를 통해 앞으로 우리의 삶이 얼마나 더 달라질지 기대된다.

---

* 글 전체의 중심 문단을 요약하고 주제를 쓰시오.

1) ☐문단 요약 :

2) 주제
☐☐ 기술의 개념과 특성

가상 현실 : 현실이 아닌데도 실제처럼 생각하고 보이게 하는 현실
증강 현실 : 현재 실제로 존재하는 사물이나 환경에 가상의 사물이나 환경을 덧입혀서, 마치 실제로 존재하는 것처럼 보여 주는 컴퓨터 그래픽 기술. 또는 그러한 기술로 조성된 현실
자율 : 남의 지배나 구속을 받지 아니하고 자기 스스로의 원칙에 따라 어떤 일을 하는 일
주행 : 주로 동력으로 움직이는 자동차나 열차 따위가 달림.
개통되다 : 길, 다리, 철로, 전화, 전신 따위가 완성되거나 이어 통하게 되다.

[글의 구조 파악]

06 다음은 윗글의 내용을 정리한 것이다. 빈칸에 들어가기에 적절한 말을 쓰시오.

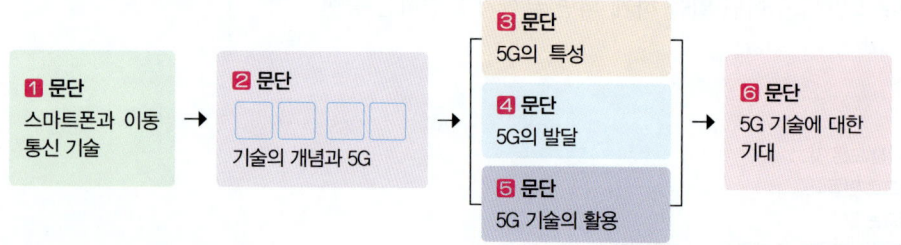

▶ 정답과 해설 p. 92

07 다음은 윗글에 대한 설명이다. 빈칸에 들어가기에 적절한 말을 쓰시오.

> 1문단에서는 일상생활에서 자주 쓰이는 스마트폰과 관련이 있는 이동 통신 기술을 소개하고, 2문단에서는 이동 통신 기술의 개념과 새로운 이동 통신인 5G를 소개하였다. 3문단에서는 5G의 정식 이름과 특성을, 4문단에서는 5G의 발달을 소개하였다. 5문단에서는 5G 기술이 활용될 수 있는 예를 들고, 6문단에서는 5G 기술에 대한 기대를 드러내고 있다. 따라서 이 글에서는 5G 기술의 발달과 전망에 대해 이야기하고 있으므로 주제는 '☐☐ 기술의 개념과 특성'이다.

08 윗글을 읽고 알 수 <u>없는</u> 내용은?

① 5G 기술의 미래
② 5G 기술의 문제점
③ 5G 기술의 처리 용량
④ 5G 기술의 정식 이름
⑤ 5G 기술이 최초로 쓰이고 있는 나라

08
각 문단의 핵심어와 중심 문장을 떠올려 보세요.

09 윗글의 내용으로 가장 적절한 것은?

① 1세대 이동 통신은 음성 통화만 가능했다.
② 3세대 이동 통신부터 가상 현실이 연결되었다.
③ 우리나라에서 5G 기술을 가장 먼저 개발하였다.
④ 4세대 이동 통신 기술로 사물과 사물 간 통신이 이루어졌다.
⑤ 5세대 이동 통신은 4세대 이동 통신에 비해 처리 속도가 100배 이상 빠르다.

09
2~4문단에서 1~4세대 이동 통신 기술에 대해서 설명하고 있어요. 그리고 5세대 이동 통신 기술, 즉 5G에 대해서는 2~6문단에서 이야기하고 있네요.

23 DAY

10 ㉠~㉤의 의미로 적절하지 <u>않은</u> 것은?

① ㉠ : 아주 가깝게 맞닿아 있다. 또는 그런 관계에 있다.
② ㉡ : 실제로 조사하거나 검사하다.
③ ㉢ : 그 수준을 넘지 못한 상태이다.
④ ㉣ : 어떤 일이나 현상이 일어나지 못하게 막다.
⑤ ㉤ : 떨어지지 아니하게 붙다.

10
각 단어의 의미를 잘 모른다면, 앞뒤의 내용을 바탕으로 각 단어의 그 의미를 추측해 보세요!

용량 : 저장할 수 있는 정보의 양
정식 : 정당한 격식이나 의식

★ 정답은 [해설편 표지] 안쪽에 있습니다.

* [01~02] 제시된 초성을 참고하여 다음 뜻풀이에 해당하는 단어를 쓰시오.

01 ㅈㄱㅎㅅ : 현재 실제로 존재하는 사물이나 환경에 가상의 사물이나 환경을 덧입혀서, 마치 실제로 존재하는 것처럼 보여 주는 컴퓨터 그래픽 기술. 또는 그러한 기술로 조성된 현실 (   )

02 ㄴㅇㅇ : 분하고 섭섭하여 화가 치미는 감정
(   )

* [03~06] 다음 단어와 그 뜻풀이를 바르게 연결하시오.

03 금기 •   • ㉠ 저장할 수 있는 정보의 양

04 용량 •   • ㉡ 불행한 운명

05 정식 •   • ㉢ 마음에 꺼려서 하지 않거나 피함.

06 비운 •   • ㉣ 정당한 격식이나 의식

* [07~08] 〈보기〉에 제시된 초성과 뜻풀이를 참고하여 다음 문장의 빈칸에 들어가기에 알맞은 단어를 쓰시오.

〈보기〉
• ㄱㅅㅎㅅ : 현실이 아닌데도 실제처럼 생각하고 보이게 하는 현실
• ㄱㄹ : 일을 마치거나 목적을 이루는 데 들인 노력과 수고. 또는 일을 마치거나 그 목적을 이룬 결과로서의 공적

07 이 장비를 이용하면 실제로 자동차를 운전하는 듯한 (   )을/를 경험할 수 있다.

08 학교는 예원이의 (   )을/를 높이 사며 상장을 수여했다.

* [09~12] 사다리 타기에 따라, 빈칸에 들어갈 단어의 뜻을 〈보기〉에서 골라 기호를 쓰시오.

〈보기〉
① 조물주에 의하여 만들어진 모든 것
② 비통하고 참담하거나 불행하게 얽힌 것
③ 은혜와 덕택을 아울러 이루는 말
④ 주로 동력으로 움직이는 자동차나 열차 따위가 달림.

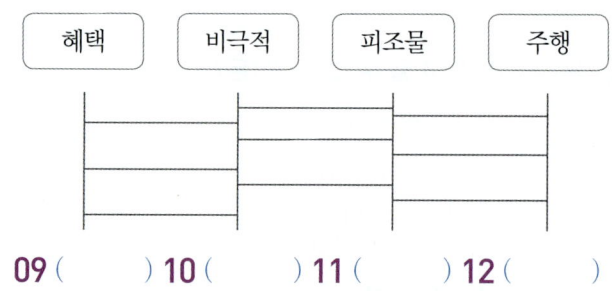

| 혜택 | 비극적 | 피조물 | 주행 |

09 (   ) **10** (   ) **11** (   ) **12** (   )

* [13~14] 제시된 글자들을 조합하여 다음 뜻풀이에 해당하는 단어를 쓰시오.

자	다	현	다
개	구	통	율
유	원	되	되

13 길, 다리, 철로, 전화, 전신 따위가 완성되거나 이어 통하게 되다. (   )

14 남의 지배나 구속을 받지 아니하고 자기 스스로의 원칙에 따라 어떤 일을 하는 일 (   )

✳ 사물 인터넷 (IoT)이란 무엇일까?

오전 7시. 스마트폰에서 미리 설명한 알람이 울리고, 창문의 커튼이 열리면서 아침 햇살이 쏟아져 내립니다. 스피커에서는 아침을 여는 아름다운 음악이 흘러나오고, 토스터기에서는 빵이 구워지고 있네요.

이러한 일이 자동으로 가능할까요? 사물 인터넷(Internet of Things) 덕분에 이러한 일들이 실제로 가능해졌어요. 사물에 센서를 부착하여 인간이 개입하지 않아도 실시간으로 사물들끼리 정보를 처리하는 시스템을 사물 인터넷(IoT)이라고 해요. 지금까지는 사람이 스스로 일어나서 커튼을 치거나 걷어야 했지만, 이제는 사물 인터넷 기술을 통해 커튼이 스스로 움직일 수 있게 되었지요.

이처럼 편리한 기능들은 어떻게 작동하는 것일까요? 우선은 현실에 존재하는 사물들을 인터넷이라는 가상의 공간에도 존재하게 만들어야 해요. 그리고 스마트폰이나 인터넷상의 시스템에 '오전 7시가 되면 커튼을 걷는다.'라고 미리 설정을 해 놓아야 해요. 그렇게 되면 현실에서의 커튼이 오전 7시에 짠!하고 열리게 된답니다. 앞으로 기술이 얼마나 더 발달하여 우리의 삶을 변화시킬지 기대되지 않나요?

작지만 따뜻한 적정 기술

적정 기술이란, 제3세계*라고 불리는 기술의 발전이 상대적으로 더딘 지역의 환경을 고려한 기술이다. 이 기술은 누구나 사용할 수 있을 만큼 쉽고, 지속적으로 사용할 수 있으며, 제3세계 사람들의 자립을 돕는 데 사용되기 때문에 '작지만 따뜻한 기술'이라고 한다.

적정 기술이 사용된 대표적인 예로 '축구(Soccer)'와 '소켓(Socket)'을 합친 말인 축구공 소켓(Soccket)을 들 수 있다. 아프리카의 여러 나라에서는 전기가 매우 부족하여 그곳의 아이들은 밤에 책을 읽거나, 공부를 하기 어렵다고 한다. 이러한 문제를 인식한 하버드 대학교의 학생들은 아프리카 사람들이 낮에 축구를 많이 한다는 점에 착안해서 축구공형 발전기인 소켓을 만들었다. 낮에 사람들이 이 소켓을 차는 것만으로도 전기가 만들어지고, 축구공의 겉에는 플러그가 있어 전등을 꽂으면 언제든지 축구공 안에 저장된 전기를 이용할 수 있다. 15분 동안 이 공을 차고 놀면 3시간 정도 LED 전등을 밝힐 수 있다고 한다.

축구공을 차듯 소켓을 발로 차기만 하면 되기 때문에 소켓은 누구나 사용하기 편리하다. 또 한 번 사용하고 끝나는 것이 아니라, 하나의 소켓을 지속적으로 사용할 수 있기 때문에 연료비가 들 걱정이 없고 환경을 오염시키지도 않는다. 이것들이 바로 소켓이 적정 기술을 대표한다고 볼 수 있는 이유이다.

소켓과 같은 적정 기술은 저개발 국가에서 겪고 있는 물 부족, 빈곤, 질병 등 다양한 문제를 해결하는 데 도움을 준다. 물론 적정 기술이 현대 사회의 모든 문제를 해결할 수는 없다. 하지만 적정 기술의 가치를 깨닫고, 이를 발전시킨다면 전 세계는 좀 더 나은 곳으로 변할 것이다.

* 제3세계 : 제2차 세계대전 후, 아시아·아프리카·라틴 아메리카의 나라 가운데 산업의 근대화와 경제 개발이 선진국에 비하여 뒤떨어진 나라를 이르는 말

[글의 구조 파악]

01 다음은 윗글의 내용을 정리한 것이다. 빈칸에 들어가기에 적절한 말을 쓰시오.

> 1문단에서는 ☐☐☐☐이/가 무엇인지 설명하고 있고, 2문단에서는 적정 기술이 사용된 대표적인 사례인 소켓의 탄생 배경과 그 원리를 설명하고 있다. 3문단에서는 2문단에서 언급한 소켓이 적정 기술을 대표한다고 볼 수 있는 이유를 제시하고 있다. 마지막으로 4문단에서는 적정 기술이 저개발 국가의 문제를 해결하는 데 도움을 줄 수 있다면서 글을 마무리하고 있다.

＊ 글 전체의 중심 문단을 요약하고 주제를 쓰시오.

1) ☐ 문단 요약 :

2) 주제
☐☐ 기술의 개념과 사례

더디다 : 어떤 움직임이나 일에 걸리는 시간이 오래다.
고려하다 : 생각하고 헤아려 보다.
지속적 : 어떤 상태가 오래 계속되는. 또는 그런 것
자립 : 남에게 예속되거나 의지하지 아니하고 스스로 섬.
인식하다 : 사물을 분별하고 판단하여 알다.
착안하다 : 어떤 문제를 해결하기 위한 실마리를 잡다.
저개발 : 발달된 정도가 낮음.
빈곤 : 가난하여 살기가 어려움.

▶ 정답과 해설 p. 94

[주제 찾기]

02 다음은 윗글에 대한 설명이다. 빈칸에 들어가기에 적절한 말을 쓰시오.

> 윗글에서는 소켓이라는 구체적인 사례를 통해 적정 기술의 가치의 개념과 가치를 소개하고 있다. 이 글 전체의 핵심어는 '적정 기술'이고, 적정 기술의 개념과 적정 기술의 구체적인 사례인 소켓에 대해 이야기하고 있으므로 이 글의 주제는 '☐☐ ☐☐의 개념과 사례'이다.

03 윗글의 내용으로 적절하지 <u>않은</u> 것은?

① 소켓은 적정 기술이 적용된 대표적인 예이다.
② 적정 기술은 작지만 따뜻한 기술이라고 볼 수 있다.
③ 적정 기술은 기술의 발전이 상대적으로 더딘 곳의 환경을 고려한 기술이다.
④ 소켓을 15분 동안 차서 발생시킨 전기로 3시간 정도 LED 전등을 밝힐 수 있다.
⑤ 적정 기술은 현대 사회가 가지고 있는 다양한 문제를 모두 해결할 수 있는 신기술이다.

03
1문단과 4문단에서는 적정 기술에 대해 설명하고 있어요. 또 2문단과 3문단에서는 소켓에 대해 설명하고 있네요.

04 윗글에 대한 설명으로 적절한 것을 〈보기〉에서 찾아 바르게 묶은 것은?

〈보기〉
ㄱ. 구체적인 예를 제시하고 있다.
ㄴ. 대상의 개념을 정의하고 있다.
ㄷ. 대상을 구성 요소별로 나누어 설명하고 있다.
ㄹ. 대상의 공통점과 차이점을 들어 설명하고 있다.

① ㄱ, ㄴ   ② ㄱ, ㄷ   ③ ㄴ, ㄷ
④ ㄴ, ㄹ   ⑤ ㄷ, ㄹ

04
이 지문에서 중심 대상인 적정 기술에 대해 설명하기 위해 어떤 방법을 사용하고 있는지 생각해 보세요.

05 윗글을 참고할 때, 적정 기술이 적용된 사례로 보기에 적절하지 <u>않은</u> 것은?

① 더욱 편리하게 작동하기 위해 사람의 말을 알아듣도록 만들어진 스마트폰
② 전기가 부족한 국가의 사람들을 위해 개발한 전기 없이 작동하는 항아리 냉장고
③ 깨끗한 물을 구하기 어려운 지역의 사람들을 위해 개발한 빨대 형태의 휴대용 정수기
④ 비싼 교육용 과학 장비를 구하지 못하는 나라의 학생들을 위해 개발한 종이로 만든 현미경
⑤ 멀리서 물을 구해 직접 운반해야 하는 아프리카 어린이들을 위해 개발한 굴릴 수 있는 물통

05
1문단에서 적정 기술은 제3세계라고 불리는, 기술의 발전이 상대적으로 더딘 지역의 환경을 고려한 기술이라고 했어요. 적정 기술이 적용되지 않은 예를 찾아보세요.

신기술 : 새로운 기술
장비 : 갖추어 차림. 또는 그 장치와 설비
운반하다 : 물건 따위를 옮겨 나르다.

24 DAY

음식을 오래 보관하는 방법

DAY 24 인문+기술

우리는 바깥에 놓아두면 쉽게 상하는 음식들을 냉장고에 넣어 보관한다. 냉장고에 들어간 음식들은 냉장고의 온도가 낮아서 쉽게 상하지 않고, 그렇기 때문에 밖에 둘 때보다 음식을 좀 더 오래 보관할 수 있다. 그렇다면 냉장고가 없던 시절에 살았던 우리 조상들은 음식물을 어떻게 상하지 않게 보관했을까?

우리 조상들은 무더운 여름을 대비하고자 석빙고를 만들었다. 석빙고는 일종의 얼음 보관 창고로, 겨울에 꽁꽁 언 강에서 얼음을 떼어다가 이곳에 보관해 두었다 사용하였다. 우리 조상들은 이곳에 보관해 놓은 얼음을 한여름에 조금씩 꺼내 사용하며 여름을 보냈다고 한다. 또 신선하게 음식을 보관하기 위해서 땅 속에 항아리를 묻어 음식을 저장하기도 했다. 그렇게 하면 땅의 위쪽보다 땅속의 온도가 낮아 요즘의 냉장고처럼 음식을 시원하게 보관할 수 있었다고 한다.

그렇다면 우리가 사용하는 냉장고는 땅속에 있는 것도 아닌데 어떻게 늘 차가운 것일까? 주사를 맞기 전에 알코올을 묻힌 솜으로 몸을 닦으면 알코올이 날아가면서 금세 그 부위가 시원해지는 느낌을 받게 된다. 알코올이 공기 중으로 날아가면서 우리 몸의 열을 빼앗아 가는 것처럼, 액체 상태였던 물질이 기체 상태로 변할 때 주위의 열을 빼앗는 현상을 '기화'라고 한다. 냉장고는 바로 이 기화의 원리를 이용한 기계이다.

또 냉장고의 안쪽에는 꼬불꼬불한 관이 있다. 이 관 속에는 액체 상태의 물질이 들어 있는데, 이를 '냉매'라고 한다. 냉매는 냉장고 속의 관을 따라 돌아다니며 냉장고 안의 온도를 시원하게 유지해 준다. 냉장고 뒤쪽에서 나는 '위잉'하는 소리가 바로 냉매가 냉장고 안을 돌아다니는 소리이다.

우리 조상들의 땅 속 항아리부터 오늘날의 냉장고에 이르기까지, 사람들은 음식을 좀 더 오래 보관하기 위해 다양한 도구를 활용하며 애써왔다. 냉장고가 돌아가는 소리가 시끄럽다고 인상을 찌푸리기보다는, 음식들을 보관하기 위해 냉장고가 우리를 위해 열심히 일하고 있다고 생각해 보자.

* 글 전체의 중심 문단을 요약하고 주제를 쓰시오.

1) ☐ 문단 요약 :

2) 주제
음식물을 오래 ☐☐ 하는 방법

[글의 구조 파악]

06 다음은 윗글의 내용을 정리한 것이다. 빈칸에 들어가기에 적절한 말을 순서대로 쓰시오.

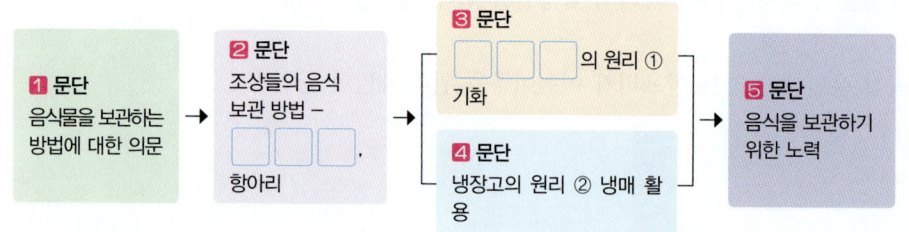

상하다 : 음식이 변하거나 썩어서 먹을 수 없게 되다.
보관하다 : 물건을 맡아서 간직하고 관리하다.
일종 : 한 종류. 또는 한 가지
유지하다 : 어떤 상태나 상황을 그대로 보존하거나 변함없이 계속하여 지탱하다.
금세 : 지금 바로
냉매 : 냉동기 따위에서, 저온 물체로부터 고온 물체로 열을 끌어가는 매체
애쓰다 : 마음과 힘을 다하여 무엇을 이루려고 힘쓰다.

07 다음은 윗글에 대한 설명이다. 빈칸에 들어가기에 적절한 말을 쓰시오.

> 1문단에서는 요즘에는 음식을 냉장고에 보관하는데, 조상들은 어디에 보관했는지에 대한 의문을 드러내고 있다. 2문단에서는 조상들이 음식을 보관하는 방법으로 석빙고와 항아리를 들었고, 3, 4문단에서는 냉장고의 원리를 설명하고 있다. 5문단에서는 사람들이 음식을 오래 보관하기 위해 애써왔다면서 글 전체 내용을 요약하고 있다. 따라서 이 글에서는 음식물을 오래 보관하는 방법에 대해 이야기하고 있으므로 주제는 '음식물을 오래 ☐☐하는 방법'이다.

08 윗글에 대한 설명으로 가장 적절한 것은?

① 냉장고에 사용된 냉매의 문제점을 비판하고 있다.
② 우리 조상들이 사용한 냉장 기술의 우수성을 평가하고 있다.
③ 냉장고가 항상 시원한 이유와 냉장고의 원리를 설명하고 있다.
④ 냉장고 기술의 특성과 앞으로의 발전 가능성에 대해 이야기하고 있다.
⑤ 우리나라의 냉장고 기술과 다른 나라의 냉장고 기술의 차이점을 설명하고 있다.

08
이 지문에서 '냉장고'에 대해 어떻게 설명하고 있는지 생각해 보세요.

09 윗글의 내용으로 적절하지 않은 것은?

① 냉장고가 없던 시절에 우리 조상들은 석빙고를 만들어 사용했다.
② 알코올은 기체 상태에서 액체 상태로 변할 때 주위의 열을 빼앗는다.
③ 냉장고의 안쪽에 있는 꼬불꼬불한 관에는 액체 상태의 물질인 냉매가 들어 있다.
④ 냉장고에서 '위잉'하고 소리가 나는 이유는 냉매가 냉장고 안을 돌아다니기 때문이다.
⑤ 우리 조상들은 땅 위쪽보다 땅속의 온도가 더 낮다는 사실을 이용하여 음식을 보관했다.

09
각 문단의 핵심어와 중심 문장을 떠올려 보세요.

10 윗글을 읽고 난 후의 반응으로 적절하지 않은 것은?

① 온도가 낮으면 음식들이 쉽게 상하지 않겠군.
② 주사를 맞기 전에 내 몸을 닦았던 솜에 알코올이 묻어 있었던 것이군.
③ 우리 조상들은 여름이 가까워지면 석빙고에서 얼음을 미리 만들어 두기도 했군.
④ 냉장고에서 '위잉'하는 소리가 나면 냉장고가 잘 작동하고 있다고 볼 수 있겠군.
⑤ 햇볕이 뜨거운 여름에 바깥에서 물을 쏟으면 금방 마르면서 주변 온도가 내려가는 것도 기화의 예이겠군.

10
'음식', '알코올', '석빙고', '위잉', '기화' 등 선택지에서 언급하고 있는 표현들이 이 지문의 어느 부분에 나오는지를 살펴보세요. 지문의 내용을 올바르게 이해해야 적절하게 반응할 수 있겠죠?

우수성 : 여럿 가운데 뛰어난 특성
평가하다 : 사물의 가치나 수준 따위를 평하다.
원리 : 사물의 근본이 되는 이치
작동하다 : 기계 따위가 작용을 받아 움직이다. 또는 기계 따위를 움직이게 하다.

★ 정답은 [해설편 표지] 안쪽에 있습니다.

＊ **[01~02]** 제시된 초성을 참고하여 다음 뜻풀이에 해당하는 단어를 쓰시오.

01 ㄱㄹ하다 : 생각하고 헤아려 보다. (   )

02 ㅇㅆㄷ : 마음과 힘을 다하여 무엇을 이루려고 힘쓰다. (   )

＊ **[03~06]** 다음 단어와 그 뜻풀이를 바르게 연결하시오.

03 빈곤 ・

   ・㉠ 남에게 예속되거나 의지하지 아니하고 스스로 섬.

04 금세 ・

   ・㉡ 가난하여 살기가 어려움.

05 자립 ・

   ・㉢ 한 종류. 또는 한 가지

06 일종 ・

   ・㉣ 지금 바로

＊ **[07~08]** 제시된 초성과 뜻풀이를 참고하여 다음 문장의 빈칸에 들어가기에 알맞은 단어를 쓰시오.

〈보기〉
・ ㅈㅅㅈ : 어떤 상태가 오래 계속되는. 또는 그런 것
・ ㅇㅅㅅ : 여럿 가운데 뛰어난 특성

07 그녀는 (   )(으)로 꾸준히 열심히 운동을 한 결과 건강해졌다.

08 우리 학교에서는 한글날마다 한글의 (   )에 관한 글짓기 대회가 열린다.

＊ **[09~12]** 사다리 타기에 따라, 빈칸에 들어갈 단어의 뜻을 〈보기〉에서 골라 기호를 쓰시오.

〈보기〉
① 냉동기 따위에서, 저온 물체로부터 고온 물체로 열을 끌어가는 매체. 프레온, 암모니아, 이산화황, 염화 메틸 따위가 있다.
② 어떤 움직임이나 일에 걸리는 시간이 오래다.
③ 사물의 가치나 수준 따위를 평하다.
④ 사물을 분별하고 판단하여 알다.

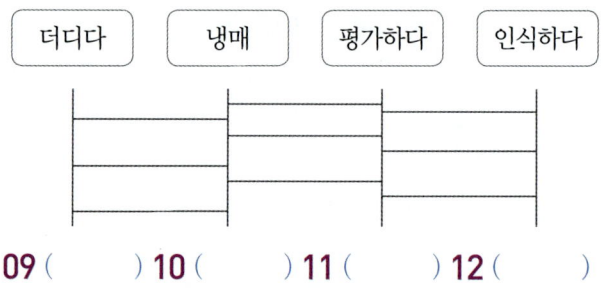

더디다	냉매	평가하다	인식하다

09 (   ) **10** (   ) **11** (   ) **12** (   )

＊ **[13~15]** 제시된 글자들을 조합하여 다음 뜻풀이에 해당하는 단어를 쓰시오.

착	보	다
관	안	하
저	개	발

13 어떤 문제를 해결하기 위한 실마리를 잡다.
                                     (   )하다

14 발달된 정도가 낮음. (   )

15 물건을 맡아서 간직하고 관리하다.
                                     (   )하다

✳ 석빙고의 원리

▲ 석빙고의 외부 모습

▲ 석빙고의 내부 모습

　냉장고가 없던 시절, 우리 조상들이 만든 얼음 창고인 석빙에서 석빙고가 얼음을 녹지 않게 보관할 수 있었던 비결은 무엇일까요?

　석빙고의 외부는 열을 차단하는 흙으로 덮여 있고, 내부는 화강암으로 되어 있어요. 화강암은 열을 잘 전달하는 특성이 있어서 석빙고 안의 온도가 올라가면 그 열을 화강암이 밖으로 전달하였어요. 그리고 공기는 온도가 높으면 위로 올라가고 온도가 낮으면 아래로 내려가는 성질이 있어요. 그래서 조상들은 찬 공기가 잘 들어오는 아래쪽에 입구를 만들고 위쪽에 아치형 홈을 만들어 더운 공기가 빠져나가도록 했어요.

　또 얼음이 녹으면 물이 되죠? 얼음이 녹아 물이 고이면 얼음이 더 빨리 녹을 수 있어요. 그래서 석빙고 안에 배수로를 만들어 얼음이 녹은 물이 석빙고 안을 빨리 빠져나갈 수 있게 했어요. 그리고 태양의 뜨거운 열이 안쪽까지 미치지 못하도록 진흙으로 천장을 만들었고, 지붕 위에는 잔디도 심었어요.

　이처럼 우리 조상들은 냉장고를 만드는 기술이 없던 시절에도 과학적인 원리를 이용해 한여름에도 얼음을 이용하였답니다. 조상들의 지혜가 정말 놀랍죠?

24 DAY

자이스토리 국어 비문학, 문학, 문법, 어휘 시리즈

중등

비문학 독해 1, 2 예비 고등	독해력 완성 1, 2, 3	문학 독해+문학 용어 1, 2, 3

비문학 독해 1, 2 예비 고등

* 독해 STEP에 따른 단계별 독해 훈련

- STEP ① 핵심어 찾기, 중심 문장 찾기
- STEP Ⅱ 문단 요약하기, 문단 간의 관계 파악하기
- STEP Ⅲ 글의 구조 파악하기, 주제 찾기
- STEP Ⅳ 실력 향상 TEST
- · 문해력+어휘 체크 문제

독해력 완성 1, 2, 3

- · 재미있게 독해력을 기를 수 있는 다양한 소재의 지문
- · 독해 STEP에 따른 단계별 독해 훈련
- · 지문과 문제 접근법을 알려 주는 지문 특강, 문제 특강
- · 다양한 유형의 어휘 테스트와 배경지식
- · 다시는 틀리지 않게 하는 꼼꼼한 입체 첨삭 해설

문학 독해+문학 용어 1, 2, 3

* 갈래별, 단계별 독해 훈련

- 시
  - STEP
  - ① 화자, 중심 대상 찾기
  - ② 상황, 정서, 태도 파악하기
  - ③ 표현상 특징 파악하기
- 소설·극
  - STEP
  - ① 중심인물, 배경 파악하기
  - ② 중심 사건, 갈등 파악하기
  - ③ 서술상 특징 파악하기

★강남구청 인터넷 수능방송 강의교재   ★강남구청 인터넷 수능방송 강의교재

중등

국어 문법 기본 / 국어 문법 완성	문해력을 키우는 어휘 1, 2

국어 문법 기본 / 국어 문법 완성

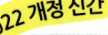

- · 쉬운 개념 설명과 확인 문제로 문법 개념 쏙쏙
- · 풍부한 예문과 그림으로 한눈에 개념 학습
- · 최다 내신 문제로 학교 시험 100점 완성
- · 문법 개념 동영상 강의 QR코드

문해력을 키우는 어휘 1, 2

- · 읽기, 듣기 · 말하기 · 쓰기 교과서의 어휘+용어 수록
- · 문학 교과서 필수 작품의 어휘 + 개념어 수록
- · 영역별 · 주제별 핵심 어휘 + 어휘 실력 테스트

고등

비문학 독해 1, 2	문학 독해 1, 2

비문학 독해 1, 2

* 독해 STEP에 따른 단계별 독해 훈련

- STEP ① 핵심어 찾기, 중심 문장 찾기
- STEP Ⅱ 문단 요약하기, 문단 간의 관계 파악하기
- STEP Ⅲ 글의 구조 파악하기, 주제 찾기
- STEP Ⅳ 실력 확인 테스트
- STEP Ⅴ 최강 실력 모의고사

문학 독해 1, 2

* 갈래별 구성에 따른 독해 훈련

- 시
  - ① 화자, 중심 대상 찾기
  - ② 상황, 정서, 태도 파악하기
  - ③ 표현상 특징 파악하기
- 소설·극
  - ① 중심인물, 배경 파악하기
  - ② 중심 사건, 갈등 파악하기
  - ③ 서술상 특징 파악하기

My Best friend
수경출판사 · 자이스토리

나만의 학습 계획표를 올려 주세요.

나만의 학습 계획표를 작성하고, 사진을 찍어
인스타그램 또는 블로그에 올려 주세요.
★ **필수 해시태그** - #수경출판사 #자이스토리 #수능기출문제집
　　　　　　　　　#학습 계획표
★ **참여해 주신 분께:** 바나나우유 기프티콘 증정

 QR코드를 스캔하여 개인 정보 및 작성한 게시물의 URL을 입력합니다.

수경 Mania가 되어 주세요.

인스타그램, 카페, 블로그 등에 수경출판사 교재로
공부하는 모습, 학습 후기, 교재 사진을 올려 주세요.
★ **참여해 주신 분께:** 3,000원 편의점 기프티콘 증정
★ **우수 후기 작성자:** 강남인강 1년 수강권 증정

 QR코드를 스캔하여 개인 정보 및 작성한 게시물의 URL을 입력합니다.

교재 평가 설문지를 작성해 주세요.

수경출판사 교재 학습 후기, 교재 평가 설문지를 작성해 주세요.
[학생, 선생님 모두 가능]
★ **참여해 주신 분께:** 2,000원 편의점 기프티콘 증정
★ **우수 후기 작성자:** 강남인강 1년 수강권 증정

 QR코드를 스캔하여 해당 링크에 들어가서 설문 조사를 진행합니다.

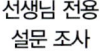
선생님 전용
설문 조사

학생 전용
설문 조사

＊자세한 사항은 해당 QR코드를 스캔하거나, 홈페이지 이벤트 공지글을 참고해 주세요.
＊이벤트의 내용이나 상품이 변경될 수 있으며, 변경시 홈페이지에 공지됩니다.

Xi STORY 자이스토리

포인트 리딩

구문 중심 독해 ⁀ 　　수능 유형 독해 ⁀
[Level ❶, Level ❷, Level ❸, Level ❹]

"중학교 영어 독해는 *포인트 리딩*으로 완성한다!"

[Level ❶, Level ❷]

- 32개 중등 필수 **구문**으로 중등 독해 기초 19일 완성!
- 구문과 독해 풀이 비법을 알려주는 나만의 과외 선생님 - Follow Me!
- 내신 대비 **실력 향상 TEST** + **구문, 어휘 Review**
- DAY별로 3지문씩 공부하는 구문 중심 ACTUAL READING!

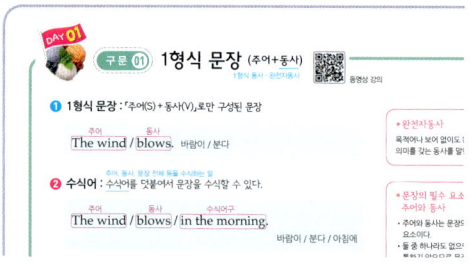 

[Level ❸, Level ❹]

- 17개 **수능 독해 유형 문제**로 예비 고등 영어 독해 20일 완성
- 독해 문제의 풀이 비법을 알려주는 과외 선생님 - Follow Me!
- 내신대비 **실력 향상 TEST** + **어휘 Review**
- **고1 학력평가 기출 지문**으로 독해 유형을 익히고 DAY별로 4지문씩 공부하기!

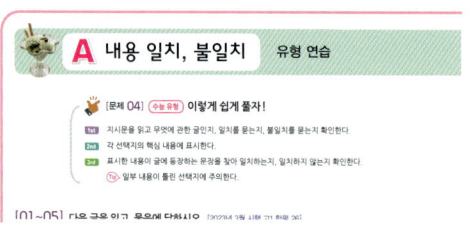 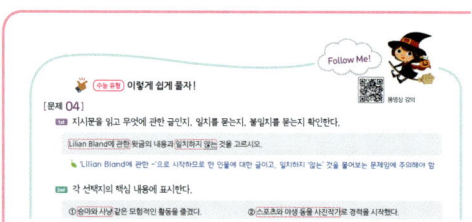

자이스토리

중학 국어 독해력 완성 ①

[비문학]

[해 설 편]

수경출판사

Review 어휘 정답

STEP I

DAY 01
01 호르몬 02 잣대 03 일정 04 비율 05 ② 06 ① 07 ② 08 ⓒ 09 ⓒ
10 ⓒ 11 미디어 12 죄책감 13 감량 14 비판적

DAY 02
01 매몰 02 규모 03 선택 04 고려 05 포기 06 비용 07 현명 08 수요
09 독점권 10 ⓒ 11 ⓒ 12 ⓒ 13 ⓓ 14 ⓔ

DAY 03
01 소음 02 선호 03 성분 04 범용 05 융통성 06 용어 07 정전 08 중력
09 작동 10 최소화 11 수용 12 공평 13 ① 14 ③ 15 ②

DAY 04
01 ⓒ 02 ⓒ 03 ⓒ 04 ⓔ 05 ⓔ 06 ① 07 ② 08 ① 09 야속 10 수위
11 강수 12 불상 13 ② 14 ①

DAY 05
01 ⓒ 02 ⓒ 03 ⓒ 04 ⓔ 05 ⓔ 06 공전 07 거창 08 부유 09 보완 10
일정 11 준말 12 관점 13 전환 14 추구 15 ① 16 ③ 17 ②

DAY 06
01 국보 02 부피 03 제단 04 대기 05 고려 06 예측 07 밀접 08 일정
09 상승 10 천문대 11 지정 12 응결 13 ② 14 ③ 15 ①

DAY 07
01 연령 02 권리 03 공감 04 납세 05 국방 06 ③ 07 ③ 08 참여자 09
미성숙 10 영향력 11 근로 12 개정 13 ① 14 ④ 15 ② 16 ③

DAY 08
01 집진 02 강제성 03 존엄성 04 규제 05 ③ 06 ② 07 ② 08 ① 09 인용
10 침해 11 도덕규범 12 환기 13 발생 14 ③ 15 ① 16 ②

STEP II

DAY 09
01 감소 02 손해 03 향상 04 ① 05 ② 06 ③ 07 대비 08 평가 09 혁명
10 ① 11 ③

DAY 10
01 로프 02 용어 03 주목 04 욕구 05 평형 상태 06 조치 07 전망 08 ②
09 ① 10 ① 11 ③ 12 ⓒ 13 ⓒ

DAY 11
01 구성 02 허구 03 설정하다 04 정의하다 05 특정하다 06 부정적 07
상대적 08 신체적 09 일정하다 10 일회 11 여유 12 난방 13 요소 14 결제
15 ② 16 ①

DAY 12
01 시기 02 편견 03 전공 04 업적 05 고정 관념 06 우열 07 결론 08 상
대적 09 ⓒ 10 ⓒ 11 ⓒ 12 ⓒ 13 ⓒ 14 활용 15 추정 16 교정 17 창작

DAY 13
01 해제 02 각광 03 ⓒ 04 ⓔ 05 ⓒ 06 ⓒ 07 가치 08 후천적 09 ⓒ
10 ⓔ 11 ⓒ 12 ⓒ 13 단정하다 14 정확성 15 결론짓다 16 보충하다

DAY 14
01 논 02 관측 03 ⓒ 04 ⓔ 05 ⓒ 06 ⓒ 07 폐지 08 방출 09 ⓒ 10
ⓔ 11 ⓒ 12 ⓒ 13 등용하다 14 채용하다 15 생성되다 16 형성되다

DAY 15
01 정당 02 지불 03 ⓒ 04 ⓔ 05 ⓒ 06 ⓒ 07 과소비 08 합리적 09 ②
10 ④ 11 ① 12 ③ 13 온기 14 운반하다 15 풍족하다 16 착취 17 포장

DAY 16
01 물체 02 시점 03 ⓒ 04 ⓒ 05 ⓒ 06 ⓔ 07 적응 08 대비 09 ① 10
③ 11 ① 12 반응 13 부담 14 사고방식

STEP III

DAY 17
01 공청회 02 거론 03 ⓒ 04 ⓒ 05 ⓔ 06 ⓒ 07 ① 08 ③ 09 선출 10
장단 11 즉흥적 12 시행 13 구성 14 더디다

DAY 18
01 낙후 02 도심 03 ⓒ 04 ⓒ 05 ⓔ 06 ⓒ 07 ⓔ 08 ① 09 ② 10 ⑤
11 ④ 12 ③ 13 ① 14 ②

DAY 19
01 변형 02 원가 03 ⓒ 04 ⓒ 05 ⓔ 06 ⓒ 07 원료 08 평균적 09 ③
10 ④ 11 ① 12 ② 13 존재하다 14 정책 15 원자재

DAY 20
01 증명 02 규제 03 ⓔ 04 ⓒ 05 ⓒ 06 ⓒ 07 보상 08 관람 09 마련
하다 10 재현하다 11 비판적 12 포괄하다 13 영역 14 유지하다

DAY 21
01 가치 02 발행 03 ⓒ 04 ⓒ 05 ⓔ 06 ⓒ 07 한계 08 수단 09 ④ 10
① 11 ② 12 ③ 13 장만 14 적합 15 추천 16 차단

DAY 22
01 공유 02 절약 03 ⓒ 04 ⓒ 05 ⓔ 06 ⓒ 07 의태어 08 소유자 09 ④
10 ③ 11 ② 12 ① 13 명확 14 극대화 15 규제

DAY 23
01 증강 현실 02 노여움 03 ⓒ 04 ⓒ 05 ⓔ 06 ⓒ 07 가상 현실 08 공
로 09 ② 10 ④ 11 ③ 12 ① 13 개통되다 14 자율

DAY 24
01 고려 02 애쓰다 03 ⓒ 04 ⓔ 05 ⓒ 06 ⓒ 07 지속적 08 우수성 09
① 10 ④ 11 ② 12 ③ 13 착안 14 저개발 15 보관

차례

STEP Ⅰ
핵심어 찾기,
중심 문장 찾기

STEP Ⅱ
문단 요약하기,
문단 간의 관계 파악하기

STEP Ⅲ
글의 구조 파악하기,
주제 찾기

★ 다시는 틀리지 않게 완벽히 이해시키는 입체 첨삭 해설

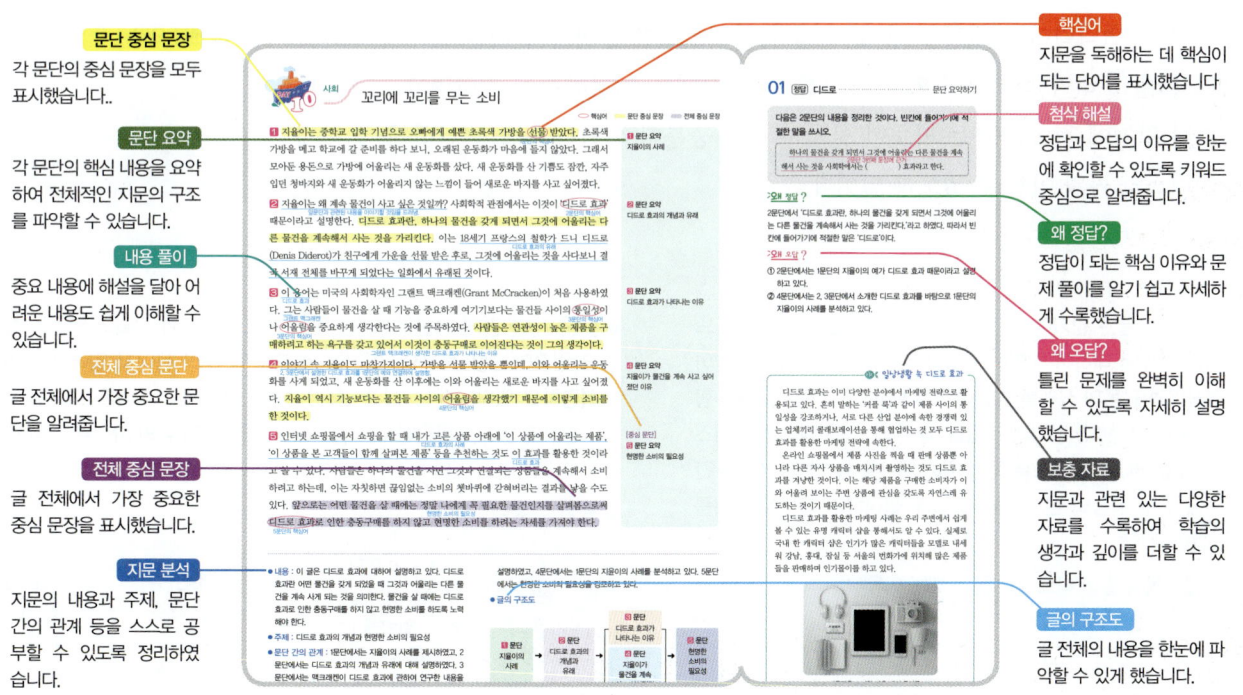

문단 중심 문장
각 문단의 중심 문장을 모두 표시했습니다..

문단 요약
각 문단의 핵심 내용을 요약하여 전체적인 지문의 구조를 파악할 수 있습니다.

내용 풀이
중요 내용에 해설을 달아 어려운 내용도 쉽게 이해할 수 있습니다.

전체 중심 문단
글 전체에서 가장 중요한 문단을 알려줍니다.

전체 중심 문장
글 전체에서 가장 중요한 중심 문장을 표시했습니다.

지문 분석
지문의 내용과 주제, 문단 간의 관계 등을 스스로 공부할 수 있도록 정리하였습니다.

핵심어
지문을 독해하는 데 핵심이 되는 단어를 표시했습니다

첨삭 해설
정답과 오답의 이유를 한눈에 확인할 수 있도록 키워드 중심으로 알려줍니다.

왜 정답?
정답이 되는 핵심 이유와 문제 풀이를 알기 쉽고 자세하게 수록했습니다.

왜 오답?
틀린 문제를 완벽히 이해할 수 있도록 자세히 설명했습니다.

보충 자료
지문과 관련 있는 다양한 자료를 수록하여 학습의 생각과 깊이를 더할 수 있습니다.

글의 구조도
글 전체의 내용을 한눈에 파악할 수 있게 했습니다.

몸에서 열이 나도 추위를 느끼는 이유

◯ 핵심어   ▭ 문단 중심 문장   ▭ 전체 중심 문장

1 우리 몸은 외부의 기온이 변하거나 먹는 음식이 달라져도 체온과 같은 몸의 상태를 일정하게 유지한다. 이처럼 외부 환경이 변하더라도 몸 안의 상태가 큰 변화 없이 일정하게 유지되는 것을 항상성이라고 한다. 특히 뇌에서 체온 조절을 담당하는 『간뇌는 체온의 변화가 느껴지면 신경과 호르몬을 통해 신호를 보낸다. 이 신호에 의해 몸 안에서 발생되는 열의 양과 몸 밖으로 나가는 열의 양이 조절되어 체온이 일정하게 유지된다.』

(항상성의 개념)
(1문단의 핵심어)
(『 』: 체온이 일정하게 유지되는 원리)

2 우리가 감기에 걸리는 이유는 면역 체계가 약해졌을 때 감기 바이러스가 몸에 들어와서 바이러스의 수를 늘리기 때문이다. 그런데 이 바이러스들은 높은 온도에 약하다. 그래서 우리 몸은 감기 바이러스가 몸에 들어오면 스스로를 보호하기 위해 체온을 높여 바이러스의 수가 늘어나는 것을 막는다.

(2문단의 핵심어)
(감기에 걸렸을 때 우리 몸에서 열이 나는 이유)

3 그렇다면 감기에 걸려 몸에서 열이 나는데도 왜 춥고 몸이 떨리는 것일까? 그 이유는 간뇌의 작용 때문이다. 평상시에 간뇌는 우리 몸의 온도 기준을 36.5℃에 맞추어 놓고 거기에 맞게 체온을 조절한다. 그러나 감기 바이러스가 우리의 몸에 들어오면 간뇌는 감기 바이러스가 늘어나는 것을 막기 위하여 우리 몸의 기준 온도를 36.5℃보다 높게 설정해 놓고, 거기에 맞춰 체온을 조절한다. 그래서 몸에서 열이 나도 우리 몸의 온도 기준이 그보다 높게 맞춰져 있기 때문에 추위를 느끼게 되는 것이다. 하지만 춥다고 해서 옷을 껴입거나, 담요를 두르고 있으면 안 된다. 체온이 급격하게 올라가게 되면, 몸에 이상이 생길 수도 있기 때문이다.

(3문단의 핵심어)
(감기 바이러스가 높은 온도에 약하기 때문에)
(체온이 급격하게 올라가면 안 되므로)

4 감기는 면역력이 약해졌을 때 우리 몸에 바이러스가 들어와 걸리는 것이다. 그리고 우리 몸은 우리가 의식하지 않아도 항상 몸의 상태를 일정하게 유지하려고 노력한다. 그러니 감기에 걸렸을 때는 따뜻한 물을 마시고 충분히 쉬면서 몸을 편안하게 해 주자. 바이러스와 싸워 이길 수 있도록 말이다.

(4문단의 핵심어)
(우리 몸의 항상성)
(감기에 걸렸을 때 해야 할 일)

---

1 문단 요약
우리 몸의 항상성

2 문단 요약
감기에 걸렸을 때 몸에서 열이 나는 이유

[중심 문단]
3 문단 요약
열이 나는데도 추위를 느끼는 이유

4 문단 요약
감기에 걸렸을 때 해야 할 일

● **내용** : 이 글은 감기에 걸려 몸에서 열이 나는데도 추위를 느끼는 이유에 대하여 설명하고 있다. 우리의 몸은 외부 환경이 변하더라도 몸의 상태를 일정하게 유지하려고 하는데, 이를 항상성이라고 한다. 감기에 걸렸을 때 우리 몸은 감기 바이러스가 더 늘어나지 못하도록 막기 위해 체온을 높이는데, 이 때 간뇌에서 우리 몸의 온도 기준을 높게 설정하기 때문에 추위를 느끼게 된다.

● **주제** : 몸에 열이 나도 추위를 느끼는 이유

● **문단 간의 관계** : 1문단에서는 우리 몸의 항상성과 간뇌의 역할을 설명하고 있으며, 2문단에서는 감기에 걸렸을 때 우리 몸에서 일어나는 변화를 설명하고 있다. 3문단에서는 체온이 높아졌음에도 추위를 느끼는 이유를 설명하고 있고, 4문단에서는 감기에 걸렸을 때의 유의 사항을 설명하며 글을 마무리하고 있다.

● **글의 구조도**

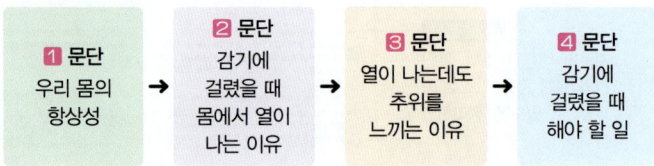

| 1 문단 우리 몸의 항상성 | → | 2 문단 감기에 걸렸을 때 몸에서 열이 나는 이유 | → | 3 문단 열이 나는데도 추위를 느끼는 이유 | → | 4 문단 감기에 걸렸을 때 해야 할 일 |

01 정답 항상성 .... 핵심어 찾기

다음은 윗글의 핵심 내용을 정리한 것이다. 빈칸에 들어가기에 적절한 말을 쓰시오.

외부 환경이 변하더라도 우리 몸의 상태가 큰 변화 없이 일정하게 유지되는 것을 ( )(이)라고 한다. 1문단에 근거

✓왜 정답?

1문단에서 '우리 몸은 외부의 기온이 변하거나 먹는 음식이 달라져도 체온과 같은 몸의 상태를 일정하게 유지한다. 이처럼 외부 환경이 변하더라도 몸 안의 상태가 큰 변화 없이 일정하게 유지되는 것을 항상성이라고 한다.'라고 하였다. 따라서 빈칸에 들어가기에 적절한 이 글의 핵심어는 '항상성'이다.

02 정답 ② .... 중심 문장 찾기

2문단의 중심 문장으로 가장 적절한 것은?

① 그런데 이 바이러스들은 높은 온도에 약하다. 뒷받침 문장
② 그래서 우리 몸은 감기 바이러스가 몸에 들어오면 스스로를 보호하기 위해 체온을 높여 바이러스의 수가 늘어나는 것을 막는다. 중심 문장

✓왜 정답?

② 2문단에서는 우리가 감기에 걸리는 이유와 감기가 걸린 후 우리 몸에서 일어나는 변화에 대하여 설명하고 있다. 따라서 이와 같은 내용을 모두 포함하고 있는 '그래서 우리 몸은 감기 바이러스가 몸에 들어오면 스스로를 보호하기 위해 체온을 높여 바이러스의 수가 늘어나는 것을 막는다.'가 2문단의 중심 문장으로 가장 적절하다.

🐟 겨울에 감기에 더 많이 걸리는 이유는?

　보통 우리는 주로 추운 겨울에 감기에 많이 걸린다. 하지만 이는 날씨가 춥다거나, 그런 날씨에 밖에 나가는 것과는 직접적인 관계는 없다. 다시 말해 추운 날씨에 바깥에 나간다고 해서 감기에 더 잘 걸리는 것은 아니다. 겨울에는 추운 날씨 때문에 실내 활동이 많아지고, 감기 바이러스를 가진 사람이 실내에 들어올 경우 바이러스가 사람들 사이에 옮겨가기 쉽기 때문에 겨울에 감기 환자가 늘어나게 되는 것이다.

　감기 바이러스에 우리가 감염되는 가장 흔한 경우는 악수 등을 통해 감기 환자의 침 등이 묻은 피부와 직접 접촉하거나 감기 환자의 손이 닿은 손잡이 등을 잡은 손으로 자신의 눈을 비비거나 코, 입을 만지게 된 이후이다. 감기 환자는 기침이나 재채기를 할 때에 콧물이나 침 등을 흘리게 되는데, 환기를 잘 시키지 않는 실내 공간에 있는 우리는 공기 중에 떠다니는 이것에 닿게 되어 감기에 걸릴 가능성도 높아지게 된다.

　또한 겨울철에는 습도가 낮아서 감기 바이러스가 퍼져 나가기에 더 좋은 환경이 된다. 또 콧속 등의 점막이 건조해지면서 바이러스에 대한 방어 능력이 낮아질 수 있다. 난방이 잘 된 실내는 더욱 건조해지고, 이때 감기 바이러스에 노출되면 감기에 걸릴 가능성이 높아진다.

　따라서 한 겨울에 감기에 걸리지 않으려면 추위를 피해 밀폐된 실내에 있는 것보다는 적절히 창문을 열어 실내 공기를 순환시켜 주는 것이 좋다. 또, 손을 자주 씻는 것이 도움이 된다.

내가 살을 빼고 싶은 이유

○ 핵심어　　▨ 문단 중심 문장　　▨ 전체 중심 문장

1 『2016년 서울시에서 발표한 '서울시 여성과 남성 건강 실태 분석'에 따르면, 정상 체
『』: 통계 자료를 제시함.
중인 여자 청소년 가운데 절반이 자신을 뚱뚱하다고 생각한다고 한다. 이에 비해 남자
1문단의 핵심어
청소년 중 자신을 뚱뚱하다고 생각하는 사람은 약 30% 정도라고 한다. 그런데 비만율
조사 결과 비만인 남학생의 비율은 13.7%로, 6.6%를 기록한 비만인 여학생의 비율보다
뚱뚱한 사람의 비율은 여학생보다 남학생이 더 높음.
2배가 넘는 수치로 나타났다.』

2 이러한 인식을 증명하듯, 우리나라 청소년 10명 중 1명은 지나친 식단 조절로 섭식
정상 체중임에도 자신을 뚱뚱하다고 생각하는 것　　　　문제 상황　　　2문단의 핵심어
장애를 앓고 있다고 한다. 섭식 장애란, 자기 스스로 살이 쪘다고 느껴 식사 후 죄책감
섭식 장애의 의미
을 느껴 구토하고 싶어 하거나, 아예 음식물을 섭취하지 않는 것을 의미한다. 많은 수의
청소년들이 자신이 살이 쪘다고 생각하며, 체중 감량을 위해 식단 조절을 하고 있는데,
이는 여자 청소년에게서 더욱 심하게 나타난다.
1문단의 내용과 연결됨.

3 그런데 왜 청소년들은 자신이 비만이 아닌데도 자신을 뚱뚱하다고 생각하고 다이어
트를 하는 것일까? 그리고 이러한 인식이 여자 청소년들에게서 더 많이 보이는 이유는
무엇일까? 다양한 원인이 있겠지만, 미디어의 영향을 무시할 수는 없다. 『TV 등의 미디
3문단의 핵심어
어에서는 마른 체형의 연예인들을 긍정적으로 표현하고, 다소 체격이 있는 사람을 우스
비만이 아닌 학생들이 자신이 비만이라고 생각하고 다이어트를 하는 원인
꽝스럽게 표현하는 경우가 많다. 특히 여성 연예인에 대한 잣대는 더욱 엄격하다.』 청소
『』: 미디어에서 보여 주는 것
년들이 이러한 내용을 계속 접하게 되면서 마르고 여윈 몸을 긍정적으로 보고, 그렇지
미디어의 영향으로 청소년들이 몸에 대한 잘못된 인식을 갖게 됨.
않은 몸에 대해서는 부정적으로 보는 편견을 갖게 되는 것이다.

4 그러므로 만약 지금 체중 감량을 위해 식단 조절을 하고 있거나, 살을 빼고 싶다는
생각이 든다면 다시 생각해 보자. 내가 살을 빼고 싶은 이유가 나의 건강 때문인지, 아
니면 미디어의 영향 때문인지 말이다. 미디어에서 전하는 내용을 비판적으로 바라볼 때
4문단의 핵심어
이다.

1 문단 요약
체중에 대한 남녀 청소년의 인식

2 문단 요약
체중 감량 때문에 섭식 장애를 겪기도 하는 청소년들

3 문단 요약
미디어의 영향으로 마른 몸을 추구하는 청소년들

[중심 문단]
4 문단 요약
미디어에 대한 비판적인 시각의 필요성

● **내용**: 이 글은 청소년들의 다이어트와 관련하여 미디어에 대한 비판적 인식이 필요함을 주장하고 있다. 청소년들이 비만이 아님에도 자신이 뚱뚱하다고 생각하는 것과 그 비율이 남자에 비해 여자가 더 높은 것의 원인을 미디어의 영향에서 찾고 있다.

● **주제**: 미디어에 대한 비판적인 시각의 필요성

● **문단 간의 관계**: 1문단에서는 자료를 활용하여 체중에 대한 남녀 청소년의 인식을 소개한 후, 2문단에서는 문제 상황을 이야기하고 있다. 3문단에서는 2문단의 문제 상황의 원인으로 미디어의 영향을 들고 있으며, 4문단에서는 미디어에 대한 비판적인 시각이 필요하다고 주장하고 있다.

● **글의 구조도**

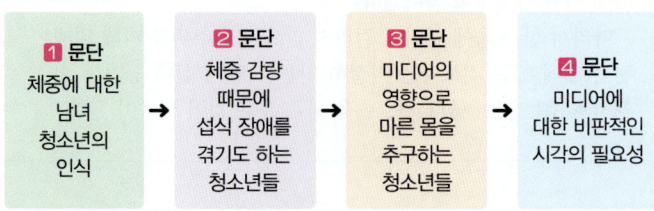

1 문단	2 문단	3 문단	4 문단
체중에 대한 남녀 청소년의 인식	체중 감량 때문에 섭식 장애를 겪기도 하는 청소년들	미디어의 영향으로 마른 몸을 추구하는 청소년들	미디어에 대한 비판적인 시각의 필요성

03 정답 미디어 ·························· 핵심어 찾기

> **왜 정답?**

이 지문에서는 비만이 아닌 청소년들이 자신을 뚱뚱하다고 생각하고 다이어트를 시도하는 이유에 대해 이야기하고 있다. 특히 3문단에서 '다양한 원인이 있겠지만, 미디어의 영향을 무시할 수는 없다.'라고 하였으므로, 빈칸에 들어가기에 적절한 핵심어는 '미디어'이다.

04 정답 ① ·························· 중심 문장 찾기

> **왜 정답?**

① 2문단에서는 많은 수의 청소년들이 자신이 살이 쪘다고 생각하여, 체중 감량을 위해 식단 조절을 지나치게 함에 따라 섭식 장애를 앓고 있다는 문제 상황을 이야기하고 있다. 따라서 이와 같은 내용을 모두 포함하는 문장인 '이러한 인식을 증명하듯, 우리나라 청소년 10명 중 1명은 지나친 식단 조절로 섭식 장애를 앓고 있다고 한다.'가 2문단의 중심 문장으로 가장 적절하다.

05 정답 비판적 ·························· 내용 파악하기

윗글의 내용을 고려하여 빈칸에 들어가기에 적절한 말을 쓰시오.

청소년들이 자신이 비만이 아닌데도 자신을 뚱뚱하다고 생각하고 다이어트를 하게 되는 이유에는 미디어의 영향이 크다. 따라서 미디어에서 전하는 내용을 받아들일 때에는 이를 ( )(으)로 바라보아야 한다.

3문단에 근거 / 4문단에 근거

> **왜 정답?**

이 지문에서는 비만이 아닌 청소년들이 자신이 비만이 아닌데도 비만이라고 여기며 다이어트를 하려고 하는 상황에 대해 이야기하고 있다. 글쓴이는 이러한 상황이 미디어의 부정적인 영향 때문이라고 주장하며, 미디어에 대한 비판적 시각의 필요성을 강조하고 있다. 따라서 빈칸에 들어가기에 적절한 말은 '비판적'이다.

06 정답 ③ ·························· 내용 파악하기

윗글의 내용으로 적절하지 않은 것은?

① 많은 청소년들이 체중 감량을 위해 식단을 조절하고 있다.
2문단에 근거
② 지나친 식단 조절로 섭식 장애를 앓고 있는 청소년도 있다.
2문단에 근거 → 우리나라 청소년 10명 중 1명
③ 비만인 남학생의 비율은 비만인 여학생의 비율과 거의 같다.
1문단에 근거 → 남녀 학생의 비율은 2배 넘게 차이남.
④ 정상 체중임에도 자신이 뚱뚱하다고 생각하는 여자 청소년이 남자 청소년보다 많다.
1문단에 근거 → 여자 청소년의 절반, 남자 청소년은 30%
⑤ TV와 같은 미디어에서 마른 체형은 긍정적으로, 그렇지 않은 체형은 부정적으로 묘사하는 경우가 많다.
3문단에 근거

> **왜 정답?**

③ 1문단에서 '비만인 남학생의 비율은 13.7%로, 6.6%를 기록한 비만인 여학생의 비율보다 2배가 넘는 수치로 나타났다.'라고 했다. 따라서 비만인 남학생의 비율과 비만인 여학생의 비율은 거의 같지 않고, 2배 넘게 수치 차이가 난다.

> **왜 오답?**

① 2문단에서 '많은 수의 청소년들이 자신이 살이 쪘다고 생각하며, 체중 감량을 위해 식단 조절을 하고 있'다고 했다.
② 2문단에서 '우리나라 청소년 10명 중 1명은 지나친 식단 조절로 섭식 장애를 앓고 있다고 한다.'라고 했다.
④ 1문단에서 '정상 체중인 여자 청소년 가운데 절반이 자신을 뚱뚱하다고 생각'하고 '남자 청소년 중 자신을 뚱뚱하다고 생각하는 사람은 약 30% 정도라고' 했다. 따라서 정상 체중임에도 자신이 뚱뚱하다고 생각하는 여자 청소년이 남자 청소년보다 많다.
⑤ 3문단에서 'TV 등의 미디어에서는 마른 체형의 연예인들을 긍정적으로 표현하고, 다소 체격이 있는 사람을 우스꽝스럽게 표현하는 경우가 많다.'라고 했다.

07 정답 ④ ·························· 글쓴이의 의도 파악하기

글쓴이가 윗글을 통해 궁극적으로 말하고자 하는 바로 가장 적절한 것은?

① 지나친 식단 조절은 섭식 장애를 유발한다.
이 지문의 중심 내용이 아님.
② 다이어트를 할 때에는 운동을 꼭 해야 한다.
지문에서 이야기하고 있지 않음.
③ 함부로 다른 사람의 신체를 평가해서는 안 된다.
지문에서 이야기하고 있지 않음.
④ 미디어가 전하는 내용에 대해 비판적인 시각을 가져야 한다.
글쓴이가 말하고자 하는 바에 해당하므로 적절함.
⑤ 미디어에서 전하는 내용은 모두가 진실이므로 그대로 믿어야 한다.
말하고자 하는 바와 반대되므로 적절하지 않음.

> **왜 정답?**

④ 이 지문에서는 정상 체중인 청소년들이 다이어트를 하는 이유로 미디어의 부정적인 영향에 대해 이야기하고 있다. 특히 4문단에서 '미디어에서 전하는 내용을 비판적으로 바라볼 때이다.'라고 하였으므로, 글쓴이가 궁극적으로 말하고자 하는 바로는 '미디어가 전하는 내용에 대해 비판적인 시각을 가져야 한다.'가 가장 적절하다.

> **왜 오답?**

① 2문단의 '지나친 식단 조절로 섭식 장애를 앓고 있다고 한다.'를 통해 지나친 식단 조절이 섭식 장애를 유발한다고 볼 수도 있다. 그러나 섭식 장애는 미디어가 청소년에게 미치는 영향의 문제를 드러내기 위해 이야기한 것으로, 이 지문의 중심 내용이라고 볼 수 없다.
②, ③ 이 지문에서 운동이나, 다른 사람의 신체를 평가하는 것에 대해서는 이야기하지 않았다.
⑤ 이 지문에서는 미디어에 대한 비판적인 시각을 강조하고 있으므로 미디어를 그대로 믿어야 한다는 것은 이 지문의 내용과 반대된다.

재미없는 경기, 끝까지 보고 나와야 할까?

○ 핵심어　　■ 문단 중심 문장　　■ 전체 중심 문장

1 시험이 끝난 주말, 호철이는 윤서와 치킨에 콜라까지 사서 야구장에 갔다. 그런데 생각보다 재미가 없다. 아직 2회 말인데 응원하는 팀이 7점이나 지고 있자, 윤서는 경기를 그만 보고 PC방에 가자고 한다. 이런 상황에서 어떻게 하는 것이 좋은 선택일까? 호철이는 이미 지불한 표 값과 치킨 값이 아까워 고민하다가 결국 경기를 끝까지 보기로 했다. 과연 호철이는 <u>합리적인 선택</u>을 한 것일까?
　1문단의 핵심어

2 시간이 충분하거나 용돈이 많다면 호철이는 고민을 할 필요가 없을 것이다. 하지만 시간, 용돈이 정해져 있기 때문에 우리는 무언가를 포기해야 한다. 이처럼 어떤 것을 선택함으로써 포기하게 되는 것들 중 가장 가치가 큰 것을 경제학에서는 '<u>기회비용</u>'이라고 한다. 그리고 가장 적은 비용으로 가장 큰 만족감을 얻는 선택을 '<u>합리적 선택</u>'이라고 한다.
　선택을 해야만 하는 이유　기회비용의 의미(개념)　2문단의 핵심어　합리적 선택의 의미(개념)　2문단의 핵심어

3 이를 테면 분식집에서 2,000원으로 음식을 사먹으려고 할 때, 라면을 선택했을 때의 만족감이 가장 크고 그 다음이 김밥, 떡볶이 순서라고 하자. 떡볶이나 김밥을 선택할 때의 <u>기회비용</u>은 라면을 먹었을 때의 만족감이고, 라면을 선택할 때의 기회비용은 김밥을 먹었을 때의 만족감이다. 그러므로 라면을 선택하는 것이 기회비용을 가장 적게 만드는 <u>합리적 선택</u>이다.
　= 2문단에서 말한 내용을 예를 들어 설명함.　3문단의 핵심어　라면을 선택했을 때의 만족감 > 김밥을 먹었을 때의 만족감　3문단의 핵심어

4 그런데 일단 돈을 내면 그 돈은 다시 돌려받을 수 없다. 이것을 '<u>매몰 비용</u>'이라고 한다. 매몰 비용은 돌려받을 수 없기 때문에 어떤 결정을 할 때에는 매몰 비용은 고려하지 않는 것이 현명하다. 표 값과 치킨 값이 아까워 경기를 끝까지 보는 것은 경제학적인 관점에서 보면 합리적이지 못한 것이다.
　새로운 화제 제시　매몰 비용의 의미(개념)　4문단의 핵심어

5 이미 엎질러진 물은 다시 주워 담을 수 없다. 앞으로는 경기가 재미없다면, 끝까지 보지 말고 그 자리를 벗어나 다른 즐거운 일을 하도록 하자. <u>기회비용은 고려하고 매몰 비용은 고려하지 않는 것, 그것이 합리적인 선택</u>이니 말이다.
　매몰 비용과 관련된 속담　글쓴이의 주장 : 매몰 비용을 고려하지 말고 합리적인 선택을 하자.　5문단의 핵심어

1 문단 요약
야구장에 간 호철이의 상황

2 문단 요약
기회비용과 합리적 선택의 의미

3 문단 요약
합리적 선택의 구체적인 예

4 문단 요약
매몰 비용의 의미

[중심 문단]
5 문단 요약
매몰 비용을 고려하지 않는 합리적 선택

● **내용** : 이 글은 기회 비용과 매몰 비용에 대해 설명하고, 합리적인 선택이 무엇인지에 대해 이야기하고 있다. 합리적인 선택은 가장 적은 비용으로 큰 만족감을 얻는 선택으로, 기회비용을 가장 작게 만드는 선택이다. 매몰 비용은 일단 지불한 후에는 돌려받을 수 없는 비용이므로 합리적인 선택을 하려면 매몰 비용은 고려하지 않아야 한다.

● **주제** : 기회비용과 매몰 비용, 합리적 선택의 개념

● **문단 간의 관계** : 1문단에서는 호철이의 상황을 예로 들어 '합리적인 선택'이라는 화제를 제시하고 있다. 2문단에서는 기회비용과 합리적인 선택이 무엇인지 설명하고, 3문단에서는 구체적인 사례를 들어 2문단의 내용을 보충하고 있다. 4문단에서는 매몰 비용의 개념을 설명하고, 5문단에서는 합리적인 선택을 위해서는 매몰 비용을 고려하지 말아야 한다고 설명하며 글을 마무리하고 있다.

● **글의 구조도**

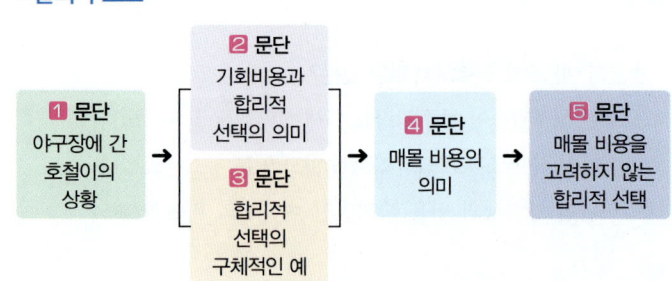

01 [정답] 기회비용 ·········· 핵심어 찾기

다음은 윗글의 핵심 내용을 정리한 것이다. 빈칸에 들어가기에 적절한 말을 쓰시오.

> 어떤 것을 선택함으로써 포기하게 되는 것들 중 가장 가치가 큰 것을 (　　　　)(이)라고 한다.
> 기회비용의 의미

>왜 정답?

2문단에서 '어떤 것을 선택함으로써 포기하게 되는 것들 중 가장 가치가 큰 것을 경제학에서는 '기회비용'이라고 한다.'라고 했다. 따라서 빈칸에 들어가기에 적절한 말은 '기회비용'이다.

02 [정답] ② ·········· 중심 문장 찾기

4문단의 중심 문장으로 가장 적절한 것은?

① 이것을 '매몰 비용'이라고 한다.

② 매몰 비용은 돌려받을 수 없기 때문에 어떤 결정을 할 때에는 매몰 비용은 고려하지 않는 것이 현명하다.
　매몰 비용을 고려하지 않는 것이 현명한 선택인 이유

>왜 정답?

② 4문단에서는 매몰 비용의 개념을 설명하고, 합리적 선택을 하려면 매몰 비용을 고려하지 말아야 한다고 하였다. 따라서 이러한 내용을 모두 포함하고 있는 '매몰 비용은 돌려받을 수 없기 때문에 어떤 결정을 할 때에는 매몰 비용은 고려하지 않는 것이 현명하다.'가 4문단의 중심 문장으로 가장 적절하다.

> 콩코드 오류

일단 어떤 행동을 선택하면 그것이 만족스럽지 못하더라도 이전에 투자한 것이 아깝거나 자신의 선택을 정당화하기 위해 그 행동을 멈추기 어려울 때가 있다. 이는 선택 과정에서 매몰 비용을 고려하기 때문에 생기는 매몰 비용의 오류인데, 매몰 비용의 오류를 다른 말로 콩코드 오류라고도 부르기도 한다.

1962년 영국과 프랑스는 공동으로 초음속 여객기인 '콩코드'를 개발하기로 했다. 그러나 막대한 돈을 들여 시작한 개발 과정에서 콩코드의 기술적 한계는 물론이고, 경제적으로도 이득이 없다는 문제점을 깨닫게 되었다. 콩코드 여객기에는 지나치게 많은 투자비가 들어갔고, 연비도 낮았기 때문이다. 또한 후에 콩코드 여객기가 비행할 때 큰 소음을 낸다는 사실이 발견됐다. 게다가 고장도 잦았다.

이 때문에 콩코드 비행기 생산을 중단해야 한다는 주변의 평가가 많았다. 하지만 콩코드 프로젝트를 주도한 사람들은 이미 너무 많은 투자를 했기 때문에 모든 것을 포기하고 빠져나올 수 없었다. 영국과 프랑스는 사업을 포기하지 않고 콩코드 여객기의 운항을 개시했고, 우려했던 대로 손실이 불어났다. 결국 1976년에 첫 비행을 시작한 콩코드 여객기는 2003년에 마지막 비행을 하면서 역사 속으로 사라지고 말았다.

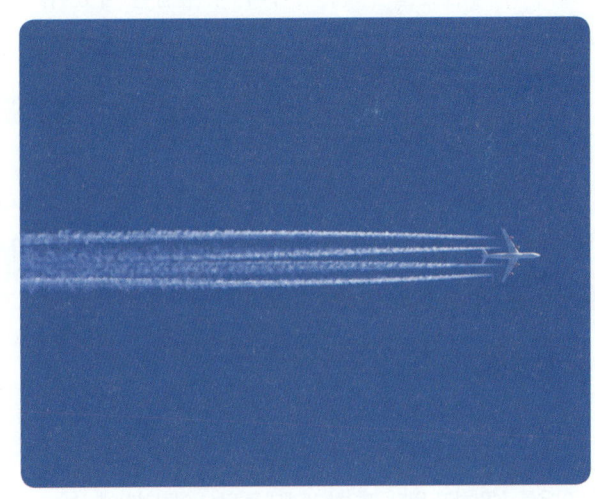

아메리카노의 의미

○ 핵심어　　■ 문단 중심 문장　　■ 전체 중심 문장

1 한 조사에 따르면 우리나라의 커피 시장 규모는 11조원 정도이고, 1년 간 한 사람이 소비하는 커피의 양만해도 512잔에 달한다고 한다. 카페뿐만 아니라, 편의점과 길거리에 이르기까지 우리가 가장 쉽게 접할 수 있는 음료가 바로 커피이다. 그 중에서도 사람들이 많이 찾는 커피는 단연 에스프레소에 물을 부어 연하게 만든 아메리카노일 것이다. 그런데 왜 사람들은 이 연한 커피에 아메리카노라는 이름을 붙인 것일까?
　　　　　　　　　　　　　　　1문단의 핵심어
앞으로 이어질 내용을 안내함.

1 문단 요약
아메리카노라는 이름에 대한 궁금증

2 그 이유에 대해 답을 하자면 제2차 세계대전으로 거슬러 올라가야 한다. 제2차 세계대전 때 이탈리아에 상륙한 미군들은 이탈리아 사람들이 주로 마시던 에스프레소 커피가 너무 진해서 마시기 부담스러웠다. 그래서 물을 타서 연하게 마시기 시작했다. 그것을 본 이탈리아 사람들은 이러한 모습이 무척이나 낯설게 느껴졌고, 미국인들이 마시는 커피라는 의미에서 에스프레소에 물을 탄 커피를 아메리카노라고 부르기 시작했다.
　　아메리카노의 의미　　　　　　　　　　2문단의 핵심어

2 문단 요약
아메리카노라는 이름이 붙여진 이유

3 그렇다면 미국인들은 왜 커피를 연하게 마셨던 것일까? 이것은 보스턴 차 사건과 관련이 있다. 보스턴 차 사건이란, 1773년 12월 16일, 미국인들이 보스턴 항구에 정박해 있던 동인도 회사의 배에 실린 차 상자를 모두 바다에 던져 버린 사건을 말한다. 『당시 미국인들은 매일 홍차를 마셨기 때문에 홍차의 수요가 매우 많았다. 그런데 영국 정부가 홍차에 세금을 많이 부과했을 뿐만 아니라, 영국인들이 차지하고 있는 동인도 회사에 차 무역 독점권을 주고, 미국의 차 수입을 막았다. 이에 화가 난 미국인들이 그와 같은 일을 벌인 것이다.』 이 사건을 계기로 매일 홍차를 마시던 미국인들은 홍차 대신 커피를 마시기 시작했다. 홍차 대신 커피를 마신 것이기 때문에 커피를 홍차처럼 연하게 마시게 된 것이다.
　　　　　　　　　　보스턴 차 사건의 내용
『 』: 보스턴 차 사건이 일어난 이유
미국인들이 커피를 연하게 마시게 된 이유

3 문단 요약
보스턴 차 사건과 미국인들이 커피를 연하게 마시는 이유

4 정리하자면 우리가 자주 접하는 아메리카노의 아메리카(America)는 영어로 미국을 뜻하고, 노(no)는 이탈리아어로 '~처럼'을 뜻한다. 즉 아메리카노는 '⊙ 미국인처럼 마시는 커피'를 의미한다. 이제 길거리에서 아메리카노라는 이름을 보면 아메리카노에 얽힌 이야기를 떠올려 보는 것은 어떨까?
　　4문단의 핵심어

[중심 문단]
4 문단 요약
아메리카노의 의미

● **내용** : 이 글은 아메리카노에 아메리카노라는 이름이 붙여지게 된 이유를 설명하고 있다. 제2차 세계대전 당시 이탈리아에 상륙한 미국인들은 이탈리아의 에스프레소가 너무 진해 물을 타서 마셨고, 이 광경이 낯설었던 유럽인들은 에스프레소에 물을 섞은 연한 커피를 미국인들이 마시는 커피라는 의미로 '아메리카노'라고 불렀다. 한편 미국인들은 보스턴 차 사건을 계기로 홍차 대신 커피를 마시게 된 것이기 때문에 커피를 연하게 마시게 되었다.

● **주제** : 아메리카노의 의미

● **문단 간의 관계** : 1문단에서는 아메리카노라는 이름에 대한 궁금증을 드러내고 있다. 2문단에서는 아메리카노를 아메리카노

라고 부르게 된 이유를 설명하고, 3문단에서는 2문단과 관련하여 미국인들이 커피를 연하게 마시는 이유를 설명하였다. 4문단에서는 아메리카노라는 이름의 유래를 한 번 더 설명하며 글을 마무리하고 있다.

● **글의 구조도**

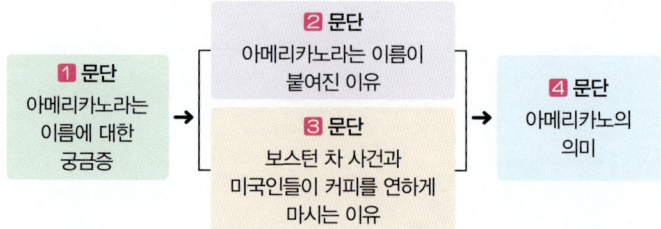

03 [정답] 미국인 ·············· 핵심어 찾기

>왜 정답?

이 지문에서는 아메리카노가 아메리카노라고 불리게 된 이유에 대해 설명하고 있다. 특히 4문단에서 아메리카노는 '아메리카'와 '노'가 합쳐진 말로, 미국인처럼 마시는 커피라는 뜻이라고 하였다. 따라서 빈칸에 들어가기에 적절한 말은 '미국인'이다.

04 [정답] ③ ·············· 중심 문장 찾기

>왜 정답?

③ 1문단에서는 우리가 일상생활에서 가장 많이 접하게 되는 커피가 아메리카노라고 이야기하면서 왜 아메리카노에 아메리카노라는 이름이 붙여졌는지에 대해 질문하고 있다. 따라서 이와 같은 내용을 포함한 1문단의 중심 문장은 '그런데 왜 사람들은 이 연한 커피에 아메리카노라는 이름을 붙인 것일까?'이다.

05 [정답] ② ·············· 전개 방식 파악하기

윗글에 대한 설명으로 적절하지 <u>않은</u> 것은?
① 구체적인 조사 결과를 제시하고 있다.
1문단에 근거 → 우리나라의 커피 시장 규모와 인당 커피 소비량
②서로 반대되는 학자들의 의견을 소개하고 있다.
학자의 의견을 제시하지 않음.
③ 질문을 던지고 이에 답하면서 내용을 전개하고 있다.
1, 3문단에 근거
④ 중심 화제와 관련된 역사적인 사건을 이야기하고 있다.
제2차 세계대전, 보스턴 차 사건
⑤ 일상생활에서의 예를 들어 읽는 사람의 흥미를 유발하고 있다.
1문단에 근거

>왜 정답?

② 이 지문에서는 아메리카노에 아메리카노라는 이름이 붙여지게 된 이유에 대해서 이야기하고 있을 뿐, 학자들의 의견에 대해서는 이야기하지 않았다.

>왜 오답?

① 1문단에서 '한 조사에 따르면 ~ 달한다고 한다.'라면서 커피에 대한 통계 자료를 제시하고 있다.
③ 1문단에서 '그런데 왜 사람들은 이 연한 커피에 아메리카노라는 이름을 붙인 것일까?', 3문단에서 '그렇다면 미국인들은 왜 커피를 연하게 마셨던 것일까?'라고 질문을 하였다. 이후에는 이에 대한 답을 이야기하면서 내용을 전개하고 있다.
④ 2문단에서 연한 커피에 아메리카노라는 이름이 붙은 이유를 설명하기 위해 '제2차 세계대전'이라는 역사적 사건을, 3문단에서 미국인들이 커피를 연하게 마시는 이유를 설명하기 위해 '보스턴 차 사건'이라는 역사적 사건을 이야기하고 있다.
⑤ 1문단에서 '카페뿐만 아니라, 편의점과 길거리에 이르기까지 ~ 바로 커피이다.'라며 일상생활에서의 예를 들고 이를 통해 글을 읽는 사람의 흥미를 이끌어 내고 있다.

06 [정답] ㄷ → ㄴ → ㄱ → ㄹ ·············· 내용 파악하기

윗글의 내용을 고려하여 다음을 시간 순서대로 배열하시오.

ㄱ. 미군들이 에스프레소가 진해서 물을 타서 마시기 시작함.
2문단에 근거 → 제2차 세계대전 때의 일임.
ㄴ. 미국인들이 매일 홍차 대신 연한 커피를 마시게 됨.
3문단에 근거 → 차 대신 커피를 연하게 마심.
ㄷ. 영국 정부가 미국인들이 수입하는 홍차에 세금을 많이 부과함.
3문단에 근거 → 영국이 미국의 차 수입을 막음.
ㄹ. 에스프레소에 물을 탄 커피를 아메리카노라고 부르게 됨.
2문단에 근거 → 미국인이 마시는 커피에 이름을 붙임.

>왜 정답?

2문단에서 미국인들이 커피를 연하게 마시는 것을 보고 이탈리아 사람들이 에스프레소에 물을 탄 커피를 아메리카노라고 부르게 되었다고 하였다. 이를 고려하면 ㄱ 다음에 ㄹ이 오는 것이 적절하다.
또한 3문단에서 영국 정부가 미국의 차 수입을 어렵게 하여 보스턴 차 사건이 일어난 것을 계기로 미국인들이 홍차 대신 커피를 연하게 마시게 되었다고 설명하고 있다. 이를 고려하면 ㄷ 다음에 ㄴ이 오는 것이 적절하다.
보스턴 차 사건이 미국인들이 커피를 연하게 마시게 된 배경이므로, ㄴ 다음에 ㄱ이 와야 한다. 따라서 이를 시간 순서대로 배열하면, 'ㄷ → ㄴ → ㄱ → ㄹ'이 된다.

07 [정답] ④ ·············· 내용 추론하기

㉠이 의미하는 바로 가장 적절한 것은?
미국인처럼 마시는
① 미국에서만 마시는
미국에서만 마시는 커피라고 할 수 없음.
② 우유와 함께 마시는
지문에서 이야기하지 않음.
③ 영국 사람들이 만든
영국 사람들이 만든 커피라고 할 수 없음.
④물을 섞어 연하게 마시는
미국인처럼 에스프레소에 물을 타서 연하게 마시는 커피임.
⑤ 얼음을 넣어 시원하게 마시는
지문에서 이야기하지 않음.

>왜 정답?

④ 2문단에서 '미국인들이 마시는 커피라는 의미에서 에스프레소에 물을 탄 커피를 아메리카노라고 부르기 시작했다.'라고 했다. 이를 고려하면, '미국인처럼 마시는' 커피란, 에스프레소에 물을 섞어 연하게 마시는 커피를 의미한다.

>왜 오답?

① 이 지문의 내용을 고려하면 '미국인처럼 마시는 커피'가 미국에서만 마시는 커피를 의미한다고 볼 수 없다.
② 이 지문에서는 우유와 함께 마시는 커피에 대해 이야기하지 않았다.
③ 이 지문의 내용을 고려하면 '미국인처럼 마시는 커피'가 영국 사람들이 만든 커피를 의미한다고 볼 수 없다.
⑤ 이 지문에서는 얼음을 넣어 시원하게 마시는 커피에 대해 이야기하지 않았다.

모두를 위한 디자인

○ 핵심어　　■ 문단 중심 문장　　■ 전체 중심 문장

1 과거 참치 캔 뚜껑을 딸 때 뚜껑이 딱딱하여 잘 열리지 않고, 날카로운 가장자리 때문에 어려움을 겪었던 적이 있을 것이다. 하지만 요즘 만들어지는 참치 캔은 뚜껑이 호일로 되어 있어 쉽게 열 수 있고 손을 다칠 위험도 줄어들었다. <u>이처럼 많은 사람들이 더 편리하게 이용할 수 있도록 설계된 제품들에 적용된 디자인을 '유니버설 디자인'이라고 한다.</u>

2 <u>'유니버설 디자인'이란 사람들이 어떤 제품, 시설, 서비스 등을 이용할 때 성별, 나이, 언어, 장애의 유무에 상관없이 모든 사람이 무리 없이 이용할 수 있도록 설계하는 것이다.</u> 그래서 '모든 사람을 위한 디자인(Design For All)', '범용(汎用) 디자인'이라고도 부른다. 이 용어는 미국의 건축가 로널드 메이스가 처음 만들었다고 한다.

3 유니버설 디자인에는 몇 가지 원칙이 있다. 첫 번째는 공평한 사용으로, 누구든지 편리하게 사용할 수 있어야 한다는 것이다. 두 번째는 사용의 융통성으로 다양한 사람들의 능력과 선호를 수용할 수 있어야 한다는 것이다. 양손 모두 쓸 수 있는 가위가 그 예이다. 세 번째는 사용자의 지식이나 경험과 관계없이 누구나 쉽게 사용법을 이해할 수 있어야 한다는 것이다. 그 외에도 사용자가 원하는 정보를 쉽게 전달할 것, 예상치 못한 상황에서 위험을 최소화할 것, 적은 힘으로도 쉽게 이용할 수 있도록 할 것 등이 있다. 요즘 판매되는 참치 캔도 이러한 원칙을 반영한 것이다. 적은 힘으로도 열 수 있고, 손을 다칠 위험도 줄었기 때문에 어린아이나 노인도 좀 더 편리하게 이용할 수 있게 되었다.

4 <u>우리 주변에 유니버설 디자인이 적용된 사례는 또 있다.</u> 신호등 옆에서 남은 시간을 알려주는 화살표들은 숫자를 모르는 사람들도 남은 시간을 쉽게 이해하여 안전하게 길을 건널 수 있도록 도와준다. 그리고 ㉠지하철에 있는 길이가 다른 손잡이도 키가 작은 사람과 큰 사람 모두 편리하게 이용할 수 있도록 설계된 것이다.

5 그동안 대부분의 제품들은 사용자들의 평균에 따라 만들어졌다. 이 때문에 사회가 정한 평균에서 벗어난 사람들은 불편함을 감수해야만 했다. 하지만 유니버설 디자인은 설계할 때부터 다양한 사용자를 고려하였고, 그 결과 훨씬 더 많은 사람들이 편리하게 생활할 수 있게 되었다. 많은 사람들이 행복하고 건강하게 살 수 있도록 도와주는 유니버설 디자인에 좀 더 관심을 가져보자.

1 문단 요약
유니버설 디자인의 의미와 예

2 문단 요약
유니버설 디자인의 의미와 또 다른 이름

3 문단 요약
유니버설 디자인의 원칙

4 문단 요약
유니버설 디자인이 적용된 사례

[중심 문단]
5 문단 요약
유니버설 디자인의 의의

● **내용** : 이 글은 유니버설 디자인에 대해 설명하고 있다. 유니버설 디자인은 다양한 사용자를 고려하여 설계된 것으로 좀 더 많은 사람들이 편리하게 생활할 수 있는데 도움을 준다.

● **주제** : 유니버설 디자인의 의미와 의의

● **문단 간의 관계** : 1문단에서 참치 캔의 예를 들어 유니버설 디자인이라는 화제를 제시하고 있으며, 2문단에서 유니버설 디자인의 의미를 설명하고 있다. 3문단에서 유니버설 디자인의 원

칙을 소개하였고, 4문단에서는 유니버설 디자인의 사례를 더 들고 있다. 5문단에서는 유니버설 디자인이 갖는 의의를 정리하며 글을 마무리하고 있다.

● **글의 구조도**

---

01 [정답] 유니버설 디자인 ·········· 핵심어 찾기

>왜 정답?

2문단에서 '사람들이 어떤 제품, 시설, 서비스 등을 이용할 때 성별, 나이, 언어, 장애의 유무에 상관없이 모든 사람이 무리 없이 이용할 수 있도록 설계하는 것'을 '유니버설 디자인'이라고 하였다. 따라서 빈칸에 들어가기에 적절한 이 글의 핵심어는 '유니버설 디자인'이다.

02 [정답] ③ ·········· 중심 문장 찾기

>왜 정답?

③ 1문단에서 유니버설 디자인이 적용된 참치 캔의 예를 통해 유니버설 디자인이 무엇인지에 대해 이야기하고 있다. 따라서 이와 같은 내용을 포함한 유니버설 디자인의 개념을 제시하고 있는 1문단의 3번째 문장이 1문단의 중심 문장이다.

03 [정답] ② ·········· 내용 파악하기

윗글을 읽고 답할 수 있는 질문으로 적절하지 않은 것은?

① 유니버설 디자인이란 무엇인가?
   누구나 편리하게 이용할 수 있도록 설계된 디자인
② 유니버설 디자인의 문제점은 무엇인가?
   지문에서 이야기하지 않음.
③ 유니버설 디자인의 원칙에는 무엇이 있는가?
   공평한 사용, 사용의 융통성 등
④ 유니버설 디자인이 적용된 물건에는 무엇이 있는가?
   참치 캔, 양손잡이용 가위, 신호등 화살표, 길이가 다른 지하철 손잡이
⑤ 유니버설 디자인이라는 용어를 처음 사용한 사람은 누구인가?
   로널드 메이스

>왜 정답?

② 이 지문에서 유니버설 디자인의 개념과 원칙, 유니버설 디자인이 적용된 구체적인 예를 들고 있으나, 문제점에 대해서는 이야기하지 않았다.

>왜 오답?

① 1문단과 2문단에서 유니버설 디자인의 개념을 설명하고 있다.
③ 3문단에서 공평한 사용, 사용의 융통성 등 유니버설 디자인의 원칙을 이야기하고 있다.
④ 1문단에서 참치 캔, 3문단에서 양손 모두 쓸 수 있는 가위, 4문단에서 신호등 옆에서 남은 시간을 알려주는 화살표, 길이가 다른 지하철 손잡이를 유니버설 디자인이 적용된 구체적인 예로 들었다.
⑤ 2문단에서 유니버설 디자인이라는 용어는 '미국의 건축가 로널드 메이스가 처음 만들었다'고 설명하고 있다.

04 [정답] ① ·········· 구체적 사례에 적용하기

다음 중 ㉠에 적용된 유니버설 디자인의 원칙으로 가장 적절한 것은?
지하철에 있는 길이가 다른 손잡이

① 누구든지 편리하게 사용할 수 있어야 한다.
   키에 상관없이 모두 편리할 수 이용할 수 있게 설계됨.
② 적은 힘으로도 쉽게 이용할 수 있어야 한다.
   참치 캔
③ 누구나 쉽게 사용법을 이해할 수 있어야 한다.
   신호등 옆에서 남은 시간을 알려주는 화살표
④ 예상치 못한 상황에서의 위험을 최소화해야 한다.
   참치 캔
⑤ 사용자가 원하는 정보를 쉽게 전달할 수 있어야 한다.
   신호등 옆에서 남은 시간을 알려주는 화살표

>왜 정답?

① 4문단에서 지하철에 있는 길이가 다른 손잡이(㉠)는 '키가 작은 사람과 큰 사람 모두 편리하게 이용할 수 있도록 설계된 것이다.'라고 하였다. 이를 고려하면 ㉠은 누구든지 편리하게 사용할 수 있게 디자인된 것이라고 할 수 있다.

>왜 오답?

② 쉽게 딸 수 있는 참치 캔과 관련 있는 원칙으로 볼 수 있다.
③, ⑤ 숫자를 모르는 사람도 남은 시간을 쉽게 알 수 있는 화살표가 함께 표시되는 신호등과 관련 있는 원칙으로 볼 수 있다.
④ 예상치 못한 상황에서 위험을 최소화해야 한다는 원칙은 어떤 물건을 사용할 때 실수를 하더라도 큰 위험이 발생하지 않아야 한다는 것이다. 뚜껑이 호일로 되어 있는 참치 캔은 실수로라도 손을 베일 염려가 적다.

05 [정답] ② ·········· 구체적 사례에 적용하기

다음 중 유니버설 디자인이 적용되지 않은 것은?

① 양손 모두 쓸 수 있는 가위
   다양한 사람들의 능력과 선호를 수용할 수 있음.
② 오른손잡이용 컴퓨터 마우스
   유니버설 디자인과 관련 없음.
③ 버스에 있는 길이가 다른 손잡이
   누구든지 편리하게 사용할 수 있음.
④ 호일로 되어 있어 쉽게 열 수 있는 참치 캔
   누구든지 편리하게 사용할 수 있음.
⑤ 신호등 옆에서 남은 시간을 알려주는 화살표
   누구나 쉽게 사용법을 이해할 수 있고, 사용자가 원하는 정보를 쉽게 전달함.

>왜 정답?

② 3문단에서 유니버설 디자인의 두 번째 원칙은 '사용의 융통성으로 다양한 사람들의 능력과 선호를 수용할 수 있어야 한다'고 하였다. 그러나 오른손잡이용 컴퓨터 마우스는 왼손잡이들의 능력과 선호를 수용할 수 없으므로, 유니버설 디자인이 적용된 것으로 볼 수 없다.

>왜 오답?

①, ③, ④, ⑤ 모두 유니버설 디자인이 적용된 예이다.

정전이 되어도 자이로드롭은 안전하다고?

◯ 핵심어　　🟨 문단 중심 문장　　🟪 전체 중심 문장

1 높은 곳에서 아래로 빠르게 떨어지는 놀이 기구인 자이로드롭은 약 70m 높이까지
1문단의 핵심어
천천히 올라갔다가 순식간에 아래로 떨어지면서 우리에게 짜릿함과 즐거움을 준다. 하지만 혹시 정전이 되면 큰 사고가 나지 않을까하는 걱정에 타는 것을 망설이게 되기도 한다. 결론부터 말하자면 자이로드롭은 정전이 되어도 안전하다. 자이로드롭에는 어떤 과학적 원리가 숨어 있는 것일까?
질문을 통해 자이로드롭의 과학적 원리에 대해 소개할 것임을 드러냄.

2 높은 곳에서 떨어지는 자이로드롭은 중력의 영향을 받아 떨어지는 속도가 점점 빨라지다가 지면으로부터 25m 지점부터는 브레이크가 작동한다. 그런데 이 브레이크는 전기로 작동하는 것이 아니라, 서로 같은 극의 자석이 만나면 서로 밀어내는 성질을 이용하여 작동하는 것이기 때문에 자이로드롭은 정전이 되더라도 안전하다.
2문단의 핵심어
자이로드롭의 브레이크가 작동하는 원리

3 조금 더 자세히 살펴보자. 우리가 자이로드롭을 타면 앉는 의자 뒤쪽에는 자석이 붙
2문단의 내용을 보충함.
어 있고, 가운데 기둥의 아래쪽에는 구리, 아연, 주석 등으로 된 금속판이 붙어 있는데 이것이 자이로드롭의 브레이크 장치이다. 자이로드롭이 아래로 떨어지면서 속도의 변
자이로드롭 브레이크의 구조
3문단의 핵심어
화가 생기면 의자 뒤쪽의 자석과 기둥 아래쪽의 금속판 사이의 상호작용으로 전류가 생긴다. 이로 인해 금속판은 자석의 성질을 갖게 된다. 이 때 금속판이 갖는 자석의 힘이 의자의 운동을 방해하는 방향으로 작용하게 되고, 이로 인해 자이로드롭은 속력이 줄어
위쪽으로 힘이 작용해 속력을 줄임.
들면서 천천히 멈추게 된다. 이것이 자이로드롭이 멈추는 원리이다.

4 이처럼 자이로드롭의 브레이크는 의자 부분과 기둥 부분이 직접 접촉되지 않으면서
4문단의 핵심어
속력이 느려지는 방식을 사용하기 때문에 소음이 없고 접촉되는 부분이 닳아 없어지지
자이로드롭 브레이크의 장점
않는다는 장점이 있다. 자이로드롭의 브레이크가 자석의 원리로 작동하는 것을 알았으니, 이제는 정전이 되어 멈추면 어떻게 할지에 대한 걱정 없이 놀이기구를 즐겨 보자.

1 문단 요약
자이로드롭의 과학적 원리에 대한 의문

[중심 문단]
2 문단 요약
자이로드롭의 브레이크가 작동하는 원리

3 문단 요약
자이로드롭 브레이크의 구조와 작동 원리

4 문단 요약
자이로드롭 브레이크의 장점

● **내용**: 이 글은 자이로드롭의 브레이크가 작동하는 원리를 설명하고 있다. 자이로드롭의 브레이크는 전기로 작동하는 것이 아니라, 자석의 원리를 이용하는 것이기 때문에 정전이 일어나도 자이로드롭은 안전하다.

● **주제**: 자이로드롭의 브레이크가 작동하는 원리

● **문단 간의 관계**: 1문단에서는 자이로드롭에 적용된 과학적 원리에 대한 의문을 드러내고 있다. 2문단에서는 자이로드롭의 브레이크가 작동하는 원리를 간단하게 설명하였고, 3문단에서 자이로드롭 브레이크의 구조와 그 원리를 자세하게 설명하고 있다. 4문단에서는 자이로드롭 브레이크의 장점을 이야기하며 글을 마무리하고 있다.

● **글의 구조도**

1 문단 자이로드롭의 과학적 원리에 대한 의문 → **2 문단** 자이로드롭의 브레이크가 작동하는 원리 / **3 문단** 자이로드롭 브레이크의 구조와 작동 원리 → **4 문단** 자이로드롭 브레이크의 장점

06 정답 자석 ·· 핵심어 찾기

＞왜 정답？

2문단에서 자이로드롭의 브레이크는 '서로 같은 극의 자석이 만나면 밀어내는 성질을 이용하여 작동하는 것'이라고 하였다. 따라서 빈칸에 들어가기에 적절한 말은 '자석'이다.

07 정답 ③ ···································· 중심 문장 찾기

＞왜 정답？

③ 1문단에서는 자이로드롭을 탈 때 정전이 되면 사고가 날 것 같은 걱정이 든다면서 읽는 사람의 관심을 끌고 있다. 그 후, 자이로드롭은 정전이 되어도 안전하다면서 자이로드롭의 과학적 원리에 대해 전개될 내용을 질문의 형식으로 안내했다. 따라서 이러한 내용을 포함한 1문단의 중심 문장은 '자이로드롭에는 어떤 과학적 원리가 숨어 있는 것일까?'이다.

08 정답 ① ······································ 내용 파악하기

> 윗글에 대한 설명으로 적절하지 **않은** 것은?
> ① 자이로드롭이 정전 때문에 멈춘 사례를 들고 있다.
> 　　자이로드롭은 정전이 되어도 안전함.
> ② 자이로드롭의 브레이크의 장점을 이야기하고 있다.
> 　　소음이 없고 접촉되는 부분이 닳아 없어지지 않음.
> ③ 자이로드롭의 브레이크가 작동하는 방법을 설명하고 있다.
> 　　　　　　　　3문단에 근거
> ④ 자이로드롭의 브레이크 장치의 구성 성분을 소개하고 있다.
> 　　　　　　　　3문단에 근거
> ⑤ 자이로드롭이 정전 상황에도 안전한 이유에 대해 설명하고 있다.
> 　　　　　　　2문단에 근거

＞왜 정답？

① 2문단에서 자이로드롭은 '서로 같은 극의 자석이 만나면 서로 밀어내는 성질을 이용하여 작동하는 것이기 때문에 자이로드롭은 정전이 되더라도 안전하다.'라고 하였다. 또 1문단에서 든 예는 자이로드롭을 타기 전에 걱정을 한다는 것일 뿐, 자이로드롭이 정전 때문에 멈춘 사례라고 볼 수는 없다.

＞왜 오답？

② 4문단에서 자이로드롭의 브레이크는 '소음이 없고 접촉되는 부분이 닳아 없어지지 않는다는 장점이 있다.'라고 하였다.
③ 3문단에서 자이로드롭의 브레이크 장치의 작동하는 방법에 대해 설명하고 있다.
④ 3문단에서 '우리가 자이로드롭을 타면 앉는 의자 뒤쪽에는 자석이 붙어 있고, 가운데 기둥의 아래쪽에는 구리, 아연, 주석 등으로 된 금속판이 붙어 있는데 이것이 자이로드롭의 브레이크 장치'라고 하였다.
⑤ 2문단에서 자이로드롭은 '서로 같은 극의 자석이 만나면 서로 밀어내는 성질을 이용하여 작동하는 것이기 때문에 자이로드롭은 정전이 되더라도 안전하다.'라고 하였다.

09 정답 ② ······································ 내용 파악하기

> 윗글을 통해 알 수 있는 내용으로 적절하지 **않은** 것은?
> ① 같은 극의 자석이 만나면 서로 밀어낸다.
> 　　같은 극끼리 밀어내는 성질을 이용함.
> ② 중력은 자이로드롭이 떨어지는 속도와 관계가 없다.
> 　　중력으로 인해 점점 빨리 떨어지게 됨.
> ③ 자이로드롭의 브레이크는 전기로 작동하는 것이 아니다.
> 　　자석이 같은 극끼리 밀어내는 원리를 이용함.
> ④ 자이로드롭의 브레이크가 작동할 때에는 소음이 발생하지 않는다.
> 　　직접 접촉하지 않아 소음이 발생하지 않음.
> ⑤ 자이로드롭의 브레이크는 오랜 시간이 지나도 닳아 없어지지 않는다.
> 　　직접 접촉하지 않아 닳지 않음.

＞왜 정답？

② 2문단에서 '자이로드롭은 중력의 영향을 받아 떨어지는 속도가 점점 빨라'진다고 했다.

＞왜 오답？

①, ③ 2문단에서 자이로드롭의 브레이크는 '서로 같은 극의 자석이 만나면 서로 밀어내는 성질을 이용'한다고 하였다.
④, ⑤ 4문단에서 '자이로드롭의 브레이크는 ～ 소음이 없고 접촉되는 부분이 닳아 없어지지 않는다는 장점이 있다.'라고 했다.

10 정답 ⑤ ·························· 반응의 적절성 평가하기

> 윗글을 읽고 난 후의 반응으로 적절하지 **않은** 것은?
> ① 민채 : 자이로드롭은 정전이 되어도 안전하겠어.
> 　　　　자석의 원리를 이용함.
> ② 소연 : 자이로드롭의 의자 뒤쪽에는 자석이 붙어 있구나.
> 　　　　자이로드롭의 의자 뒤에 자석이 있음.
> ③ 유진 : 구리, 아연, 주석 등으로 된 금속판이 자이로드롭의 브레이크 장치이구나.
> 　　　　가운데 기둥의 아래쪽에 붙어 있음.
> ④ 지수 : 자이로드롭은 서로 같은 극의 자석이 만나면 밀어내는 성질을 이용한 것이구나.
> 　　　　자석의 성질을 이용하는 것임.
> ⑤ 서윤 : 자이로드롭의 브레이크가 작동하는 곳은 지면으로부터 30m 떨어진 지점이구나.
> 　　　　지면으로부터 25m 지점부터 브레이크가 작동함.

＞왜 정답？

⑤ 2문단에서 '자이로드롭은 ～ 지면으로부터 25m 지점부터는 브레이크가 작동한다.'라고 했다.

＞왜 오답？

① 1문단에서 '자이로드롭은 정전이 되어도 안전하다.'라고 하였다.
②, ③ 3문단에서 '의자 뒤쪽에는 자석이 붙어 있고, ～ 자이로드롭의 브레이크 장치이다.'라고 했다.
④ 2문단에서 자이로드롭의 브레이크는 '서로 같은 극의 자석이 만나면 서로 밀어내는 성질을 이용하여 작동'한다고 하였다.

옛사람들이 그림을 그린 이유

◯ 핵심어   ▥ 문단 중심 문장   ▥ 전체 중심 문장

1 절에만 가도 불상을 그린 (그림)이 있고, 궁궐을 가도 임금의 얼굴을 그린 초상화인 어
1문단의 핵심어
진을 볼 수 있다. 그렇다면 옛사람들은 왜 그림을 그렸을까?

2 옛사람들은 중요한 일을 (기록하거나 기억하기) 위해 그림을 그렸다. 사진기가 발명되
2문단의 핵심어
기 이전까지 기록을 하는 대표적인 수단이 바로 그림이었다. 궁에서 일어나는 일을 그
린 궁중기록화, 양반 사대부의 집안 행사를 그린 사가기록화, 임금님의 얼굴을 그린 어
기록하거나 기억하기 위해 그린 그림의 예
진도 모두 행사를 기록하거나, 얼굴 등을 기억하기 위해 그린 것이다.

3 (교훈이나 깨달음)을 얻기 위해 그림을 그리기도 했다. 『조선 시대의 궁궐에서는 농사
3문단의 핵심어   『 』: 교훈이나 깨달음을 얻기 위해 그린 그림의 예와 의미
를 짓는 백성을 그린 그림을 걸어 두었고, 왕비의 침실에는 여자들이 길쌈하는 모습을
그려서 걸어 두었다. 또 양반의 사랑방에는 대나무를 그려서 걸어 두기도 했다. 왕과 왕
비의 방에 그려둔 그림은 왕과 왕비로 하여금 백성들이 일하는 모습을 보면서 나라를
잘 다스리겠다는 마음을 가지게 하기 위한 것이었다. 또 양반의 사랑방에 그려 둔 대나
무 그림은 대나무가 곧게 자라는 것처럼 양반들도 선비로서 항상 올바른 행동을 하라는
깨달음을 주기 위한 것이었다.』

4 또 우리 조상들은 (장식이나 감상)을 위해 그림을 그리기도 했다. 여기에서의 장식은
4문단의 핵심어
말 그대로 집의 안팎을 꾸미는 것을 가리키는데, 대표적인 예로는 꽃이나 새를 그린 화
장식이나 감상을 위해 그린 그림의 예 ①
조화가 있다. 우리나라를 비롯해 동아시아의 많은 국가의 사람들이 화조화를 그렸다.
특히 이름 없는 백성들도 방을 장식하기 위해 그림을 그렸는데, 가장 대표적인 것이 바
로 민화이다. 민화는 대부분 현실에서 이뤄지기를 바라는 내용을 많이 담고 있었다.
장식이나 감상을 위해 그린 그림의 예 ②

5 그리고 옛사람들은 (축하를 하거나 선물)을 하기 위해 그림을 그리기도 했다. 조선 시
5문단의 핵심어
대는 예의를 존중하는 사회였기 때문에 친하게 지내는 상대방에게 무슨 일이 생기면 편
지를 써서 안부를 묻곤 했다. 친구의 아버지께서 생신을 맞이하면 편지 대신에 축하하
는 그림을 그려 보내는 일도 흔했다.

6 이처럼 옛사람들은 기록을 하거나, 교훈을 주거나, 집을 장식하거나, 다른 사람에게
축하 등을 할 때 (그림)을 그렸다. 친구에게 SNS를 활용하여 메시지를 보낼 때 옛사람처
2~5문단의 내용을 요약하고 정리함.
6문단의 핵심어
럼 마음을 담은 그림도 한 장 보내는 것은 어떨까?

---

1 문단 요약
옛사람들이 그림을 그린 이유에 대한 궁금증

2 문단 요약
옛사람들이 그림을 그린 이유 ①
기록, 기억

3 문단 요약
옛사람들이 그림을 그린 이유 ②
교훈, 깨달음

4 문단 요약
옛사람들이 그림을 그린 이유 ③
장식, 감상

5 문단 요약
옛사람들이 그림을 그린 이유 ④
축하, 선물

[중심 문단]
6 문단 요약
옛사람들이 그림을 그린 이유

● **내용** : 이 글은 다양한 예를 들어 옛사람들이 그림을 그린 이
유를 설명하고 있다.

● **주제** : 옛사람들이 그림을 그린 이유

● **문단 간의 관계** : 1문단에서는 질문을 통해 옛사람들이 그림을
그린 이유에 대한 궁금증을 드러내고 있다. 2~5문단에서는 구
체적인 예를 들어 옛사람들이 그림을 그린 이유를 설명하고 있
다. 6문단에서는 전체 내용을 요약·정리하고 있다.

● **글의 구조도**

2 문단
옛사람들이 그림을 그린 이유
① 기록, 기억

1 문단
옛사람들이
그림을 그린
이유에 대한
궁금증
→

3 문단
② 교훈, 깨달음

4 문단
③ 장식, 감상

5 문단
④ 축하, 선물

→

6 문단
옛사람들이
그림을 그린
이유

01 [정답] 그림 ······················· 핵심어 찾기

>왜 정답?

이 지문에서는 옛사람들이 그림을 그린 이유를 설명하고 있다. 특히 6문단에서 '옛사람들은 기록을 하거나, 교훈을 주거나, 집을 장식하거나, 다른 사람에게 축하 등을 할 때 그림을 그렸다.'라고 했다. 이를 고려하면 빈칸에 들어가기에 적절한 말은 핵심어인 '그림'이다.

02 [정답] ③ ······················· 중심 문장 찾기

>왜 정답?

③ 3문단에서는 옛사람들이 교훈이나 깨달음을 얻기 위해 그림을 그렸다면서 궁궐에서는 농사를 짓는 백성을 그린 그림과 여자들이 길쌈하는 그림을, 양반의 사랑방에는 대나무를 그린 그림 등을 걸어 두었다고 하였다. 따라서 이러한 내용을 모두 포함하고 있는 문장인 '교훈이나 깨달음을 얻기 위해 그림을 그리기도 했다.'가 3문단의 중심 문장이다.

03 [정답] 민화 ······················· 내용 파악하기

> **다음은 4문단의 내용을 정리한 것이다. 빈칸에 들어가기에 적절한 말을 쓰시오.**
>
> 이름 없는 백성들이 방을 장식하기 위해 그린 그림 중 가장 대표적인 것이 (　　　　)(이)다.
> ⤷ 4문단에 근거

>왜 정답?

4문단에서 '이름 없는 백성들도 방을 장식하기 위해 그림을 그렸는데, 가장 대표적인 것이 바로 민화이다.'라고 했다. 따라서 빈칸에는 '민화'가 들어가는 것이 적절하다.

04 [정답] 기록 ······················· 실제 사례에 적용하기

> **윗글의 내용을 바탕으로 옛사람들이 다음과 같은 그림을 그린 이유를 쓰시오.**

화조화 : 꽃과 새를 그린 그림　　　어진 : 임금의 모습을 그린 그림

↓　　　　　　　　↓

장식하고 감상하기 위해서　　　　□□하고, 기억하기 위해서

>왜 정답?

4문단에서 '장식이나 감상을 위해 그림을 그리기도 했'는데, '대표적인 예로는 꽃이나 새를 그린 화조화가 있다.'라고 했다. 첫 번째 그림은 꽃과 새를 그렸으므로 화조화이고, 장식하고 감상하기 위해 옛사람들이 그린 그림임을 알 수 있다.

2문단에서 '임금님의 얼굴을 그린 어진도 모두 행사를 기록하거나, 얼굴 등을 기억하기 위해 그린 것이다.'라고 했다. 두 번째 그림은 임금의 모습을 그린 어진이므로, 옛사람들이 이 그림을 그린 이유는 '기록'하고 기억하기 위해서임을 알 수 있다.

따라서 빈칸에 들어가기에 적절한 말은 '기록'이다.

05 [정답] ④ ······················· 반응의 적절성 평가하기

> **윗글을 읽고 난 후의 반응으로 가장 적절한 것은?**
>
> ① 소진 : 왕과 왕비의 침실에 걸어 둔 그림의 대부분은 궁중
> 　　기록화이겠구나.
> 　　⤷ 궁중기록화가 아닌 백성들이 일하는 모습을 그려서 걸어 둠.
> ② 누리 : 옛사람들은 축하의 의미로 편지보다는 그림을 더
> 　　많이 이용했구나.
> 　　⤷ 편지보다 그림을 더 많이 이용했다고는 하지 않음.
> ③ 아라 : 장식을 위한 그림은 전 세계 사람들 중 우리나라
> 　　　　　⤷ 동아시아의 많은 국가의 사람들이 화조화를 그렸음.
> 　　사람들만 그린 것이구나.
> ④ 승아 : 조선 시대의 백성들은 현실에서 이루어지기를 바
> 　　라는 내용을 담아 민화를 그렸구나.
> 　　⤷ 민화는 현실에서 이루어지기를 바라는 내용을 담고 있었음.
> ⑤ 민주 : 화조화는 꽃이나 새를 그린 그림으로, 교훈이나
> 　　깨달음을 얻기 위해 많이 그려졌구나.
> 　　　　　⤷ 장식이나 감상을 위해 그린 것임.

>왜 정답?

④ 4문단에서 '민화는 대부분 현실에서 이뤄지기를 바라는 내용을 많이 담고 있었다.'라고 했다.

>왜 오답?

① 2문단에서 궁중기록화는 '궁에서 일어나는 일을 그린' 것이라고 하였다. 그러나 3문단에서 조선 시대 때 궁궐과 왕비의 방에 걸어 둔 그림은 '농사를 짓는 백성', '여자들이 길쌈하는 모습' 등 '백성들이 일하는 모습'을 그린 것이라고 했다. 따라서 왕과 왕비의 침실에 걸어 둔 그림의 대부분은 궁중기록화가 아니었음을 알 수 있다.

② 5문단에서 '편지 대신에 축하하는 그림을 그려 보내는 일도 흔했다.'라고 했지만, 이것이 편지보다 그림을 더 많이 이용했다는 의미는 아니다.

③ 4문단에서 '동아시아의 많은 국가의 사람들이 화조화를 그렸다.'라고 했다.

⑤ 4문단에서 '우리 조상들은 장식이나 감상을 위해 그림을 그리기도 했다.'라고 하면서 '대표적인 예로는 꽃이나 새를 그린 화조화가 있다.'라고 했다.

소년과 소녀는 왜 소나기를 만났을까?

⬭ 핵심어　▨ 문단 중심 문장　▨ 전체 중심 문장

1 황순원의 소설 〈소나기〉는 서울에서 시골로 내려온 소녀와 시골 소년이 개울가에서
1문단의 핵심어　　　　　*소설 〈소나기〉의 주인공*
만나면서 이야기가 시작된다. 산 너머에 가 보자는 소녀의 제안에 산에 놀러 간 두 사람
은 갑자기 소나기를 만나게 된다. 금세 불어난 개울물 때문에 소년은 소녀를 업고 개울
을 건너지만, 병을 앓고 있던 소녀는 결국 병이 악화되어 죽게 된다.

2 〈소나기〉를 읽은 사람이라면 소년과 소녀가 결국 헤어지게 된 것에 안타까움을 느낄 것
이다. 하필이면 왜 소년과 소녀가 산으로 놀러 갔을 때 비가 내렸는지, 소나기가 야속하게
　　　　　　　　　　　　　　　　　　　　　　　　　　　　　　　2문단의 핵심어
느껴질 수도 있다. ㉠소나기는 왜 하필 바로 그때, 즉 소년과 소녀가 산에 놀러 갔을 때 내
렸던 것일까? ㉡잠깐 동안 짧게 내리는 소나기 때문에 개울물이 그렇게까지 금방 불어날
수 있을까? 소나기와 우리나라 하천의 특징을 살펴보면, 이 질문에 답을 할 수 있다.
앞으로 설명할 대상

3 소나기는 갑자기 세차게 쏟아지다가 곧 그치는 비를 가리킨다. 우리나라에 내리는 소
　　　　　　　　　　　　　　　소나기의 개념
나기는 대부분 대류성 강수이다. 대류성 강수란 땅에 있던 물이 하늘로 증발해 올라가서
　　　　3문단의 핵심어　　　　　　　　　*대류성 강수의 개념*
무거운 구름을 만들고, 다시 비가 되어 땅으로 내리는 현상이다. 대류성 강수가 일어나려
면 우선 지표면이 뜨겁게 가열되어야 한다. 그래서 일 년 중에는 여름철에 소나기가 가장
많이 내리고, 하루 중에는 가장 더운 낮 시간에 소나기구름이 형성되는 경우가 많다.
　　　　　　　　　소나기가 가장 많이 내리는 계절과 시간

4 〈소나기〉 속 소년이 토요일 오전 수업을 끝내고 소녀와 산에 놀러 간 것이므로 그들
이 산으로 갔던 시간은 아마 하루 중 가장 뜨거운 대낮이었을 것이다. 즉, 그 시간에는
소나기구름이 형성되기 좋은 때이기에 그들이 산속에서 놀고 있을 때 마침 소나기가 내
지표면이 뜨겁게 가열된 때, 뜨거운 대낮　　　　　　　　　　　　　　*4문단의 핵심어*
린 것이다.

5 그렇다면 어떻게 개울물은 금방 불어났을까? 개울은 산골짜기나 들의 좁은 줄기를
　　　　　　　5문단의 핵심어　　　　　　　　*개울의 개념*
따라 흐르는 물이다. 바로 이 좁다는 지형적 특징 때문에 개울물은 소나기에도 금방 불
어난다. 즉, 소나기가 쏟아지면 그 빗물이 산을 타고 내려와 개울로 흘러든다. 이때 개
울의 폭이 좁기 때문에 빗물의 양이 적어도 금방 수위가 높아지고 물살이 빨라진다. 이
잠깐 내린 소나기에도 개울물이 금방 불어난 까닭
때문에 〈소나기〉 속 소년과 소녀는 시련을 맞게 된 것이다.

6 이처럼 기후와 지리적 특성을 이해하면 문학 작품을 더욱 깊이 있게 감상할 수도 있
　　　　　　6문단의 핵심어
다. 날마다 날씨만 확인할 것이 아니라, 우리가 실생활에서 경험하게 되는 다양한 기후
　　　　　　　　　　　　　　문학 작품을 감상하는 방법을 제안함.
현상, 지리적 특성에도 관심을 가져 보자.

---

1 문단 요약
황순원의 소설 〈소나기〉의 줄거리

2 문단 요약
소나기와 우리나라 하천에 대한 궁금증

3 문단 요약
대류성 강수인 소나기의 특성

4 문단 요약
〈소나기〉에서 소나기가 내린 이유

5 문단 요약
우리나라 개울의 특성

[중심 문단]
6 문단 요약
문학 작품 감상 방법 제안

● **내용** : 이 글은 소설 〈소나기〉 속 우리나라의 기후와 지리적 특성에 대해 설명하고 있다.

● **주제** : 소설 〈소나기〉 속 우리나라의 기후와 지리적 특성

● **문단 간의 관계** : 1문단에서는 소설 〈소나기〉의 줄거리를 소개하고 있다. 2문단에서는 〈소나기〉 속 소나기와 우리나라 하천에 대해 궁금증을 드러내고 있다. 3~4문단에서는 대류성 강수인 소나기의 특성을, 5문단에서는 우리나라 하천의 특성을 설명하고 있다. 6문단에서는 문학 작품의 감상 방법을 제안하고 있다.

● **글의 구조도**

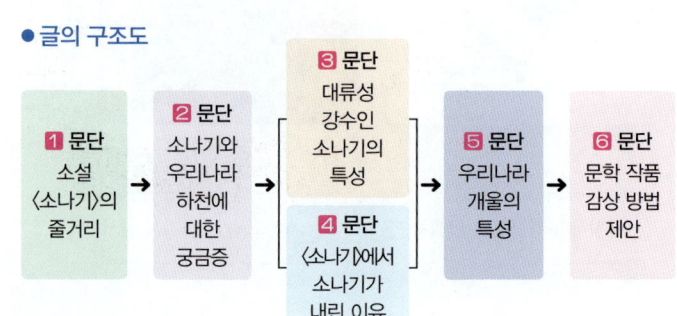

---

06 [정답] 기후 ······················· 핵심어 찾기

>왜 정답?

이 지문에서는 소설 〈소나기〉 속 소나기와 개울물의 특성을 통해 우리나라의 기후와 지리적 특성에 대해 설명하고 있다. 따라서 빈칸에 들어가기에 적절한 말은 '기후'이다.

07 [정답] ③ ······················· 중심 문장 찾기

>왜 정답?

③ 3문단에서는 우리나라에 내리는 소나기가 대부분 대류성 강수라면서, 소나기구름이 형성되는 때가 언제인지 대해 설명하고 있다. 따라서 '그래서 일 년 중에는 ~ 소나기구름이 형성되는 경우가 많다.'가 3문단의 중심 문장으로 가장 적절하다.

08 [정답] ② ······················· 내용 파악하기

다음은 윗글을 읽으면서 정리한 메모이다. 메모의 내용으로 적절하지 <u>않은</u> 것은?

소설 〈소나기〉의 내용	① 소설의 주인공 : 서울에서 시골로 내려온 소녀와 시골에 사는 소년 〔1문단에 근거〕
	② 소설의 결말 : 건강하던 소녀가 소나기를 맞은 후 갑자기 병이 들어 죽음을 맞이하게 됨. 〔소녀는 병을 앓고 있었음.〕
우리나라 소나기의 특징	③ 갑자기 세차게 쏟아지다가 곧 그치는 비로, 대류성 강수인 경우가 많음. 〔3문단에 근거〕
	④ 여름철 가장 더운 낮 시간에 내리는 경우가 많음. 〔3문단에 근거〕
우리나라 개울의 특징	⑤ 짧게 내리는 소나기에도 금방 수위가 높아지고 물살이 빨라짐. 〔5문단에 근거〕

>왜 정답?

② 1문단에서 '병을 앓고 있던 소녀는 결국 병이 악화되어 죽게 된다.'라고 했다. 따라서 '건강하던 소녀가 소나기를 맞은 후 갑자기 병이 들어 죽음을 맞이하게 됨.'이라는 메모는 적절하지 않다. '병을 앓고 있던 소녀가 소나기를 맞은 후 병이 악화되어 죽음을 맞이하게 됨.'이라고 고쳐 써야 한다.

>왜 오답?

① 1문단에서 '서울에서 시골로 내려온 소녀와 시골 소년이 ~ 이야기가 시작된다.'라고 하였다.

③ 3문단에서 '소나기는 갑자기 세차게 ~ 소나기는 대부분 대류성 강수이다.'라고 하였다.

④ 3문단에서 '그래서 일 년 중에는 여름철에 ~ 소나기구름이 형성되는 경우가 많다.'라고 하였다.

⑤ 5문단에서 '이때 개울의 폭이 좁기 때문에 ~ 수위가 높아지고 물살이 빨라진다.'라고 하였다.

09 [정답] 소나기구름 ···············내용 파악하기

㉠에 대한 답을 쓰고자 한다. 빈칸에 들어가기에 적절한 말을 쓰시오.

> 〈소나기〉 속 소년과 소녀가 산에 놀러 간 시간은 하루 중 가장 뜨거운 대낮이었다. 그래서 (   )이/가 형성되기 좋은 때여서 바로 그때 소나기가 내린 것이다. 〔4문단에 근거〕

>왜 정답?

㉠ '소나기는 왜 하필 바로 그때, 즉 소년과 소녀가 산에 놀러 갔을 때 내렸던 것일까?'의 답은 4문단에서 찾을 수 있다. 즉, 4문단에서 소년과 소녀가 산으로 놀러 갔을 시간은 '아마 하루 중 가장 뜨거운 대낮이었을 것이다. 즉, 그 시간에는 소나기구름이 형성되기 좋은 때'라고 하였다. 따라서 빈칸에는 '소나기구름'이 들어가는 것이 가장 적절하다.

10 [정답] ③ ······················· 내용 파악하기

다음 중 ㉡과 관련된 우리나라의 지리적 특성으로 가장 적절한 것은?

① 높은 산들은 거의 동쪽과 북쪽에 치우쳐 있다. 〔지문에서 이야기하고 있지 않음.〕
② 산이 많으며, 강과 하천들이 많이 발달해 있다. 〔지문에서 이야기하고 있지 않음.〕
③ 산이 많아서 산과 산 사이가 별로 넓지 않고 개울의 폭이 좁다. 〔개울의 폭이 좁다는 내용이므로 적절함.〕
④ 산보다는 평야가 많이 발달하여 지표면이 쉽게 가열되고 쉽게 식는다. 〔지문에서 이야기하고 있지 않음.〕
⑤ 하천이 많이 발달하였고, 물을 구하기 쉬운 하천을 중심으로 평야가 형성되었다. 〔지문에서 이야기하고 있지 않음.〕

>왜 정답?

③ ㉡ '잠깐 동안 짧게 내리는 소나기 때문에 개울물이 그렇게까지 금방 불어날 수 있을까?'는 개울물이 소나기 때문에 빠르게 불어나는 이유가 무엇인지 묻는 것이다. 5문단에서 '개울은 산골짜기나 들의 좁은 줄기를 따라 흐르는 물이다. 바로 이 좁다는 지형적 특징 때문에 개울물은 소나기에도 금방 불어난다.'라고 하였다.

>왜 오답?

① 이 지문에서 높은 산이 어디에 있는지에 대한 내용은 이야기하고 있지 않다.

② 이 지문에서 산, 강, 하천의 발달에 관한 내용은 이야기하고 있지 않다.

④ 이 지문에서 산, 평야의 발달에 관한 내용은 이야기하고 있지 않다.

⑤ 이 지문에서 하천의 발달과 평야의 형성에 관한 내용은 이야기하고 있지 않다.

사회

성공을 위해 마시멜로를 아껴 두어야 할까?

◯ 핵심어   문단 중심 문장   전체 중심 문장

1 요즘 우리 사회에 '소확행'을 추구하는 사람들이 점점 늘어나고 있다. 소확행은 '소소
하지만 확실한 행복'이라는 말의 준말로, 거창하거나 특별하지 않아도 누구나 일상 속에
서 쉽게 누릴 수 있는 작은 행복을 뜻한다. 소확행을 추구하는 사람들이 늘어나고 있는
이유는 무엇일까? 그리고 이러한 현상은 무엇을 의미하는 것일까? 유명한 심리 실험인
'마시멜로 테스트'를 통해 이에 대한 답을 생각해 보자.

2 '마시멜로 테스트'는 미국 스탠포드 대학의 연구진이 3~5세 아이들을 대상으로 진행
한 연구이다. 「연구진은 아이들에게 눈앞에 있는 마시멜로를 바로 먹지 않고 10분을 기
다리면 하나의 마시멜로를 더 주겠다고 했다. 아이들은 10분을 참고 기다렸다가 마시멜
로를 하나 더 받거나, 기다리지 않고 그 자리에서 바로 마시멜로를 먹는 두 가지의 반응
을 보였다.」 연구진은 서로 다른 반응을 보인 아이들의 성취도를 비교하였는데, 10분을
기다렸다가 마시멜로를 하나 더 받은 아이들의 성취도가 대부분 더 높게 나타났다. 이
연구 결과로 인해, 대부분의 사람들은 미래에 얻을 더 큰 이익을 위해 현재의 욕구를 참
을 수 있는 능력이 성공의 요건이라고 생각하게 되었다.

3 하지만 이 연구 결과에 의문을 품은 사람들도 있었다. 그들은 눈앞에 놓인 마시멜로
를 바로 먹어 버린 아이들 중에 가난한 가정 형편의 아이들이 많았다는 사실에 주목하
였다. 아이들의 선택에 자라온 환경이 작용했다고 본 것이다. 가난한 형편의 아이들이
눈앞의 마시멜로를 바로 먹어 버린 것은 의지력이 부족하거나 어리석어서 미래를 생각
하지 못한 것이 아니라, 현재의 좋은 것을 선택하는 것이 그 아이들에게는 최선의 선택
이었기 때문이라는 것이 그들의 생각이다.

4 ㉠위의 관점에서 생각한다면, 많은 사람들이 소확행에 관심을 보이고 있는 사회적
분위기는 단순한 유행이 아니라 우리 사회의 모습을 보여 주는 현상일 수도 있다. 사람
들이 삶에 여유가 없고 힘들다고 느끼기 때문에 소확행을 추구하는 것이 아닐까? 힘든
삶 속에서 사람들은 이루기 어려워 보이는 미래의 큰 목표 대신에, 작지만 확실하게 얻
을 수 있는 현재의 기쁨에 충실하는 '소확행'에 집중하게 된 것일 수도 있다.

1 문단 요약
소확행의 의미와 소확행을 추구
하는 사회 분위기에 대한 의문

2 문단 요약
마시멜로 테스트의 내용과 연구
결과

3 문단 요약
마시멜로 테스트에 대한 새로운
해석

[중심 문단]
4 문단 요약
소확행을 추구하는 사회 분위기의
의미

● **내용** : 이 글은 소확행을 추구하는 사람들이 늘어나는 이유와
그 의미를 마시멜로 테스트를 통해 설명하고 있다.

● **주제** : 소확행을 추구하는 사회 분위기의 의미

● **문단 간의 관계** : 1문단에서는 소확행의 의미를 설명하고, 이를
추구하는 사람이 늘어나는 이유와 이 현상의 의미에 대해 알아
보자고 하였다. 2문단에서는 마시멜로 테스트의 내용과 결과가
의미하는 바를, 3문단에서는 연구 결과에 대한 새로운 해석을
제시하고 있다. 4문단에서는 3문단의 해석을 바탕으로 소확행
을 추구하는 사회 분위기가 의미하는 바를 이야기하며 글을 마
무리하고 있다.

● **글의 구조도**

| **1** 문단 소확행의 의미와 소확행을 추구 하는 사회 분위기에 대한 의문 | → | **2** 문단 마시멜로 테스트의 내용과 연구 결과 | → | **3** 문단 마시멜로 테스트에 대한 새로운 해석 | → | **4** 문단 소확행을 추구하는 사회 분위기의 의미 |

01 [정답] 마시멜로 ···················· 핵심어 찾기

>왜 정답?

이 지문에서는 '소확행'을 추구하는 사람들이 늘어났다면서 '마시멜로 테스트'를 근거로 이러한 사람들이 늘어난 이유에 대해 이야기하고 있다. 따라서 빈칸에 들어가기에 적절한 이 글의 핵심어는 '마시멜로'이다.

02 [정답] ② ···················· 중심 문장 찾기

>왜 정답?

② 3문단에서는 마시멜로 테스트의 연구 결과에 대해 의문을 제기한 사람들의 의견을 제시하고 있다. 가난한 가정 형편의 아이들이 마시멜로를 먹기로 선택한 것은 그들의 환경에서 최선의 선택이라는 주장을 담은 3문단의 마지막 문장이 3문단의 중심 문장이다.

03 [정답] ④ ···················· 내용 파악하기

> **윗글의 내용으로 가장 적절한 것은?**
> ① 모든 사람들이 마시멜로 테스트의 연구 결과를 인정했다.
> 3문단에 근거 → 연구 결과에 의문을 품은 사람들
> ② 사람들은 이루기 어려워 보이는 미래의 큰 목표만을 추구한다.
> 소확행을 추구하는 사람들이 늘어나고 있음.
> ③ 삶에 여유가 없고 힘들다고 느끼는 사람들은 소확행을 추구한다고 볼 수 없다.
> 삶에 여유가 없고 힘들다고 느끼기 때문에 소확행을 추구함.
> ④ 우리 사회에 일상 속에서 쉽게 누릴 수 있는 작은 행복을 추구하는 사람이 늘어나고 있다.
> 소확행을 추구하는 사람들
> ⑤ 마시멜로 테스트를 할 때 눈앞에 놓인 마시멜로를 바로 먹어 버린 아이들 중에 부유한 가정 형편의 아이들이 많았다.
> 가난한 가정 형편의 아이들임.

>왜 정답?

④ 1문단에서 '요즘 우리 사회에 '소확행'을 추구하는 사람들이 점점 늘어나고 있다.'라면서 소확행이란 '거창하거나 특별하지 않아도 누구나 일상 속에서 쉽게 누릴 수 있는 작은 행복을 뜻한다.'라고 했다.

>왜 오답?

① 3문단에서 마시멜로 테스트의 '결과에 의문을 품은 사람들도 있었다.'라고 하였다.
②, ③ 1문단에서 작은 행복인 소확행을 추구하는 사람이 늘어나고 있다고 하였다. 또 4문단에서 '사람들이 삶에 여유가 없고 힘들다고 느끼기 때문에 소확행을 추구하는 것'이라고 하였다.
⑤ 3문단에서 '눈앞에 놓인 마시멜로를 바로 먹어 버린 아이들 중에 가난한 가정 형편의 아이들이 많았다'고 했다.

04 [정답] ③ ···················· 내용 파악하기

> **다음은 4문단의 내용을 요약한 것이다. 빈칸에 들어가기에 가장 적절한 것은?**
>
> > '소확행'을 추구하는 사회 분위기는 _____.

> ① 사람들의 의지력이 약해졌음을 보여 준다.
> 3문단에 근거 → 사람들의 의지력 때문이 아님.
> ② 성공을 추구하는 사람들의 수가 줄어들었음을 보여 준다.
> 알 수 없음.
> ③ 많은 사람들이 삶에 여유가 없다고 느끼고 있음을 보여 준다.
> 4문단에 근거 → 삶에 여유가 없고 힘들다고 느끼기 때문에 소확행을 추구하게 됨.
> ④ 일상생활에서 누리기 어려운 특별한 행복을 추구하는 것이 쉬움을 보여 준다.
> 쉽게 누릴 수 있는 소확행을 추구하는 사람들이 늘어남.
> ⑤ 마시멜로 테스트의 결과처럼 미래의 행복을 위해 현재의 욕구를 참는 것이 힘들다는 것을 보여 준다.
> 소확행을 추구하는 사람들이 늘어남.

>왜 정답?

③ 4문단에서 '많은 사람들이 소확행에 관심을 보이고 있는 사회적 분위기는 ~ 삶에 여유가 없고 힘들다고 느끼기 때문에 소확행을 추구하는 것이 아닐까?'라고 하였다. 이를 고려하면 사람들이 삶에 여유가 없다고 느끼기 때문에 소확행을 추구하는 것이라고 볼 수 있다.

>왜 오답?

① 3문단에서 개인의 의지력이 아니라, 아이들의 선택에 자라온 환경이 작용했을 수 있다고 설명하고 있다.
② 이 지문에서는 사람들이 성공을 추구하는 욕구 자체가 줄었는지에 대해서는 이야기하지 않았다.
④ 1문단에서 요즘 사람들이 추구하는 소확행이란 '거창하거나 특별하지 않아도 누구나 일상 속에서 쉽게 누릴 수 있는 작은 행복'이라고 하였다. '일상생활에서 누리기 어려운 특별한 행복'과는 오히려 반대되는 것이다.
⑤ '미래의 행복을 위해 현재의 욕구를 참는 것'은 소확행과는 반대된다.

05 [정답] ⑤ ···················· 내용 추론하기

> **㉠이 의미하는 바로 가장 적절한 것은?**
> 위의 관점
> ① 미래의 행복을 위해 현재의 욕구를 포기해야 한다.
> 2문단의 마시멜로 테스트와 관련됨.
> ② 성공을 하려면 현재의 기쁨을 추구하지 말아야 한다.
> 현재의 욕구를 참는 것은 2문단의 마시멜로 테스트와 관련됨.
> ③ 현재의 욕구를 포기하는 것은 성취도와 관계가 있다.
> 2문단의 마시멜로 테스트와 관련됨.
> ④ 가난한 형편의 아이들은 참을성이 부족해서 눈앞의 마시멜로를 먹은 것이다.
> 3문단에 근거 → 의지력이 부족하거나 어리석어서가 아니라 현재의 좋은 것을 선택하는 것이 최선의 선택이었기 때문임.
> ⑤ 마시멜로를 먹을 것인지 남겨둘 것인지를 선택할 때 자라온 환경이 영향을 미쳤을 것이다.
> 3문단에 근거 → 가난한 가정 형편의 아이들에게는 현재의 좋은 것을 선택하는 것이 최선의 선택임.

>왜 정답?

⑤ ㉠ '위의 관점'은 앞문단의 내용을 의미한다. 3문단에서는 마시멜로 테스트의 결과에 의문을 가진 사람들이 '아이들의 선택에 자라온 환경이 작용'했으며, '현재의 좋은 것을 선택하는 것이 그 아이들에게는 최선의 선택이었다'고 보았다고 했다. 따라서 이를 고려하면 ㉠이 의미하는 바로 ⑤가 가장 적절하다.

우주의 중심

○ 핵심어　▬ 문단 중심 문장　▬ 전체 중심 문장

1 해는 동쪽에서 떠올랐다가 서쪽에서 진다. 가만히 서서 하늘을 바라보면 구름이 계속 흘러간다. 이런 것을 보면 나와 지구는 가만히 있는데, 태양이 지구 주변을 도는 것만 같다.
　　　　　　　　　　일상에서 해봤음직한 생각　　　　　　　　1문단의 핵심어

1 문단 요약
태양이 지구 주변을 돈다고 느낌.

2 16세기 이전까지의 유럽인들도 지구가 우주의 중심이기 때문에 태양이 지구의 주변을 돈다고 생각하였다. 이를 천동설이라고 하는데, 사람들은 신이 창조한 지구가 우주의 중심에서 움직이지 않고 있으며, 지구를 중심으로 수성, 금성, 태양, 달 등이 일정한 속도로 움직인다고 여겼다. 하지만 실제로 수성, 금성, 태양, 달 등의 행성의 이동을 관측한 결과는 그들의 생각과 달랐다. 그래서 프톨레마이오스라는 과학자는 지구는 움직이지 않고 행성이 이동하는 현상을 설명하기 위해 81개나 되는 원을 그리기도 했다.
　　　2문단의 핵심어　　　　　　천동설의 의미　　　프톨레마이오스의 천동설 연구

2 문단 요약
천동설의 의미와 프톨레마이오스

3 코페르니쿠스는 행성이 이동하는 것을 관측하기 위해 하늘에 그토록 많은 원을 그려야 하는 것이 마음에 들지 않았다. 그는 과학의 원리는 간결하게 표현되어야 한다고 생각했기 때문이다. 그래서 그는 태양과 다른 행성들이 모두 원을 그리며 이동한다면 지구 역시 원운동을 할 것이라고 생각하였다. 지구가 중심에서 가만히 있는 것이 아니라, 지구도 움직인다고 가정하고, 태양과 지구의 위치를 바꾸어 보았다. 그랬더니 행성의 움직임, 행성 간의 거리 등을 더욱 쉽고 간결하게 표현할 수 있었다. 그 결과 코페르니쿠스는 지구를 포함한 행성들이 태양을 중심으로 공전한다는 지동설을 주장하게 되었다.
　　　코페르니쿠스의 생각　　　발상의 전환　　　지동설의 의미　　　3문단의 핵심어

3 문단 요약
코페르니쿠스와 지동설의 의미

4 코페르니쿠스의 지동설은 유럽 사회를 지배했던 사람들의 우주에 대한 생각을 크게 바꾸어 놓았다. 당시 모든 사람들이 천동설을 믿었던 사회 분위기 속에서 지구가 우주의 중심이 아니라고 주장하는 것은 쉬운 일이 아니었다. 그러나 코페르니쿠스는 죽기 직전, 자신의 이론을 정리하여 《천구의 회전에 관하여》라는 책을 출판하였고, 이후 케플러, 갈릴레이 등의 과학자들이 이 이론을 보완하고 발전시켜서 현재에 이르게 되었다. 코페르니쿠스가 지구와 태양의 위치를 바꾸어 버린 발상의 전환, 이것을 과학 혁명의 시작으로 보아야 하지 않을까?
　4문단의 핵심어　　코페르니쿠스의 지동설이 갖는 의의

[중심 문단]
4 문단 요약
코페르니쿠스의 지동설이 갖는 의의

● **내용 :** 이 글은 천동설과 코페르니쿠스의 지동설에 대해 설명하고 있다. 16세기 이전까지만해도 유럽인들은 천동설을 믿었다. 코페르니쿠스는 이에 의문을 갖고 지동설을 주장하게 되었다. 코페르니쿠스의 지동설은 당시 사람들의 우주관을 바꾸어 놓았으며 다른 과학자들의 연구에도 크게 영향을 미쳤다.

● **주제 :** 천동설과 지동설

● **문단 간의 관계 :** 1문단에서는 일상생활에서 했을 법한 생각을 들어 읽는 사람의 흥미를 이끌어 내고 있다. 2문단에서는 천동설에 대해 설명하였고, 3문단에서는 코페르니쿠스가 지동설을 연구하게 된 과정을 설명하고 있다. 4문단에서는 과학사에서 코페르니쿠스의 지동설이 갖는 의의를 설명하며 글을 마무리하고 있다.

● **글의 구조도**

1 문단	→	**2 문단**	→	**3 문단**	→	**4 문단**
태양이 지구 주변을 돈다고 느낌.		천동설의 의미와 프톨레마이오스		코페르니쿠스와 지동설의 의미		코페르니쿠스의 지동설이 갖는 의의

06 [정답] 지동설 ⸺⸺⸺⸺⸺⸺⸺⸺⸺⸺⸺ 핵심어 찾기

〉왜 정답?

이 지문에서는 천동설과 지동설에 대해 설명하고 있으며, 특히 코페르니쿠스의 지동설이 가진 의미에 대해 이야기하고 있다. 따라서 빈칸에 들어가기에 적절한 핵심어는 '지동설'이다.

07 [정답] ③ ⸺⸺⸺⸺⸺⸺⸺⸺⸺⸺⸺ 중심 문장 찾기

〉왜 정답?

③ 3문단에서는 코페르니쿠스가 기존의 천동설 대신 지구를 포함한 행성들이 태양을 중심으로 공전한다는 지동설을 주장하게 된 과정을 설명하고 있다. 따라서 이러한 내용을 모두 포함하고 있는 '그 결과 코페르니쿠스는 지구를 포함한 행성들이 태양을 중심으로 공전한다는 지동설을 주장하게 되었다.'가 3문단의 중심 문장이다.

08 [정답] ③ ⸺⸺⸺⸺⸺⸺⸺⸺⸺⸺⸺ 전개 방식 파악하기

> 윗글에 대한 설명으로 적절하지 <u>않은</u> 것은?
>
> ① 천동설과 지동설에 대해 설명하고 있다.
> 2문단과 3문단에 근거
> ② 반대되는 생각을 가진 두 학자에 대해 이야기하고 있다.
> 프톨레마이오스와 코페르니쿠스
> ③ 지구가 둥근 이유를 구체적인 이유를 들어 설명하고 있다.
> 지문의 내용과 관련이 없음.
> ④ 우리 주변에서 흔히 볼 수 있는 예를 들어 흥미를 유발하고 있다.
> 1문단에 근거
> ⑤ 코페르니쿠스의 생각이 사람들에게 미친 영향에 대해 설명하고 있다.
> 케플러, 갈릴레이 등에게 영향을 줌.

〉왜 정답?

③ 이 지문에서는 천동설과 지동설에 대해 설명하고 있다. 그러나 지구가 둥근 이유에 대해서는 이야기하지 않았다.

〉왜 오답?

①, ② 2문단에서는 '지구가 우주의 중심이기 때문에 태양이 지구의 주변을 돈다'는 내용인 천동설에 대해 설명하면서 이를 증명하기 위해 프톨레마이오스는 81개나 되는 원을 그렸다고 하였다. 3문단에서는 '지구를 포함한 행성들이 태양을 중심으로 공전한다는 지동설'에 대해 설명하면서, 이를 주장한 사람이 코페르니쿠스라고 하였다. 따라서 이 지문에서는 천동설과 지동설에 대해 설명하면서 프톨레마이오스와 반대되는 생각을 가진 코페르니쿠스에 대해 이야기하고 있다.

④ 1문단에서는 하늘을 보며 구름을 본 사람들이 했을 듯한 생각을 제시하여 읽는 사람의 흥미를 이끌고 있다.

⑤ 4문단에서 '코페르니쿠스의 지동설은 유럽 사회를 지배했던 사람들의 우주에 대한 생각을 크게 바꾸어 놓았다.'라면서, '케플러, 갈릴레이 등의 과학자들이 이 이론을 보완하고 발전시켜서 현재에 이르게 되었다.'라고 했다.

09 [정답] ④ ⸺⸺⸺⸺⸺⸺⸺⸺⸺⸺⸺ 내용 파악하기

> 윗글의 내용으로 적절하지 <u>않은</u> 것은?
>
> ① 프톨레마이오스는 천동설을 믿었다.
> 행성이 이동하는 현상을 설명하기 위해 81개의 원을 그림.
> ② 16세기 이전의 유럽인들은 대부분 천동설을 믿었다.
> 2문단에 근거
> ③ 프톨레마이오스는 우주의 중심이 지구라고 주장하였다.
> 천동설을 믿음.
> ④ 프톨레마이오스는 케플러, 갈릴레이의 이론에 영향을 미쳤다.
> 코페르니쿠스가 영향을 미침.
> ⑤ 16세기 이전의 유럽인들은 지구를 중심으로 수성, 태양 등이 일정하게 움직인다고 생각했다.
> 천동설을 믿음.

〉왜 정답?

④ 4문단에서 코페르니쿠스는 지동설을 주장하였고, '케플러, 갈릴레이 등의 과학자들이 이 이론을 보완하고 발전시켜서 현재에 이르게 되었다.'라고 했다. 따라서 케플러와 갈릴레이에게 영향을 미친 과학자는 프톨레마이오스가 아니라 코페르니쿠스이다.

〉왜 오답?

①, ②, ③, ⑤ 2문단에서 '16세기 이전까지의 유럽인들도 지구가 우주의 중심이기 때문에 태양이 지구의 주변을 돈다'는 천동설을 믿었으며, '지구를 중심으로 수성, 금성, 태양, 달 등이 일정한 속도로 움직인다고 여겼다.'라고 했다. 또 '프톨레마이오스라는 과학자는 지구는 움직이지 않고 행성이 이동하는 현상을 설명하기 위해 81개나 되는 원을 그리기도 했다.'라고 하였다.

10 [정답] 지동설 ⸺⸺⸺⸺⸺⸺⸺⸺⸺⸺⸺ 내용 파악하기

> 다음은 윗글의 코페르니쿠스에 대해 정리한 것이다. 빈칸에 들어가기에 적절한 말을 쓰시오.
>
> 과학의 원리는 간결하게 표현되어야 한다고 생각함. → 태양과 다른 행성들은 원을 그리며 이동하므로 지구도 원운동을 할 것이라고 생각함. → 태양과 지구의 위치를 바꾸어 봄. → 발상의 전환
> (   )을/를 주장하게 됨.

〉왜 정답?

3문단에서 '그 결과 코페르니쿠스는 지구를 포함한 행성들이 태양을 중심으로 공전한다는 지동설을 주장하게 되었다.'라고 하였다. 따라서 빈칸에 들어가기에 적절한 말은 '지동설'이다.

첨성대의 역할

○ 핵심어 　▬ 문단 중심 문장 　▬ 전체 중심 문장

1 예로부터 우리나라에서는 농사를 지어 왔기 때문에 별의 움직임을 관측하는 것이 아주 중요한 일이었다. _{우리나라에서 별의 움직임을 관측하는 것이 중요한 일이었던 이유} 계절에 따라 달라지는 별의 움직임을 관찰함으로써 씨를 뿌릴 시기와 곡식을 거둘 시기를 알 수 있었기 때문이다. _{별의 움직임을 관찰함으로써 알 수 있었던 것들} 그래서 ㉠옛날부터 우리 조상들은 천문대를 만들어 별을 관찰해 왔다. 우리나라에서 가장 오래된 천문대는 신라 선덕 여왕 때 경주에 세운 첨성대이다. _{1문단의 핵심어} 동양에서 가장 오래된 천문대이기도 한 첨성대는 우리나라 국보 제31호이다.

> **1 문단 요약**
> 옛날부터 별의 움직임을 관측했던 이유와 첨성대

2 높이 9.17m의 첨성대는 전체적으로 부드럽고 우아한 원통형의 돌탑이다. _{2문단의 핵심어} 약 362개의 벽돌을 사용하여 27단까지 쌓았는데, 362개의 돌은 1년을 의미하고, 27단은 탑 가장 아래의 기단석과 함께 28수 별자리와 관련이 있다고 한다. _{첨성대를 구성하는 362개의 돌과 27단의 의미} 첨성대의 내부는 제12단까지 흙으로 채웠고 맨 위에 우물 정(井)자 모양으로 길쭉한 돌 조각이 얹어져 있다. 이러한 구조를 가진 첨성대는 2016년 경주 지진과 2017년의 포항 지진 때에도 흔들림이 없이 제자리를 지킨 것으로 유명하다.

> **2 문단 요약**
> 첨성대의 구조와 의미

3 한편 경주에 가서 첨성대를 보고 그 모습에 실망하는 사람들도 있다. _{3문단의 핵심어} 보통 천문 관측 시설은 산 위나 높은 곳에 있는데, 첨성대는 평지에 있고 그 규모도 작기 때문이다. _{사람들이 첨성대를 보고 실망하는 이유} 특히 첨성대의 내부는 매우 좁고 불편해서, 만약 꼭대기에 관측기구를 설치하고 오르내리며 하늘을 관찰했다면 많은 어려움이 있었을 것이라는 게 사람들의 생각이다. _{첨성대에 대한 사람들의 생각}

> **3 문단 요약**
> 첨성대를 보고 사람들이 실망하는 이유

4 그렇다면 첨성대는 정말 별을 관측하기 위해 만들어진 것일까? _{4문단의 핵심어　첨성대가 천문 관측 시설이었을 것이라는 사람들의 생각에 의문을 제기함.} 첨성대에서 천문을 관측하는 것이 현대의 천문학과 달리 국가의 운을 점치는 용도로 사용되었다는 의견도 _{첨성대의 용도에 관한 다른 의견 ①} 있다. 이런 역할을 수행하기 때문에 높은 산 위가 아닌 평지, 왕궁의 근처에 세워졌다는 것이다. 또 다른 사람들은 첨성대를 천문 관측과는 전혀 상관없는 불교의 제단으로 여기기도 한다. _{첨성대의 용도에 관한 다른 의견 ②} 첨성대의 형태가 불교에서 부처님이 있는 가장 높은 산인 '수미산'을 닮았다는 것이 그 이유이다.

> **4 문단 요약**
> 첨성대의 용도에 관한 다른 의견

5 첨성대에서 별을 관측하였다는 직접적인 내용은 어떤 기록에도 남아 있지 않다. _{5문단의 핵심어} 그럼에도 첨성대, 별을 보는 곳이라고 하는 이유는 _{첨성대라는 명칭의 의미} 첨성대가 세워진 이후 신라의 천체 관측에 관한 기록이 기하급수적으로 늘었기 때문이다. _{첨성대를 천문 관측 시설이라고 생각하는 이유} 앞으로 관련된 기록이 더 발견된다면 첨성대에 얽힌 비밀도 풀리지 않을까?

> **[중심 문단]**
> **5 문단 요약**
> 첨성대를 천문 관측 시설로 보는 근거와 전망

- **내용** : 이 글은 첨성대에 대해 설명하고, 첨성대의 용도에 대해 이야기하고 있다. 동양에서 가장 오래된 천문대인 첨성대는 그 구조와 설치된 위치를 고려하면 천문을 관측하기에 적절하지 않아 용도에 관한 다양한 의견이 있다.

- **주제** : 첨성대의 용도에 관한 다양한 의견

- **문단 간의 관계** : 1문단에서는 첨성대를 소개하고, 2문단에서는 첨성대의 구조와 의미를 설명하고 있다. 3문단에서는 천문 관측 시설인 첨성대에 대한 사람들의 의견을 제시하고, 4문단

에서는 첨성대의 용도에 관한 다른 의견들을 제시하였다. 5문단에서는 첨성대를 천문대로 보게 된 근거를 제시한 후, 앞으로의 연구 전망에 관하여 질문하며 글을 마무리하고 있다.

- **글의 구조도**

1 문단	**2 문단**	**3 문단**	**4 문단**	**5 문단**
별의 움직임을 관측했던 이유와 첨성대	첨성대의 구조와 의미	첨성대를 보고 사람들이 실망하는 이유	첨성대의 용도에 관한 다른 의견	첨성대를 천문 관측 시설로 보는 근거와 전망

01 정답 첨성대 ·········· 핵심어 찾기

왜 정답?

이 지문에서는 우리나라뿐만 아니라, 동양에서 가장 오래된 천문대인 첨성대에 대해 소개하고, 첨성대의 구조에 대해 이야기하고 있다. 또 첨성대의 용도를 둘러싼 사람들의 의견에 대해서도 언급하고 있다. 따라서 빈칸에 들어가기에 적절한 이 지문의 핵심어는 '첨성대'이다.

02 정답 ② ·········· 중심 문장 찾기

왜 정답?

② 5문단에서는 3, 4문단에서 살펴본 첨성대의 용도에 관한 논의들을 정리하면서 첨성대가 천문 관측 시설일 것이라는 일반적인 견해의 근거를 제시하고 있다. 따라서 이와 같은 내용을 포함한 5문단의 중심 문장은 '그럼에도 첨성대, 별을 보는 곳이라고 하는 이유는 첨성대가 세워진 이후 신라의 천체 관측에 관한 기록이 기하급수적으로 늘었기 때문이다.'이다.

03 정답 ② ·········· 내용 파악하기

윗글을 통해 답을 찾을 수 없는 질문은?

① 첨성대의 높이는 얼마인가?
2문단 1번째 문장에 근거 → 첨성대의 높이는 9.17m임.
② 첨성대를 국보로 지정한 이유는 무엇인가?
지문에서 설명하고 있지 않음.
③ 첨성대의 내부는 무엇으로 채워져 있는가?
2문단 3번째 문장에 근거 → 첨성대의 내부는 흙으로 채워짐.
④ 동양에서 가장 오래된 천문대는 어디에 있는가?
1문단에 근거 → 경주에 있는 첨성대는 동양에서 가장 오래된 천문대임.
⑤ 사람들이 첨성대를 보고 실망하는 이유는 무엇인가?
3문단 2번째 문장에 근거 → 규모도 작고 평지에 있음.

왜 정답?

② 1문단에서 '첨성대는 우리나라 국보 제31호이다.'라고 하였다. 그러나 이 지문에서 첨성대를 국보로 지정한 이유에 대해서 이야기하고 있지는 않다.

왜 오답?

① 2문단에서 '높이 9.17m의 첨성대'라고 하였다.
③ 2문단에서 '첨성대의 내부는 제12단까지 흙으로 채웠'다고 하였다.
④ 1문단에서 '신라 선덕 여왕 때 경주에 세운 첨성대'는 '동양에서 가장 오래된 천문대'라고 하였다.
⑤ 3문단에서 '보통 천문 관측 시설은 산 위나 높은 곳에 있는데, 첨성대는 평지에 있고 그 규모도 작기 때문'에 '첨성대를 보고 그 모습에 실망하는 사람들도 있다.'라고 하였다.

04 정답 ③ ·········· 내용 파악하기

첨성대에 대한 설명으로 적절하지 않은 것은?

① 첨성대는 동양에서 가장 오래된 천문대이다.
1문단에 근거
② 첨성대는 신라 선덕 여왕 때 경주에 세워졌다.
1문단에 근거
③ 첨성대에서 별을 관측하였다는 기록이 남아 있다.
5문단에 근거 → 어떤 기록에도 없음.
④ 첨성대는 약 362개의 돌을 쌓아 만들어졌으며, 이 돌은 1년을 의미한다.
2문단에 근거
⑤ 첨성대를 불교의 제단으로 생각하는 사람들은 첨성대가 수미산을 닮았다는 것을 근거로 든다.
4문단에 근거

왜 정답?

③ 5문단에서 '첨성대에서 별을 관측하였다는 직접적인 내용은 어떤 기록에도 남아 있지 않다.'라고 하였다. 따라서 첨성대에서 별을 관측하였다는 기록이 남아 있다고 설명하는 것은 적절하지 않다.

왜 오답?

① 1문단에서 '동양에서 가장 오래된 천문대이기도 한 첨성대'라고 하였다.
② 1문단에서 첨성대는 '신라 선덕 여왕 때 경주에 세'웠다고 하였다.
④ 2문단에서 첨성대의 '362개의 돌은 1년을 의미'한다고 하였다.
⑤ 4문단에서 '첨성대의 형태가 불교에서 부처님이 있는 가장 높은 산인 '수미산'을 닮았다'는 이유로 어떤 사람들은 '첨성대를 천문 관측과는 전혀 상관없는 불교의 제단으로 여기기도 한다.'라고 하였다.

05 정답 ⑤ ·········· 내용 추론하기

윗글의 내용을 고려할 때, ㉠의 이유로 가장 적절한 것은?

① 소원을 빌기 위해
지문의 내용과 관련이 없음.
② 시간을 표시하기 위해
지문의 내용과 관련이 없음.
③ 계절의 변화를 연구하기 위해
지문의 내용과 관련이 없음.
④ 다음날의 날씨를 예측하기 위해
지문의 내용과 관련이 없음.
⑤ 씨를 뿌릴 시기와 곡식을 거둘 시기를 알기 위해
1문단 1~2번째 문장에 근거 → 별의 움직임을 관찰함으로써 알 수 있었음.

왜 정답?

⑤ ㉠은 앞의 문장과 '그래서'로 이어지고 있으므로 ㉠의 앞 문장의 내용이 ㉠의 원인이나 근거가 될 것이다. 1문단에서 '예로부터 우리나라는 농사를 지어 왔'는데, '계절에 따라 달라지는 별의 움직임을 관찰함으로써 씨를 뿌릴 시기와 곡식을 거둘 시기를 알 수 있었기 때문'에 '별의 움직임을 관측하는 것이 아주 중요한 일이었다.'라고 하였다. 따라서 ㉠의 이유는 씨를 뿌릴 시기와 곡식을 거둘 시기를 알기 위해서이다.

왜 오답?

①, ②, ③, ④ 이 지문의 내용과 관련이 없다.

기압이 날씨에 미치는 영향

○ 핵심어 　▨ 문단 중심 문장 　▨ 전체 중심 문장

1 국어사전에 따르면 바람은 '기압의 변화 또는 사람이나 기계에 의하여 일어나는 공기의 움직임'이다. 여기에서의 기압은 무엇이고, 기압이 어떻게 바람을 일으키는 것일까?
1문단의 핵심어 / 바람의 의미

기압은 공기의 무게 때문에 생기는 압력을 의미하는 것으로, 같은 장소라고 할지라도 시간, 온도에 따라 다를 수 있다. 두 지점의 기압에 차이가 생기면, 압력이 높은 곳에서 낮은 곳으로 이동하는 공기의 성질 때문에 바람이 불게 된다.
기압의 의미와 특징 / 바람이 부는 원리

2 한편 기압은 대기의 상태를 표현하는 가장 기본적인 요소 중 하나이다. 고기압은 보통 맑은 날씨를, 저기압은 나쁜 날씨를 나타낸다. 그런데 왜 고기압일 때는 날씨가 좋고, 저기압일 때는 나쁠까? 이는 공기의 이동과 관련이 있다.
2문단의 핵심어 / 기압의 역할 : 대기의 상태를 표현함.

3 저기압은 일정한 부피에서 공기의 양이 주위보다 적어 기압이 낮은 곳이다. 그러므로 저기압 지역에서는 바람이 바깥에서 중심을 향해 불어오게 된다. 「중심으로 모아진 바람은 위로 올라가게 되는데, 이 때문에 상승 기류가 생긴다. 상승 기류가 만들어지면 압력이 낮아지면서 공기의 수증기가 응결하여 구름이 만들어진다. 그래서 저기압 지역은 구름이 끼고 비나 눈이 내리는 등 날씨가 나빠지게 된다.」
3문단의 핵심어 / 저기압의 의미 / 공기는 압력이 높은 곳에서 낮은 곳으로 이동하기 때문에 / 「 」: 저기압 지역에서 날씨가 흐려지는 과정

4 반면 대기 중에서 높이가 같은 주위보다 기압이 높은 영역을 고기압이라고 한다. 고기압 지역에서는 ㉠같은 원리로 공기가 바깥을 향해 불어 나가며 하강 기류가 만들어진다. 하강하는 공기는 수증기를 많이 흡수하는데, 주위에 있던 구름마저 수증기로 흡수해버리기 때문에 날씨가 맑아지게 된다.
고기압의 의미 / 4문단의 핵심어 / 압력이 높은 곳에서 낮은 곳으로 이동하는 공기의 성질 / 고기압 지역에서 날씨가 맑은 이유

5 이처럼 기압은 바람을 불게 하고 날씨에도 영향을 미치는 등 우리의 삶과 밀접한 관련이 있다. 오늘부터 일기 예보를 들으며 이 내용들을 떠올려 보자. 일기 예보가 전보다 재밌게 느껴질 것이다.
5문단의 핵심어 / 전체적인 내용을 요약함.

1 문단 요약
기압의 의미와 바람이 부는 원리

2 문단 요약
기압과 날씨의 관계

3 문단 요약
저기압 지역에서 날씨가 나빠지는 이유

4 문단 요약
고기압 지역에서 날씨가 맑은 이유

[중심 문단]
5 문단 요약
기압과 우리 삶의 관련성

● **내용 :** 이 글은 기압이 날씨에 미치는 영향에 대하여 설명하고 있다. 바람이 부는 이유는 기압이 높은 곳에서 낮은 곳으로 이동하는 공기의 성질 때문이며, 기압은 날씨에 영향을 미친다. 보통 저기압 지역에서 날씨가 흐리고 고기압 지역에서 날씨가 맑은 이유도 공기의 이러한 성질 때문이다.

● **주제 :** 기압이 날씨에 미치는 영향

● **문단 간의 관계 :** 1문단에서는 바람이 부는 원리를 기압의 개념을 바탕으로 설명하고 있다. 2문단에서는 기압과 날씨 사이의 관계를 밝히고 있다. 3문단과 4문단에서는 저기압과 고기압 지역에서 날씨가 나빠지거나 좋아지는 이유를 설명하고 있다. 5문단에서는 기압과 우리 삶 사이의 관련성을 언급하며 글을 마무리하고 있다.

● **글의 구조도**

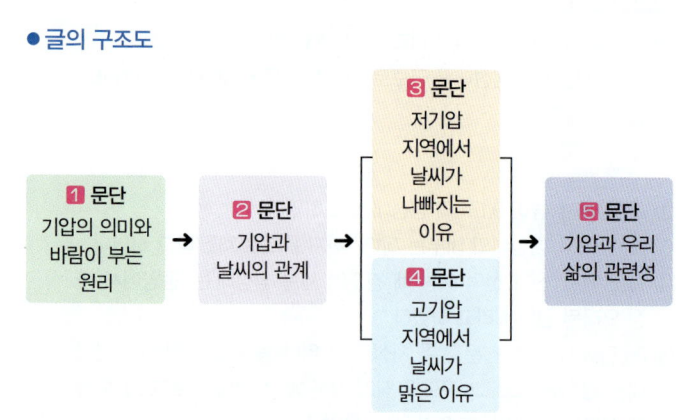

1 문단 기압의 의미와 바람이 부는 원리 → **2 문단** 기압과 날씨의 관계 → **3 문단** 저기압 지역에서 날씨가 나빠지는 이유 / **4 문단** 고기압 지역에서 날씨가 맑은 이유 → **5 문단** 기압과 우리 삶의 관련성

06 [정답] 기압 ·· 핵심어 찾기

>왜 정답?

이 지문에서는 바람이 부는 원리를 기압의 개념을 바탕으로 설명하고 있다. 1문단에서 '두 지점의 기압에 차이가 생기면, 압력이 높은 곳에서 낮은 곳으로 이동하는 공기의 성질 때문에 바람이 불게 되는 것이다.'라고 하였다. 따라서 빈칸에 들어가기에 적절한 핵심어는 '기압'이다.

07 [정답] ① ·· 중심 문장 찾기

>왜 정답?

① 5문단에서는 기압이 우리의 삶과 관련이 있다면서 지금까지 설명한 정보들을 일기 예보를 들을 때 떠올려 보자고 권하고 있다. 따라서 이러한 내용을 포함한 5문단의 중심 문장은 '이처럼 기압은 바람을 불게 하고 날씨에도 영향을 미치는 등 우리의 삶과 밀접한 관련이 있다.'이다.

08 [정답] ③ ·· 내용 파악하기

윗글의 내용으로 적절하지 않은 것은?

① 같은 장소에서의 기압은 온도에 따라 달라지기도 한다.
  1문단 3번째 문장에 근거
② 같은 장소에서의 기압은 시간에 따라 달라지기도 한다.
  1문단 3번째 문장에 근거
③ 공기의 무게 때문에 생기는 압력을 고기압이라고 한다.
  기압
④ 고기압 지역과 저기압 지역에서는 바람의 방향이 달라진다.
  3, 4문단에 근거
⑤ A 지점과 B 지점의 기압에 차이가 생기면 압력이 높은 곳에서 낮은 곳으로 공기가 이동하기 때문에 바람이 분다.
  1문단 4번째 문장에 근거

>왜 정답?

③ 1문단에서 '기압은 공기의 무게 때문에 생기는 압력을 의미'한다고 하였고, 4문단에서 '대기 중에서 높이가 같은 주위보다 기압이 높은 영역을 고기압이라고 한다.'라고 하였다. 따라서 공기의 무게 때문에 생기는 압력은 고기압이 아니라 기압이다.

>왜 오답?

①, ② 1문단에서 기압은 '같은 장소라고 할지라도 시간, 온도에 따라 다를 수 있다.'라고 했다.

④ 3문단에서 '저기압 지역에서는 바람이 바깥에서 중심을 향해 불어오게 된다.'라고 하였다. 또 4문단에서 고기압 지역에서는 '공기가 바깥을 향해 불어 나'간다고 하였다.

⑤ 1문단에서 '두 지점의 기압에 차이가 생기면, 압력이 높은 곳에서 낮은 곳으로 이동하는 공기의 성질 때문에 바람이 불게 된다.'라고 하였다.

09 [정답] 상승 기류 ·· 내용 파악하기

다음은 3문단의 내용을 정리한 것이다. 빈칸에 들어가기에 적절한 말을 쓰시오.

> 저기압 지역에서는 바람이 바깥쪽에서 중심을 향해 불어옴. →
> (   )이/가 생김. → 공기의 수증기가 구름으로 변함. →
> 3문단 3번째 문장에 근거 → 중심으로 모아진 바람은 위로 올라감.
> 구름이 끼고 비나 눈이 내리게 됨.

>왜 정답?

3문단에서는 저기압 지역에서 날씨가 나빠지는 과정을 설명하고 있다. 저기압 지역은 '공기의 양이 주위보다 적어 기압이 낮'기 때문에, '바람이 바깥에서 중심을 향해 불어'온다고 하였다. 또한 '중심으로 모아진 바람은 위로 올라가게 되는데, 이 때문에 상승 기류가 생긴다.'라고 하였다. 따라서 빈칸에 들어가기에 적절한 말은 '상승 기류'이다.

10 [정답] ④ ·· 내용 추론하기

㉠이 의미하는 바로 가장 적절한 것은?
  같은 원리
① 차가운 공기는 아래쪽으로 이동한다.
  지문에서 설명하고 있지 않음.
② 부피가 일정하다면 공기의 양도 일정하다.
  3문단 1번째 문장에 근거 → 공기의 양은 부피에 따라 일정하지 않음.
③ 온도가 일정하다면, 공기는 이동하지 않는다.
  지문에서 설명하고 있지 않음.
④ 공기는 압력이 높은 곳에서 낮은 곳으로 이동한다.
  바람은 압력이 높은 곳에서 낮은 곳으로 이동하는 공기의 성질 때문에 붊.
⑤ 같은 장소라도 시간, 온도에 따라 기압이 다를 수 있다.
  1문단 3번째 문장에 근거 → 바람이 부는 원리와 직접적으로 관련은 없음.

>왜 정답?

④ ㉠은 고기압 지역에서 공기가 바깥을 향해 불어 나가며 하강 기류를 만드는 원리를 가리킨다. 4문단에서 고기압 지역은 '대기 중에서 높이가 같은 주위보다 기압이 높'다고 하였다. 그런데 1문단에서 바람은 '두 지점의 기압에 차이가 생기면, 압력이 높은 곳에서 낮은 곳으로 이동하는 공기의 성질 때문에 불게' 되는 것이라고 하였다. 이를 고려하면 공기는 기압이 높은 고기압 지역을 중심으로 바깥쪽으로 불어나갈 것임을 알 수 있다. 따라서 고기압 지역에서 공기가 바깥을 향해 불어 나가며 하강 기류를 만드는 원리(㉠)는 공기가 압력이 높은 곳에서 낮은 곳으로 이동하는 것이라고 할 수 있다.

>왜 오답?

①, ③ 이 지문에서는 차가운 공기가 아래쪽으로 이동하는지, 온도가 일정하다면 공기가 이동하지 않는지에 대해서는 이야기하지 않았다.

② 3문단에서 '저기압은 일정한 부피에서 공기의 양이 주위보다 적어 기압이 낮은 곳이다.'라고 하였다. 이를 고려하면 부피가 일정하여도 공기의 양은 일정하지 않다는 것을 알 수 있다.

⑤ 1문단에서 기압은 '같은 장소라고 할지라도 시간, 온도에 따라 다를 수 있다.'라고 하였다. 그러나 이는 고기압 지역에서 공기가 바깥을 향해 불어 나가며 하강 기류를 만드는 원리(㉠)라고 볼 수 없다.

공감적 대화

○ 핵심어   🟨 문단 중심 문장   ▨ 전체 중심 문장

1 공감적 대화란 대화에 참여한 사람들이 서로의 생각이나 감정을 깊이 이해하고 함께
1문단의 핵심어   공감적 대화의 의미
나누는 대화를 의미한다. 공감적 대화의 방법에는 상대방의 말을 열린 마음으로 듣는 공
                                        공감적 대화의 방법 ①
감적 듣기와 자신의 감정을 적절하게 표현하는 말하기가 있다. 다음 대화를 살펴보자.
        공감적 대화의 방법 ②

2
> 지윤 : 주말에 방 정리를 했는데. 너무 힘들었어.
> 정연 : 많이 힘들었구나. 무슨 일 있었어?   구체적인 예
> 진희 : 너 청소 자주 안하지? 방 정리가 뭐가 힘들어?

내가 지윤이라면, 친구들의 말을 듣고 어떤 기분이 들었을까? 아마 정연이와는 대화를
이어나가고 싶을 것이고, 진희와는 더 이상 대화하고 싶지 않을 것이다. 정연이는 지윤
이의 말에 공감을 하고 있지만, 진희는 그렇지 않기 때문이다. 그렇다면 공감적 대화는
                                                                2문단의 핵심어
어떻게 하는 것일까?
앞으로의 글의 내용을 안내함.

3 먼저 공감적 듣기는 상대방의 말을 분석하거나 비판하는 것이 아니라 상대방의 감정
        3문단의 핵심어
을 생각하며 듣는 것이다. 즉, 대화를 할 때 상대방의 표정, 몸짓, 말투, 목소리 등이 어
떠한지 살피며 상대방의 감정을 파악하며 듣는 것이다. 위의 대화에서 정연이는 '많이
힘들었구나.'라며 지윤이의 감정에 공감하고 있다.
        앞의 대화를 예로 들어 공감적 듣기를 설명함.

4 자신의 감정을 적절하게 표현하는 말하기 역시 공감적 대화의 방법이다. 위의 상황
        4문단의 핵심어
에서 진희의 말에 지윤이가 화를 낸다면 다툼으로 이어질 수도 있다. 이 때 지윤이는 화
를 낼 것이 아니라, 당시의 상황을 구체적으로 말하고 감정을 솔직하게 이야기해야 한
                                            자신의 감정을 적절하게 표현하는 방법
다. 대상과 상황을 고려하여 공손한 태도를 갖추면 더욱 좋다. 공손한 태도로 나의 감정을
이야기하면 상대도 자신의 말과 행동을 침착하게 돌아보고 대화할 수 있기 때문이다. 진
희에게 "아까 내가 방 정리 때문에 힘들다고 말했을 때, 네가 '너 청소 자주 안하지? 방 정
리가 뭐가 힘들어?'라고 말을 해서 기분이 안 좋았어. 다음부턴 좀 더 부드럽게 말해줄 수
있을까?"라고 한다면 진희도 지윤이에게 실수한 것을 깨닫고 사과를 할 것이다.

5 ' ___㉠___ '라는 말이 있다. 그만큼 말이 갖는 힘이 크다는 것이다. 말 한 마디에 친구
와 싸우기도 하고, 큰 힘을 얻기도 한다. 상대방의 감정에 공감하며 열린 마음으로 듣
고, 또 나의 감정을 상대방이 잘 이해할 수 있도록 솔직하고 구체적으로 표현하는 것,
그것이 바로 공감적 대화이다.
        5문단의 핵심어

문단 요약

1 문단 요약
공감적 대화의 의미

2 문단 요약
공감적 대화가 필요한 상황

3 문단 요약
공감적 듣기의 의미와 방법

4 문단 요약
자신의 감정을 적절하게 표현하는 말하기의 방법

[중심 문단]
5 문단 요약
공감적 대화의 중요성

● **내용** : 이 글은 공감적 대화의 방법을 설명하고 있다. 일상에서
볼 수 있는 대화 상황을 예로 들어 공감적 대화의 필요성과 방
법을 설명하고 있다.

● **주제** : 공감적 대화의 방법과 필요성

● **문단 간의 관계** : 1문단에서는 공감적 대화의 의미를 설명하
고, 2문단에서는 공감적 대화가 필요한 상황을 예로 들고 있다.
3문단과 4문단에서는 2문단의 상황을 통해 공감적 대화 중 공

감적 듣기와 자신의 감정을 적절하게 표현하는 말하기의 방법을 설명하고
있다. 5문단에서는 공감적 대화의 중요성을 강조하며 글을 마무리하고 있다.

● **글의 구조도**

1 문단	**2** 문단	**3** 문단	**4** 문단	**5** 문단
공감적 대화의 의미	공감적 대화가 필요한 상황	공감적 듣기의 의미와 방법	자신의 감정을 표현하는 말하기의 방법	공감적 대화의 중요성

01 정답 공감적 대화 ———— 핵심어 찾기

> **왜 정답?**

1문단에서는 '공감적 대화란 대화에 참여한 사람들이 서로의 생각이나 감정을 깊이 이해하고 함께 나누는 대화를 의미한다.'라면서 공감적 대화가 무엇인지 설명하고 있다. 그러므로 빈칸에 들어가기에 적절한 핵심어는 '공감적 대화'이다.

02 정답 ① ———— 중심 문장 찾기

> **왜 정답?**

① 1문단에서는 공감적 대화의 의미를 소개하고, 앞으로 설명할 공감적 대화의 방법을 짧게 정리하고 있다. 따라서 '공감적 대화란 대화에 참여한 사람들이 서로의 생각이나 감정을 깊이 이해하고 함께 나누는 대화를 의미한다.'가 1문단의 중심 문장이다.

03 정답 ⑤ ———— 내용 파악하기

윗글에 대한 설명으로 적절하지 않은 것은?

① 구체적인 대화의 예를 들고 있다.
   2문단에 근거 → 지윤, 정연, 진희의 대화를 예로 들고 있음.
② 공감적 대화가 무엇인지 설명하고 있다.
   서로의 생각이나 감정을 깊이 이해하고 함께 나누는 대화
③ 공감적 듣기가 무엇인지 설명하고 있다.
   상대방의 감정을 생각하며 듣기
④ 공감적 대화를 하는 방법을 설명하고 있다.
   3문단, 4문단에 근거 → 공감적 듣기와 말하기의 방법을 설명함.
⑤ 공감적 대화를 하지 않는 사람들을 비난하고 있다.
   공감적 대화를 하지 않는 사람들을 비난하고 있지는 않음.

> **왜 정답?**

⑤ 이 지문에서는 공감적 대화의 의미와 방법을 소개하고, 공감적 대화의 중요성을 강조하고 있다. 그러나 공감적 대화를 하지 않는 사람들을 비난하고 있지는 않다.

> **왜 오답?**

① 2문단에서 지윤, 정연, 진희의 대화를 예로 들고, 3문단과 4문단에서는 이를 통해 공감적 대화의 방법을 설명하고 있다.
② 1문단에서 '공감적 대화란 대화에 참여한 사람들이 서로의 생각이나 감정을 깊이 이해하고 함께 나누는 대화를 의미한다.'라고 했다.
③ 3문단에서 '공감적 듣기는 상대방의 말을 분석하거나 비판하는 것이 아니라 상대방의 감정을 생각하며 듣는 것이다.'라고 했다.
④ 1문단에서 '공감적 대화의 방법에는 상대방의 말을 열린 마음으로 듣는 공감적 듣기와 자신의 감정을 적절하게 표현하는 말하기가 있다.'라고 했다. 3문단과 4문단에서 공감적 듣기와, 자신의 감정을 적절하게 표현하는 말하기의 방법을 설명하고 있다.

04 정답 ④ ———— 내용 파악하기

'공감적 대화'에 대한 설명으로 적절하지 않은 것은?

① 대화 참여자들이 서로의 생각, 감정을 깊이 이해하는 것이다.
   대화에 참여한 사람들이 서로의 생각과 감정을 이해하는 대화
② 상대방의 말투, 표정 등에 유의해서 감정을 살피며 듣는 것이다.
   상대방의 표정, 몸짓, 말투, 목소리를 통해 상대방의 감정을 살피는 듣기
③ 나의 감정을 상대방이 잘 이해할 수 있도록 구체적으로 표현하는 것이다.
   당시의 상황과 감정을 구체적으로 솔직하게 이야기하는 말하기
④ 상대방의 말을 분석하며 듣고, 상대방이 하는 말의 문제점을 찾는 것이다.
   상대방의 말을 분석하거나 비판하는 것이 아니라 상대방의 감정을 생각하며 듣기
⑤ 어떤 상황에서 자신이 느낀 감정을 솔직하게 표현하는 것도 공감적 대화이다.
   자신의 감정을 적절하게 표현하는 말하기

> **왜 정답?**

④ 3문단에서 공감적 듣기는 '상대방의 말을 분석하거나 비판하는 것이 아니라 상대방의 감정을 생각하며 듣는 것'이라고 했다. 따라서 상대방의 말을 분석적으로 들으면서 문제의 원인을 찾는 것은 공감적 대화라고 볼 수 없다.

> **왜 오답?**

① 1문단에서 '공감적 대화란 대화에 참여한 사람들이 서로의 생각이나 감정을 깊이 이해하고 함께 나누는 대화'라고 했다.
② 3문단에서 공감적 듣기란 '상대방의 표정, 몸짓, 말투, 목소리 등이 어떠한지 살피며 상대방의 감정을 살피며 듣는 것'이라고 했다.
③, ⑤ 4문단에서 '자신의 감정을 적절하게 표현하는 말하기 역시 공감적 대화의 방법'이라면서 '당시의 상황을 구체적으로 말하고 감정을 솔직하게 이야기해야 한다.'라고 했다.

05 정답 ② ———— 어휘의 의미 파악하기

㉠에 들어갈 속담으로 가장 적절한 것은?

① 발 없는 말이 천 리 간다.
   말은 빠르게 멀리 퍼지므로 말을 할 때는 항상 조심해야 함.
② 말 한마디에 천 냥 빚도 갚는다.
   말을 잘하면 어려운 일도 해낼 수 있음. → 말의 힘을 드러냄.
③ 입은 삐뚤어져도 말은 바로 해라.
   어떤 상황에서도 말을 바르게 하여 진실을 밝혀야 함.
④ 낮말은 새가 듣고 밤말은 쥐가 듣는다.
   말은 어떻게든 새어나갈 수 있으므로 항상 말조심해야 함.
⑤ 가루는 칠수록 고와지고 말은 할수록 거칠어진다.
   말은 할수록 상황을 나쁘게 할 수 있으므로 아껴야 함.

> **왜 정답?**

② ㉠의 바로 뒤에서 말이 갖는 힘이 크다고 하였으므로, ㉠에는 말의 힘과 관련된 속담이 들어가야 한다. '말 한 마디에 천 냥 빚도 갚는다.'라는 속담은 말을 잘하면 어려운 일도 해낼 수 있다는 의미로, 말이 그만큼 큰 힘을 갖는다는 것을 의미한다.

> **왜 오답?**

①, ③, ④, ⑤ ㉠에 들어가기에 적절하지 않다.

만 18세인 청소년에게 선거권을 주어야 할까?

○ 핵심어　█ 문단 중심 문장　█ 전체 중심 문장

1 선거권이란 대통령과 국회의원 등을 뽑는 선거에 참여할 수 있는 국민의 권리를 의미한다. 2005년 이전까지 우리나라에서는 만 20세 이상만 선거권을 갖고 있었지만, 2005년에 선거법이 개정되면서 만 19세 이상부터 선거권이 주어졌다. 현재 경제협력개발기구(OECD)* 34개국 가운데 가장 늦은 연령이다. OECD 회원국 가운데 오스트리아의 선거 연령은 만 16세로 가장 빠르며, 미국·영국·프랑스 등 많은 국가들의 선거 연령은 만 18세다. 일본은 2016년에 선거 연령을 만 20세에서 만 18세로 조정하였다. 이 때문에 우리나라에서는 매번 선거철이 되면 만 18세 청소년들에게 선거권을 주어야 하는지에 대해 찬성과 반대 측의 의견이 팽팽하게 맞서고 있다.

2 선거 연령을 만 18세로 낮추는 것에 찬성하는 측에서는 만 18세부터 납세·근로·국방의 의무가 부여되는데 선거권만 만 19세로 정해져 있는 것은 적절하지 못하다고 본다. 또한 청소년들이 충분히 정치적 결정을 할 능력도 갖추고 있다고 강조한다. 다양한 매체의 발달과 정치와 관련된 교육의 질이 향상됨에 따라 청소년들이 정치에 참여할 수 있는 환경이 예전보다 더 좋아졌고, 이 때문에 청소년들이 미성숙해서 그들에게 선거권을 줄 수 없다는 주장은 불합리하다고 이야기한다. 게다가 삶에 영향을 주는 선거에 참여함으로써 영향력을 행사하는 것은 기본권을 향상하는 일인 동시에 민주주의의 발전을 실현하는 것이라고도 덧붙인다.

3 이와는 반대로 선거 연령을 만 18세로 낮추는 것에 반대하는 측, 즉 선거 연령을 현재 상태인 만 19세로 유지해야 한다고 주장하는 측에서는 청소년들을 미성숙한 존재로 여긴다. 만 18세라면 대부분 고등학교 3학년일 것이며, 입시 등으로 바쁜 학생들이 정치에 관심을 갖기는 어렵다는 것을 근거로 든다. 정치에 관심을 크게 둘 수 없는 현실적인 상황에서 선거권을 갖게 된다면 투표를 못하는 사람들도 있을 것이고, 미숙한 결정을 할 가능성도 높다는 것이 그들의 생각이다.

4 민주주의 사회를 이끌어가는 필수적인 요소는 선거라고 해도 과언이 아니다. 과연 몇 세부터 선거권을 갖는 것이 옳은지에 대해 사회적 차원에서 진지한 의견 교환이 필요한 때이다.

* 경제협력개발기구 : 경제 성장, 개발 도상국 원조, 통상 확대의 세 가지를 주요 목적으로 하여 1961년에 창설된 국제 경제 협력 기구

---

1 문단 요약
선거권의 개념과 우리나라의 선거 연령

2 문단 요약
선거 연령을 만 18세로 낮추는 것에 찬성하는 측의 근거

3 문단 요약
선거 연령을 만 18세로 낮추는 것에 반대하는 측의 근거

[중심 문단]
4 문단 요약
선거권 연령에 대한 논의의 필요성

● **내용** : 이 글은 선거 연령을 만 18세로 낮추는 것에 찬성하는 측의 의견과 반대하는 측의 의견을 소개하고, 사회적 차원에서 이에 대하여 진지한 논의가 필요함을 강조하고 있다.

● **주제** : 선거 연령에 대한 두 가지 입장

● **문단 간의 관계** : 1문단에서는 청소년 선거권과 관련한 우리나라의 상황을 설명하고 있다. 2문단과 3문단에서 선거 연령을 만 18세로 낮추는 것에 대한 찬성과 반대 측의 주장과 근거를

제시하였다. 4문단에서는 선거권 연령에 대한 논의의 필요성을 강조하며 글을 마무리하고 있다.

● **글의 구조도**

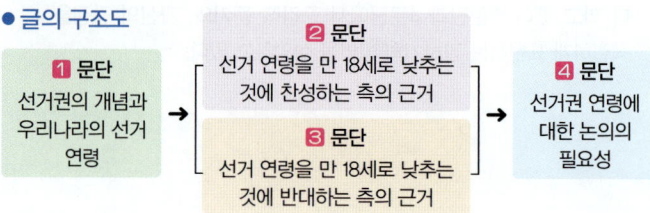

06 [정답] 선거권 ·········· 핵심어 찾기

>왜 정답?

1문단에서 '선거권이란 대통령과 국회의원 등을 뽑는 선거에 참여할 수 있는 국민의 권리를 의미한다.'라고 했다. 따라서 빈칸에 들어가기에 적절한 핵심어는 '선거권'이다.

07 [정답] ① ·········· 중심 문장 찾기

>왜 정답?

① 2문단에서는 선거 연령을 만 18세로 낮추는 것에 찬성하는 측의 의견을 제시하고 있다. 따라서 2문단의 중심 문장으로는 이러한 내용을 모두 포함하고 있는 ①이 가장 적절하다.

08 [정답] ⑤ ·········· 내용 파악하기

> **윗글의 내용으로 적절하지 <u>않은</u> 것은?**
> ① 우리나라에서는 2005년에 선거법이 개정되었다.
>   1문단에 근거 → 만 20세 이상에서 만 19세 이상으로 조정됨.
> ② 일본은 2016년에 선거 연령을 이전보다 낮추었다.
>   일본은 2016년에 선거 연령을 만 20세에서 만 18세로 조정함.
> ③ 우리나라에서는 만 18세부터 세금을 낼 의무를 진다.
>   만 18세부터 납세·근로·국방의 의무가 부여됨.
> ④ OECD 국가 중 선거 연령이 가장 늦은 나라는 우리나라이다.
>   OECD 34개국 가운데 가장 늦은 연령임.
> ⑤OECD 국가 중 선거 연령이 가장 빠른 나라는 영국이며,
>   오스트리아의 선거 연령이 만 16세로 가장 빠르고 영국의 선거 연령은 만 18세임.
>   영국의 선거 연령은 만 16세이다.

>왜 정답?

⑤ 1문단에서 'OECD 회원국 가운데 오스트리아의 선거 연령은 만 16세로 가장 빠르며, 영국의 '선거 연령은 만 18세'라고 하였다.

>왜 오답?

①, ④ 1문단에서 우리나라는 '2005년에 선거법이 개정되면서 만 19세 이상부터 선거권이 주어졌다.'라면서 '경제개발협력기구(OECD) 34개국 가운데 가장 늦은 연령이다.'라고 했다.

② 1문단에서 '일본은 2016년에 선거 연령을 만 20세에서 만 18세로 조정하였다.'라고 했다.

③ 2문단에서 '만 18세부터 납세·근로·국방의 의무가 부여'된다고 했다.

09 [정답] ⑤ ·········· 내용 파악하기

> **〈보기〉는 2문단의 내용을 정리한 것이다. 가장 적절하지 <u>않은</u> 것은?**
> ┌─── 〈보기〉 ───┐
> **선거 연령을 만 18세로 낮추는 것에 찬성하는 이유**
> ㉠ 정치와 관련된 교육의 질이 높아짐.
>   교육의 질이 향상되어 청소년들의 정치 참여 환경이 좋아짐.
> ㉡ 선거권만 만 19세로 정해져 있는 것은 적절하지 못함.
>   만 18세부터 납세·근로·국방의 의무가 부여됨.
> ㉢ 청소년들은 정치적 결정을 할 능력을 갖추고 있지 않음.
>   청소년들이 정치적 결정을 할 능력도 충분히 갖추고 있음.
> ㉣ 다양한 매체의 발달로 정치에 참여할 수 있는 환경이 예전보
>   매체가 발달함에 따라 청소년들이 정치에 참여할 수 있는 환경이 좋아짐.
>   다 나빠짐.
>
> ① ㉠, ㉡   ② ㉠, ㉢   ③ ㉡, ㉢   ④ ㉡, ㉣   ⑤㉢, ㉣

>왜 정답?

2문단에서 선거 연령을 만 18세로 낮추는 것에 찬성하는 측에서는 '청소년들이 충분히 정치적 결정을 할 능력도 갖추고 있다고 강조한다.'라고 했다. 청소년들이 정치적 결정을 할 능력을 갖추고 있지 않다는 것은 청소년들을 미성숙한 존재로 여기는 반대 측의 입장이다.(㉢)

또 2문단에서 '다양한 매체의 발달과 정치와 관련된 교육의 질이 향상됨에 따라 청소년들이 정치에 참여할 수 있는 환경이 예전보다 더 좋아졌'다고 했다. 정치에 참여할 수 있는 환경이 예전보다 더 나빠진 것이 아니다.(㉣)

>왜 오답?

2문단에서 '정치와 관련된 교육의 질이 향상됨에 따라 청소년들이 정치에 참여할 수 있는 환경이 예전보다 더 좋아졌'다고 했고(㉠), '만 18세부터 납세·근로·국방의 의무가 부여되는데 선거권만 만 19세로 정해져 있는 것은 적절하지 못하다고 본다.'라고 했다.(㉡)

10 [정답] ⑤ ·········· 글쓴이의 의도 파악하기

> **글쓴이가 윗글을 쓴 궁극적인 목적으로 가장 적절한 것은?**
> ① OECD 국가들의 선거 연령을 알리기 위해
>   OECD 국가들의 선거 연령에 대해 이야기하고자 이 글을 쓴 것은 아님.
> ② 우리나라의 선거 연령이 만 19세로 정해진 이유를 알리
>   선거 연령을 둘러싼 찬성과 반대 의견을 소개하기 위해 이야기한 것일 뿐임.
>   기 위해
> ③ 우리나라에서 납세, 국방의 의무가 시작되는 나이를 알
>   글의 중심 내용은 아님.
>   리기 위해
> ④ 선거 연령을 낮추는 것에 반대하는 사람들의 주장을 소
>   반대 측의 주장을 소개하며 의견 교환이 필요하다고 주장함.
>   개하기 위해
> ⑤우리나라에서 선거 연령을 만 18세로 낮추는 것에 대해
>   사회적 차원에서 진지한 의견 교환이 필요한 때라고 함.
>   의견을 나누자고 권하기 위해

>왜 정답?

⑤ 이 지문에서는 우리나라의 선거 연령을 만 18세로 낮추자는 의견을 둘러싼 찬성 측과 반대 측의 주장과 근거를 소개하고 있다. 특히 4문단에서 '과연 몇 세부터 선거권을 갖는 것이 옳은지에 대해 사회적 차원에서 진지한 의견 교환이 필요한 때이다.'라면서 우리나라에서 선거 연령을 낮추는 것에 대해 의견을 나눌 것을 권하고 있다.

>왜 오답?

① 1문단에서 OECD 국가들의 선거 연령을 소개하고, 이를 우리나라의 선거 연령과 비교한 것은 우리나라의 선거 연령이라는 화제를 제시하기 위해서이다.

② 1문단에서 2005년에 선거법 개정을 통해 우리나라의 선거 연령이 만 19세로 정해졌다고 한 것은 선거 연령과 관련한 우리나라의 상황을 소개하기 위해서이다.

③, ④ 2문단에서 납세와 국방의 의무가 시작되는 나이를 밝히고 있지만, 이는 선거 연령을 낮추는 것에 찬성하는 사람들의 근거일 뿐이다. 또 3문단에서 선거 연령을 낮추는 것에 반대하는 사람들의 주장과 의견을 소개하고 있지만, 글쓴이는 2, 3문단을 통해 선거 연령을 낮추는 것에 대한 의견 교환이 필요하다고 주장하고 있다.

기술+
사회

공기 청정기의 원리

⬭ 핵심어 🟨 문단 중심 문장 ▨ 전체 중심 문장

1 '삼한사온(三寒四溫)'이란, 7일을 주기로 사흘 동안 춥고 나흘 동안 따뜻한 우리나라
겨울 날씨를 의미한다. <u>삼한사온의 의미</u> 요즘에는 이를 변형한 '삼한사미'라는 새로운 말이 생겼다. 겨울
에 3일은 날씨가 춥고, 4일은 미세먼지*가 심각하여 공기의 질이 나쁘다는 의미이다.
<u>삼한사미의 의미</u> 예전에는 봄의 황사만 조심하면 된다고 생각했었지만, 어느새 사계절 내내 미세먼지가
우리의 삶을 심각하게 위협하고 있다. 『사람들이 외출할 때에는 미세먼지용 마스크를 착
용하게 되었고, 학교나 집에서도 공기를 정화하는 기능을 하는 <u>공기 청정기</u>를 설치하여
<u>『』: 미세먼지가 매우 심각한 상황</u>   <u>1문단의 핵심어</u>
사용하게 되었다.』 🟨그렇다면 공기 청정기는 어떤 원리로 공기를 맑게 해주는 것일까?🟨
<u>앞으로 공기 청정기의 원리를 살펴볼 것임을 안내함.</u>

2 🟨공기 청정기가 공기 중 <u>먼지</u> 입자를 거르는 방식은 전기 집진 방식과 여과 흡착 방식
<u>2문단의 핵심어</u>   <u>공기 청정기가 먼지 입자를 거르는 방식의 종류</u>
으로 나눌 수 있다.🟨 우리가 사용하는 공기 청정기는 보통 여과 흡착 방식으로 공기를 깨
끗하게 한다.

3 🟨<u>여과 흡착 방식</u>이란, 필터를 이용해 먼지 입자를 걸러내는 것이다.🟨 필터는 공기 속의
<u>3문단의 핵심어</u>   <u>여과 흡착 방식의 개념</u>
먼지들의 크기 차이를 이용하여 공기 중에 섞여있는 고체 입자를 분리해 낸 후, 필터의
<u>여과 흡착 방식의 원리</u>
표면에 이것들을 달라붙게 한다. 필터의 종류에 따라 제거할 수 있는 먼지 입자의 크기
가 달라지는데, 보통 입자가 큰 섬유 먼지 등을 1차로 거르고, 입자가 작은 미세먼지 등
을 2차로 거르게 된다.

4 미세먼지가 인간의 건강에 나쁜 영향을 준다는 연구 결과가 계속 발표되고 있어, 미
세먼지에 대한 사람들의 공포심도 커지고 있다. 성능이 뛰어난 공기 청정기를 통해 미
세먼지를 거르는 것도 좋은 방법이지만, 수시로 창문을 열어 환기하는 것도 잊지는 말
<u>실내 공기를 깨끗하게 하는 다른 방안</u>
아야 한다. 실내에서도 미세먼지가 발생하기 때문이다. ▨하지만 무엇보다 중요한 것은
공기 청정기가 없이도 자유롭게 숨을 쉴 수 있도록 <u>환경오염</u>을 예방하는 것이 아닐까?▨
<u>환경 보호의 중요성을 강조함.</u>   <u>4문단의 핵심어</u>
* 미세먼지 : 지름 10마이크로미터(㎛) 이하의, 눈으로 분간하기 어려울 정도로 아주 작은 먼지

---

1 문단 요약
공기 청정기의 원리에 대한 의문

2 문단 요약
공기 청정기가 먼지 입자를 거르는
방식

3 문단 요약
여과 흡착 방식의 원리

[중심 문단]
4 문단 요약
공기 오염의 심각성과 환경오염
예방의 중요성

- **내용** : 이 글은 공기 청정기의 원리를 설명하고 있다. 공기 청
정기는 공기를 정화하는 방법에 따라 전기 집진 방식과 여과
흡착 방식으로 나뉜다. 보통 우리가 사용하는 공기 청정기는
여과 흡착 방식으로, 필터를 이용해 공기 중에 섞여 있는 먼지
입자를 분리해 낸다. 공기 청정기를 사용하는 것도 좋지만 환
경오염을 예방하는 것이 가장 중요하다.
- **주제** : 공기 청정기의 원리와 환경오염 예방의 중요성

- **문단 간의 관계** : 1문단에서는 공기 청정기의 작동 원리에 대해 질문하고
있다. 2문단에서는 공기 청정기가 공기를 정화하는 두 가지 방법을 제시한
후, 3문단에서는 여과 흡착 방식의 원리를 설명하였다. 4문단에서는 환경
오염을 예방하는 것의 중요성을 이야기하며 글을 마무리하고 있다.

- **글의 구조도**

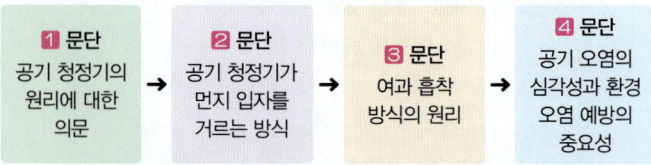

1 문단	2 문단	3 문단	4 문단
공기 청정기의 원리에 대한 의문	→ 공기 청정기가 먼지 입자를 거르는 방식	→ 여과 흡착 방식의 원리	→ 공기 오염의 심각성과 환경 오염 예방의 중요성

01 [정답] 전기 집진 방식, 여과 흡착 방식 ·········· 핵심어 찾기

>왜 정답?

이 지문에서는 우리가 일상생활에서 자주 사용하고 있는 공기 청정기의 원리를 설명하고 있다. 특히 2문단에서 공기 청정기가 먼지 입자를 거르는 방식에는 전기 집진 방식과 여과 흡착 방식이 있다고 하였다. 따라서 빈칸에 들어가기에 적절한 말은 '전기 집진 방식'과 '여과 흡착 방식'이다.

02 [정답] ③ ···························· 중심 문장 파악하기

>왜 정답?

③ 1문단에서는 미세먼지의 심각성에 대해 이야기하면서, 공기 청정기의 원리에 대해 알아보겠다고 했다. 따라서 이 내용을 모두 포함하는 1문단의 중심 문장은 '그렇다면 공기 청정기는 어떤 원리로 공기를 맑게 해주는 것일까?'이다.

03 [정답] 먼지, 필터 ······················· 내용 파악하기

다음은 윗글의 내용을 정리한 것이다. 빈칸에 들어가기에 적절한 말을 순서대로 쓰시오.

공기 청정기가 (   ) 입자를 거르는 방식
  2문단 1번째 문장에 근거

• 전기 집진 방식

• 여과 흡착 방식 : (   )을/를 이용하여 먼지 입자를 걸러냄.
  3문단 1번째 문장에 근거 → 필터를 이용해 먼지 입자를 거름.

>왜 정답?

2문단에서 '공기 청정기가 공기 중 먼지 입자를 거르는 방식은 전기 집진 방식과 여과 흡착 방식으로 나눌 수 있다.'라고 했다. 또한 3문단에서 '여과 흡착 방식이란, 필터를 이용해 먼지 입자를 걸러내는 것이다.'라고 했다. 따라서 빈칸에 들어가기에 적절한 말은 '먼지'와 '필터'이다.

04 [정답] ② ···························· 내용 파악하기

윗글을 읽고 답할 수 있는 질문으로 가장 적절한 것은?
① 미세먼지가 심해진 이유는 무엇인가요?
  지문에서 이야기하고 있지 않음.
②공기 청정기가 공기를 어떻게 깨끗하게 하나요?
  2, 3문단에 근거
③ 미세먼지가 발생한 날 마스크는 어떻게 쓰는 것이 좋을까요?
  지문에서 이야기하고 있지 않음.
④ 공기 청정기가 여과 흡착 방식만을 이용하는 이유는 무엇인가요?
  여과 흡착 방식 외에도 전기 집진 방식을 이용한 공기 청정기가 있음.
⑤ 미세먼지가 사계절 내내 우리의 삶을 위협하는 이유는 무엇인가요?
  지문에서 이야기하고 있지 않음.

>왜 정답?

② 2문단에서 '공기 청정기가 공기 중 먼지 입자를 거르는 방식은 전기 집진 방식과 여과 흡착 방식으로 나눌 수 있다.'라고 했다. 또 3문단에서 '여과 흡착 방식이란, 필터를 이용해 먼지 입자를 걸러내는 것이다.'라고 했다. 이를 고려하면 여과 흡착 방식의 원리를 이용한 공기 청정기는 필터를 이용하여 먼지 입자를 걸러내 공기를 깨끗하게 한다고 답할 수 있다.

>왜 오답?

① 이 지문에서는 미세먼지가 심해진 이유에 대해 이야기하지 않았다.
③ 이 지문에서는 미세먼지 마스크를 쓰는 방법에 대해 이야기하지 않았다.
④ 2문단에서 '공기 청정기가 공기 중 먼지 입자를 거르는 방식은 전기 집진 방식과 여과 흡착 방식으로 나눌 수 있다. 우리가 사용하는 공기 청정기는 보통 여과 흡착 방식'이라고 했다. 따라서 공기 청정기가 여과 흡착 방식만을 이용한다는 것은 적절하지 않다.
⑤ 1문단에서 미세먼지가 사계절 내내 우리의 삶을 위협한다고 하였지만, 그 이유에 대해서는 이야기하지 않았다.

05 [정답] ④ ···························· 내용 파악하기

윗글의 내용으로 적절하지 않은 것은?
① 실내에서도 미세먼지가 발생한다.
  4문단 3번째 문장에 근거
② 과거보다 현재 미세먼지 문제가 더 심각하다.
  1문단에 근거 → 예전에는 봄의 황사만 조심하면 된다고 생각했었음.
③ 우리는 보통 여과 흡착 방식의 공기 청정기를 사용한다.
  2문단에 근거
④미세먼지는 성능이 뛰어난 공기 청정기로만 거를 수 있다.
  지문의 내용과 관련이 없음.
⑤ 공기 청정기가 없어도 자유롭게 숨을 쉬려면 환경오염을 먼저 예방해야 한다.
  4문단에 근거

>왜 정답?

④ 4문단에서 '성능이 뛰어난 공기 청정기를 통해 미세먼지를 거르는 것도 좋은 방법이지만, 수시로 창문을 열어 환기하는 것도 잊지는 말아야 한다.'라면서 공기를 깨끗하게 하는 다른 방안을 제시하고 있다. 이처럼 이 지문에서는 성능이 뛰어난 공기 청정기로만 미세먼지를 거를 수 있다고 이야기하지는 않았다.

>왜 오답?

① 4문단에서 '실내에서도 미세먼지가 발생'한다고 했다.
② 1문단에서 '예전에는 봄의 황사만 조심하면 된다고 생각했었지만 어느새 사계절 내내 미세먼지가 우리의 삶을 심각하게 위협'한다고 하였다. 따라서 과거보다 요즘 미세먼지 문제가 더 심각하다고 볼 수 있다.
③ 2문단에서 '우리가 사용하는 공기 청정기는 보통 여과 흡착 방식'이라고 했다.
⑤ 4문단에서 '공기 청정기가 없이도 자유롭게 숨을 쉴 수 있도록 환경오염을 예방'해야 한다고 했다.

위험에 처한 사람을 구해야만 하는 법

○ 핵심어 ▨ 문단 중심 문장 ▨ 전체 중심 문장

1 『성서에 따르면 한 유태인이 강도를 만나 상처를 입고 길가에 버려지자 다른 사람들은 모두 그 유태인을 외면하였지만, 평소 유태인들이 무시하고 싫어했던 사마리아인만은 그를 도와주었다고 한다.』 착한 사마리아인 법의 유래 **착한 사마리아인 법**은 이 이야기에서 시작된 것으로, 어떤 1문단의 핵심어 사람이 위험에 처해 있을 때 이를 보고도 구조하지 않고 그냥 지나간 사람들을 처벌하는 법을 의미한다. 착한 사마리아인 법의 의미

2 착한 사마리아인 법처럼 위험에 처한 사람을 돕는 행동이 법에 의한 의무가 되어도 괜찮은가에 대해서는 찬성과 반대의 의견이 있다. ㉠찬성하는 쪽에서는 이것이 인간의 2문단의 핵심어 존엄성을 위해 꼭 지켜야 하는 최소한의 법이라고 주장한다. 과거에는 도덕규범들 중 몇몇은 법으로 정해 두었고 나머지는 개인의 양심에 맡겼다. 그랬더니 법과 달리 강제성이 없는 도덕규범과 같은 도덕적으로는 당연히 지켜져야 할 일들이 무시되는 경우가 많아졌다. 점차 인간의 생명과 같은 기본적인 권리들이 보호받지 못하는 경우가 많아졌 인간의 존엄성이 지켜지지 못하는 상황이 벌어짐. → 착한 사마리아인 법이 도입됨. 고, 이와 같은 상황 때문에 착한 사마리아인 법을 도입하는 나라들이 생겨났다는 것이 찬성하는 쪽의 주장이다. 이들은 최소한의 도덕을 법으로 만들어 위험에 처한 사람을 구하기 위한 법적인 근거로 삼으려 한다. 착한 사마리아인 법에 찬성하는 사람들의 근거

3 한편 이와 ㉡반대되는 의견을 가진 사람들은 개인의 양심에 따른 도덕적 판단에 대 3문단의 핵심어 해 법으로 강제성을 주는 것은 지나친 규제라고 주장한다. 『위험한 상황을 목격했을 때 『 』: 착한 사마리아인 법에 반대하는 사람들의 근거 그 사람을 도와줄 것인지를 결정하는 것은 개인의 자유이기 때문에 도움이 필요한 사람을 돕지 않는 것은 도덕적으로 비난의 대상이 될 수는 있지만, 이를 법으로 정해서 그 사람에게 도덕적 행동을 요구하는 것은 개인의 자유를 침해한다는 것이다.』 이들은 법적인 처벌을 피하기 위해 누군가를 돕는 것은 개인의 양심에서 비롯된 진실된 행동이 아니므로 도덕적으로 올바른 행동이 아니라고 본다.

4 가끔씩 뉴스를 통해 위험에 처한 주변 사람들을 외면하는 경우를 보게 된다. 이러한 문제를 해결하여 사람들이 안정적이고 행복하게 살 수 있도록 착한 사마리아인 법을 도 4문단의 핵심어 입해야 한다는 주장도 틀린 것은 아니다. 하지만 우리나라에도 이 법을 도입해야 하는 지는 좀 더 신중하게 생각해 보아야 한다. 착한 사마리아인 법 도입과 관련된 논의의 필요성

---

1 문단 요약
착한 사마리아인 법의 유래와 의미

2 문단 요약
착한 사마리아인 법 도입에 찬성하는 사람들의 주장

3 문단 요약
착한 사마리아인 법 도입에 반대하는 사람들의 주장

[중심 문단]
4 문단 요약
착한 사마리아인 법 도입과 관련된 논의의 필요성

● **내용 :** 이 글은 착한 사마리아인 법에 얽힌 이야기와 착한 사마리아인 법 도입을 찬성하는 사람들의 입장과 반대하는 사람들의 입장을 소개하고 있다. 우리나라에서도 이 법을 도입해야 하는지에 대해서는 좀 더 신중하게 생각해야 한다.

● **주제 :** 착한 사마리아인 법의 의미와 도입과 관련된 논의의 필요성

● **문단 간의 관계 :** 1문단에서는 착한 사마리아인 법의 의미를 설명하였고, 2문단과 3문단에서는 이 법의 도입에 찬성하는 입

장과 반대하는 입장의 주장과 근거를 제시하였다. 4문단에서는 착한 사마리아인의 법의 도입과 관련한 논의가 필요하다면서 글을 마무리하고 있다.

● **글의 구조도**

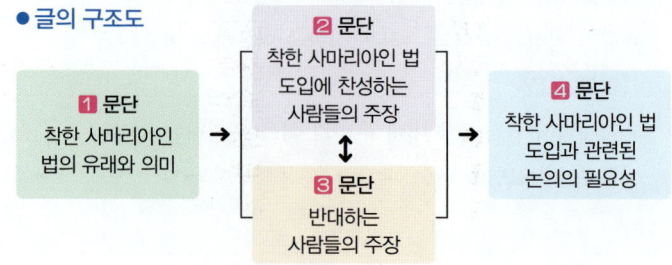

06 [정답] 착한 사마리아인 법 ·········· 핵심어 찾기

> **왜 정답?**

이 지문에서는 착한 사마리아인 법이 무엇인지에 대해 설명하고, 이에 대한 찬성과 반대 측의 주장과 근거를 제시하고 있다. 따라서 빈칸에 들어가기에 적절한 핵심어는 '착한 사마리아인 법'이다.

07 [정답] ② ·········· 중심 문장 찾기

> **왜 정답?**

② 4문단에서는 우리나라에 착한 사마리아인 법을 도입할 때에는 신중하게 생각해야 한다는 글쓴이의 의견을 제시하고 있다. 따라서 4문단의 중심 문장으로 ②가 적절하다.

08 [정답] ③ ·········· 전개 방식 파악하기

윗글에 대한 설명으로 가장 적절한 것은?
① 전문가의 의견을 인용하고 있다.
　　지문에서 찾을 수 없음.
② 구체적인 조사 결과를 제시하고 있다.
　　　지문에서 찾을 수 없음.
③ 서로 반대되는 사람들의 의견을 소개하고 있다.
　　착한 사마리아인 법 도입을 찬성하는 입장과 반대하는 입장
④ 질문을 던지고 이에 답하면서 내용을 전개하고 있다.
　　　지문에서 찾을 수 없음.
⑤ 다양한 학자들의 의견을 소개하고, 새로운 결론을 제시하고 있다.
　　　　지문에서 찾을 수 없음.

> **왜 정답?**

③ 2문단에서 '착한 사마리아인 법처럼 위험에 처한 사람을 돕는 행동이 법에 의한 의무가 되어도 괜찮은가에 대해서는 찬성과 반대의 의견이 있다.'라면서 찬성하는 쪽의 주장과 근거를 소개하고 있다. 또 3문단에서는 이에 반대하는 사람들의 의견을 소개하고 있다. 그러므로 이 지문은 반대되는 사람들의 의견을 소개하고 있다고 할 수 있다.

09 [정답] ② ·········· 내용 파악하기

윗글의 내용으로 적절하지 않은 것은?
① 도덕규범과 달리 법은 강제성이 있다.
　　법과 달리 도덕규범은 강제성이 없음.
② 인간의 기본적인 권리는 늘 보호받아 왔다.
　　2문단에 근거 → 기본적인 권리들이 보호받지 못하는 경우가 많아짐.
③ 착한 사마리아인 법은 성서와 관련이 있다.
　　착한 사마리아인 법은 성서와 관련됨.
④ 착한 사마리아인 법을 도입한 나라도 있다.
　　착한 사마리아인 법을 도입하는 나라들이 생겨남.
⑤ 법을 통해 도움이 필요한 사람들을 반드시 돕도록 하는 것은 개인의 자유를 침해할 수도 있다.
　　착한 사마리아인 법의 도입을 반대하는 사람들의 의견임.

> **왜 정답?**

② 2문단에서 도덕적으로 지켜져야 하는 일들이 무시되는 경우가 많아짐에 따라 '점차 인간의 생명과 같은 기본적인 권리들이 보호받지 못하는 경우가 많아졌다'고 하였다.

> **왜 오답?**

① 2문단에서 '법과 달리 강제성이 없는 도덕규범'이라고 했다.
③ 1문단에서 '성서에 따르면' '착한 사마리아인 법은 이 이야기에서 시작된 것'이라고 했다.
④ 2문단에서 '착한 사마리아인 법을 도입하는 나라들이 생겨났'다고 했다.
⑤ 3문단에서 착한 사마리아인 법의 도입을 반대하는 사람들은 위험한 상황에 놓인 사람을 도와줄 것인지를 결정하는 것은 개인의 자유이고, '이를 법으로 정해서 그 사람에게 도덕적 행동을 요구하는 것은 개인의 자유를 침해한다'고 본다고 했다.

10 [정답] ⑤ ·········· 내용 파악하기

⊙, ⓛ에 대한 설명으로 적절하지 않은 것은?
　　반대하는 의견을 가진 사람들
　　찬성하는 쪽
① ⊙은 착한 사마리아인 법이 인간의 존엄성을 지키기 위해 필요하다고 생각한다.
　　인간의 존엄성을 위해 지켜야 하는 최소한의 법이라고 주장함.
② ⊙은 착한 사마리아인 법을 통해 도덕적으로 당연히 지켜져야 할 일들이 무시되는 경우를 없애고자 한다.
　　도덕적으로 당연히 지켜져야 할 일이 무시되고 있음.
③ ⓛ은 개인의 양심에 따른 판단에 법으로 강제성을 주는 것은 지나치다고 생각한다.
　　개인의 양심에 따른 도덕적 판단에 법으로 강제성을 주는 것은 지나친 규제라고 주장함.
④ ⓛ은 법으로 벌을 받는 것을 피하기 위해 누군가를 돕는 것은 도덕적으로 올바르지 않다고 생각한다.
　　법적인 처벌을 피하기 위해 누군가를 돕는 것은 도덕적으로 올바른 행동이 아니라고 주장함.
⑤ ⊙과 ⓛ은 인간의 생명을 구하기 위해서라면 위험에 처한 사람을 돕는 행동이 법에 의한 의무가 되어도 괜찮다고 생각한다.
　　ⓛ은 법에 의한 의무가 되는 것을 반대함.

> **왜 정답?**

⑤ 2문단의 ⊙은 '인간의 생명과 같은 기본적인 권리들'을 보호하기 위해 착한 사마리아인 법을 도입하는 것에 찬성하는 사람들이다. 3문단의 ⓛ은 착한 사마리아인 법을 도입하는 것에 반대하는 사람들이다. 3문단에서 ⓛ은 '위험한 상황을 목격했을 때 그 사람을 도와줄 것인지를 결정하는 것은 개인의 자유이기 때문에' 도덕적으로 비난할 수는 있지만 법으로 정해서 '도덕적 행동을 요구하는 것은 개인의 자유를 침해한다'고 생각한다고 했다. 따라서 ⓛ이 위험에 처한 사람을 돕는 행동이 법에 의한 의무가 되어도 괜찮다고 생각한다고 보는 것은 적절하지 않다.

> **왜 오답?**

①, ② 2문단에서 ⊙은 '도덕적으로는 당연히 지켜져야 할 일들이 무시되는 경우가 많아'져, '인간의 생명과 같은 기본적인 권리들'을 보호하기 위해 착한 사마리아인 법이 '인간의 존엄성을 위해 꼭 지켜야 하는 최소한의 법이라고 주장한다.'라고 했다.
③, ④ 3문단에서 ⓛ은 '개인의 양심에 따른 도덕적 판단에 대해 법으로 강제성을 주는 것은 지나친 규제'라면서 '법적인 처벌을 피하기 위해 누군가를 돕는 것은' '도덕적으로 올바른 행동이 아니라고 본다.'라고 했다.

나 어제 시험공부 하나도 안 했어!

○ 핵심어 ▢ 문단 중심 문장 ▢ 전체 중심 문장

1 "나 어제 시험공부 하나도 안 했어."
주변에서 쉽게 볼 수 있는 예를 통해 읽는 사람의 흥미를 유발함.
많은 학생들이 시험 날 아침, 친구들을 만나면 이런 말을 한다. 왜 이러한 이야기를 하는 것일까? 심리학에서는 이런 행동을 스스로에게 불리한 조건을 만든다는 의미로 '셀프 핸디캐핑(Self-handicapping)'이라고 한다.
1문단의 핵심어

2 셀프 핸디캐핑이란 중요한 평가를 앞두고 자신이 좋은 평가를 받을 수 있을지가 확
2문단의 핵심어   셀프 핸디캐핑의 의미
실하지 않은 경우, 스스로 그 일을 하기에 어려운 상황을 만들어 내고 그것을 다른 사람에게 알리는 행동을 말한다. 시험 전 날 공부를 하지 않고 그것을 친구들에게 알리는 것
1문단의 셀프 핸디캐핑의 예
도 이에 해당된다.

3 사람들은 왜 자신에게 불리한 조건을 만드는 것일까? 스스로에게 불리한 조건을 만
사람들이 셀프 핸디캐핑을 하는 이유를 설명할 것임을 안내함.   3문단의 핵심어
들어 두면 그 일을 실패하더라도 핑계를 댈 수 있고, 만약에 성공한다면 불리한 조건에
①, ② : 셀프 핸디캐핑을 하는 이유 – 성공과 실패의 모든 상황에서 유리함.
도 성공한 것이라며 자신의 능력을 뽐낼 수 있기 때문이다.

4 미국의 사회 심리학자인 버글래스와 존스는 실험을 통해 이 현상을 증명했다. 그들
4문단의 핵심어
은 '학습 능력과 약물 효과'라는 주제로 대학생을 대상으로 실험을 했다. 대학생을 A 그룹과 B 그룹으로 나누어 A 그룹은 간단한 문제를, B 그룹은 어려운 문제를 풀게 했다. 그리고 나서 다른 문제를 풀기 전에 A, B 그룹의 학생들에게 '문제 해결 능력을 향상시키는 a약'과 '문제 해결 능력을 감소시키는 b약' 중 하나를 선택해 먹도록 하였다. 모두 a약을 선택했을 것 같지만, B 그룹의 학생들은 대부분 b약을 선택했다. 어려운 문제를
어려운 문제를 풀지 못할 경우 b약 때문이라고 핑계를 댈 수 있기 때문
풀었던 B 그룹 학생들이 다음 과제에서 자신들의 점수가 낮게 나올 것에 대비하여 오히려 문제 해결 능력을 저하시키는 약을 선택한 것이다.

5 셀프 핸디캐핑은 당장은 자신에 대한 다른 사람들의 부정적인 평가를 약하게 만들
5문단의 핵심어
수 있다. 하지만 장기적으로는 주변 사람들에게 '핑계만 대는 사람'으로 여겨지게 되며,
셀프 핸디캐핑의 단점
스스로의 능력을 올리기 위한 노력을 게을리 하게 되어 결국 큰 손해가 될 수도 있다. 그러므로 지나친 셀프 핸디캐핑은 자제해야 한다.
글쓴이의 주장

---

1 문단 요약
셀프 핸디캐핑의 예

[중심 문단]
2 문단 요약
셀프 핸디캐핑의 의미

3 문단 요약
셀프 핸디캐핑을 하는 이유

4 문단 요약
버글래스와 존스의 실험

5 문단 요약
셀프 핸디캐핑의 단점

● **내용** : 이 글은 셀프 핸디캐핑이 무엇인지 설명하고 있다. 많은 사람들이 중요한 평가를 앞두고 오히려 자신에게 불리한 조건을 만들고, 그것을 다른 사람들에게 알리는 경우가 있는데 이것을 심리학에서는 셀프 핸디캐핑이라고 한다. 지나친 셀프 핸디캐핑은 장기적으로는 큰 손해가 될 수 있으니 자제해야 한다.

● **주제** : 셀프 핸디캐핑의 의미

● **문단 간의 관계** : 1문단에서는 구체적인 예를 통해 읽는 사람의 흥미를 이끌고 있고, 2문단에서는 셀프 핸디캐핑의 의미를 설명하였다. 3문단에서는 사람들이 셀프 핸디캐핑을 하는 이유를 설명하고, 4문단에서는 셀프 핸디캐핑 현상을 증명한 실험을 소개하고 있다. 5문단에서는 셀프 핸디캐핑 현상의 단점을 이야기하며 지나친 셀프 핸디캐핑은 자제하자고 주장하고 있다.

● **글의 구조도**

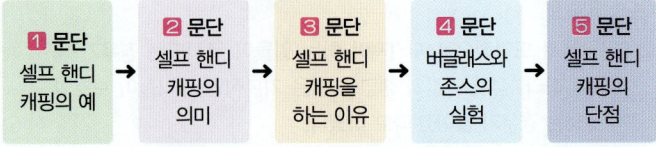

1 문단	**2** 문단	**3** 문단	**4** 문단	**5** 문단
셀프 핸디캐핑의 예	셀프 핸디캐핑의 의미	셀프 핸디캐핑을 하는 이유	버글래스와 존스의 실험	셀프 핸디캐핑의 단점

01 [정답] 셀프 핸디캐핑 ····················· 문단 요약하기

다음은 2문단의 내용을 정리한 것이다. 빈칸에 들어가기에 적절한 말을 쓰시오.

> 중요한 평가를 앞두고 그 평가에서 자신이 좋은 결과를 얻을 수 있을지 확실하지 않은 경우, 스스로에게 불리한 상황을 만들고 그것을 다른 사람에게 알리는 행동을 (   )
> (이)라고 한다.

2문단 1번째 문장에 근거

왜 정답 ?

2문단에서 '셀프 핸디캐핑이란 중요한 평가를 앞두고 자신이 좋은 평가를 받을 수 있을지가 확실하지 않은 경우, 스스로 그 일을 하기에 어려운 상황을 만들어 내고 그것을 다른 사람에게 알리는 행동을 말한다.'라면서 셀프 핸디캐핑의 개념을 설명하였다. 따라서 빈칸에 들어가기 적절한 말은 '셀프 핸디캐핑'이다.

문단을 요약하는 방법

한 문단을 요약할 때는 여러 가지 방법이 있겠지만, 보통 다음의 순서를 따르면 쉽게 한 문단을 요약할 수 있다.
① 삭제하기 : 덜 중요하거나 반복되는 내용을 지운다.
② 선택하기 : 문단의 중심 내용이 나타나는 문장을 선택한다.
③ 일반화하기 : 구체적인 개념이나 자세한 정보를 나타내는 단어들이 여러 개 나올 경우, 그 단어들을 포함하는 단어로 바꾼다.
④ 재구성하기 : 중심 문장이 뚜렷하게 나타나 있지 않을 때에는 내용을 다시 구성하여 새 문장을 만들어 낸다.

---

02 [정답] ② ····················· 문단 간의 관계 파악하기

윗글에 대한 설명으로 적절하지 <u>않은</u> 것은?
① 1문단에서는 구체적인 예를 들고, 2, 3, 4문단에서는 이에 대해 설명하고 있다.
   시험공부를 하지 않았다고 말하는 것
② 4문단에서는 학자들의 실험을 소개하고, 5문단에서는 이에 대해 반대하고 있다.
   비글래스와 존스의 실험
   반대하지 않음.

왜 정답 ?

② 4문단에서는 셀프 핸디캐핑 현상을 증명한 버글래스와 존스의 실험을 소개하고 있고, 5문단에서는 셀프 핸디캐핑 현상의 단점을 이야기하며, 자제하자고 주장하고 있다. 따라서 5문단에서 4문단의 실험에 대해 반대하고 있다고 설명하는 것은 적절하지 않다.

왜 오답 ?

① 1문단에서는 시험공부를 하지 않았다는 말을 하는 구체적인 예를 들어 읽는 사람의 흥미를 이끌어 내고 있다. 또 2문단에서부터 이와 같은 행동이 셀프 핸디캐핑이라면서 셀프 핸디캐핑에 대해 소개하고 있다. 또 3문단에서는 사람들이 셀프 핸디캐핑을 하는 이유를 설명하고, 4문단에서는 이를 증명한 버글래스와 존스의 실험을 제시하고 있다. 따라서 1문단에서는 구체적인 예를 들고, 2, 3, 4문단에서는 이에 대해 설명하고 있다고 할 수 있다.

문단 간의 관계를 파악하는 방법

보통 한 편의 글은 여러 개의 문단으로 이루어진다. 그래서 문단 간의 관계를 이해하면 글 전체의 내용을 쉽게 이해할 수 있다. 문단 간의 관계는 다음의 순서에 따라 파악할 수 있다.
① 중심 문단 찾기 : 한 편의 글은 여러 개의 문단으로 이루어져 있다. 일반적으로 그 안에는 중심 문단이 있게 마련이다.
② 뒷받침 문단 구분하기 : 뒷받침 문단들은 일반적으로 중심 문단의 내용을 보충하거나, 근거가 되는 경우가 많다. 즉, 중심 문단에 관해 뜻을 자세히 풀어 주거나, 구체적인 예를 들어 주거나, 이유를 제시해 주거나, 근거 또는 전제가 되는 자료를 제시해 준다.

〈이삭 줍는 여인들〉이 혁명을 유도한다고?

○ 핵심어   ▨ 문단 중심 문장   ▨ 전체 중심 문장

1 오른쪽의 그림은 사실주의 화가 장 프랑수와 밀레 (Jean François Millet)의 대표작인 〈이삭 줍는 여인들 (Des glaneuses)〉이다. 〈이삭 줍기〉라고도 불리는 이 그림은 추수가 끝나고 난 뒤 밭에 남겨진 이삭을 줍고 있는 여인들의 모습을 담고 있다. 언뜻 보기엔 평화로운 농촌의 모습을 그린 것처럼 보이는 이 그림을 밀레가 발표했을 때 당시 사회가 발칵 뒤집어졌다고 한다. 그 이유는 무엇일까?

1문단의 핵심어
질문을 통해 중심 화제에 대한 독자들의 흥미를 유발함.

▲ 밀레, 〈이삭 줍는 여인들〉

2 당시에는 추수할 때 들판에 떨어진 이삭은 줍지 않았다고 한다. 가난한 사람들이 들판에 떨어진 이삭을 주워 가져가 먹고 살 수 있게 하기 위해서였다. 밀레는 남의 밭에 떨어진 이삭을 열심히 모으고 있는 두 여인과 이제 막 허리를 펴며 주운 것을 정리하고 있는 한 여인의 모습을 통해 궁핍한 삶을 살고 있는 농민과 노동자의 처지를 보여 주려고 한 것이다.

〈이삭 줍는 여인들〉에 담긴 밀레의 의도
2문단의 핵심어

3 ㉠이것이 왜 문제가 됐을까? 『밀레가 살던 그 시기에 그림은 왕과 귀족 등 상류층만 누릴 수 있는 문화였다. 상류층 사람들은 자신들의 부와 지위를 과시하기 위해 그림을 이용했고, 대부분의 그림 속 주인공 역시 상류층의 사람들이었다.』 그런데 밀레가 〈이삭 줍는 여인들〉에서처럼 신분이 낮고, 가난한 사람들을 그리자 가난한 민중을 부추겨 혁명을 유도한다면서 많은 비난을 받게 된 것이었다.

밀레가 가난하고 평범한 사람들을 그림으로 그린 것   『 』: 당시의 시대적 상황
3문단의 핵심어

4 하지만 밀레는 혁명을 유도하기 위해 이 그림을 그린 것은 아니었다. 가난한 시골 농가에서 태어난 밀레는 가난했지만 계속 그림 공부를 했고, 조용한 시골 마을에서 평범한 사람들의 삶을 그리며 살았다. 그래서인지 그의 그림에는 가난한 삶, 그리고 노동에 대한 그의 따뜻한 시선과 깊은 생각이 담겨 있다. 일하는 농민의 모습을 과장하지 않고 있는 그대로 소박하게 그려낸 그의 그림이 후에 인상주의, 후기인상주의 화가들에게 큰 영향을 미친 것은 삶을 바라보는 그의 이러한 시선 때문일 것이다.

4문단의 핵심어
밀레가 신분이 낮고, 가난한 사람들을 그린 이유
밀레의 작품 세계
밀레의 작품이 갖는 미술사적 의의

1 문단 요약
발표 당시 논란을 불러일으킨 밀레의 〈이삭 줍는 여인들〉

2 문단 요약
〈이삭 줍는 여인들〉에 담긴 밀레의 의도

3 문단 요약
밀레의 그림이 논란을 불러일으킨 배경

[중심 문단]
4 문단 요약
밀레의 작품 세계와 미술사적 의의

- **내용** : 이 글은 밀레의 그림 〈이삭 줍는 여인들〉을 둘러싼 당시의 논란을 소개함으로써, 밀레의 작품 세계와 미술사적 의의를 설명하고 있다. 미술 작품이 상류층의 전유물이었던 시기에 밀레는 〈이삭 줍는 여인들〉에서 가난하고 평범한 사람들을 주인공으로 그렸다.

- **주제** : 밀레의 〈이삭 줍는 여인들〉을 둘러싼 논란과 미술사적 의의

- **문단 간의 관계** : 1문단에서는 밀레의 〈이삭 줍는 여인들〉이 발표됐을 당시의 반응을 소개하고, 2문단에서는 〈이삭 줍는 여인들〉에 담긴 밀레의 의도를 설명하고 있다. 3문단에서는 발표 당시 밀레의 그림이 논란을 불러일으킨 사회적 배경을 설명하고, 4문단에서는 밀레의 작품 세계와 그의 작품이 미술사적으로 갖는 의의를 정리하며 글을 마무리하고 있다.

- **글의 구조도**

1 문단	**2** 문단	**3** 문단	**4** 문단
발표 당시 논란을 불러일으킨 밀레의 〈이삭 줍는 여인들〉	〈이삭 줍는 여인들〉에 담긴 밀레의 의도	밀레의 그림이 논란을 불러일으킨 배경	밀레의 작품 세계와 미술사적 의의

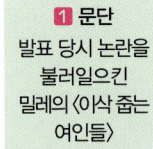 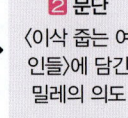 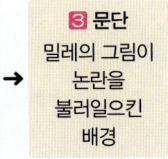 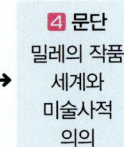

03 [정답] 상류층 .... 문단 요약하기

>왜 정답?

3문단에서 '밀레가 살던 그 시기에 그림은 왕과 귀족 등 상류층만 누릴 수 있는 문화였다.'라면서 밀레가 〈이삭 줍는 여인들〉에서 신분이 낮고 가난한 사람을 그려 비난을 받게 된 배경을 설명하고 있다. 따라서 빈칸에 들어가기에 적절한 말은 '상류층'이다.

04 [정답] ④ .... 문단 간의 관계 파악하기

>왜 정답?

④ 4문단에서는 밀레의 작품 세계와 미술사적 의의에 대해 이야기하고 있을 뿐, 다른 사람의 말을 인용하고 있지는 않다.

05 [정답] ③ .... 내용 파악하기

> **윗글의 내용으로 가장 적절한 것은?**
> ① 밀레는 인상주의 화가이다.
>   밀레는 사실주의 화가임.
> ② 밀레가 그린 〈이삭 줍는 여인들〉은 발표 당시 많은 칭찬을 받았다. 발표 당시 많은 비난을 받음.
> ③ 밀레의 〈이삭 줍는 여인들〉 속 여인들은 가난하지만 평범한 사람들이다. 남의 밭에 떨어진 이삭을 줍고 있음.
> ④ 밀레의 그림은 특히 인물을 묘사하는 표현 기법이 우수하여 주목을 받았다. 지문에서 설명하고 있지 않음.
> ⑤ 밀레가 그린 〈이삭 줍는 여인들〉은 그림이 발표될 당시에는 주목을 받지 못했다. 발표 당시 비난을 받음.

>왜 정답?

③ 2문단에서 밀레는 〈이삭 줍는 여인들〉 속 여인들의 모습을 통해 '궁핍한 삶을 살고 있는 농민과 노동자의 처지를 보여 주려고 한 것이다.'라고 하였다. 이를 고려하면 〈이삭 줍는 여인들〉 속 여인들은 가난하지만 평범한 사람들이라는 것을 알 수 있다.

>왜 오답?

① 1문단에서 밀레는 '사실주의 화가'라고 하였다.
② 3문단에서 밀레의 〈이삭 줍는 여인들〉은 발표 당시 '많은 비난을 받'았다고 하였다.
④ 이 지문에서 밀레의 그림이 인물을 묘사하는 표현 기법이 우수했는지에 대해서는 이야기하고 있지 않다.
⑤ 1문단에서 밀레의 〈이삭 줍는 여인들〉이 발표되자 '당시 사회가 발칵 뒤집어졌'다고 하였다. 발표 당시에 주목을 받았기 때문에 사회적으로 비난도 받게 된 것이라고 볼 수 있다.

06 [정답] ② .... 내용 파악하기

> **윗글을 읽고 답할 수 없는 질문은?**
> ① 〈이삭 줍는 여인들〉은 어떤 모습을 담은 그림인가?
>   추수 후 밭에 남겨진 이삭을 줍고 있는 여인들의 모습을 담고 있음.
> ② 귀족들이 〈이삭 줍는 여인들〉을 보고 열광한 이유는 무엇인가? 가난한 민중을 부추겨 혁명을 유도한다면서 많은 비난을 받음.
> ③ 〈이삭 줍는 여인들〉이 발표될 당시 사회적 배경은 어떠했는가? 그림은 상류층만 누릴 수 있는 문화였음.
> ④ 밀레의 그림이 발표되었을 때 사회가 뒤집어진 이유는 무엇인가? 민중을 부추겨 혁명을 유도하는 것이라고 여겨졌기 때문임.
> ⑤ 밀레의 그림이 인상주의 화가들에게 영향을 미친 이유는 무엇인가? 삶을 바라보는 따뜻한 시선이 담겨 있기 때문임.

>왜 정답?

② 3문단에서 당시 '그림 속 주인공 역시 상류층의 사람들이었'는데, 밀레는 〈이삭 줍는 여인들〉의 주인공으로 '신분이 낮고, 가난한 사람들을 그'렸기 때문에 '많은 비난을 받게' 되었다고 하였다. 따라서 귀족들이 〈이삭 줍는 여인들〉을 보고 열광했다고 보기는 어렵다.

>왜 오답?

① 1문단에서 〈이삭 줍는 여인들〉은 '추수가 끝나고 난 뒤 밭에 남겨진 이삭을 줍고 있는 여인들의 모습을 담고 있다.'라고 하였다.
③ 3문단에서 '밀레가 살던 그 시기에 그림은 왕족과 귀족 등 상류층만 누릴 수 있는 문화였다.'라고 했다.
④ 3문단에서 당시 '그림 속 주인공'은 대부분 '상류층의 사람들이었'는데, '밀레가 〈이삭 줍는 여인들〉에서' '신분이 낮고, ~ 유도한다면서 많은 비난을 받게' 되었다고 하였다.
⑤ 4문단에서 밀레의 그림에는 '가난한 삶 ~ 깊은 생각이 담겨 있'는데, '그의 그림이 후에 인상주의, 후기인상주의 화가들에게 ~ 그의 이러한 시선 때문일 것이다.'라고 하였다.

07 [정답] ④ .... 내용 추론하기

> **㉠이 가리키는 내용으로 가장 적절한 것은?**
> 이것
> ① 마을의 분위기를 평화롭게 묘사한 것
>   밀레의 그림이 문제가 된 것과 관련이 없음.
> ② 여인들이 밭에 남겨진 이삭을 줍는 것
>   밀레의 그림이 문제가 된 것과 관련이 없음.
> ③ 그림을 통해 사람들을 선동하려고 한 것
>   밀레의 그림과 관련이 없음.
> ④ 가난한 사람을 그림의 주인공으로 등장시킨 것
>   농민과 노동자의 처지를 의미함.
> ⑤ 밭에서 노동하는 사람들의 모습을 과장해서 그린 것
>   밀레의 그림과 관련이 없음.

>왜 정답?

④ 3문단에서 당시 '그림 속 주인공'은 대부분 '상류층의 사람들이었'기 때문에, '신분이 낮고, 가난한 사람들을' 그린 밀레의 작품이 문제가 되었다고 하였다. 따라서 '이것(㉠)'은 그림을 통해 '궁핍한 삶을 살고 있는 농민과 노동자의 처지를 보여 주려고 한 것'을 의미한다.

꼬리에 꼬리를 무는 소비

◯ 핵심어   🟨 문단 중심 문장   🟪 전체 중심 문장

1 지율이는 중학교 입학 기념으로 오빠에게 예쁜 초록색 가방을 선물 받았다. 초록색
가방을 메고 학교에 갈 준비를 하다 보니, 오래된 운동화가 마음에 들지 않았다. 그래서
모아둔 용돈으로 가방에 어울리는 새 운동화를 샀다. 새 운동화를 산 기쁨도 잠깐, 자주
입던 청바지와 새 운동화가 어울리지 않는 느낌이 들어 새로운 바지를 사고 싶어졌다.

2 지율이는 왜 계속 물건이 사고 싶은 것일까? 사회학적 관점에서는 이것이 '디드로 효과'
때문이라고 설명한다. 디드로 효과란, 하나의 물건을 갖게 되면서 그것에 어울리는 다
른 물건을 계속해서 사는 것을 가리킨다. 이는 18세기 프랑스의 철학가 드니 디드로
(Denis Diderot)가 친구에게 가운을 선물 받은 후로, 그것에 어울리는 것을 사다보니 결
국 서재 전체를 바꾸게 되었다는 일화에서 유래된 것이다.

3 이 용어는 미국의 사회학자인 그랜트 맥크래켄(Grant McCracken)이 처음 사용하였
다. 그는 사람들이 물건을 살 때 기능을 중요하게 여기기보다는 물건들 사이의 통일성이
나 어울림을 중요하게 생각한다는 것에 주목하였다. 사람들은 연관성이 높은 제품을 구
매하려고 하는 욕구를 갖고 있어서 이것이 충동구매로 이어진다는 것이 그의 생각이다.

4 이야기 속 지율이도 마찬가지이다. 가방을 선물 받았을 뿐인데, 이와 어울리는 운동
화를 사게 되었고, 새 운동화를 산 이후에는 이와 어울리는 새로운 바지를 사고 싶어졌
다. 지율이 역시 기능보다는 물건들 사이의 어울림을 생각했기 때문에 이렇게 소비를
한 것이다.

5 인터넷 쇼핑몰에서 쇼핑을 할 때 내가 고른 상품 아래에 '이 상품에 어울리는 제품',
'이 상품을 본 고객들이 함께 살펴본 제품' 등을 추천하는 것도 이 효과를 활용한 것이라
고 볼 수 있다. 사람들은 하나의 물건을 사면 그것과 연결되는 상품들을 계속해서 소비
하려고 하는데, 이는 자칫하면 끊임없는 소비의 쳇바퀴에 갇혀버리는 결과를 낳을 수도
있다. 앞으로는 어떤 물건을 살 때에는 정말 나에게 꼭 필요한 물건인지를 살펴봄으로써
디드로 효과로 인한 충동구매를 하지 않고 현명한 소비를 하려는 자세를 가져야 한다.

---

1 문단 요약
지율이의 사례

2 문단 요약
디드로 효과의 개념과 유래

3 문단 요약
디드로 효과가 나타나는 이유

4 문단 요약
지율이가 물건을 계속 사고 싶어
졌던 이유

[중심 문단]
5 문단 요약
현명한 소비의 필요성

- **내용 :** 이 글은 디드로 효과에 대하여 설명하고 있다. 디드로
효과란 어떤 물건을 갖게 되었을 때 그것과 어울리는 다른 물
건을 계속 사게 되는 것을 의미한다. 물건을 살 때에는 디드로
효과로 인한 충동구매를 하지 않고 현명한 소비를 하도록 노력
해야 한다.

- **주제 :** 디드로 효과의 개념과 현명한 소비의 필요성

- **문단 간의 관계 :** 1문단에서는 지율이의 사례를 제시하였고, 2
문단에서는 디드로 효과의 개념과 유래에 대해 설명하였다. 3
문단에서는 맥크래켄이 디드로 효과에 관하여 연구한 내용을

설명하였고, 4문단에서는 1문단의 지율이의 사례를 분석하고 있다. 5문단
에서는 현명한 소비의 필요성을 강조하고 있다.

- **글의 구조도**

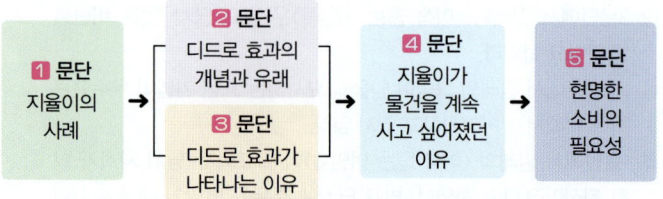

01 [정답] 디드로 ··· 문단 요약하기

다음은 2문단의 내용을 정리한 것이다. 빈칸에 들어가기에 적절한 말을 쓰시오.

> 하나의 물건을 갖게 되면서 그것에 어울리는 다른 물건을 계속
> <u>2문단 3번째 문장에 근거</u>
> 해서 사는 것을 사회학에서는 (　　　　) 효과라고 한다.

❯왜 정답?

2문단에서 '디드로 효과란, 하나의 물건을 갖게 되면서 그것에 어울리는 다른 물건을 계속해서 사는 것을 가리킨다.'라고 하였다. 따라서 빈칸에 들어가기에 적절한 말은 '디드로'이다.

02 [정답] ③ ··· 문단 간의 관계 파악하기

윗글에 대한 설명으로 적절하지 <u>않은</u> 것은?

① 2문단에서는 1문단에서 이야기한 예와 관련된 효과에 대
　자율이의 사례　　　　　　　디드로 효과
　해 설명하고 있다.

② 4문단에서는 2, 3문단의 내용을 바탕으로 1문단의 예를
　　　　　　　　　　자율이의 사례가 디드로 효과 때문이라고 함.
　분석하고 있다.

③ 5문단에서는 지금까지의 내용과 반대되는 학자들의 의
　　　　　　　　　현명한 소비를 할 것을 권유함.
　견을 소개하고 있다.

❯왜 정답?

③ 5문단에서는 일상생활에서 볼 수 있는 디드로 효과를 이용한 사례를 들고, 읽는 사람에게 현명한 소비를 할 것을 권하고 있다. 그러나 학자들의 의견을 소개하지는 않았다.

❯왜 오답?

① 2문단에서는 1문단의 지율이의 예가 디드로 효과 때문이라고 설명하고 있다.

② 4문단에서는 2, 3문단에서 소개한 디드로 효과를 바탕으로 1문단의 지율이의 사례를 분석하고 있다.

◑❮ 일상생활 속 디드로 효과

디드로 효과는 이미 다양한 분야에서 마케팅 전략으로 활용되고 있다. 흔히 말하는 '커플 룩'과 같이 제품 사이의 통일성을 강조하거나, 서로 다른 산업 분야에 속한 경쟁력 있는 업체끼리 협업하는 것 모두 디드로 효과를 활용한 마케팅 전략에 속한다.

온라인 쇼핑몰에서 제품 사진을 찍을 때 판매 상품뿐 아니라, 다른 자사 상품을 함께 촬영하는 것도 디드로 효과를 겨냥한 것이다. 이는 해당 제품을 구매한 소비자가 이와 어울려 보이는 주변 상품에 관심을 갖도록 자연스레 유도하는 것이기 때문이다.

디드로 효과를 활용한 마케팅 사례는 우리 주변에서 쉽게 볼 수 있는 유명 캐릭터 샵을 통해서도 알 수 있다. 실제로 국내의 한 캐릭터 샵은 인기가 많은 캐릭터들을 모델로 내세워 강남, 홍대, 잠실 등 서울의 번화가에 위치해 많은 제품들을 판매하며 인기몰이를 하고 있다.

▲ 어울림을 고려한 같은 색의 물건들

이러한 캐릭터 샵의 인기 요인 중 하나는 소비자들에게 동일한 캐릭터가 새겨진 다양한 제품을 구매함으로써 자신이 보유한 상품들 간의 통일성을 높이려는 동기를 부여하는 것이다. 이 때문에 캐릭터 샵에서는 캐릭터 인형뿐만 아니라 지갑, 필통, 볼펜, 심지어 치약과 칫솔 같은 위생 용품에 이르기까지 다양한 상품을 내놓고 소비자들의 구매욕을 자극하고 있다.

엘리베이터가 움직이는 원리

⬭ 핵심어   🟨 문단 중심 문장   🟦 전체 중심 문장

1 무거운 물체를 들어 올리거나, 힘의 방향을 바꾸기 위해 사용하는 장치에는 ⬭도르래⬭
가 있다. 도르래는 바퀴에 홈을 파고 줄을 걸고 돌려 물건을 움직이는 장치로, 고정 도
르래와 움직도르래, 복합 도르래 등으로 나눌 수 있다. 과거 우물의 두레박 등에서 쓰인
고정 도르래는 위치가 고정되어 있어 제자리에서 회전함으로써 힘의 방향을 바꾸는 용
도로 주로 사용된다. 반면 움직도르래는 위치가 고정되지 않고 물체와 함께 위아래로
움직이는 도르래로, 적은 힘으로도 무거운 돌을 들어 올릴 수 있게 만든 장치인 거중기
에서 사용되었다. 복합 도르래는 고정 도르래와 움직도르래를 함께 연결한 도르래이다.

2 우리 주변에서 도르래를 사용하는 대표적인 예로는
⬭엘리베이터⬭가 있다. 엘리베이터는 고정 도르래의 원리를
이용한다. 엘리베이터가 운행하는 통로의 가장 꼭대기에
는 고정 도르래가 달려 있고, 그 도르래에는 두꺼운 로프
가 매달려 있다. 이 로프의 한쪽 끝에는 승객이 타는 공
간인 엘리베이터 박스가 있고 다른 쪽에는 평형추가 있
어 엘리베이터 박스와 균형을 맞춘다. 그리고 모터로 굵

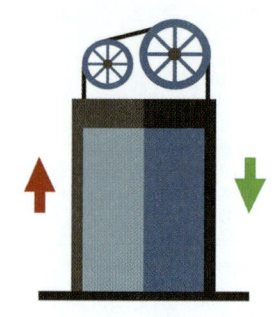

은 로프를 감았다 풀었다 하면서 엘리베이터 박스를 위아래로 움직여 엘리베이터를 운
행한다. 사람이 타지 않았을 때의 엘리베이터 박스의 무게는 추의 무게와 똑같기 때문
에 이 둘은 평형 상태에 놓여 별다른 조치가 없어도 움직이지 않는다.

3 한편 요즈음에는 줄이 없는 엘리베이터도 개발되었다고 한다. 계속해서 엘리베이터
와 관련된 기술이 발전하고 있는 것이다. 엘리베이터와 관련된 기술이 더욱더 발달하면
엘리베이터를 타고 우주에 가는 시대가 올 수도 있지 않을까?

1 문단 요약
도르래의 개념과 종류별 기능

2 문단 요약
엘리베이터가 작동하는 원리

[중심 문단]
3 문단 요약
엘리베이터 기술에 관한 전망

● **내용** : 이 글은 도르래를 활용한 엘리베이터가 작동하는 원리
에 대해 설명하고 있다. 도르래는 고정 도르래, 움직도르래, 복
합 도르래로 나눌 수 있으며, 종류에 따라 무거운 물체를 들어
올리는 힘을 줄여 주거나, 힘의 방향을 바꿔 주는 역할을 한다.
그중에서 엘리베이터에 쓰이는 도르래는 힘의 방향을 바꿔 주
는 고정 도르래이다. 엘리베이터와 관련된 기술은 계속해서 발
전하고 있다.

● **주제** : 엘리베이터가 작동하는 원리와 발전 전망

● **문단 간의 관계** : 1문단에서는 도르래의 개념과 종류별 기능을 제시하고
있다. 2문단에서는 엘리베이터가 작동하는 원리를 고정 도르래의 쓰임을
중심으로 설명하고 있다. 3문단에서는 엘리베이터 기술의 발전 전망에 대
해 이야기하며 글을 마무리하고 있다.

● **글의 구조도**

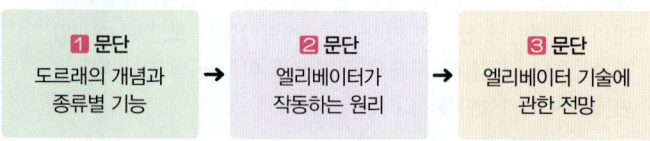

| **1 문단** 도르래의 개념과 종류별 기능 | → | **2 문단** 엘리베이터가 작동하는 원리 | → | **3 문단** 엘리베이터 기술에 관한 전망 |

03 [정답] 고정 ······························· 문단 요약하기

> **왜 정답?**

2문단에서 '엘리베이터는 고정 도르래의 원리를 이용한다.'라고 하였다. 따라서 빈칸에 들어가기에 적절한 말은 '고정'이다.

04 [정답] ③ ······························· 문단 간의 관계 파악하기

> **왜 정답?**

③ 3문단에서 '엘리베이터와 관련된 기술이 더욱더 발달하면 엘리베이터를 타고 우주에 가는 시대가 올 수도 있지 않을까?'라고 하면서 엘리베이터 기술에 관한 전망을 제시하고 있다. 그러나 서로 다른 대상을 비교하고 있지는 않다.

05 [정답] 방향, 거중기 ······························· 내용 파악하기

┌───┐
│ 윗글을 읽고 빈칸에 들어가기에 적절한 말을 순서대로 쓰시오. │
│   │
│ 도르래   │
│ • 개념 : 무거운 물체를 들어 올리거나, 힘의 (   )을/를 │
│   바꾸기 위해 사용하는 장치   │
│   1문단 1번째 문장에 근거   │
│ • 종류 : 고정 도르래, 움직도르래, 복합 도르래   │
│ • 쓰임 ┌ 고정 도르래 : 우물의 두레박, 엘리베이터   │
│   └ 움직도르래 : (   )   │
│   1문단 4번째 문장에 근거   │
└───┘

> **왜 정답?**

1문단에서 '무거운 물체를 들어 올리거나, 힘의 방향을 바꾸기 위해 사용하는 장치에는 도르래가 있다.'라고 하면서 도르래의 개념을 설명하고 있다. 또 '움직도르래'는 '거중기에서 사용되었다.'라고 하였다. 따라서 빈칸에 들어가기에 적절한 말은 '방향', '거중기'이다.

06 [정답] ③ ······························· 내용 파악하기

┌───┐
│ 윗글을 읽고 알 수 없는 것은?   │
│ ① 도르래의 종류   │
│   고정 도르래, 움직도르래, 복합 도르래 등이 있음.   │
│ ② 복합 도르래의 개념   │
│   고정 도르래와 움직도르래를 함께 연결한 도르래임.   │
│ ③ 엘리베이터의 안전장치   │
│   지문에서 설명하고 있지 않음.   │
│ ④ 엘리베이터 기술의 전망   │
│   우주도 엘리베이터를 타고 가는 시대가 올 수도 있을 것이라고 전망함. │
│ ⑤ 고정 도르래와 움직도르래가 사용된 예   │
│   고정 도르래는 우물의 두레박과 엘리베이터에, 움직도르래는 거중기에 사용됨. │
└───┘

> **왜 정답?**

③ 이 지문에서는 엘리베이터에 고정 도르래의 원리가 적용되었다고 설명하고 있지만, 엘리베이터의 안전장치에 대해서는 이야기하고 있지 않다.

> **왜 오답?**

① 1문단에서 도르래는 '고정 도르래와 움직도르래, 복합 도르래 등으로 나눌 수 있다.'라면서 도르래의 종류를 소개하고 있다.

② 1문단에서 '복합 도르래는 고정 도르래와 움직도르래를 함께 연결한 도르래이다.'라면서 복합 도르래의 개념을 이야기하고 있다.

④ 3문단에서 '엘리베이터와 관련된 기술이 더욱더 발달하면 엘리베이터를 타고 우주에 가는 시대가 올 수도 있지 않을까?'라고 하면서 엘리베이터 기술의 전망에 대해 이야기하고 있다.

⑤ 1문단에서 고정 도르래는 '과거 우물의 두레박 등에서 쓰'였고, 움직도르래는 '거중기에서 사용되었다.'라고 하였다.

07 [정답] ② ······························· 반응의 적절성 평가하기

┌───┐
│ 윗글을 읽고 난 후의 반응으로 적절하지 않은 것은? │
│ ① 정화 : 도르래를 사용하면 적은 힘으로도 물체를 움직일 │
│   1문단 4번째 문장에 근거 → 움직도르래를 사용하면 가능함. │
│   수 있구나.   │
│ ②안나 : 엘리베이터 박스와 평형추는 늘 같은 방향으로 움 │
│   2문단에 근거 → 엘리베이터 박스와 평형추는 반대로 움직임. │
│   직이겠구나.   │
│ ③ 은미 : 균형을 맞추기 위해서 엘리베이터 박스의 반대편 │
│   2문단 4번째 문장에 근거 → 평형추는 엘리베이터 박스와 균형을 맞춤. │
│   에 평형추를 매단 것이구나.   │
│ ④ 세라 : 엘리베이터는 고정 도르래의 원리를 이용하여 오 │
│   2문단 2번째 문장에 근거 → 고정 도르래의 원리를 이용함. │
│   르락내리락 움직이는구나.   │
│ ⑤ 영진 : 복합 도르래는 고정 도르래와 움직도르래를 연결 │
│   한 것이니까, 물체를 들어 올릴 때 드는 힘을 줄여주면서 │
│   1문단에 근거 → 힘의 방향을 바꿔 주는 고정 도르래와 물체를 들어 올리는 │
│   힘의 방향을 바꿔주기도 하겠네. 줄여 주는 움직도르래가 연결됨. │
└───┘

> **왜 정답?**

② 2문단에서 '로프의 한쪽 끝에는 승객이 타는 공간인 엘리베이터 박스가 있고 다른 쪽에는 평형추가 있'는데, '모터로 굵은 로프를 감았다 풀었다 하면서 엘리베이터 박스를 위아래로 움직여 엘리베이터를 운행한다.'라고 하였다. 이를 고려하면 엘리베이터 박스와 평형추는 서로 반대편에 매달려서 위아래로 움직이기 때문에 늘 다른 방향으로 움직일 것이다.

> **왜 오답?**

① 1문단에서 '적은 힘으로도 무거운 돌을 들어 올릴 수 있게 만든 장치'인 거중기에 움직도르래가 사용되었다고 하였다. 따라서 도르래를 이용하면 적은 힘으로도 물체를 움직일 수 있을 것이다.

③ 2문단에서 '엘리베이터 박스'가 달린 로프의 반대편에는 '평형추가 있어 엘리베이터 박스와 균형을 맞춘다.'라고 하였다.

④ 2문단에서 '엘리베이터는 고정 도르래의 원리를 이용한다.'라고 했다.

⑤ 1문단에서 '복합 도르래는 고정 도르래와 움직도르래를 함께 연결한 도르래'라면서 고정 도르래는 '힘의 방향을 바꾸는 용도로 주로 사용'되고, 움직도르래는 '적은 힘으로도 무거운 돌을 들어 올릴 수 있게 만든 장치'에 사용되었다고 하였다.

연극의 이해

◯ 핵심어　▢ 문단 중심 문장　▨ 전체 중심 문장

1 연극이란 배우가 각본에 따라 어떤 사건이나 인물을 말과 동작으로 관객에게 보여
　　1문단의 핵심어　　　　　　연극의 개념
주는 무대 예술을 의미한다. 즉, 연극은 특정한 상황을 설정하고 등장하는 배우들이 그
　　　　　　　　　　　　앞문장의 내용을 한 번 더 설명함.
상황 속의 인물이 되어 말과 동작 등을 연기하는 것을 의미한다.

2 연극을 구성하는 요소에는 배우, 무대, 관객, 희곡이 있다. 배우는 극 중 등장인물이
　　　2문단의 핵심어
되어 무대 위에서 무언가를 보여 주고 들려주는 역할을 하며, 관객은 무대 위의 배우가
전달하는 내용을 보고 듣고 이해한다. 그리고 어떤 내용을 어떻게 표현하고 전달할지에
관한 계획이 필요한데, 이를 글로 작성한 것을 희곡이라고 한다. 이러한 요소들이 모여
한 편의 연극이 만들어진다.

3 한편 연극의 내용은 허구이다. 작품 속에서 죽는 역할을 맡았다고 해서 실제로 죽는
　　　화제를 전환함.
것이 아니라는 것은 배우와 관객 모두 알고 있다. 하지만 연극이 시작되면 이러한 허구
　　　　　　　　　　　　　　　　　　　　　허구를 받아들임.
적인 내용을 자연스럽게 받아들이게 된다. 별다른 무대 장치가 없어도 무대를 영국이라
고 설정하면 영국이 되고, 특별한 분장을 하지 않아도 배우들의 국적, 나이 등이 달라진
다. 이처럼 연극은 허구적 상황과 이것이 실제 상황이라는 믿음이 함께하는 이중성을
　　　　　　　　연극의 특성 ① 이중성　　　　　　　　　　　　　3문단의 핵심어
가진다.

4 또한 연극은 현장성을 갖고 있다. ㉠시나 영화, 그림 등은 관객들이 그 작품을 보기
　　　　　　4문단의 핵심어　연극의 특성 ② 현장성
전에 이미 예술가의 창작이 완료된다. 반면 연극은 무대 위의 배우와 객석의 관객이 만
　　　　　　　　　　　　시, 영화, 그림 등의 다른 예술과 연극의 차이점
나 함께하는 순간에 완성된다. 그렇기 때문에 연극은 매 순간 다른 공연이 만들어지며,
시간이 지나면 사라지는 일회적인 예술이다.

5 연극은 우리의 삶 속 다양한 부분을 다루고 있으며, 우리는 연극을 봄으로써 우리의
　　5문단의 핵심어　　　　　　　　　　　　　　　　　연극 감상을 하면 좋은 점
삶을 되돌아 볼 수도 있다. 다가오는 주말에는 연극 한 편을 관람하면서 스트레스도 해
소하고 우리의 삶에 대해 생각해 보는 시간을 가져 보자.

---

1 문단 요약
연극의 개념

2 문단 요약
연극의 구성 요소

3 문단 요약
연극의 특성 ① 이중성

4 문단 요약
연극의 특성 ② 현장성

[중심 문단]
5 문단 요약
연극 감상의 순기능과 관람 권유

● **내용 :** 이 글은 연극에 대해 설명하고 있다. 연극은 배우가 각
본에 따라 그 내용을 관객들에게 전달하는 무대 예술이며, 연
극을 구성하는 요소에는 배우, 관객, 무대, 희곡이 있다. 그리고
연극은 이중성과 현장성 등의 특성이 있다.

● **주제 :** 연극의 개념과 특성

● **문단 간의 관계 :** 1문단에서는 연극의 개념을 제시하였고, 2문단에서는 연
극의 구성 요소를 설명하고 있다. 3문단과 4문단에서는 연극의 특성을 설
명하고, 마지막 5문단에서는 연극 감상의 좋은 점을 이야기하며, 연극 관
람을 권유하고 있다.

● **글의 구조도**

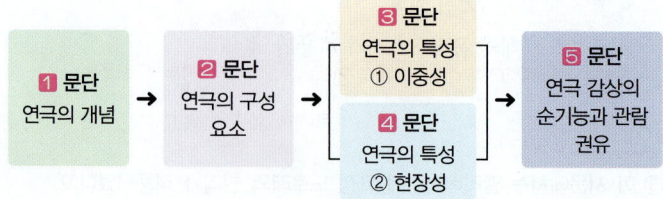

01 [정답] 연극 ⸻⸻⸻⸻⸻ 문단 요약하기

왜 정답?

1문단에서 '연극이란 배우가 각본에 따라 어떤 사건이나 인물을 말과 동작으로 관객에게 보여 주는 무대 예술을 의미한다.'라면서 연극에 대해 설명하고 있다. 따라서 빈칸에 들어가기에 적절한 말은 '연극'이다.

02 [정답] ① ⸻⸻⸻⸻⸻ 문단 간의 관계 파악하기

왜 정답?

① 1문단에서는 연극이 무엇인지에 대해 설명하고 있지만, 질문을 하고 있지는 않다.

왜 오답?

② 2문단에서는 '연극을 구성하는 요소에는 배우, 무대, 관객, 희곡이 있다.'라면서 연극을 구성하는 요소에 대해 자세히 설명하고 있다.

③ 3문단에서는 연극의 특성 중 이중성에 대해, 4문단에서는 연극의 특성 중 현장성에 대해 설명하고 있다.

④ 5문단에서는 독자들에게 '다가오는 주말에는 연극 한 편을 관람하'자고 권하고 있다.

03 [정답] ⑤ ⸻⸻⸻⸻⸻ 내용 파악하기

윗글을 읽고 답할 수 없는 질문은?

① 연극이란 무엇인가?
  1문단에 근거
② 연극의 구성 요소에는 무엇이 있는가?
  배우, 무대, 관객, 희곡
③ 연극이 가지고 있는 현장성이란 무엇인가?
  무대 위의 배우와 객석이 만나 함께하는 순간에 완성됨.
④ 연극의 내용이 허구라는 것은 무슨 의미인가?
  연극에서 죽는다고 해서 실제로 죽는 것이 아님.
⑤ 연극은 왜 모든 순간 같은 공연이 만들어지는가?
  연극은 매 순간 다른 공연이 만들어짐.

왜 정답?

⑤ 4문단에서는 연극은 현장성을 갖고 있기 때문에 '연극은 매 순간 다른 공연이 만들어'진다고 하였다. 따라서 연극은 모든 순간 같은 공연이 아니므로, ⑤의 질문에 답을 할 수는 없다.

왜 오답?

① 1문단에서 '연극이란 배우가 각본에 따라 어떤 사건이나 인물을 말과 동작으로 관객에게 보여 주는 무대 예술을 의미한다.'라고 했다.

② 2문단에서 '연극을 구성하는 요소에는 배우, 무대, 관객, 희곡이 있다.'라고 하였다.

③ 4문단에서 '연극은 무대 위의 배우와 객석의 관객이 만나 함께하는 순간에 완성된다. 그렇기 때문에 연극은 매 순간 다른 공연이 만들어지며, 시간이 지나면 사라지는 일회적인 예술이다.'라면서 연극의 현장성에 대해 설명하고 있다.

④ 3문단에서 '연극의 내용은 허구'라면서 '작품 속에서 죽는 역할을 맡았다고 해서 실제로 죽는 것이 아니라는 것은 배우와 관객 모두 알고 있다.'라면서 연극의 이중성에 대해 설명하고 있다.

04 [정답] ② ⸻⸻⸻⸻⸻ 전개 방식 파악하기

⊙에 대한 설명으로 가장 적절한 것은?

① 서로 다른 대상의 개념을 정의하고 있다.
  개념을 정의하지 않음.
② 서로 다른 대상의 차이점을 밝히고 있다.
  앞 문장은 시, 영화, 그림에 대해, 뒷문장은 연극에 대해 설명하고 있음.
③ 서로 다른 대상의 장점과 단점을 언급하고 있다.
  장·단점에 대해 이야기하지 않음.
④ 하나의 개념을 구성하는 여러 요소를 일정한 기준에 따라 나누고 있다.
  나누고 있지 않음.
⑤ 하나의 개념을 구성하는 여러 요소를 구체적인 예를 들어 설명하고 있다.
  하나의 개념을 이야기하지 않음.

왜 정답?

② ⊙은 시나 영화, 그림 등은 관객들이 보기 전에 예술가의 창작이 완료된다는 앞 문장과 연극은 무대 위의 배우와 객석의 관객이 만나서 함께하는 순간 완성된다는 뒷문장으로 구성되어 있다. 이것은 시, 영화, 그림과 연극의 차이점을 설명하고 있는 문장이라고 볼 수 있다.

05 [정답] ② ⸻⸻⸻⸻⸻ 글쓴이의 의도 파악하기

윗글의 글쓴이가 글을 쓴 이유로 가장 적절한 것은?

① 연극을 관람할 때 유의할 점을 안내하기 위해서
  지문에서 이야기하지 않음.
② 연극이 무엇인지 설명하고 관람을 권유하기 위해서
  1문단, 5문단에 근거
③ 연극이 현대인의 삶에 미치는 영향을 설명하기 위해서
  글을 쓴 주된 이유라고 할 수 없음.
④ 연극과 영화를 비교하여 연극의 장점을 설명하기 위해서
  지문에서 이야기하지 않음.
⑤ 연극에서 관객의 역할을 설명하고 그 중요성을 강조하기 위해서
  지문에서 이야기하지 않음.

왜 정답?

② 1문단에서 연극의 개념을 설명한 후, 이어지는 2, 3, 4문단에서 연극의 구성 요소와 특성에 대해 설명하고 있다. 또 5문단에서 주말에는 연극을 관람하자고 권하고 있다. 따라서 이 글의 글쓴이는 연극이 무엇인지 설명하고 읽는 사람에게 관람을 권하기 위해 이 글을 썼다고 할 수 있다.

왜 오답?

① 이 지문에서 연극을 관람할 때 유의해야 할 점에 대해서는 이야기하지 않았다.

③ 5문단에서 연극이 '우리 삶 속 다양한 부분을 다루고 있'고, '우리의 삶을 되돌아' 보게 해 준다고는 하였지만, 이것을 이야기하기 위해 글쓴이가 이 글을 쓴 것은 아니다.

④ 이 지문에서 영화와 연극을 비교하여 연극의 장점을 설명하고 있지는 않다.

⑤ 2문단에서 관객의 역할을 설명하고 있지만, 관객의 중요성을 강조하지는 않았다.

삶을 바꾸어 놓은 스마트폰

◯ 핵심어   ▨ 문단 중심 문장   ▨ 전체 중심 문장

1 전기가 없던 시절, 농사를 짓는 사람들은 해가 뜨면 논이나 밭에 나가 일을 하고, 해가 지면 돌아와서 쉬었다. 비가 오면 쉬고, 날이 개면 다시 일을 하는 식으로 날씨의 영향을 많이 받았다. 기술이 발달하기 전 사람들의 삶 그런데 전기를 이용하게 되면서 사람들은 밤이 되거나 날씨가 좋지 않으면 전등을 키고 일을 하거나 공부를 하게 되었다. 변화의 계기 날이 더우면 선풍기나 에어컨 등을 틀었고 날이 추우면 히터 등의 난방 기구를 사용했다. 전기의 이용과 기술의 발달이 우리를 날씨의 영향에서 벗어나게 해 준 것이다. 전기와 기술의 발달로 인한 변화 **그렇다면 요즘 우리 삶에서 떼어 놓을 수 없는 존재인 스마트폰은 현대인들의 삶을 어떻게 바꾸어 놓았을까?** 1문단의 핵심어

2 **먼저 사람들의 행동이 바뀌었다.** 2문단의 핵심어 우리는 손가락으로 스마트폰을 터치함으로써 스마트폰의 다양한 애플리케이션을 이용하게 된다. 그래서 과거에는 물건을 쥘 때 보조용으로 사용하던 엄지손가락을 매우 많이 사용하게 되었다. 손가락의 움직임은 늘어났지만, 상대적으로 몸의 다른 부위를 움직이는 시간은 줄어들었다. 스마트폰으로 인한 사람들의 행동 변화 ① 또한 메신저용 애플리케이션을 통해 다른 사람과 대화하게 되면서 예전보다 전화 통화를 하거나, 실제로 만나서 스마트폰으로 인한 사람들의 행동 변화 ② 대화를 하는 일도 줄어들었다. 스마트폰으로 인한 사람들의 행동 변화 ③

3 **또 시간을 활용하는 것에서도 변화가 일어났다.** 3문단의 핵심어 예전에는 통장을 만들거나 다른 사람에게 돈을 보내야 할 때 반드시 은행을 방문해야 했다. 또 과자나 과일 등을 사려고 해도 직접 시장이나 백화점 등을 가야만 했다. 하지만 스마트폰과 통신 기술의 발달로 스마트폰 애플리케이션을 이용하면 그 자리에서 통장을 만들고, 돈을 보낼 수 있게 되었다. 또 물건을 골라 결제를 하는 것만으로도 오전에 시킨 물건을 오후에 받아볼 수 있게 되었다. 은행이나 시장, 마트를 가지 않아도 일을 처리할 수 있게 되면서 사람들은 예전보다 여유 있는 삶을 살게 되었다. 스마트폰으로 인한 사람들의 삶의 변화

4 스마트폰과 같은 기술의 발달은 이처럼 우리의 삶에 ㉠변화를 가져왔다. 앞에서 설명한 것처럼 앞으로는 더욱더 많은 기술이 개발될 것이고, 이는 우리의 삶에 더 큰 영향을 미칠 것이다. 미래에 대한 전망 **빠르게 변화하는 사회에서 중심을 잡기 위해서는 기술의 영향력을 이해하고 이에 대비하려고 노력해야 한다.** 기술의 발달로 인한 삶의 변화에 대비해야 함. 4문단의 핵심어

문단 요약 (사이드바)

1 문단 요약
기술의 발달이 우리 삶에 미친 영향

2 문단 요약
스마트폰으로 인한 사람들의 변화 ① 행동

3 문단 요약
스마트폰으로 인한 사람들의 변화 ② 시간 활용

[중심 문단]
4 문단 요약
삶의 변화에 대비해야 할 필요성

● **내용** : 이 글은 스마트폰의 발달이 현대인의 삶에 가져온 변화에 대해 설명하고 있다. 스마트폰을 사용하게 되면서 사람들의 행동이 변했으며, 시간 활용도 달라졌다. 빠르게 변화하는 사회에서 중심을 잡기 위해 기술의 영향력을 이해하고 이에 대비하려고 노력해야 한다.

● **주제** : 스마트폰과 같은 기술의 발달이 우리 삶에 미친 영향

● **문단 간의 관계** : 1문단에서는 질문을 통해 스마트폰이 우리 삶에 미친 영향에 대해 알아보겠다고 했다. 2문단과 3문단에서는 스마트폰으로 인한 사람들의 변화를 행동과 시간 활용으로

나누어 설명하였다. 4문단에서는 미래에 대한 전망을 제시하고, 기술의 발달로 인한 삶의 변화에 대한 대비가 필요하다며 글을 마무리하고 있다.

● **글의 구조도**

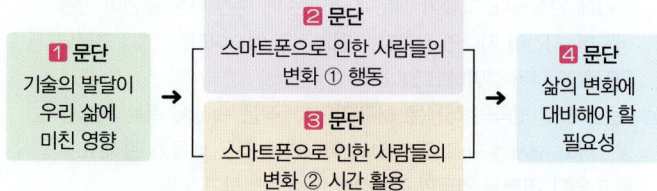

1 문단 기술의 발달이 우리 삶에 미친 영향	2 문단 스마트폰으로 인한 사람들의 변화 ① 행동	4 문단 삶의 변화에 대비해야 할 필요성
	3 문단 스마트폰으로 인한 사람들의 변화 ② 시간 활용	

06 [정답] 스마트폰 ⸺⸺⸺⸺⸺⸺⸺ 문단 요약하기

>왜 정답?

3문단에서는 사람들이 스마트폰을 이용함에 따라 시간을 활용하는 것에서 변화가 일어났다고 하였다. 따라서 빈칸에 들어가기에 적절한 말은 '스마트폰'이다.

07 [정답] ③ ⸺⸺⸺⸺⸺⸺⸺ 문단 간의 관계 파악하기

>왜 정답?

③ 4문단에서는 '앞으로는 더욱더 많은 기술이 개발될 것이고, 이는 우리의 삶에 더 큰 영향을 미칠 것이다.'라고만 이야기하고 있을 뿐, 미래를 부정적으로 전망하고 있지는 않다.

08 [정답] 행동 ⸺⸺⸺⸺⸺⸺⸺⸺⸺ 내용 파악하기

> 윗글을 읽고 빈칸에 들어가기에 적절한 말을 쓰시오.
>
> 스마트폰의 발달로 손가락을 더 많이 이용하게 되는 등 사람들의 (   )이/가 바뀌었다. 또 스마트폰의 애플리케이션을
> **2문단에 근거**
> 이용하여 마트 등을 직접 방문하지 않아도 물건을 구매할 수 있게 되면서 시간을 활용하는 것에서도 변화가 일어났다.
> **3문단에 근거**

>왜 정답?

제시된 내용은 스마트폰이 현대인의 삶을 어떻게 바꾸어 놓았는지에 대해 정리한 것이다. 2문단에서 스마트폰을 사용하게 됨에 따라 '사람들의 행동이 바뀌었다.'라고 하였다. 따라서 빈칸에 들어가기에 적절한 말은 '행동'이다.

09 [정답] ④ ⸺⸺⸺⸺⸺⸺⸺⸺⸺ 내용 파악하기

> 윗글의 내용을 고려할 때, ㉠의 예로 적절하지 <u>않은</u> 것은?
>   변화
> ① 신체적인 움직임이 줄어듦.
>   몸의 다른 부위를 움직이는 시간이 줄어듦.
> ② 예전보다 여유 시간이 많아짐.
>   예전보다 여유 있는 삶을 살게 됨.
> ③ 엄지손가락을 많이 사용하게 됨.
>   스마트폰을 터치하기 위해 엄지손가락을 사용함.
> ④ 예전보다 친구와 전화 통화를 많이 하게 됨.
>   메신저용 애플리케이션을 통해 대화하게 됨.
> ⑤ 예전보다 친구와 실제로 만나서 대화하는 일이 줄어듦.
>   메신저용 애플리케이션을 통해 대화하게 됨.

>왜 정답?

④ 2문단에서 '메신저용 애플리케이션을 통해 다른 사람과 대화하게 되면서 예전보다 전화 통화를 하거나, 실제로 만나서 대화를 하는 일도 줄어들었다.'라고 했다. 따라서 예전보다 친구와 전화 통화를 많이 하게 되었다는 것은 ㉠의 예로 적절하지 않다.

>왜 오답?

① ③ 2문단에서 스마트폰을 이용하게 되면서 '엄지손가락을 매우 많이 사용하게 되었다. 손가락의 움직임은 늘어났지만, 상대적으로 몸의 다른 부위를 움직이는 시간은 줄어들었다.'라고 했다.

② 3문단에서 스마트폰 애플리케이션을 통해 '은행이나 시장, 마트를 가지 않아도 일을 처리할 수 있게 되면서 사람들은 예전보다 여유 있는 삶을 살게 되었다.'라고 했다.

⑤ 2문단에서 '메신저용 애플리케이션을 통해 다른 사람과 대화하게 되면서 예전보다 전화 통화를 하거나, 실제로 만나서 대화를 하는 일도 줄어들었다.'라고 했다.

10 [정답] ① ⸺⸺⸺⸺⸺⸺⸺⸺ 글쓴이의 의도 파악하기

> 글쓴이가 윗글을 통해 궁극적으로 말하고자 하는 바로 가장 적절한 것은?
> ① 기술의 영향력을 이해하고 미리 준비해야 한다.
>   4문단에 근거
> ② 사람들의 행동이 바뀐 것이 꼭 좋은 것만은 아니다.
>   지문에서 이야기하고 있지 않음.
> ③ 스마트폰 기술이 발달하더라도 우리의 삶을 변화시킬 수
>   행동과 시간 활용에서 변화가 일어남.
>   는 없다.
> ④ 날씨의 영향을 벗어나게 해 준 기술의 변화를 무조건 받
>   기술의 영향력을 이해하고 준비하려고 노력해야 함.
>   아들여야 한다.
> ⑤ 은행이나 마트를 직접 찾아가서 일을 처리하는 것이 더
>   지문에서 이야기하고 있지 않음.
>   빠르고 안전하다.

>왜 정답?

① 4문단에서 기술의 발달은 앞으로 우리의 삶에 더 많은 영향을 미칠 것이므로 '빠르게 변화하는 사회에서 중심을 잡기 위해서는 기술의 영향력을 이해하고 이에 대비하려고 노력해야 한다.'라고 하였다. 따라서 이 글의 글쓴이는 '기술의 영향력을 이해하고 미리 준비해야 한다.'라는 이야기를 하기 위해 이 글을 썼을 것이다.

>왜 오답?

② 2문단에서 엄지손가락을 많이 사용하게 되면서 상대적으로 몸의 다른 부위를 움직이는 시간이 줄어든 것 등 스마트폰으로 인해 사람들의 행동이 바뀐 것에 대해서 이야기하고 있다. 하지만 이것이 좋다거나, 나쁘다고 평가하지는 않았다.

③ 스마트폰의 발달로 인해 2문단에서는 사람들의 행동이 바뀌었다고 하였고, 3문단에서는 시간 활용에서도 변화가 일어났다고 하였다.

④ 기술의 변화를 무조건 받아들여야 한다는 것이 아니라, 4문단에서 '기술의 영향력을 이해하고 이에 대비하려고 노력해야 한다.'라고 하였다.

⑤ 3문단에서 스마트폰 애플리케이션을 통해 은행이나 마트를 찾아가지 않아도 일을 처리할 수 있게 되었다고 이야기하고 있지만, 어떤 것이 더 빠르고 안전한지에 대해서는 이야기하고 있지 않다.

오른손은 '옳은 손'?

○ 핵심어　　�yellow 문단 중심 문장　　gray 전체 중심 문장

1 사람들이 가진 대표적인 (편견) 중 하나는 오른손은 옳고 정교한데 왼손은 옳지 않고 서툴다는 것이다. 『영어에서 오른쪽을 뜻하는 'right'는 '옳은'을 의미한다. 왼쪽을 뜻하는 'left'는 쓸모없다는 뜻을 가진 단어 'lyft'에서 만들어졌다. 이는 오른쪽을 뜻하는 독일어의 레히트(recht), 프랑스어의 드루아(droit)에서도 마찬가지이다.』 한국어에서도 오른손을 바른손이라고 부르기도 하는 것을 보면 많은 사람들이 오른쪽이 올바른 방향이라는 편견을 가지고 있음을 알 수 있다.

1문단의 핵심어 / 사람들이 오른손과 왼손에 대해 가지고 있는 편견
『』: 사람들이 왼손과 오른손에 편견을 갖고 있음을 뒷받침하는 여러 언어의 예

2 이러한 (편견)은 왜 생겨난 것일까? 이는 오른손잡이가 많아서 생겨난 것이라고 추측할 수 있다. 한 연구 결과에 따르면, 원래 인간의 25% 정도는 왼손잡이로 태어난다고 한다. 다시 말해, 4명 중 3명이 오른손잡이로, 1명은 왼손잡이로 태어나는 것이다. 그리고 사람들은 보통 자신과 다른 것을 이상하거나 옳지 않다고 생각하는 경향이 있다. 그렇기 때문에 상대적으로 숫자가 적은 왼손잡이들에 대한 편견이 생겨난 것이다.

2문단의 핵심어 / 왼손에 대한 편견이 생긴 이유
왼손에 대한 편견이 생긴 이유를 보충하여 설명함.

3 그리고 이것은 왼손잡이들이 오른손잡이가 되도록 만들었다. 확률적으로 따져보면 전체 인구의 4분의 1은 왼손잡이여야 한다. 하지만 실제로 왼손잡이의 수는 훨씬 적다. 왼손을 사용하는 것은 옳지 않다는 (편견) 때문에 많은 왼손잡이들이 오른손잡이로 교정해야 한다는 압력을 받았고, 그 결과 오른손잡이로 바꾸게 된 경우가 많았던 것이다. 20세기 후반에 민주주의가 확산되고 이러한 압력이 약해지면서 왼손잡이의 숫자가 늘어난 것은 이를 뒷받침하는 근거로 볼 수 있다.

왼손잡이들에 대한 편견
3문단의 핵심어 / 사회적인 편견이 왼손잡이들의 수를 줄이는 데 영향을 미침.

4 오른손잡이와 왼손잡이 중 누가 더 우수한지 가리는 것은 불가능하다. 우열을 가릴 수 있는 문제가 아니기 때문이다. 물론 현재는 오른손잡이의 수가 절대적으로 많아 오른손잡이로 사는 것이 더 편할 수는 있다. 하지만 다른 것이 틀린 것은 아니다. 왼손이든 오른손이든 자기가 편한 쪽을 선택하는 것이 정답일 것이다.

왼손잡이에 대한 편견은 옳지 않음.
4문단의 핵심어

---

1 문단 요약
오른손과 왼손에 대한 편견

2 문단 요약
왼손에 대한 편견이 생긴 이유

3 문단 요약
왼손에 대한 편견이 왼손잡이 수에 미친 영향

[중심 문단]
4 문단 요약
다른 것이 틀린 것은 아님.

● **내용** : 이 글은 사람들이 왼손과 오른손에 대해 가지고 있는 편견을 소개하고, 이것이 옳지 않다고 주장하고 있다. 오른손과 왼손의 우열을 가리는 것은 불가능하므로 왼손에 대한 편견은 옳지 않으며, 다른 것은 틀린 것이 아니다.

● **주제** : 오른손과 왼손에 대한 편견

● **문단 간의 관계** : 1문단에서는 오른손과 왼손에 대한 편견을 소개하고 있다. 2문단과 3문단에서는 왼손에 대한 편견이 생긴 이유와 그것이 왼손잡이의 수에 미친 영향을 설명하고, 4문단에서는 왼손에 대한 편견이 적절하지 않고 다른 것이 틀린 것은 아니라는 의견을 제시하며 글을 마무리하고 있다.

● **글의 구조도**

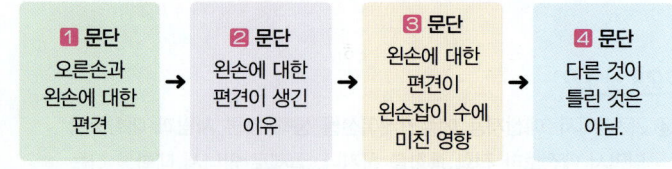

1 문단	**2** 문단	**3** 문단	**4** 문단
오른손과 왼손에 대한 편견	왼손에 대한 편견이 생긴 이유	왼손에 대한 편견이 왼손잡이 수에 미친 영향	다른 것이 틀린 것은 아님.

01 정답 오른손 .... 문단 요약하기

> 왜 정답 ?

1문단에서 '사람들이 가진 대표적인 편견 중 하나는 오른손은 옳고 정교한데 왼손은 옳지 않고 서툴다는 것이다.'라면서 사람들이 가진 편견을 소개하고 있다. 따라서 빈칸에 들어가기에 적절한 말은 '오른손'이다.

02 정답 ③ .... 문단 간의 관계 파악하기

> 왜 정답 ?

③ 4문단에서는 오른손과 왼손은 우열을 가릴 수 없으니, 왼손에 대한 편견을 갖지 말아야 한다면서 글을 마무리하고 있다. 오른손과 왼손의 공통점과 차이점을 정리하고 있지는 않다.

03 정답 ③ .... 내용 파악하기

> **윗글의 내용으로 적절하지 않은 것은?**
> ① 20세기 후반에 왼손잡이의 수가 늘어났다.
>   3문단에 근거
> ② 영어에서 오른쪽을 뜻하는 단어는 '옳은'이라는 뜻도 가
>   1문단에 근거
>   지고 있다.
> ③ 독일어와 프랑스어에는 왼쪽이 올바른 방향이라는 생각
>   영어와 마찬가지로 독일어와 프랑스어에서도 오른쪽이 '옳음'을 의미함.
>   이 담겨 있다.
> ④ 오른쪽이 올바른 방향이라는 편견은 오른손잡이의 수가
>   2문단에 근거
>   많아서 생긴 것이다.
> ⑤ 민주주의가 확산되기 전에는 왼손잡이를 오른손잡이로
>   3문단에 근거
>   교정하라는 압력이 흔히 있었다.

> 왜 정답 ?

③ 1문단에서 '영어에서 오른쪽을 뜻하는 'right'는 '옳은'을 의미한다. 왼쪽을 뜻하는 'left'는 쓸모없다는 뜻을 가진 단어 'lyft'에서 만들어졌다. 이는 오른쪽을 뜻하는 독일어의 레히트(recht), 프랑스어의 드루아(droit)에서도 마찬가지이다.'라고 했다. 따라서 독일어와 프랑스어 역시 오른쪽이 올바른 방향이라는 생각을 담고 있다.

> 왜 오답 ?

① 3문단에서 '20세기 후반에 민주주의가 확산'된 이후 '왼손잡이의 숫자가 늘어'났다고 했다.
② 1문단에서 '영어에서 오른쪽을 뜻하는 'right'는 '옳은'을 의미한다.'라고 했다.
④ 2문단에서 오른쪽이 올바른 방향이라는 편견은 '오른손잡이가 많아서 생겨난 것이라고 추측할 수 있다.'라고 했다.
⑤ 3문단에서 왼손잡이들이 오른손잡이로 교정해야 한다는 압력을 받았으며, '민주주의가 확산되고 이러한 압력이 약해'졌다고 했다.

04 정답 ③ .... 전개 방식 파악하기

> **윗글에 대한 설명으로 적절하지 않은 것은?**
> ① 질문을 던지며 그에 답하고 있다.
>   2문단 1, 2번째 문장에 근거
> ② 구체적인 연구 결과를 근거로 제시하고 있다.
>   2문단에 근거
> ③ 왼손잡이에 대한 편견을 없애는 방법을 알려 주고 있다.
>   지문에서 이야기하고 있지 않음.
> ④ 왼손잡이로 태어나는 사람들의 비율을 수치로 제시하고
>   원래 인간의 25%정도는 왼손잡이로 태어남.
>   있다.
> ⑤ 오른손과 왼손에 대한 편견이 드러나는 구체적인 예시를
>   1문단에 근거
>   들고 있다.

> 왜 정답 ?

③ 이 지문에서는 왼손잡이에 대한 편견이 생긴 원인과 사례를 제시하고, 편견을 극복해야 한다고 했다. 그러나 왼손잡이에 대한 편견을 어떻게 없애야 하는지에 대해서는 이야기하지 않았다.

> 왜 오답 ?

① 2문단에서 '이러한 편견은 왜 생겨난 것일까?'라고 질문을 던지고, '이는 오른손잡이가 많아서 생겨난 것이라고 추측할 수 있다.'라면서 답을 하고 있다.
②, ④ 2문단에서 '한 연구 결과에 따르면, 원래 인간의 25% 정도는 왼손잡이로 태어난다고 한다.'라면서 구체적인 연구 결과를 수치로 제시하고 있다.
⑤ 1문단에서 '영어에서 오른쪽을 뜻하는 ~ 한국어에서도 오른손을 바른손이라고 부르기도' 한다면서 오른손과 왼손에 대한 편견이 드러나는 구체적인 예를 제시하고 있다.

05 정답 ④ .... 글쓴이의 의도 파악하기

> **글쓴이가 윗글을 통해 궁극적으로 말하고자 하는 바로 가장 적절한 것은?**
> ① 왼손이 오른손보다 우수하다.
>   4문단에 근거 → 우열을 가릴 수 없음.
> ② 소수의 의견을 존중해야 한다.
>   지문에서 이야기하고 있지 않음.
> ③ 오른손잡이로 사는 것이 옳은 것이다.
>   4문단에 근거 → 더 편할 수는 있지만 옳다고 하지는 않음.
> ④ 왼손을 사용하는 것이 틀린 것은 아니다.
>   다른 것이 틀린 것은 아님.
> ⑤ 왼손잡이를 오른손잡이로 교정하는 것은 불가능하다.
>   3문단에 근거 → 왼손잡이들이 오른손잡이로 바꾸는 경우가 많았음.

> 왜 정답 ?

④ 4문단에서 '다른 것이 틀린 것은 아니다.'라고 하였다. 따라서 왼손을 사용하는 것이 틀렸다고 할 수 없다.

고흐의 그림 속 비밀을 밝혀낸 천문학자

○ 핵심어　　□ 문단 중심 문장　　□ 전체 중심 문장

1 오른쪽에 제시된 그림은 고흐의 〈월출(Moonrise)〉이다. 처
　　　　　　　　　　　　　　　1문단의 핵심어
음에 이 그림은 제목 대신 F735라고 불렸다. 오른쪽 위쪽에 동
그랗게 제시된 주황색 물체가 해인지 달인지 등, 이 그림을 둘러
　제목이 없었기 때문에 무엇을 그린 것인지 알 수 없었음.
싼 다양한 의견들이 있었다. 그러던 중에 별을 연구하는 천문학
자가 연구를 통해 F735가 달이 떠오르는 것을 그린 것임을 밝혀
냈다. 천문학자가 어떻게 그림 속에 숨겨진 비밀을 밝힐 수 있었을까?
　　　　　　　앞으로 전개될 내용을 질문을 통해 안내함.

▲ 고흐, 〈월출(Moonrise)〉

2 고흐의 〈월출〉에 담긴 비밀을 분석한 사람은 미국의 천문학자 도널드 올슨이다. 올
　　고흐의 그림 속 비밀을 밝혀낸 천문학자　　　　　　　　　　　　2문단의 핵심어
슨과 그의 연구팀은 『고흐가 그의 동생 테오와 주고받은 편지를 분석하여 그림이 그려진
　　　　　　　　　『 』: 올슨과 연구팀이 고흐의 그림을 연구한 과정
시기를 파악하였고, 그 시기에 고흐가 살았던 장소를 조사하였다. 이 그림은 고흐가 생
레미 지역의 정신 병원에서 지낼 때 그렸던 것으로 밝혀졌는데, 연구팀은 그곳에 직접
찾아가서 고흐가 그림을 그린 위치에서 볼 수 있는 해와 달의 움직임을 모두 계산하였
다. 그 결과 F735는 고흐가 1889년 7월 13일 밤 9시 8분에 보았던 보름달이 떠오르는
장면을 그린 것이라고 결론을 내렸다. ㉠이 연구의 결과로 F735는 〈월출〉이라는 이름
을 얻게 된 것이다.

3 올슨과 연구팀은 다양한 미술 작품 속의 별자리나, 사진 속의 태양과 그림자의 방향
을 고려하여 그림이 그려진 시간과 사진이 찍힌 시간을 추측하는 연구를 지속하였다.
그리고 자신들의 활동을 별자리나 태양, 달의 그림자 등을 연구하여 예술 작품이 창작
　　　　　　　　　　　　　　　포렌식 아스트로노미의 개념
된 시간을 추정하는 작업을 의미하는 '포렌식 아스트로노미(forensic astronomy)'라고
　　　　　　　　　　　　　　　　　3문단의 핵심어
불렀다. 우리말로는 '법정 천문학', '탐정 천문학'이라고 번역되기도 한다.

4 천문학자인 올슨과 연구팀이 고흐의 그림 속에 담긴 비밀을 밝혀낼 수 있었던 것은
　　　　　　　　　　　　　올슨과 연구팀의 연구가 갖는 의의
과학의 연구 방법을 예술 작품 연구에 활용하였기 때문이다. 흔히 과학과 예술은 거리
가 먼 학문이라고 생각하지만 그들은 이 두 가지 영역이 연결되어 있다고 생각했고, 이
러한 성과를 얻을 수 있었다. 고정 관념에서 벗어나 다양한 시도를 하는 모습을 본받아
　　　　　　　　　　　　4문단의 핵심어
야 한다.

1 문단 요약
F735의 비밀을 밝혀낸 천문학자

2 문단 요약
올슨과 연구팀이 고흐의 그림을
연구한 과정

3 문단 요약
포렌식 아스트로노미의 개념

[중심 문단]
4 문단 요약
올슨과 연구팀의 연구가 갖는 의의

● **내용**: 이 글은 고흐의 그림 F735가 〈월출〉이라는 제목을
갖게 된 이유를 천문학자 올슨과 연구팀의 연구 과정을 통해
설명하고 있다. 올슨과 연구팀은 고흐의 그림을 비롯한 여러
예술 작품에 과학의 연구 방법을 적용하였는데, 이것을 포렌식
아스트로노미라고 한다.

● **주제**: 과학의 연구 방법을 예술 작품 연구에 적용한 포렌식
아스트로노미

● **문단 간의 관계**: 1문단에서는 고흐의 그림 F735가 월출이라
는 이름을 갖게 된 이유에 대해 이야기하고 있다. 2문단에서는

올슨과 연구팀이 고흐의 그림을 연구한 과정을 제시하고 있다. 3문단에서
는 포렌식 아스트로미에 대해 설명하였고, 4문단에서는 올슨과 연구팀의
연구가 갖는 의의를 이야기하며 글을 마무리하고 있다.

● **글의 구조도**

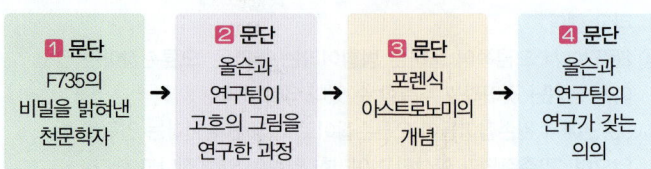

1 문단	→	**2 문단**	→	**3 문단**	→	**4 문단**
F735의 비밀을 밝혀낸 천문학자		올슨과 연구팀이 고흐의 그림을 연구한 과정		포렌식 아스트로노미의 개념		올슨과 연구팀의 연구가 갖는 의의

06 [정답] 고정 관념 ·· 문단 요약하기

> **왜 정답?**

4문단에서 올슨과 그의 연구팀은 과학과 예술은 거리가 멀다는 고정 관념을 깨고 과학의 연구 방법을 예술 작품의 연구에 활용하여 고흐의 그림 속에 담긴 비밀을 밝혀내는 성과를 얻었다고 하였다. 따라서 빈 칸에 들어가기에 적절한 말은 '고정 관념'이다.

07 [정답] ② ·· 문단 간의 관계 파악하기

> **왜 정답?**

② 2문단에서는 올슨과 연구팀이 F735를 연구한 과정을 설명하고 있다. 또 3문단에서는 올슨과 연구팀은 '자신들의 활동을 별자리나 태양, 달의 그림자 등을 연구하여 예술 작품이 창작된 시간을 추정하는 작업을 의미하는 포렌식 아스트로노미(forensic astronomy)라고 불렀다.'라고 하였다. 따라서 3문단에서는 2문단의 올슨과 연구팀이 고흐의 그림 연구에 사용한 연구 방법의 개념을 정의하고 있다고 할 수 있다.

08 [정답] ② ·· 내용 파악하기

윗글의 내용으로 적절하지 <u>않은</u> 것은?
① 고흐는 정신 병원에서 지낼 때에 〈월출〉을 그렸다.
   2문단에 근거
② 도널드 올슨은 원래 미술을 전공하다가 천문학자가 되었다.
   지문에서 이야기하고 있지 않음.
③ 포렌식 아스트로노미는 우리나라에서 탐정 천문학이라
   고도 불린다. 3문단에 근거
④ 올슨과 연구팀은 〈월출〉에 대한 연구 이후에도 포렌식
   아스트로노미를 활용한 연구를 계속하였다.
   3문단에 근거
⑤ 올슨과 연구팀의 연구가 이루어지기 전에는 〈월출〉 속 주
   황색 물체가 해인지 달인지 명확하게 밝혀지지 않았다.
   1문단에 근거

> **왜 정답?**

② 2문단에서 '미국의 천문학자 도널드 올슨'이라고는 하였지만, 그가 원래 미술을 전공했었는지에 대해서는 이야기하지 않았다.

> **왜 오답?**

① 2문단에서 '이 그림은 고흐가 생레미 지역의 정신 병원에서 지낼 때 그렸던 것으로 밝혀졌'다고 하였다.
③ 3문단에서 포렌식 아스트로노미는 '우리말로는 '법정 천문학', '탐 정 천문학'이라고 번역되기도 한다.'라고 했다.
④ 3문단에서 올슨과 연구팀은 '연구를 지속하였다.'라고 했다.
⑤ 1문단에서 '오른쪽 위쪽에 동그랗게 제시된 주황색 물체가 해인지 달인지 등 이 그림을 둘러싼 다양한 의견이 있었다.'라고 하였다.

09 [정답] ③ ·· 내용 파악하기

다음은 ㉠이 이루어진 과정을 정리한 것이다. 순서대로 나열한 것은?
이 연구

ⓐ 고흐가 살았던 장소에 찾아가 그림을 그렸던 정확한 장소를 찾음.
   2문단 3번째 문장에 근거
ⓑ 고흐가 동생과 주고받았던 편지를 통해 그림이 그려진 시기와
   2문단 2번째 문장에 근거
   그 시기에 고흐가 살았던 장소를 파악함.
ⓒ 그림을 그렸던 위치에서 볼 수 있는 해와 달의 움직임을 모두
   2문단 3번째 문장에 근거
   계산함.

① ⓐ → ⓑ → ⓒ   ② ⓐ → ⓒ → ⓑ   ③ ⓑ → ⓐ → ⓒ
④ ⓑ → ⓒ → ⓐ   ⑤ ⓒ → ⓐ → ⓑ

> **왜 정답?**

③ ㉠은 올슨과 연구팀이 고흐의 그림을 연구했던 과정을 의미한다. 2 문단에서 올슨과 그의 연구팀은 '고흐가 그의 동생 테오와 주고받은 편지를 분석하여 그림이 그려진 시기를 파악하였고, 그 시기에 고흐가 살았던 장소를 조사하였다(ⓑ). 이 그림은 고흐가 생레미 지역의 정신 병원에서 지낼 때 그렸던 것으로 밝혀졌는데, 연구팀은 그곳에 직접 찾아가서(ⓐ) 고흐가 그림을 그린 위치에서 볼 수 있는 해와 달의 움직임을 모두 계산(ⓒ)'했다고 했다. 이를 순서대로 정리하면 'ⓑ → ⓐ → ⓒ'이다.

10 [정답] ③ ·· 반응의 적절성 평가하기

윗글을 읽고 난 후의 반응으로 가장 적절한 것은?
① 고흐의 고향은 생레미 지역이구나.
   고흐가 지낸 정신 병원이 있던 지역임.
② 고흐는 그의 남동생 테오와 사이가 좋지 않았구나.
   이 지문에서 이야기하고 있지 않음.
③ 고정 관념에서 벗어나면 새로운 성과를 낼 수 있겠군.
   올슨과 연구팀이 그림 F735의 비밀을 밝혀냄.
④ 올슨과 연구팀은 연구의 업적을 인정받아 상을 많이 받았군.
   이 지문에서 이야기하고 있지 않음.
⑤ 올슨과 연구팀 말고는 〈월출〉에 관심을 가진 사람이 한
   F735를 둘러싼 다양한 의견들이 있었음.
   명도 없었군.

> **왜 정답?**

③ 4문단에서 '올슨과 연구팀이 고흐의 그림 속에 담긴 비밀을 밝혀낼 수 있었던 것은 과학의 연구 방법을 예술 작품 연구에 활용하였기 때문이다.'라고 하면서 '고정 관념에서 벗어나 다양한 시도를 하는 모습을 본받아야 한다.'라고 하였다.

> **왜 오답?**

① 2문단에서 고흐가 지낸 정신 병원이 있던 곳이 생레미 지역이라고 했을 뿐, 고흐의 고향에 대해 이야기하지는 않았다.
②, ④ 이 지문에서 이야기하지 않은 내용이다.
⑤ 1문단에서 '이 그림을 둘러싼 다양한 의견이 있었다.'라고 하였으 므로, 관심을 가진 사람이 한 명도 없었다고 볼 수는 없다.

인간의 본성은 선할까, 악할까?

○ 핵심어　　🟨 문단 중심 문장　　▨ 전체 중심 문장

1 매일 각종 사회 범죄에 관한 기사가 보도된다. 물건을 훔치거나 사람을 해치고, 자신의 이익을 위해 다른 사람에게 해를 끼치는 여러 범죄에 관한 이야기를 접하다 보면, 인간은 원래 악하게 태어난 존재인가 하는 생각이 들기도 한다. 하지만 자신을 희생하여 타인의 목숨을 구하는 사람이나, 항상 다른 사람들을 도우며 사는 사람들이 있다는 것을 생각하면 원래는 선하게 태어난 인간이 후천적인 영향으로 악해지는 것인가 하는 의문도 든다.

인간의 악한 면을 보여 주는 사례들 / 1문단의 핵심어 / 인간의 선한 면을 보여 주는 사례들

2 이와 같은 의문은 아주 오래 전부터 이어져 왔다. 약 2천 년 전쯤에 살았던 동양의 두 철학자 맹자와 순자도 이에 대해 고민하였고, 각자 나름의 답을 내렸다. 맹자는 "사람의 성품이 선한 것은 물이 아래로 흐르는 것과 같으니, 선하지 않은 사람이 없으며 아래로 흘러가지 않는 물이 없다."라고 했다. 즉, 맹자는 인간의 본성이 태어날 때부터 선하다는 성선설(性善說)을 주장했다.

인간의 본성이 선한지, 악한지에 대한 의문 / 인간의 본성에 대해 고민한 학자 ① : 성선설을 주장함. / 2문단의 핵심어

3 눈앞에 물에 빠진 어린아이가 있다고 상상해 보자. 누구나 그 아이를 보면 안타까운 마음이 들어 그 아이를 구하려고 애쓸 것이다. 맹자에 의하면 우리가 이런 마음을 갖는 것은 다른 사람으로부터 비난을 받을까봐 걱정해서도 아니고, 다른 사람으로부터 칭찬을 받기 위해서도 아니다. 이는 인간의 선한 요소, 즉 도덕적인 마음에서 나오는 것이다.

성선설을 뒷받침하는 근거 / 3문단의 핵심어

4 반면 순자는 인간의 본성이 악하다는 성악설(性惡說)을 주장하였다. 놀이터에서 어린아이들을 관찰하면 가끔 아이들이 곤충을 잡아 잔인하게 죽이는 모습을 볼 수 있다. 인간의 본성이 선하다면 아이들이 작은 곤충도 소중히 여겨야 하는데, 아이들은 죽은 곤충을 보며 눈물 흘리기는커녕 죄책감을 느끼지도 않는다. 아이들이 보여 주는 이러한 순수한 악함은 순자의 성악설에 힘을 실어 주는 대표적인 근거이다.

인간의 본성에 대해 고민한 학자 ② : 성악설을 주장함. / 4문단의 핵심어 / 성악설을 뒷받침하는 근거

5 인간이 선한가, 악한가의 문제는 아직까지 확실하게 답할 수 없는 문제이다. 하지만 이러한 인간의 본성에 대한 고민을 통해 우리는 선함과 올바른 삶의 가치를 되새겨 볼 수 있을 것이다.

5문단의 핵심어

---

1 문단 요약
인간의 본성에 대한 의문

2 문단 요약
성선설을 주장한 맹자

3 문단 요약
성선설을 뒷받침하는 사례

4 문단 요약
성악설을 주장한 순자

[중심 문단]
5 문단 요약
인간의 본성에 대해 고민하는 것의 가치

● **내용** : 이 글은 인간의 본성에 대한 맹자와 순자의 주장을 설명하고 있다. 맹자는 인간의 본성이 태어날 때부터 선하다는 성선설을 주장하였다. 맹자는 누구나 위험에 처한 사람을 도와주려는 마음이 드는데, 이것은 어떤 동기에서 비롯된 것이 아니라 오로지 도덕적인 마음에서 비롯된 것이라고 보았다. 반면 순자는 인간의 본성이 악하다는 성악설을 주장하였다. 인간의 본성에 대한 고민을 통해 선함과 올바른 삶의 가치를 되새길 수 있다.

● **주제** : 인간의 본성에 대한 두 가지 견해 – 성선설과 성악설

● **문단 간의 관계** : 1문단에서는 인간의 본성에 대해 의문을 제기하고 있다. 이에 대한 답으로 2문단과 3문단에서는 맹자의 성선설을, 4문단에서는 순자의 성악설을 소개하고 있다. 5문단에서는 인간의 본성에 대해 고민하는 것의 가치를 언급하며 글을 마무리하고 있다.

● **글의 구조도**

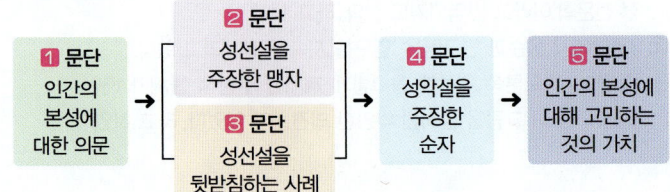

01 [정답] 선함 ·········· 문단 요약하기

>왜 정답?

5문단에서 '인간의 본성에 대한 고민을 통해 우리는 선함과 올바른 삶의 가치를 되새겨 볼 수 있을 것이다.'라고 했다. 따라서 빈칸에 들어가기에 적절한 말은 '선함'이다.

02 [정답] ③ ·········· 문단 간의 관계 파악하기

>왜 정답?

③ 5문단에서는 인간 본성에 대한 고민을 하는 것이 가치가 있다고 이야기하고 있다. 그러나, 읽는 사람을 설득하고 있지는 않다.

>왜 오답?

① 1문단에서는 인간의 악한 면을 보여 주는 사례와 인간의 선한 면을 보여 주는 사례를 들고 있다.
② 3문단에서는 '눈앞에 물에 빠진 어린아이가 있다고 상상해 보자.'라 하면서 2문단에서 제시한 성선설을 보충하여 설명하기 위해 구체적인 사례를 제시하고 있다.

03 [정답] 성선설, 성악설 ·········· 내용 파악하기

> 윗글을 읽고 빈칸에 들어가기에 적절한 말을 순서대로 쓰시오.
>
> 인간의 본성은 태어날 때부터 선하다고 생각하는 입장을
> 2문단에 근거
> (   )(이)라고 하고, 인간의 본성이 태어날 때부터 악하다
> 4문단에 근거
> 고 생각하는 입장을 (   )(이)라고 한다.

>왜 정답?

2문단에서 성선설은 '인간의 본성이 태어날 때부터 선하다'고 보는 것이라고 하였다. 또 4문단에서 성악설은 '인간의 본성이 악하다'고 보는 것이라고 하였다. 따라서 빈칸에 들어가기에 적절한 말은 '성선설', '성악설'이다.

04 [정답] ④ ·········· 내용 파악하기

> 윗글의 내용으로 적절하지 않은 것은?
>
> ① 맹자는 사람의 본성이 선하다고 주장하였다.
>   2문단에 근거 → 맹자는 성선설을 주장함.
> ② 순자는 사람의 본성이 악하다고 주장하였다.
>   4문단에 근거 → 순자는 성악설을 주장함.
> ③ 인간의 본성이 선한지 악한지는 쉽게 결론지을 수 없다.
>   5문단에 근거 → 인간의 본성에 대한 문제는 확실하게 답할 수 없음.
> ④ 맹자는 인간의 모든 선한 행동이 다른 사람으로부터 비
>   3문단에 근거 → 맹자는 선한 행동이 도덕적인 마음에서 나온다고 봄.
>   난을 받지 않기 위한 것이라고 보았다.
> ⑤ 아이들이 곤충을 잔인하게 잡아 죽인 후에 죄책감을 갖
>   4문단에 근거 → 성악설을 뒷받침하는 근거임.
>   지 않는 것은 인간의 본성이 악하다는 증거이다.

>왜 정답?

④ 3문단에서 맹자는 인간의 선한 행동이 '다른 사람으로부터 비난을 받을까봐 걱정해서'가 아니라, '인간의 선한 요소, 즉 도덕적인 마음에서 나오는 것'이라고 보았다고 하였다. 따라서 맹자가 인간의 선한 행동이 다른 사람으로부터 비난을 받지 않기 위한 것이라고 보았다고 하는 것은 적절하지 않다.

>왜 오답?

① 2문단에서 '맹자는 인간의 본성이 태어날 때부터 선하다는 성선설을 주장했다.'라고 하였다.
② 4문단에서 '순자는 인간의 본성이 악하다는 성악설을 주장하였다.'라고 하였다.
③ 5문단에서 '인간이 선한가, 악한가의 문제는 아직까지 확실하게 답할 수 없는 문제이다.'라고 하였다.
⑤ 4문단에서 '아이들은 죽은 곤충을 보며 ~ 죄책감을 느끼지도 않는다.'라고 하면서 '아이들이 보여 주는 이러한 순수한 악함은 순자의 성악설에 힘을 실어 주는 대표적인 근거이다.'라고 하였다.

05 [정답] ③ ·········· 실제 사례에 적용하기

> 다음 중 4문단에 추가할 예로 가장 적절한 것은?
>
> ① 민희는 속이 상해 우는 친구를 위로해 주었다.
>   선한 행동이므로 적절하지 않음.
> ② 진수는 버스에서 할아버지께 자리를 양보했다.
>   선한 행동이므로 적절하지 않음.
> ③ 수지는 급식실에서 밥을 먼저 먹기 위해 새치기를 했다.
>   자신의 이익을 위해 타인에게 해를 끼치는 행동이므로 적절함.
> ④ 혁수는 다리가 불편한 친구가 계단을 내려가는 것을 도
>   선한 행동이므로 적절하지 않음.
>   와 주었다.
> ⑤ 민경이는 3개월 동안 모은 용돈을 불우 이웃 돕기 성금
>   선한 행동이므로 적절하지 않음.
>   으로 냈다.

>왜 정답?

③ 1문단에서 인간의 악함을 보여 주는 예로 '자신의 이익을 위해 다른 사람들에게 해를 끼치는' 것을 들고 있다. 또 4문단에서는 인간의 본성이 악하다고 보는 성악설을 설명하고 있다. 따라서 밥을 먼저 먹기 위해 새치기를 한 것은 자신의 이익을 우선으로 여겨 타인에게 손해를 끼친 행위이므로, 4문단에 추가할 예로 적절하다.

>왜 오답?

①, ②, ④, ⑤ 1문단에서 인간의 선함을 보여 주는 예시로 '자신을 희생하여 타인의 목숨을 구하는 사람이나, 항상 다른 사람들을 도우며 사는 사람들'을 들고 있다. 따라서 도움이 필요한 사람을 돕는 이러한 행위들은 성선설과 관련이 있으므로, 4문단에 추가할 예로 적절하지 않다.

우리 몸의 열쇠, 홍채

○ 핵심어　　█ 문단 중심 문장　　█ 전체 중심 문장

1 불과 몇 년 전까지만 해도 미래 사회를 그린 영화들에서는 홍채를 인식하여 보안 장치를 해제하는 장면이 자주 등장했다. 하지만 이러한 장면은 이제 더 이상 미래 사회에서만 일어날 수 있는 일이 아니다. 지금 이 순간에도 홍채 인식은 중요 기관에서 보안 수단으로 활용되고 있고, 심지어는 우리가 사용하고 있는 스마트폰 중에서도 보안을 해제하는 수단으로 홍채 인식을 활용하는 경우가 있다. 홍채란 과연 무엇이고, 어떤 이유로 보안 수단으로 활용되는 것일까?
_{1문단의 핵심어}
_{질문을 던짐으로써 앞으로 다룰 내용을 제시함.}

2 홍채는 눈의 각막*과 수정체* 사이에 존재하는 납작한 도넛 모양의 막이다. 우리 눈을 보면 눈동자의 가장 가운데에 작은 원 모양이 보인다. 그것이 바로 동공인데, 홍채는 바로 동공으로 들어오는 빛의 양을 조절하는 역할을 한다. 「빛의 양이 많아지면 홍채가 동공의 크기를 줄여서 빛이 덜 들어오게 하고, 빛의 양이 적어지면 홍채가 동공의 크기를 크게 만들어서 빛을 최대한 들어오게 한다.」
_{2문단의 핵심어} _{홍채의 개념} _{홍채의 역할} _{「」: 홍채의 구체적인 역할}

3 홍채가 보안 수단으로 활용될 수 있는 이유는 사람마다 홍채의 모양이 모두 다르기 때문이다. 홍채의 무늬를 이루는 요소는 약 200가지 정도여서, 그 조합에 따라서 무수히 많은 수의 무늬를 만들 수 있다. 전 세계 모든 사람들의 홍채 모양이 모두 다르다고 단정할 수는 없지만, 한 사람이 다른 사람과 홍채의 모양이 똑같을 확률은 10억분의 1이라고 한다. 이는 한 사람의 지문이 다른 사람의 지문과 일치할 확률보다 훨씬 더 적은 확률이다. 그래서 지문 인식 대신 홍채 인식을 보안 수단으로 사용하는 기업과 사람들이 늘어나고 있다.
_{3문단의 핵심어}
_{홍채 인식이 지문 인식보다 보안 수단으로 더 많이 사용되는 이유}

4 홍채 인식은 현재 사용되는 보안 수단 중에서 가장 높은 정확성과 낮은 오류 확률을 보인다. 앞으로 홍채 인식은 더욱 각광 받는 보안 수단이 될 것이며, 더 다양한 분야에서 활용되어 우리의 일상 속에 자리 잡을 것이다.
_{4문단의 핵심어} _{홍채 인식 기술의 장점} _{홍채 인식 기술의 전망}

* 각막 : 눈알의 앞쪽 바깥쪽을 이루는 투명한 막. 이 막을 통하여 빛이 눈으로 들어간다.
* 수정체 : 안구의 동공 바로 뒤에 붙어 있는 볼록 렌즈 모양의 탄력성 있는 투명체

---

1 문단 요약
보안 수단으로 활용되는 홍채

2 문단 요약
홍채의 개념과 역할

3 문단 요약
홍채가 보안 수단으로 활용되는 이유

[중심 문단]
4 문단 요약
홍채 인식의 장점과 전망

● **내용** : 이 글은 보안 수단으로 활용되는 홍채 인식에 대하여 설명하고 있다. 홍채는 눈의 각막과 수정체 사이에 존재하는 납작한 도넛 모양의 막으로, 동공으로 들어오는 빛의 양을 조절한다. 사람들 사이에서 홍채의 모양이 서로 일치할 가능성은 굉장히 낮기 때문에 최근 홍채는 지문 인식을 대체할 만한 보안 수단으로 주목받고 있다. 높은 정확성과 낮은 오류 확률을 가진 홍채 인식은 앞으로도 더욱 다양한 분야에서 활용될 것으로 전망된다.

● **주제** : 홍채 인식의 장점과 전망

● **문단 간의 관계** : 1문단에서는 중심 대상인 '홍채 인식'을 소개하고 있다. 2문단에서는 홍채 인식에 활용되는 홍채의 개념과 역할을 설명하고, 3문단에서는 홍채가 보안 수단으로 활용되는 이유를 설명하고 있다. 4문단에서는 홍채 인식 기술의 장점과 전망을 언급하며 글을 마무리하고 있다.

● **글의 구조도**

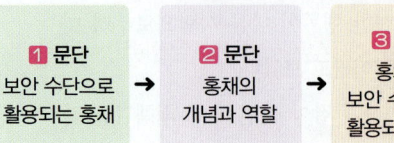

1 문단	2 문단	3 문단	4 문단
보안 수단으로 활용되는 홍채	홍채의 개념과 역할	홍채가 보안 수단으로 활용되는 이유	홍채 인식 기술의 장점과 전망

06 [정답] 홍채 ································· 문단 요약하기

>왜 정답 ?

4문단에서 홍채 인식은 '현재 사용되는 보안 수단 중에서 가장 높은 정확성과 낮은 오류 확률'을 가지기 때문에 '앞으로 홍채 인식은 더욱 각광 받는 보안 수단이 될 것'이라고 하였다. 따라서 빈칸에 들어가기에 알맞은 말은 '홍채'이다.

07 [정답] ③ ··················· 문단 간의 관계 파악하기

>왜 정답 ?

③ 4문단에서는 3문단에서 설명한 내용을 바탕으로 홍채 인식의 장점과 전망을 언급하고 있을 뿐, 3문단의 내용과 반대되는 내용을 설명하고 있지는 않다.

08 [정답] ④ ························· 내용 파악하기

윗글의 내용으로 가장 적절한 것은?
① 전 세계 사람들의 홍채의 모양은 모두 다르다.
  3문단에 근거 → 단정할 수 없음.
② 홍채 인식이 지문 인식보다 더 보편화되어 있다.
  지문에서 설명하고 있지 않음.
③ 동공은 눈의 각막과 수정체 사이에 존재하는 막이다.
  2문단 1번째 문장에 근거 → 홍채
④ 홍채는 동공으로 들어오는 빛의 양을 조절하는 역할을
  2문단에 근거 → 홍채는 동공으로 들어오는 빛의 양을 조절함.
  한다.
⑤ 다른 사람과 지문이 일치할 확률보다 홍채가 일치할 확
  3문단에 근거 → 홍채가 일치할 확률이 더 낮음.
  률이 더 높다.

>왜 정답 ?

④ 2문단에서 '홍채는 바로 동공으로 들어오는 빛의 양을 조절하는 역할을 한다.'라고 하였다.

>왜 오답 ?

① 3문단에서 '전 세계 모든 사람들의 홍채 모양이 모두 다르다고 단정할 수는 없'다고 하였다.
② 3문단에서 '지문 인식 대신 홍채 인식을 보안 수단으로 사용하는 기업과 사람들이 늘어나고 있다.'라고는 하였지만, 홍채 인식이 지문 인식보다 더 보편화되어 있는지는 이 지문에서 이야기하고 있지 않다.
③ 2문단에서 '홍채는 눈의 각막과 수정체 사이에 존재하는 납작한 도넛 모양의 막이다.'라고 하였다. 동공은 '우리 눈을 보면 눈동자의 가장 가운데에 작은 원 모양이 보'이는데, 바로 그것이라고 했다.
⑤ 3문단에서 다른 사람과 홍채의 모양이 똑같을 확률은 '한 사람의 지문이 다른 사람의 지문과 일치할 확률보다 훨씬 더 적은 확률이다.'라고 하였다.

09 [정답] ④ ························· 내용 파악하기

다음 중 윗글을 읽고 알 수 없는 내용은?
① 홍채의 역할
  2문단에 근거 → 동공으로 들어오는 빛의 양을 조절함.
② 홍채와 동공의 관계
  2문단에 근거 → 빛의 양에 따라 홍채가 동공의 크기를 조절함.
③ 홍채의 무늬를 이루는 요소의 개수
  3문단에 근거 → 약 200가지 정도임.
④ 동공을 통해 들어올 수 있는 빛의 양
  지문에서 설명하고 있지 않음.
⑤ 기업들이 보안 수단으로 지문 인식보다 홍채 인식을 사
  3문단에 근거 → 다른 사람과 홍채가 일치할 확률이 지문이 일치할 확률보다
  용하는 이유   더 낮음.

>왜 정답 ?

④ 이 지문에서 동공을 통해 들어올 수 있는 빛의 양에 대해서는 이야기하고 있지 않다.

>왜 오답 ?

① 2문단에서 홍채는 '동공으로 들어오는 빛의 양을 조절하는 역할을 한다.'라면서 홍채의 역할을 설명하고 있다.
② 2문단에서 홍채가 빛의 양에 따라 동공의 크기를 조절한다면서 홍채와 동공의 관계를 설명하고 있다.
③ 3문단에서 '홍채의 무늬를 이루는 요소는 약 200가지 정도'라고 했다.
⑤ 3문단에서 '다른 사람과 홍채의 모양이 똑같을 확률'이 지문이 일치할 확률보다 적다면서 보안 수단으로 지문 인식보다 홍채 인식을 사용하는 이유를 설명하고 있다.

10 [정답] ③ ···················· 반응의 적절성 평가하기

윗글을 읽은 학생들의 반응으로 적절하지 않은 것은?
① 민이 : 우리 눈의 동공으로 빛이 들어오는구나.
  2문단에 근거 → 동공으로 빛이 들어옴.
② 준현 : 홍채와 동공은 서로 영향을 주고받겠구나.
  2문단에 근거 → 서로 영향을 주고받으며 빛의 양을 조절함.
③ 태희 : 지문 인식이 홍채 인식보다 정확성이 높겠구나.
  4문단에 근거 → 홍채 인식이 정확성이 가장 높음.
④ 지연 : 보안 기술 중 홍채 인식이 오류가 적은 편이구나.
  4문단에 근거 → 홍채 인식은 오류 확률이 낮음.
⑤ 수연 : 홍채 인식 기술은 앞으로 더 많은 분야에서 사용
  4문단에 근거 → 홍채 인식은 더 다양한 분야에서 활용될 것으로 전망됨.
  되겠구나.

>왜 정답 ?

③ 4문단에서 '홍채 인식은 현재 사용되는 보안 수단 중에서 가장 높은 정확성'을 보인다고 했으므로 홍채 인식이 지문 인식보다 정확성이 높다.

>왜 오답 ?

①, ② 2문단에서 '홍채는 ~ 동공으로 들어오는 빛의 양을 조절'한다고 했다.
④ 4문단에서 '홍채 인식은 ~ 낮은 오류 확률을 보인다.'라고 하였다.
⑤ 4문단에서 홍채 인식은 '더 다양한 분야에서 활용'될 것이라고 하였다.

조선의 인재 등용 방식

◯ 핵심어 ▮ 문단 중심 문장 ▮ 전체 중심 문장

1 지갑에 오천 원을 넣고 다니면 시험에 붙는다는 속설이 돈 적이 있다. 이 속설은 왜
속설을 제시하여 읽는 사람들의 흥미를 이끌어 냄. 1문단의 핵심어
만들어졌을까? 그 이유는 바로 오천 원 지폐 속에 있다. 지폐 속의 인물이 '율곡 이이'이
기 때문이다. 이이는 13세 때 처음 과거 시험에 응시하여 29세가 될 때까지 총 아홉 번
의 과거에서 장원 급제를 하여 구도장원공(九度壯元公)이라고 불리기도 했다. 시험에
붙고자 하는 마음을 가진 사람들이 이러한 이이의 기운이라도 받고자 이런 속설을 만들
어 낸 것이다.
오천 원짜리에 관한 속설이 생긴 이유

2 이이가 9번이나 붙은 과거 시험은 어떤 것이었을까? 과거 시험이 본격적으로 시행된
2문단의 핵심어
것은 고려의 제4대 임금인 광종 때부터였지만, 체계적으로 시작된 것은 조선 시대부터
이다. *조선의 인재 등용 방식 ① 과거 시험*
조선 시대의 과거 시험은 문과와 무과, 잡과로 나뉘어서 치러졌으며, 문과는 유교
경전에 대해 묻는 것과 당시의 정책에 대해 논하는 것으로 또 나뉘어졌다. 『각 시험은 소과
조선 시대의 과거 시험의 구분
『 』: 과거 시험을 통해 관직에 오르는 과정을 단계별로 설명함.
와 대과로 단계가 구분되어 있었고, 소과에 합격하면 생원이나 진사가 되고, 성균관에
입학할 수 있었다. 소과에 합격한 사람들이나 성균관의 유생들은 대과에 응시할 수 있었
다. 대과는 지방에서 치르는 초시와, 초시 합격생들을 모아서 서울에서 치르는 복시, 임
금 앞에서 치르는 어전시로 나뉘었다. 어전시에 오르면 관직에 오를 수 있었다.』이 같은
과거 시험은 3년에 한 번씩 치르는 식년시가 원칙이었지만, 임시 시험도 자주 있었다.

3 과거 시험을 통해서만 관직에 오를 수 있었을까? 공을 세운 신하나 고위 관리의 자
조선의 인재 등용 방식 ② 음서제
제를 관리로 채용하는 음서제를 통해서도 관직에 오를 수 있었다. 고려 시대에는 5품
3문단의 핵심어
이상 관리의 자제들이, 조선 시대에는 2품 이상 관리의 자제들이 시험을 보지 않고도
관직에 올랐다.

4 음서제는 고종 때 공식적으로 폐지되었고, 과거 시험은 1894년 갑오개혁 때 폐지되
었다. 즉, 조선 시대 때 인재를 등용했던 방식은 크게 과거 시험과 음서제라고 할 수 있
다. *4문단의 핵심어*
과거 시험은 이제는 사라진 역사 속의 제도이지만, 이를 통해 인재를 등용하여 나라
를 발전시키고 백성들을 잘 다스리고자 했던 선조들의 마음을 엿볼 수 있다.
과거 시험의 의의

---

1 문단 요약
오천 원짜리 지폐에 관한 속설

2 문단 요약
조선의 인재 등용 방식 ① 과거
시험

3 문단 요약
조선의 인재 등용 방식 ② 음서제

[중심 문단]
4 문단 요약
과거 시험의 의의

• **내용 :** 이 글은 조선의 인재 방식인 과거 시험과 음서제에 대
해 설명하고 있다. 고려 시대 때부터 시작된 과거 시험은 조선
시대에 문과, 무과, 잡과로 나누어 치러졌고, 소과와 대과로 단
계가 구분되어 있었다. 음서제는 따로 시험을 치르지 않고 공
을 세운 신하나 고위 관리의 자식을 관리로 뽑는 제도였다. 과
거 시험에는 인재를 등용하여 나라를 발전시키려던 선조들의
마음이 담겨 있다.

• **주제 :** 조선의 인재 등용 방식인 과거 시험과 음서제

• **문단 간의 관계 :** 1문단에서는 오천 원짜리 지폐에 관한 속설
과 이 속설과 관련된 과거 시험을 소개하였다. 2문단과 3문단

에서는 조선의 인재 등용 방식이었던 과거 시험과 음서제에 대해 설명하
고, 4문단에서는 과거 시험의 의의를 언급하며 글을 마무리하고 있다.

• **글의 구조도**

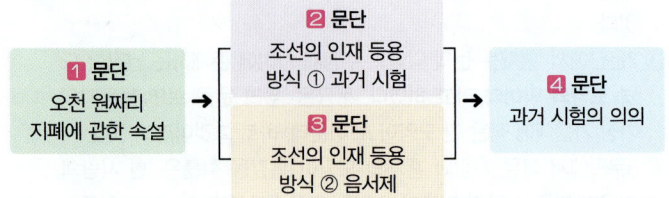

01 [정답] 율곡 이이 ⸱⸱ 문단 요약하기

> **왜 정답?**

1문단에서 '지갑에 오천 원을 넣고 다니면 시험에 붙는다는 속설'이 만들어진 이유는 지폐 속의 인물이 '총 아홉 번의 과거에서 장원 급제'를 한 '율곡 이이'이기 때문이라고 하였다. 따라서 빈칸에 들어가기에 적절한 말은 '율곡 이이'이다.

02 [정답] ③ ⸱⸱ 문단 간의 관계 파악하기

> **왜 정답?**

③ 3문단에서는 음서제에 대해 설명하고 있고, 4문단에서는 조선 시대의 인재 등용 방식을 정리하고 과거 시험의 의의를 이야기하고 있다. 3문단과 4문단에서 구체적인 예를 들거나, 과거 시험에 대한 어떠한 주장을 소개하고 있지는 않다.

03 [정답] ④ ⸱⸱ 내용 파악하기

> **윗글의 내용으로 적절하지 않은 것은?**
>
> ① 소과에 합격한 사람은 성균관에 입학할 수 있었다.
>   소과에 합격하면 성균관에 입학할 수 있었음.
> ② 과거 시험은 3년에 한 번 치르는 식년시가 원칙이었다.
>   과거 시험은 식년시가 원칙이었음.
> ③ 문과는 유교 경전에 대해 묻는 것과 정책에 대해 논하는 것으로 나뉘었다.
>   문과는 유교 경전에 대해 묻는 것과 당시의 정책에 대해 논하는 것으로 나뉨.
> ④ 조선 시대 때에는 5품 이상 관리의 자식들이 시험 없이 관직에 오를 수 있었다.
>   조선시대에는 2품 이상인 관리의 자제들이 음서제로 관직에 오를 수 있었음.
> ⑤ 과거에는 공을 세운 신하나 고위 관리의 자식을 관리로 채용하는 음서제가 있었다.
>   3문단에 근거 → 음서제는 공을 세운 신하나 고위 관리의 자식들을 시험 없이 등용하는 방법임.

> **왜 정답?**

④ 3문단에서 음서제에 따라 '조선 시대에는 2품 이상 관리의 자제들이 시험을 보지 않고도 관직에 올랐다.'라고 하였다. 따라서 조선 시대 때에는 5품 이상이 아니라, 2품 이상인 관리의 자식들이 시험 없이 관직에 오를 수 있었다.

> **왜 오답?**

① 2문단에서 '소과에 합격하면 생원이나 진사가 되고, 성균관에 입학할 수 있었다.'라고 하였다.
② 2문단에서 '과거 시험은 3년에 한 번씩 치르는 식년시가 원칙이었'다고 하였다.
③ 2문단에서 조선 시대의 과거 시험 중 '문과는 유교 경전에 대해 묻는 것과 당시의 정책에 대해 논하는 것으로 또 나뉘어졌다.'라고 하였다.
⑤ 3문단에서 '공을 세운 신하나 고위 관리의 자제를 관리로 채용하는 음서제를 ~ 시험을 보지 않고도 관직에 올랐다.'라고 하였다.

04 [정답] ⑤ ⸱⸱ 전개 방식 파악하기

> **윗글에 대한 설명으로 가장 적절한 것은?**
>
> ① 율곡 이이와 초시 합격생들을 비교하고 있다.
>   지문에서 이야기하고 있지 않음.
> ② 음서제로 관직에 오른 사람들의 이름을 나열하고 있다.
>   지문에서 이야기하고 있지 않음.
> ③ 과거 시험이 얼마나 어려웠는지에 대해 이야기하고 있다.
>   지문에서 이야기하고 있지 않음.
> ④ 율곡 이이의 말을 언급하며 과거 시험의 내용을 소개하고 있다.
>   지문에서 이야기하고 있지 않음.
> ⑤ 조선 시대의 인재 등용 제도인 과거 시험에 대해 설명하고 있다.
>   2문단에 근거 → 조선 시대의 과거 시험에 대해 설명하고 있음.

> **왜 정답?**

⑤ 2문단에서 '과거 시험은 어떤 것이었을까?'라고 질문한 후, 조선 시대의 과거 시험이 어떤 단계로 구분되었고, 언제, 어떤 과정으로 치러졌는지 등을 자세히 설명하고 있다.

> **왜 오답?**

①, ②, ③, ④ 이 지문에서 이야기하고 있지 않은 내용이다.

05 [정답] ③ ⸱⸱ 내용 추론하기

> **윗글을 읽고 답할 수 있는 질문으로 가장 적절한 것은?**
>
> ㄱ. 과거 시험의 실제 문제는 어떤 형식이었을까?
>   지문에서 이야기하고 있지 않음.
> ㄴ. 음서제와 과거 시험은 언제까지 시행되었을까?
>   4문단 1번째에 근거 → 각각 고종 때와 갑오개혁 때 폐지됨.
> ㄷ. 과거 시험이 체계적으로 시작된 때는 언제일까?
>   2문단 2번째 문장에 근거 → 과거 시험은 조선 시대부터 체계적으로 시작됨.
> ㄹ. 음서제를 통해 인재로 등용된 사람에는 누가 있을까?
>   지문에서 이야기하고 있지 않음.
>
> ① ㄱ, ㄴ ② ㄱ, ㄹ ③ ㄴ, ㄷ ④ ㄴ, ㄹ ⑤ ㄷ, ㄹ

> **왜 정답?**

ㄴ. 4문단에서 '음서제는 고종 때 공식적으로 폐지되었고, 과거 시험은 1894년 갑오개혁 때 폐지되었다.'라고 하였다.
ㄷ. 2문단에서 '과거 시험이 본격적으로 시행된 것은 고려의 제4대 임금인 광종 때부터였지만, 체계적으로 시작된 것은 조선 시대부터이다.'라고 하였다.

> **왜 오답?**

ㄱ. 2문단에서 과거 시험의 한 종류인 '문과는 유교 경전에 대해 묻는 것과 당시의 정책에 대해 논하는 것으로' 나뉘었다고 하였다. 그러나 과거 시험의 실제 문제가 어떤 형식이었는지는 이 지문에서 이야기하고 있지 않다.
ㄴ. 3문단에서 '공을 세운 신하나 고위 관리의 자제를 관리로 채용하는 음서제를 통해서도 관직에 오를 수 있었다.'라고 하였다. 그러나 음서제를 통해 인재로 등용된 사람에 누가 있었는지에 대해서는 이 지문에서 설명하고 있지 않다.

별의 죽음, 초신성

○ 핵심어　■ 문단 중심 문장　■ 전체 중심 문장

1 밤하늘의 빛나는 별은 영원히 존재할까? **별도 태어나고, 자라다가 결국은 죽게 된다.** 그렇다면 별이 죽는 모습은 어떨까? 우리도 별이 죽는 모습을 볼 수 있을까?
1문단의 핵심어　　질문을 통해 화제를 제시하고 읽는 사람의 흥미를 이끌어 냄.

2 태양보다 10배 정도 무거운 별들은 죽을 때 태양이 100억 년 동안 내보낼 에너지를 한꺼번에 내보내고, 태양 10억 개만큼의 밝기로 빛나다 서서히 어두워진다. **별이 죽어가는 모습이지만 우리가 보기에는 한동안 새로운 별이 나타난 것처럼 보이기 때문에 이를 초신성(Supernova)이라고 한다.** 옛날 우리나라에서는 잠시 머물렀다 사라진다는 의미로 초신성을 손님별이라고 불렀다.
초신성의 개념
2문단의 핵심어

3 사람들은 언제부터 초신성을 관찰했을까? 최초로 이를 기록한 사람들은 중국인들이다. 『중국인들은 185년에 초신성에 대한 기록을 남겼다. 또 1054년에 매우 밝게 빛나는 새
3문단의 핵심어　　『 』: 시간 순서대로 초신성을 관찰한 사례를 제시함.
로운 별의 출현을 알아본 것도 중국인들이다. 서양에서도 초신성의 관측이 이어졌다. 1572년 티코 브라헤가 '티코 초신성'을 발견하였고, 1604년에 요하네스 케플러(Johannes Kepler, 1571~1630)도 '케플러 초신성'을 발견했다.』 이 케플러 초신성은 가장 최근에 우리 은하에서 관측된 초신성으로, 케플러 초신성이 130회나 관측된 기록이 〈조선왕조
조선 시대 때에도 초신성이 관측됨.
실록〉에도 남아 있다.

4 **1604년 이후 우리 은하에서 초신성이 발견되지는 않았지만, 망원경과 카메라의 발달로 인해 외부 은하의 초신성을 매년 발견하고 있다.** 우리나라에서도 서울대학교 초신성
4문단의 핵심어
탐사팀이 1999년에 처음으로 초신성을 발견하여 찍은 사진을 공개하기도 했다.

5 초신성은 단지 별의 죽음으로 끝나는 것일까? 여러 종류의 초신성들 중 일부 특정한
5문단의 핵심어
종류의 초신성은 외부 은하까지의 거리를 측정하는데 사용된다. 이를 통해 우주의 팽창
초신성을 통해서 알아낼 수 있는 것 ①
속도를 알아낼 수 있게 되었다. 게다가 각 은하의 형성 초기에 초신성이 생성되는 정도가 어느 정도였는지에 따라 그 은하가 무엇으로 형성되었는지도 알아낼 수 있다. **이처럼 초신성은 우리에게 많은 것을 알려 준다.**
초신성을 통해서 알아낼 수 있는 것 ②
초신성 관측의 의의

---

1 문단 요약
별의 죽음

2 문단 요약
초신성의 개념

3 문단 요약
역사적으로 초신성을 관측한 사례

4 문단 요약
우리나라에서 초신성을 관측한 사례

[중심 문단]
5 문단 요약
초신성 관측의 의의

● **내용 :** 이 글은 초신성의 개념과 초신성 관측의 의의를 설명하고 있다. 초신성은 실제로는 별이 죽어가는 모습이지만, 우리가 보기에는 한동안 새로운 별이 나타난 것처럼 보이기 때문에 붙여진 이름이다. 초신성은 중국인들이 최초로 발견하였으며, 1572년에 티코 초신성, 1604년에 케플러 초신성이 발견되었다. 초신성을 통해서 우리는 우주의 팽창 속도나 은하 형성 물질을 알아낼 수 있다.

● **주제 :** 초신성의 개념과 초신성 관측의 의의

● **문단 간의 관계 :** 1문단에서는 별의 죽음에 대해 질문하고, 2문단에서는 별이 죽어가는 모습인 초신성의 개념을 설명하고 있다. 3문단과 4문단에서는 초신성을 관측한 구체적 사례를 소개하고 있다. 5문단에서는 초신성을 관측의 의의를 언급하며 글을 마무리하고 있다.

● **글의 구조도**

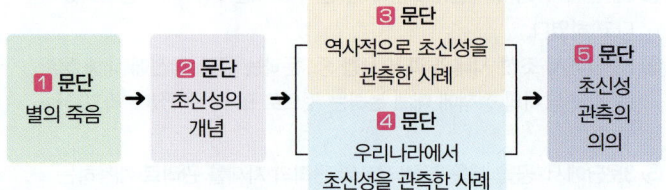

06 [정답] 팽창 ························· 문단 요약하기

〉왜 정답 ?

5문단에서 일부 초신성을 통해 '우주의 팽창 속도를 알아낼 수 있게 되었다.'라고 하였다. 따라서 빈칸에 들어가기에 적절한 말은 '팽창'이다.

07 [정답] ② ···················· 문단 간의 관계 파악하기

〉왜 정답 ?

② 2문단에서는 초신성이 무엇인지에 대해 설명하고 있다. 그러나 초신성과 관련된 다양한 의견을 소개하고 있지는 않다.

〉왜 오답 ?

① 1문단에서는 '별이 죽는 모습은 어떨까? 우리도 별이 죽는 모습을 볼 수 있을까?'와 같이 초신성과 관련된 질문을 함으로써 읽는 사람의 호기심을 불러일으키고 있다.

③ 1~4문단에서 언급한 중심 대상은 '초신성'이다. 5문단에서는 '초신성은 우리에게 많은 것을 알려 준다.'라고 하면서 초신성을 관측하는 것의 의의를 이야기하고 있다.

08 [정답] 초신성 ························· 내용 파악하기

> **윗글을 읽고 빈칸에 들어가기에 적절한 말을 쓰시오.**
>
> 별이 죽어가는 모습이지만, 새로운 별이 나타난 것처럼 보이기
> 2문단 2번째 문장에 근거
> 때문에 우리는 이를 ( )(이)라고 한다.

〉왜 정답 ?

이 지문에서는 초신성이 무엇인지에 대해 설명하고 있다. 특히 2문단 2번째 문장에서 '별이 죽어가는 모습이지만 우리가 보기에는 한동안 새로운 별이 나타난 것처럼 보이기 때문에 이를 초신성(Supernova)이라고 한다.'라고 하였다. 따라서 빈칸에 들어가기에 적절한 말은 '초신성'이다.

09 [정답] ② ························· 내용 파악하기

> **윗글을 읽고 알 수 있는 내용은?**
> ① 초신성의 시대별 변화
> 　 지문에서 이야기하고 있지 않음.
> ② 초신성의 개념과 역할
> 　 2, 5문단에 근거 → 2문단에서는 초신성의 개념을, 5문단에서는 역할을 설명함.
> ③ 초신성이 처음 생긴 시기
> 　 지문에서 이야기하고 있지 않음.
> ④ 초신성이 방출하는 에너지의 종류
> 　 지문에서 이야기하고 있지 않음.
> ⑤ 초신성이 지구에 떨어지는 데 걸리는 시간
> 　 지문에서 이야기하고 있지 않음.

〉왜 정답 ?

② 2문단에서는 '별이 죽어가는 모습이지만 우리가 보기에는 한동안 새로운 별이 나타난 것처럼 보이기 때문에 이를 초신성(Supernova)이라고 한다.'라고 하면서 초신성의 개념을 설명하고 있다. 또한 5문단에서는 특정한 종류의 초신성을 통해 '우주의 팽창 속도를 알아낼 수 있'고, '각 은하의 형성 초기에 초신성이 생성되는 정도가 어느 정도였는지에 따라 그 은하가 무엇으로 형성되었는지도 알아낼 수 있다.'라고 하면서 초신성의 역할을 설명하고 있다.

〉왜 오답 ?

①, ③, ④, ⑤ 이 지문에서 이야기하고 있지 않은 내용이다.

10 [정답] ③ ························· 내용 파악하기

> **윗글의 내용으로 적절하지 않은 것은?**
> ① 초신성을 최초로 기록한 사람은 중국인이다.
> 　 3문단에 근거 → 중국인들이 185년에 초신성에 대한 기록을 남김.
> ② 초신성을 통해 우주의 팽창 속도를 알아낼 수 있다.
> 　 5문단에 근거 → 일부 초신성을 통해 우주의 팽창 속도를 알아낼 수 있게 됨.
> ③ 1604년 이후에도 우리 은하에서는 초신성이 많이 발견
> 　 4문단에 근거 → 1604년 이후 우리 은하에서 초신성이 발견되지 않음.
> 　 되었다.
> ④ 가장 최근에 우리 은하에서 관측된 초신성은 케플러 초
> 　 3문단에 근거 → 케플러 초신성은 가장 최근에 우리 은하에서 관측된 초신성임.
> 　 신성이다.
> ⑤ 과거 우리나라 사람들은 초신성을 '손님별'이라고 부르기
> 　 2문단에 근거 → 옛날 우리나라에서는 초신성을 손님별이라고 부름.
> 　 도 했다.

〉왜 정답 ?

③ 4문단에서 '1604년 이후 우리 은하에서 초신성이 발견되지는 않았'다고 하였다. 따라서 1604년 이후에 우리 은하에서 초신성이 많이 발견되었다고 하는 것은 적절하지 않다.

〉왜 오답 ?

① 3문단에서 '사람들은 언제부터 초신성을 관찰했을까?'라고 질문한 후, '최초로 이를 기록한 사람들은 중국인들이다. 중국인들은 185년에 초신성에 대한 기록을 남겼다.'라고 하였다.

② 5문단에서 일부 특정한 종류의 초신성을 통해 '우주의 팽창 속도를 알아낼 수 있게 되었다.'라고 하였다.

④ 3문단에서 '케플러 초신성은 가장 최근에 우리 은하에서 관측된 초신성'이라고 하였다.

⑤ 2문단에서 '옛날 우리나라에서는 잠시 머물렀다 사라진다는 의미로 초신성을 손님별이라고 불렀다.'라고 하였다.

우리가 먹는 초콜릿은 어디에서 왔을까?

○ 핵심어   문단 중심 문장   전체 중심 문장

1 우리가 즐겨 먹는 달콤한 초콜릿은 어디에서 온 것일까? 초콜릿의 원료인 카카오

1문단의 핵심어   *질문을 통해 읽는 사람의 호기심을 자극함.*

콩은 보통 아프리카에서 많이 재배된다. 아프리카의 카카오콩으로 만들어진 초콜릿이 수천 킬로미터나 떨어진 우리나라까지 오게 되어 우리가 그것을 사 먹게 되는 것이다. **그렇다면 카카오콩을 재배하는 사람들은 우리가 낸 돈으로 풍족하게 생활하고 있을까?**

질문을 통해 앞으로 이야기할 내용을 제시함.

1 문단 요약
초콜릿의 생산과 소비 과정

2 초콜릿을 만드는 주된 원료인 카카오콩은 가나, 나이지리아와 같은 아프리카 지역에

2문단의 핵심어

서 주로 재배된다. 카카오콩 농장에서 카카오콩을 따는 일은 보통 아침 6시부터 밤 10시 까지 이루어지는데, 이를 담당하는 것은 9세에서 12세 사이의 어린이들이다. 우리가 사 먹는 초콜릿이 한 개에 1000원이라면, 이렇게 열심히 일하는 카카오콩 농장의 어린이들 에게 돌아가는 돈은 20원 남짓이라고 한다. **초콜릿을 팔아서 받은 대부분의 돈은 이 어린**

카카오콩 농장에서 오랜 시간 일을 하는 아이들에게 돌아가는 돈이 적음.

이들이 아니라 초콜릿 회사와 중간 상인들이 나누어 갖는다.

2 문단 요약
초콜릿 생산과 판매 과정

3 카카오콩 농장의 어린이들이 좀 더 돈을 많이 받게 할 수는 없는 것일까? 초콜릿이 만들어지는 과정을 알게 된 사람들은 초콜릿의 중간 유통 과정을 없애고, 생산자들로부 터 직접 초콜릿을 사는 방법으로 카카오콩을 재배하여 초콜릿을 생산하는 사람들이 더

공정 무역이 만들어진 배경

잘 살 수 있도록 돕기로 했다. 즉, 생산자들이 한 노동에 대한 정당한 대가를 지불하고, 이를 통해 소비자들이 좀 더 좋은 제품을 얻고자 한 것이다. 이를 생산자의 입장에서는 '공정 무역'이라고 하고, 소비자의 입장에서는 '윤리적 소비'라고 한다.

3문단의 핵심어   *3문단의 핵심어*

[중심 문단]
3 문단 요약
공정 무역과 윤리적 소비

4 그렇다면 공정 무역을 통해 윤리적 소비를 하면 좋은 점은 무엇일까? 생산자들에게

4문단의 핵심어

정당한 대가를 지불하였기 때문에, 생산자들에게 더 많은 이득이 돌아감으로써 그들이

공정 무역과 윤리적 소비의 좋은 점 ①

인간답게 살도록 도울 수 있다. 또 생산자들은 누가 그것을 소비하는지 알게 되기 때문

공정 무역과 윤리적 소비의 좋은 점 ②

에 농약 등을 마구잡이로 사용하지 않게 된다. 게다가 기업들의 과도한 노동력 착취 등

공정 무역과 윤리적 소비의 좋은 점 ③

의 문제도 해소될 수 있다.

4 문단 요약
공정 무역을 통한 윤리적 소비의 좋은 점

5 이제 우리 주변에서도 공정 무역 초콜릿 등을 흔히 볼 수 있다. **일반 초콜릿 대신 공 정 무역 초콜릿을 사 먹음으로써 나는 물론 다른 사람도 돕는 착한 소비를 해 보자.**

5문단의 핵심어

5 문단 요약
윤리적 소비 권유

● **내용** : 이 글은 우리가 자주 먹는 초콜릿의 예를 들어 공정 무역과 윤리적 소비가 무엇인지 소개하고 있다. 소비자들은 중간 유통 과정 없이 생산자에게 직접 초콜릿을 사는 방법을 통해 그들을 돕기로 했는데, 이것이 생산자의 입장에서는 공정 무역이고 소비자의 입장에서는 윤리적 소비이다. 공정 무역을 통해 윤리적 소비를 하면 소비자들은 생산자들을 도우면서도 더 좋은 상품을 살 수 있다.

● **주제** : 공정 무역과 윤리적 소비의 긍정적 효과

● **문단 간의 관계** : 1문단에서는 초콜릿의 생산과 소비 과정을, 2문단에서는 초콜릿 생산과 판매 과정을 이야기하고 있다. 3문단에서는 공정 무역과 윤리적 소비의 개념을 소개하고, 4문단에서는 공정 무역을 통한 윤리적 소비의 좋은 점을 설명하고 있다. 5문단에서는 윤리적 소비를 할 것을 권하며 글을 마무리하고 있다.

● **글의 구조도**

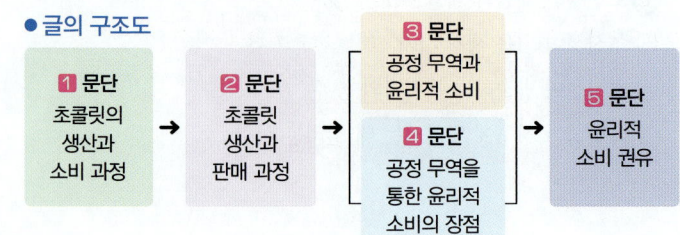

01 [정답] 공정 무역 ·········· 문단 요약하기

> **왜 정답?**

3문단에서 '생산자들이 한 노동에 대한 정당한 대가를 지불하고, 이를 통해 소비자들이 좀 더 좋은 제품을 얻고자 한 것이다. 이를 생산자의 입장에서는 '공정 무역'이라고' 한다고 하였다. 따라서 빈칸에 들어가기에 적절한 말은 '공정 무역'이다.

02 [정답] ③ ·········· 문단 간의 관계 파악하기

> **왜 정답?**

③ 3문단과 4문단에서는 공정 무역과 윤리적 소비의 개념과 장점에 대해 소개하고 있을 뿐, 학자들의 다양한 의견을 소개하고 있지는 않다.

03 [정답] ⑤ ·········· 내용 파악하기

> **윗글을 읽고 알 수 없는 내용은?**
> ① 초콜릿의 원료
>   1문단에 근거 → 초콜릿의 원료는 카카오콩임.
> ② 윤리적 소비를 하면 좋은 점
>   4문단에 근거 → 생산자와 소비자 모두에게 이득이 됨.
> ③ 카카오콩이 주로 재배되는 지역
>   2문단에 근거 → 카카오콩은 아프리카 지역에서 주로 재배됨.
> ④ 공정 무역 초콜릿을 사 먹어야 하는 이유
>   4, 5문단에 근거 → 윤리적 소비를 할 수 있음.
> ⑤ 어린이들이 카카오콩 농장에서 일을 하는 이유
>   지문에서 이야기하고 있지 않음.

> **왜 정답?**

⑤ 2문단에서 '9세에서 12세 사이의 어린이들'이 카카오콩 농장에서 일한다고 하였다. 그러나 어린이들이 왜 카카오콩 농장에서 일하는지에 대해서 이야기하고 있지는 않다.

> **왜 오답?**

①, ③ 1문단에서 '초콜릿의 원료인 카카오콩은 보통 아프리카에서 많이 재배된다.'라고 하면서 초콜릿의 원료와 카카오콩이 재배되는 지역에 대해 설명하고 있다.
② 4문단에서 윤리적 소비를 하면 '생산자들에게 더 많은 이득이 돌아감으로써 ~ 노동력 착취 등의 문제도 해소될 수 있다.'라고 하면서 윤리적 소비의 좋은 점을 설명하고 있다.
④ 4문단에서 윤리적 소비를 하면 좋은 점을 설명하고 있다. 또한 5문단에서 '공정 무역 초콜릿을 사 먹음으로써 나는 물론 다른 사람도 돕는 착한 소비를 해 보자.'라고 하였다. 따라서 공정 무역 초콜릿을 사 먹어야 하는 이유는 이를 통해 윤리적 소비를 할 수 있기 때문임을 알 수 있다.

04 [정답] ② ·········· 내용 파악하기

> **'공정 무역'을 통해 얻게 되는 효과로 적절하지 않은 것은?**
> ① 과도한 노동 착취를 막을 수 있다.
>   4문단에 근거 → 노동력 착취 문제를 해소할 수 있음.
> ② 과소비를 막아 합리적인 소비를 할 수 있다.
>   지문에서 이야기하고 있지 않음.
> ③ 농약 등을 마구잡이로 사용하지 않을 수 있다.
>   4문단에 근거 → 생산자가 소비자를 알게 되어 농약을 덜 사용함.
> ④ 생산자들이 인간답게 살아갈 수 있도록 도울 수 있다.
>   4문단에 근거 → 생산자들에게 더 많은 이득이 돌아감.
> ⑤ 생산자들의 노동에 대한 정당한 대가를 지불할 수 있다.
>   4문단에 근거 → 생산자들에게 정당한 대가를 지불하게 됨.

> **왜 정답?**

② 이 지문에서 공정 무역을 통해 과소비를 막아 합리적인 소비를 할 수 있는지에 대해서는 이야기하고 있지 않다.

> **왜 오답?**

4문단에서 공정 무역을 하게 되면 '생산자들에게 정당한 대가를 지불하였기 때문에(⑤), 생산자들에게 더 많은 이득이 돌아감으로써 그들이 인간답게 살도록 도울 수 있다(④). 또 생산자들은 누가 그것을 소비하는지 알게 되기 때문에 농약 등을 마구잡이로 사용하지 않게 된다(③). 게다가 기업들의 과도한 노동력 착취 등의 문제도 해소될 수 있다(①).'라고 했다.

05 [정답] ① ·········· 반응의 적절성 평가하기

> **윗글을 읽고 난 후의 반응으로 적절하지 않은 것은?**
> ① 공정 무역은 기업에서부터 시작한 운동이구나.
>   지문에서 이야기하고 있지 않음.
> ② 우리가 먹는 초콜릿의 원료는 아프리카에서 왔구나.
>   1문단 2번째 문장에 근거 → 카카오콩은 아프리카에서 주로 재배됨.
> ③ 공정 무역 초콜릿을 사 먹는 착한 소비자가 되어야겠어.
>   5문단에 근거
> ④ 우리가 초콜릿을 사고 내는 돈은 유통 과정에서 중간 상인들이 많이 가져가겠구나.
>   2문단에 근거 → 초콜릿 회사와 중간 상인들이 나누어 가짐.
> ⑤ 어린이들이 아침 6시부터 밤 10시까지 카카오콩 농장에서 일을 한다니, 마음이 너무 아파.
>   2문단 2번째 문장에 근거 → 카카오콩 농장에서 어린이들이 오랜 시간 동안 일함.

> **왜 정답?**

① 3문단에서 '초콜릿이 만들어지는 과정을 알게 된 사람들'로부터 공정 무역이 시작되었다고 하였을 뿐, 공정 무역이 기업에서부터 시작한 운동인지는 이야기하지 않았다.

> **왜 오답?**

② 1문단에서 '초콜릿의 원료인 카카오콩은 보통 아프리카에서 많이 재배된다.'라고 하였다.
③ 5문단에서 '공정 무역 초콜릿을 사 먹음으로써 ~ 착한 소비를 해 보자.'라고 하였다.
④ 2문단에서 '초콜릿을 팔아서 받은 대부분의 돈은 ~ 중간 상인들이 나누어 갖는다.'라고 하였다.
⑤ 2문단에서 '카카오콩 농장에서 카카오콩을 따는 일은 ~ 9세에서 12세 사이의 어린이들이다.'라고 하였다.

손난로의 원리

○ 핵심어　　■ 문단 중심 문장　　■ 전체 중심 문장

1 추운 겨울이 되면 두꺼운 외투와 함께 많은 사람들에게 사랑받는 물건이 있다. 주머니 속 작은 난로라고 불리는 '손난로'이다. 손난로는 속에 액체가 들어 있는 액체형 손난로와 철 가루를 이용한 고체형 손난로로 나눌 수 있다. 요즘 우리가 자주 사용하는 검은 가루가 담긴 일회용 손난로는 바로 고체형 손난로이다.

2 고체형 손난로는 무엇으로 만들어질까? 바로 과학 시간에 자주 접하는 철 가루이다. 철 가루가 어떻게 난로 노릇을 하는 걸까? 고체형 손난로에는 철 가루와 탄소 가루, 염화 나트륨 등이 들어 있다. 고체형 손난로를 잡고 흔들면 철 가루가 공기 중 산소와 서서히 반응해 열을 낸다. 이때 염화 나트륨은 철이 산소와 더욱 빨리 반응하게 한다. 이처럼 철 가루가 산소와 반응하는 것을 산화 반응이라고 하며, 고체형 손난로는 철 가루의 산화 반응을 이용한 것이다. 한번 산화된 철은 다시 사용할 수 없다. 한편 공기 중에 있는 못이 녹이 스는 것 역시 산화 반응이다. 하지만 속도가 매우 느려서 못이 산화 반응을 할 때 우리가 열을 느끼지는 못한다.

3 고체형 손난로가 총 두 겹으로 포장되어 판매되는 이유는 무엇일까? 그것은 바로 손난로 속 철 가루가 공기와 만나는 것을 막기 위해서이다. 손난로를 만들어서 운반하는 도중에 철 가루가 산소를 만나서 열이 발생하면 정작 따뜻한 온기가 필요할 때에는 다시 열을 발생시킬 수 없다. 그래서 고체형 손난로의 바깥 포장은 공기가 쉽게 통과할 수 없는 재료로 만들고, 속의 포장은 공기가 쉽게 통과할 수 있는 재료로 만드는 것이다.

1 문단 요약
손난로의 종류

[중심 문단]
2 문단 요약
고체형 손난로의 재료와 원리

3 문단 요약
고체형 손난로가 두 겹으로 포장되어 판매되는 이유

● **내용** : 이 글은 우리가 일상에서 사용하는 고체형 손난로의 과학적 원리를 설명하고 있다. 고체형 손난로에는 철 가루, 염화 나트륨, 탄소 가루 등이 들어 있다. 고체형 손난로 속 철 가루와 공기의 산소가 만나면 산화 반응이 일어나고, 염화 나트륨은 철과 산소가 빨리 반응할 수 있도록 도와준다. 손난로의 포장이 두 겹으로 되어 있는 것은 손난로가 유통되는 과정에서 산화 반응이 일어나는 것을 막기 위해서이다.

● **주제** : 고체형 손난로의 원리

● **문단 간의 관계** : 1문단에서는 손난로의 종류를 구분하고, 우리가 자주 사용하는 것이 '고체형 손난로'임을 이야기 하고 있다. 2문단에서는 고체형 손난로의 재료와 원리를 설명하고 있다. 3문단에서는 고체형 손난로의 포장에 대해서 설명하면서 글을 마무리하고 있다.

● **글의 구조도**

1 문단	**2 문단**	**3 문단**
손난로의 종류 →	고체형 손난로의 재료와 원리 →	고체형 손난로가 두 겹으로 포장되어 판매되는 이유

06 〔정답〕 **산화** ···················· 문단 요약하기

>왜 정답?

2문단에서 '철 가루가 산소와 반응하는 것을 산화 반응이라고' 한다고 하였다. 따라서 빈칸에 들어가기에 적절한 말은 '산화'이다.

07 〔정답〕 **③** ··············· 문단 간의 관계 파악하기

>왜 정답?

③ 3문단에서는 고체형 손난로가 두 겹으로 포장되어 팔리는 이유에 대해 설명하고 있다. 액체형 손난로와 고체형 손난로를 비교하고 있지는 않다.

>왜 오답?

① 1문단에서 '손난로는 속에 액체가 들어 있는 액체형 손난로와 철 가루를 이용한 고체형 손난로로 나눌 수 있다.'라고 하면서 손난로의 종류를 나누어 살펴보고 있다.

② 2문단에서 '고체형 손난로에는 철 가루와 탄소가루, 염화 나트륨 등이 들어 있다.'라고 하면서 손난로의 재료를 설명하고 있다.

08 〔정답〕 **철 가루** ···················· 내용 파악하기

윗글을 읽고 빈칸에 들어가기에 적절한 말을 쓰시오.	
손난로	액체형 손난로 : 속에 액체가 들어 있음.
	고체형 손난로 : 속에 ( ), 탄소 가루, 염화 나트륨 등이 들어 있음. ↳ 2문단 4번째 문장에 근거

>왜 정답?

2문단에서 '고체형 손난로에는 철 가루와 탄소가루, 염화 나트륨 등이 들어 있다.'라고 하였다. 따라서 빈칸에 들어가기에 적절한 말은 '철 가루'이다.

09 〔정답〕 **⑤** ··················· 전개 방식 파악하기

윗글에 대한 설명으로 가장 적절한 것은?
① 손난로를 발명한 사람을 소개하고 있다.
   지문에서 이야기하고 있지 않음.
② 우리나라 사람들이 손난로를 사용하지 않는 이유를 밝히
   1문단에 근거 → 많은 사람들에게 사랑을 받음.
   고 있다.
③ 사람들이 고체형 손난로를 주로 사용하는 이유를 탐구하
   지문에서 이야기하고 있지 않음.
   고 있다.
④ 산화 반응을 처음 밝혀낸 사람과 그 사람의 업적을 나열
   지문에서 이야기하고 있지 않음.
   하고 있다.
⑤ 철 가루와 산소의 산화 작용을 중심으로 고체형 손난로
   2문단에 근거 → 산화 반응을 통해 열을 내는 고체형 손난로의 원리를 이야기
   의 원리를 안내하고 있다.   하고 있음.

>왜 정답?

⑤ 2문단에서 '고체형 손난로를 잡고 흔들면 철 가루가 공기 중 산소와 서서히 반응해 열을' 내는데, '이처럼 철 가루가 산소와 반응하는 것을 산화 반응이라고' 한다고 하였다. 따라서 이 지문에서는 산화 반응을 통해 열을 내는 고체형 손난로의 원리를 설명하고 있다고 할 수 있다.

>왜 오답?

① 이 지문에서 손난로를 발명한 사람을 소개하고 있지는 않다.

② 이 지문에서 우리나라 사람들이 손난로를 사용하지 않는 이유를 밝히고 있지는 않다. 오히려 1문단에서 추운 겨울이되면 '많은 사람들에게 사랑받는', '우리가 자주 사용하는' 손난로라고 하였다.

③ 이 지문에서 사람들이 고체형 손난로를 주로 사용하는 이유에 대해 이야기하고 있지는 않다.

④ 이 지문에서 산화 반응을 처음 밝혀낸 사람과 그 사람의 업적을 나열하고 있지는 않다.

10 〔정답〕 **②** ···················· 내용 파악하기

윗글의 내용으로 적절하지 않은 것은?
① 한 번 산화된 철은 다시 사용할 수 없다.
   2문단에 근거 → 다시 사용할 수 없음.
② 액체형 손난로를 잡고 흔들면 열이 난다.
   액체형 손난로의 원리는 이 지문에서 설명하고 있지 않음.
③ 공기 중에 있는 못이 녹이 스는 것은 산화 반응 때문이다.
   2문단에 근거 → 산화 반응에 의한 것임.
④ 고체형 손난로의 재료는 염화 나트륨, 철 가루, 탄소 가
   2문단 4번째 문장에 근거 → 철 가루, 탄소 가루, 염화 나트륨 등이 들어 있음.
   루 등이다.
⑤ 철 가루와 공기가 만나는 것을 막기 위해 고체형 손난로
   3문단에 근거 → 손난로 속 철 가루가 공기와 만나는 것을 막아 줌.
   는 보통 두 겹으로 포장되어 판매된다.

>왜 정답?

② 1문단에서 손난로의 종류를 액체형 손난로와 고체형 손난로로 나눌 수 있다고 했다. 그러나 고체형 손난로의 원리에 대해 2, 3문단에서 설명하고 있을 뿐, 액체형 손난로가 열을 내는 원리를 설명하고 있지는 않다.

>왜 오답?

① 2문단에서 '한 번 산화된 철은 다시 사용할 수 없다.'라고 하였다.

③ 2문단에서 '공기 중에 있는 못이 녹이 스는 것 역시 산화 반응이다.'라고 하였다.

④ 2문단에서 '고체형 손난로에는 철 가루와 탄소 가루, 염화 나트륨 등이 들어 있다.'라고 하였다.

⑤ 3문단에서 고체형 손난로의 포장이 두 겹인 이유는 운반하는 도중에 '손난로 속 철 가루가 공기랑 만나는 것을 막기 위해서이다.'라고 하였다.

시험 불안

○ 핵심어　　▬ 문단 중심 문장　　▬ 전체 중심 문장

1 『시험 전날 밤, 재영이는 시험지에 있는 글씨를 제대로 읽지 못하고 빈 종이로 답지를
『 』: 시험 기간 중에 심리적·신체적 고통을 느끼는 구체적인 사례
내는 꿈을 꾸었다. 같은 반의 시율이는 시험을 보기 직전에 식은땀을 흘리며 배가 아팠
다.』 시험 기간이 되면 재영이나 시율이처럼 많은 학생들이 심리적·신체적 고통을 느끼
　　　　　　　　　　　　　　　　　　　　　　　　　　　　1문단의 핵심어
곤 한다. 왜 이런 일이 발생하는 것일까?
　　　심리적·신체적 고통의 원인에 대한 의문

2 어떤 일을 앞두고 불쾌한 일이 일어나거나 위험이 닥칠 것처럼 느껴지는 정서적 상
　　　　　　　　　　　　　　　　　불안의 개념
태를 불안이라고 한다. 시험을 보는 상황에서 재영이가 느낀 불안은 꿈을 통해 나타났
　　　2문단의 핵심어
고, 시율이가 느낀 불안은 배앓이라는 신체적인 반응으로 나타났다. 재영이나 시율이처
럼 시험을 앞두거나 시험을 치르는 상황에서 학생들이 느끼는 불안을 시험 불안이라고
　　　　　　　　　　　　　　　　　　　　　　　　　　　　　　2문단의 핵심어
하며, 시험 불안은 정신적, 행동적, 신체적 반응을 포함한다.

3 그렇다면 시험 불안은 시험 결과에 어떠한 영향을 미칠까? 한 연구 결과에 따르면
　　　　　　3문단의 핵심어
시험 불안을 느끼는 사람이 시험을 본 경우, 그렇지 않은 상태의 사람이 시험을 본 것보
　　　　　　　　　　　시험 불안과 시험 결과의 연관성에 대한 연구 결과
다 점수가 9점 이상 낮은 것으로 나타났다고 한다. 자신의 능력이 평가된다고 여겨지는
상황에서의 높은 시험 불안이 시험을 보는 학생들에게 영향을 미친 것이다. 그렇다면
이러한 시험 불안은 꼭 없어져야만 하는 것일까?
　　　시험 불안의 필요성에 대해 문제를 제기함.

4 많은 사람들에게 불안은 제거하거나 극복해야 할 부정적인 것으로 여겨진다. 하지만
　　　　　　　　　　4문단의 핵심어
불안은 스스로에게 위험 신호를 보냄으로써 그에 대비할 수 있도록 준비시키는 신체 반
　　　　　　　　　　　　　　　　　불안의 역할 ①
응 중 하나이다. 또한 적당한 불안과 긴장은 평소와는 다른 상황에 적응하려고 하는 몸
　　　　　　　　　　　　　　　　　　　　　　　　불안의 역할 ②
의 가장 기본적인 반응이다. 이러한 불안은 잘 조절하기만 하면 집중력을 높여 좋은 결
　　　　　　　　　　　　　　　　　　　불안이 긍정적인 영향을 미치기도 함.
과를 내는 데에 도움을 주기도 한다.

5 시험 불안도 마찬가지이다. 시험 불안을 느낀다고 너무 초조해하거나 불안 증세에만
　　5문단의 핵심어
집중하기보다는, 몸에서 나타나는 반응을 있는 그대로 받아들이면서 현재 자신이 느끼
　　　　　　　　　　시험 불안에 대처하는 바람직한 자세
는 감정이나 신체 변화를 관찰하는 것이 좋다. 불안하면 불안한 대로 자연스럽게 행동
을 하다 보면 어느새 불안이 편안한 수준으로 줄어들 것이다.

---

1 문단 요약
시험 기간에 나타나는 심리적·신체적 고통

[중심 문단]
2 문단 요약
불안과 시험 불안의 개념

3 문단 요약
시험 불안의 부정적인 영향

4 문단 요약
불안의 역할과 긍정적인 영향

5 문단 요약
시험 불안에 대처하는 바람직한 자세

● **내용** : 이 글은 불안과 시험 불안에 대해 설명하고 있다. 불안은 불쾌한 일이 일어나거나 위험이 닥칠 것처럼 느껴지는 정서적인 상태를 의미한다. 그중에서도 시험이라는 상황에서 학생들이 느끼는 불안을 시험 불안이라고 한다. 불안은 잘 조절하기만 하면 긍정적인 영향을 미치기도 한다. 따라서 불안을 자연스럽게 받아들이며 불안하면 불안한 대로 자연스럽게 행동하는 것이 좋다.

● **주제** : 시험 불안의 개념과 이에 대처하는 바람직한 자세

● **문단 간의 관계** : 1문단에서는 구체적인 예를 들어 시험 기간 중 나타나는 심리적·신체적 고통에 대해 이야기하고, 2문단에서는 이것이 '시험 불안'이라고 하였다. 3문단에서는 시험 불안이 미치는 부정적인 영향을, 4문단에서는 불안의 역할과 긍정적인 영향을 설명하고 있다. 5문단에서는 시험 불안에 대처하는 바람직한 자세를 언급하며 글을 마무리하고 있다.

● **글의 구조도**

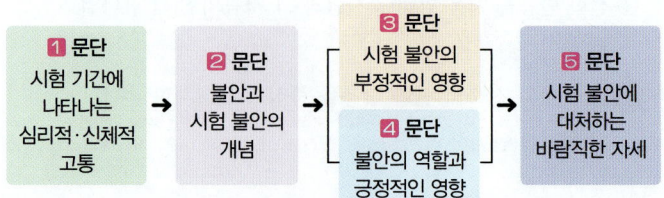

01 [정답] 불안 ·········· 문단 요약하기

> **왜 정답?**

2문단에서 '어떤 일을 앞두고 ∼ 정서적 상태를 '불안'이라고 한다.'라고 하였고, '시험을 앞두거나 ∼ 불안을 '시험 불안'이라고' 한다고 하였다. 따라서 빈칸에 공통으로 들어가기에 적절한 말은 '불안'이다.

02 [정답] ③ ·········· 문단 간의 관계 파악하기

> **왜 정답?**

③ 4문단에서는 3문단에서 설명한 '불안'의 긍정적인 영향에 대해 이야기하고 있을 뿐, '불안'과 반대되는 개념을 제시하고 있지는 않다.

03 [정답] ⑤ ·········· 내용 파악하기

> **윗글의 내용으로 가장 적절한 것은?**
> ① 시험 불안은 신체적인 반응으로만 나타난다.
> 2문단에 근거 → 정신적, 행동적, 신체적 반응을 포함함.
> ② 시험 불안은 제거해야 하는 부정적인 요소이다.
> 4문단에 근거 → 시험 불안에 부정적인 면만 있는 것은 아님.
> ③ 시험 불안은 성적에 전혀 영향을 미치지 않는다.
> 3문단에 근거 → 시험 불안은 실제 시험 결과에 영향을 미침.
> ④ 불안하고 초조한 증상에 집중하면 시험 불안을 빨리 해소할 수 있다.
> 5문단에 근거 → 불안 증세에 집중하기보다는 상태를 있는 그대로 받아들여야 함.
> ⑤ 불안은 위험 신호를 보냄으로써 우리로 하여금 그에 대비할 수 있게 한다.
> 4문단 2번째 문장에 근거 → 불안한 상황에 대비할 수 있도록 준비시키는 신체 반응 중 하나임.

> **왜 정답?**

⑤ 4문단에서 '불안은 스스로에게 위험 신호를 보냄으로써 그에 대비할 수 있도록 준비시키는 신체 반응 중 하나이다.'라고 하였다.

> **왜 오답?**

① 2문단에서 '시험 불안은 정신적, 행동적, 신체적 반응을 포함한다.'라고 했으므로, 정신적·행동적인 반응으로도 나타난다.

② 4문단에서 '불안은 잘 조절하기만 하면 집중력을 높여 좋은 결과를 내는 데에 도움을 주기도 한다.'라고 하였다. 그러므로 불안은 반드시 제거되어야 할 부정적인 요소라고는 할 수 없다.

③ 3문단에서 '한 연구 결과에 따르면 ∼ 높은 시험 불안이 시험을 보는 학생들에게 영향을 미친 것이다.'라고 하였다.

④ 5문단에서 '시험 불안을 느낀다고 너무 초조해하거나 불안 증세에만 집중하기보다는 ∼ 불안하면 불안한 대로 자연스럽게 행동을 하다 보면 어느새 불안이 편안한 수준으로 줄어들 것이다.'라고 했다.

04 [정답] ⑤ ·········· 내용 파악하기

> **윗글을 읽고 알 수 없는 내용은?**
> ① 시험 불안의 사례
> 1문단에 근거 → '재영이'와 '시율이'의 사례를 제시함.
> ② 불안의 긍정적인 측면
> 4문단에 근거 → 불안이 집중력을 높이기도 함.

> ③ 불안과 시험 불안의 개념
> 2문단에 근거 → 불안과 시험 불안의 개념을 제시함.
> ④ 시험 불안을 줄이는 방법
> 5문단에 근거 → 불안을 있는 그대로 받아들이는 방법을 제시함.
> ⑤ 학생들이 시험 불안을 없애려고 하는 이유
> 지문에서 이야기하고 있지 않음.

> **왜 정답?**

⑤ 이 지문에서 학생들이 시험 불안을 없애려고 하는 이유에 대해서 이야기하고 있지는 않다.

> **왜 오답?**

① 1문단에서 시험 불안의 사례로 재영이와 시율이의 예를 들고 있다.

② 4문단에서 '불안은 잘 조절하기만 하면 집중력을 높여 좋은 결과를 내는 데에 도움을 주기도 한다.'라고 했다.

③ 2문단에서 '어떤 일을 ∼ 상태를 '불안'이라고' 한다고 하였고, '시험을 앞두거나 ∼ 불안을 '시험 불안'이라고' 한다고 하였다.

④ 5문단에서 '불안하면 불안한 ∼ 편안한 수준으로 줄어들 것이다.'라고 하면서 시험 불안에 대처하는 방법을 제시하고 있다.

05 [정답] ③ ·········· 실제 사례에 적용하기

> **윗글을 참고했을 때, 다음 대화에서 지혁이 할 말로 가장 적절한 것은?**
>
> 은채 : 오늘 수학 시험을 앞두고 손발에 땀이 나고, 배가 너무 아팠어.
> 시험 불안의 증상
> 지혁 : 수학 시험에 부담을 느낀 모양이구나. 그런 걸 바로 시험 불안이라고 한대.
> 은채 : 시험 불안? 어떻게 하면 이것을 줄일 수 있는데?
> 지혁 : _____
>
> ① 시험 불안을 줄이는 방법은 없어.
> 불안한 대로 자연스럽게 행동하는 것이 도움이 됨.
> ② 불안한 감정에만 집중하고 있으면 괜찮아져.
> 몸에서 나타나는 반응을 그대로 받아 들여야 함.
> ③ 불안하면 불안한 대로 자연스럽게 행동해 봐.
> 5문단에 근거 → 불안을 편안한 수준으로 줄이는 데 도움이 됨.
> ④ 운동장을 몇 바퀴 돌고 오면 피곤해서 잊게 돼.
> 지문에서 이야기하고 있지 않음.
> ⑤ 시험 결과에 영향을 미치지 않으니까 너무 신경 쓰지 마.
> 3문단에 근거 → 시험 불안은 시험 결과에 영향을 미침.

> **왜 정답?**

③ 5문단에서 '불안하면 불안한 대로 자연스럽게 행동을 하다 보면 어느새 불안이 편안한 수준으로 줄어들 것이다.'라고 하였다.

> **왜 오답?**

①, ② 5문단에서 시험 불안을 줄이는 방법으로 초조해하거나, 불안 증세에만 집중하기보다는 반응을 있는 그대로 받아들이고 불안한 대로 자연스럽게 행동하면 불안이 편안한 정도로 줄어든다고 하였다.

④ 지문에서 이야기하고 있지 않은 내용이다.

⑤ 3문단에서 '시험 불안이 시험을 보는 학생들에게 영향을 미쳤다고 했다.

원근법에 나타난 동양과 서양의 차이

○ 핵심어　　　문단 중심 문장　　　전체 중심 문장

1 일정한 시점에서 본 공간과 물체를 눈으로 보는 것처럼 멀고 가까움을 느낄 수 있도록 종이와 같은 평면에 표현하는 것을 원근법이라고 한다. (원근법의 개념) 원근법은 동양의 산수화와 서양의 풍경화를 그릴 때 매우 중요한 역할을 했다. (1문단의 핵심어) 그렇다면 서양과 동양의 원근법의 차이점은 무엇일까? (질문을 통해 앞으로 이어질 내용에 대한 호기심을 이끌어 냄.)

1 문단 요약
원근법의 개념

2 서양의 원근법은 크게 색채 원근법과 선 원근법으로 나누어 설명할 수 있다. (2문단의 핵심어) 색채 원근법은 가까이에 있는 것에는 빨간색을, 먼 곳에 있는 것에는 청색을 칠하는 등 색의 심리 효과를 이용하는 것이다. (색채 원근법의 개념) 우리가 주로 알고 있는 원근법은 선 원근법으로, 앞에 있는 대상은 크게, 중간의 대상은 중간 크기로, 먼 것은 작게 표현하여 거리가 멀어질수록 대상의 형태가 점점 작아지다 마지막에 점으로 모이게 그리는 것을 가리킨다. (선 원근법의 개념) 색채 원근법과 선 원근법 모두 대상을 보는 사람이 중심이 되기 때문에 본 사람의 위치에 따라 그리고자 하는 대상의 형태가 달라진다. (서양 원근법의 특징)

2 문단 요약
서양 원근법의 종류와 특징

3 동양의 대표적인 원근법은 삼원법이다. (3문단의 핵심어) 삼원법은 고원법, 심원법, 평원법으로 구별할 수 있다. (심원법의 종류) 똑같은 산을 표현한다고 했을 때 높은 산 아래에서 위를 쳐다보는 방식으로 표현한 것을 고원법이라고 하고, 높은 산에서 아래를 내려다보는 방식으로 표현한 것을 심원법이라고 한다. (삼원법의 종류 ①) 또 산 위에서 다른 산 위, 즉 비슷한 높이에서 바라보는 방식으로 (삼원법의 종류 ②) 표현한 것을 평원법이라고 한다. (삼원법의 종류 ③) 삼원법은 사람이 중심이 아니라, 그리고자 하는 대상이 중심이었다. 그래서 그리고자 하는 대상을 중심에 두고, 그리는 사람이 다양한 각도에서 이를 담아내려고 했다. (동양 원근법인 삼원법의 특징)

3 문단 요약
동양 원근법의 종류와 특징

4 동양과 서양의 원근법이 이처럼 차이가 있는 이유는 무엇일까? (4문단의 핵심어) 이것은 동양과 서양 사람들의 사고방식이 다르기 때문이다. 『서양 사람들은 인간을 중시했기 때문에 자연을 정복해야 하는 대상으로 생각했다. 반면에 동양 사람들은 자연과 인간을 하나로 보고, 자연과 인간이 더불어 살아간다고 여겼다.』 (『 』: 동양과 서양 사람들의 사고방식을 비교함.)

[중심 문단]
4 문단 요약
동양과 서양의 원근법에 차이가 있는 이유

5 동양과 서양의 원근법 가운데 어떤 것이 더 좋다고 할 수는 없다. 다만 각각의 방식이 삶의 방식과 문화적인 차이 때문에 나타난 것이라고 이해하고, 서로를 존중하는 태도를 가져야 한다. (5문단의 핵심어)

5 문단 요약
차이를 존중하는 태도의 필요성

● **내용** : 이 글은 동양과 서양의 원근법의 차이와 각각의 특성에 대해 설명하고 있다. 서양의 원근법은 대상을 보는 사람이 중심이 되는 기법이다. 한편 동양의 원근법인 삼원법은 그리고자 하는 대상을 중심으로 두는 기법이다. 이와 같은 동양과 서양의 원근법의 차이는 사고방식의 차이에서 비롯되었다.

● **주제** : 동양과 서양의 원근법 차이

● **문단 간의 관계** : 1문단에서는 원근법의 개념을 제시하고, 2문단에서는 서양의, 3문단에서는 동양의 원근법에 대해 설명하고

있다. 4문단에서는 동양과 서양의 원근법의 차이가 사고방식이 다르기 때문이라고 했고, 5문단에서는 차이를 존중하는 태도가 필요하다고 했다.

● **글의 구조도**

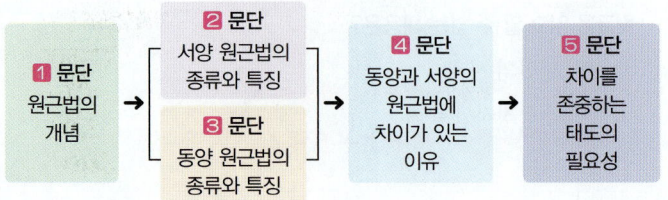

06 [정답] 원근법 ················· 문단 요약하기

> **왜 정답?**

1문단에서 '일정한 시점에서 본 공간과 물체를 ~ 평면에 표현하는 것을 원근법이라고 한다.'라고 하였다. 따라서 빈칸에 들어가기에 적절한 말은 '원근법'이다.

07 [정답] ② ················· 문단 간의 관계 파악하기

> **왜 정답?**

② 2문단에서는 서양의 원근법에 대해, 3문단에서는 동양의 원근법에 대해 설명하고 있다. 따라서 3문단에서 구체적인 예를 들어 2문단의 내용을 보충하고 있다고 볼 수는 없다.

> **왜 오답?**

① 1문단에서 '일정한 시점에서 ~ 원근법이라고 한다.'라고 하면서 원근법이 무엇인지 설명하고 있다.

③ 5문단에서는 4문단에서 제시한 동양과 서양의 원근법의 차이에 대해 '어떤 것이 더 좋다고 할 수는 없다.'라면서 내용을 정리하고, '서로를 존중하는 태도를 가져야 한다.'라는 결론을 도출하였다.

08 [정답] 서양, 동양 ················· 내용 파악하기

> 윗글을 읽고 다음 빈칸에 들어가기에 적절한 말을 순서대로 쓰시오.
>
> ( )의 원근법은 대상을 보는 사람이 중심이 되고,
> 2문단에 근거
> ( )의 원근법은 그리고자 하는 대상이 중심이 된다.
> 3문단에 근거

> **왜 정답?**

2문단에서 서양의 원근법은 '대상을 보는 사람이 중심이' 된다고 하였고, 3문단에서 동양의 원근법은 '그리고자 하는 대상이 중심'이 된다고 하였다. 따라서 빈칸에 들어가기에 적절한 말은 '서양', '동양'이다.

09 [정답] ① ················· 내용 파악하기

> 윗글의 내용으로 적절하지 **않은** 것은?
>
> ① 서양의 원근법에서는 그리고자 하는 대상이 중심이 된다.
> 2문단에 근거 → 대상을 보는 사람이 중심이 됨.
> ② 선 원근법에서는 가까운 것은 크게, 먼 것은 작게 표현한다.
> 2문단에 근거 → 거리가 멀어질수록 대상의 형태가 점점 작아지게 그림.
> ③ 서양의 원근법은 크게 색채 원근법과 선 원근법으로 나
> 2문단에 근거 → 색채 원근법과 선 원근법으로 나뉨.
> 눌 수 있다.
> ④ 색채 원근법에서 가까이에 있는 물체를 표현할 때는 빨
> 2문단에 근거 → 가까이에 있는 것에 빨간색을 칠함.
> 간색을 칠한다.
> ⑤ 서양의 원근법에서는 본 사람의 위치에 따라 그리고자
> 2문단에 근거 → 본 사람의 위치에 따라 대상의 형태가 달라짐.
> 하는 대상의 형태가 달라진다.

> **왜 정답?**

① 2문단에서 서양의 원근법은 '대상을 보는 사람이 중심이' 된다고 하였다.

> **왜 오답?**

② 2문단에서 선 원근법은 '거리가 멀어질수록 대상의 형태가 점점 ~ 모이게 그리는 것을 가리킨다.'라고 하였다.

③ 2문단에서 '서양의 원근법은 크게 색채 원근법과 선 원근법으로 나누어 설명할 수 있다.'라고 하였다.

④ 2문단에서 '색채 원근법은 가까이에 있는 것에는 빨간색을' 칠하는 것이라고 하였다.

⑤ 2문단에서 서양의 원근법에서는 '본 사람의 위치에 따라 그리고자 하는 대상의 형태가 달라진다.'라고 하였다.

10 [정답] ④ ················· 반응의 적절성 평가하기

> 다음은 동양의 원근법 중 하나가 적용된 그림이다. 윗글을 읽고 이 그림을 본 사람들의 반응으로 적절하지 **않은** 것은?
>
>
>
> ▲ 정선, 〈구룡폭도〉
>
> ① 정선은 폭포를 자신과 함께 살아
> 동양 사람들은 자연과 인간이 더불어 살아간
> 가는 자연물 중 하나로 여겼겠군.
> 다고 여김.
> ② 이 그림에는 자연과 인간을 하나
> 동양 사람들은 자연과 인간을 하나로 봄.
> 로 보는 인식이 담겨 있다고 볼
> 수 있군.
> ③ 정선은 그리고자 하는 대상인 폭
> 동양의 원근법에서는 그리고자 하는 대상을
> 포를 중심에 두고 이 그림을 그렸겠군.
> 중심에 둠.
> ④ 폭포의 힘찬 물줄기를 보니 폭포를 정복하고자 했던 정
> 4문단 근거 → 서양 사람들의 사고방식에 해당함.
> 선의 노력이 느껴지는군.
> ⑤ 폭포 위쪽에 있는 나무들이 작게 표현된 것을 보니 고원
> 고원법은 높은 산 아래에서 위를 쳐다보는 방식으로 표현한 것임.
> 법이 적용되었다고 볼 수 있군.

> **왜 정답?**

④ 4문단에서 '서양 사람들은 인간을 중시했기 때문에 자연을 정복해야 하는 대상으로 생각했다.'라고 하였다. 따라서 동양의 원근법이 적용된 정선의 그림에서는 이러한 인식이 담겨 있다고 볼 수 없다.

> **왜 오답?**

①, ② 4문단에서 '동양 사람들은 자연과 인간을 하나로 보고, 자연과 인간이 더불어 살아간다고 여겼다.'라고 하였다.

③ 3문단에서 '삼원법은 사람이 중심이 아니라, 그리고자 하는 대상이 중심이었다.'라고 하였다. 따라서 정선의 〈구룡폭도〉에도 동양의 원근법이 사용되었으므로 그리고자 하는 대상인 폭포가 중심이다.

⑤ 3문단에서 '높은 산 아래에서 위를 쳐다보는 방식으로 표현한 것을 고원법이라고' 한다고 하였다. 폭포 위쪽에 있는 나무들이 작게 표현되었다는 것은 그림을 그리는 사람이 폭포 아래에서 위를 쳐다보는 방식으로 그림을 그렸기 때문이므로 이 그림에는 고원법이 사용되었다고 할 수 있다.

DAY 17 사회 민주주의

⬭ 핵심어   🟨 문단 중심 문장   🟦 전체 중심 문장

1 민주주의란 국민이 권력을 가지고 그 권력을 스스로 행사하는 것을 말한다. 민주주
1문단의 핵심어
의는 크게 직접 민주주의와 간접 민주주의로 나눌 수 있다. 직접 민주주의란 국가 의사
민주주의의 두 가지 종류
의 결정과 집행에 국민이 직접 참여하는 민주주의를 의미하고, 간접 민주주의란 국민이
직접 민주주의의 개념
선출한 대표들이 국가의 의사를 결정하는 민주주의를 의미한다.
간접 민주주의의 개념

2 고대 그리스에서처럼 국민들이 한곳에 모여 토론을 벌이고, 그 결과를 정치에 반영
직접 민주주의의 예
하는 것은 직접 민주주의에 해당하고, 오늘날의 우리나라에서처럼 선거를 통해 국민들
간접 민주주의의 예
의 의사를 반영하는 것은 간접 민주주의에 해당한다. 민주주의의 기본 원칙에 더 충실
2문단의 핵심어
한 것은 직접 민주주의이다. 하지만 오늘날에는 인구도 너무 많고, 모든 인구를 수용하
대부분의 나라에서 간접 민주주의를 시행하고 있는 이유
여 토론이나 합의를 할 수도 없으므로 대부분의 나라에서는 간접 민주주의를 시행하고
있다.

3 만약 사람들이 뽑은 대표자가 자기가 한 약속을 지키지 않거나, 국민들의 의사와는
간접 민주주의를 시행하면서 발생할 수 있는 문제
전혀 다른 결정을 함으로써 국민들이 큰 피해를 입게 된다면 어떻게 해야 할까? 이러한
점을 예방하고 보완하기 위해 정부에서는 어떠한 정책을 실시하기 전에 설문 조사나 공
3문단의 핵심어   간접 민주주의의 문제점 보완 방안 ①
청회 등의 방법을 통해 국민의 의견을 듣는 제도를 운영하고 있다. 또 주민 소환제나 탄
핵과 같은 방법으로 잘못을 한 대표자를 꾸짖거나 내쫓는 방안도 마련되어 있다.
간접 민주주의의 문제점 보완 방안 ②

4 요즘에는 전자 통신 기술이 발달함에 따라, 전자 매체를 통해 시민이 직접 정치에 참
여하는 전자 민주주의도 많이 거론되고 있다. 직접 민주주의이든, 간접 민주주의이든,
전자 민주주의의 개념
전자 민주주의이든 기본적으로는 인권, 자유권, 평등권, 다수결의 원리, 법치주의 등을
기본 원리로 한다는 것에는 차이가 없다. 이러한 원리들이 잘 지켜지기 위해서는 우리
민주주의의 기본 원리
부터가 민주주의를 제대로 알고 이해하려고 노력해야 한다.
4문단의 핵심어

1 문단 요약
민주주의의 개념과 종류

2 문단 요약
직접 민주주의와 간접 민주주의

3 문단 요약
간접 민주주의에서 발생할 수 있는
문제점과 보완 방법

[중심 문단]
4 문단 요약
민주주의를 대하는 바람직한 자세

● **내용** : 이 글은 민주주의의 개념과 종류를 소개하고 민주주의의 기본 원리에 대해 설명하고 있다. 민주주의란 국민이 권력을 가지고 그 권력을 스스로 행사하는 것을 말하며 크게 직접 민주주의와 간접 민주주의로 나뉜다.

● **주제** : 민주주의의 개념과 민주주의를 제대로 알고 이해하려는 노력의 필요성

● **글의 구조 파악** : 1문단에서는 '민주주의'를 소개하고, 직접 민주주의와 간접 민주주의로 나누어 설명하고 있다. 2문단에서는 직접 민주주의와 간접 민주주의를 예를 들어 설명하고 있으며, 3문단에서는 간접 민주주의에서 생길 수 있는 문제와 보완 방법을 제시하고 있다. 4문단에서는 민주주의의 기본 원리를 제시하고, 민주주의를 대하는 우리의 바람직한 태도를 이야기하며 글을 마무리하고 있다.

● **글의 구조도**

1 문단	→	**2** 문단	→	**3** 문단	→	**4** 문단
민주주의의 개념과 종류		직접 민주주의와 간접 민주주의		간접 민주주의에서 발생할 수 있는 문제점과 보완 방법		민주주의를 대하는 바람직한 자세

01 정답 민주주의 ·········· 글의 구조 파악하기

다음은 윗글의 내용을 정리한 것이다. 빈칸에 들어가기에 적절한 말을 쓰시오.

> 1문단에서는 '□□□□'을/를 소개하고, 직접 민주주의와 간접 민주주의로 나누어 설명하고 있다. 2문단에서는 예를 들어 직접 민주주의와 간접 민주주의에 대해 설명하고, 3문단에서는 간접 민주주의에서 생길 수 있는 문제와 이를 보완하는 설명을 설명하였다. 4문단에서는 민주주의의 기본 원리를 제시하고, 민주주의를 대하는 우리의 바람직한 태도를 이야기하며 글을 마무리하고 있다.

1문단 1번째 문장에 근거

왜 정답?

1문단에서는 '민주주의란 국민이 권력을 가지고 그 권력을 스스로 행사하는 것을 말한다.'라면서 민주주의의 개념을 소개하였다. 또, '민주주의는 크게 직접 민주주의와 간접 민주주의로 나눌 수 있다.'라며 민주주의의 종류를 두 가지로 분류하고 있다. 따라서 빈칸에 들어가기에 적절한 말은 '민주주의'이다.

02 정답 민주주의 ·········· 주제 찾기

다음은 윗글에 대한 설명이다. 빈칸에 들어가기에 적절한 말을 쓰시오.

> 윗글에서는 민주주의가 무엇인지에 대해 소개하고, 직접 민주주의와 간접 민주주의로 나누어 설명하고 있다. 이 글 전체의 핵심어는 '민주주의'이고, 민주주의를 제대로 이해해야 한다고 이야기하고 있으므로 이 글의 주제는 '□□□□'을/를 제대로 알고 이해하려는 노력의 필요성'이다.

1문단에 근거
1~2문단에 근거

왜 정답?

이 지문에서는 민주주의가 무엇인지에 대해 소개하고, 우리가 민주주의를 제대로 알고 이해하려고 노력해야 한다고 강조하고 있다. 따라서 빈칸에 들어가기에 적절한 말은 '민주주의'이다.

다수결의 원칙

민주주의 사회에서는 모든 사람이 동등한 입장에서 대화와 토론을 통해 갈등과 문제를 해결한다. 그런데 많은 사람의 의견을 하나로 모으는 것은 쉬운 일이 아니다. 많은 사람의 의견을 효율적으로 모아 결정을 내리기 위해 사용하는 방법이 바로 '다수결의 원칙'이다.

다수결의 원칙이란, 여러 사람이 모인 단체나 기관에서 무엇인가를 결정할 때 다수, 즉 더 많은 수의 사람이 찬성하는 의견을 따르는 방법을 말한다. 이는 사람들의 생각을 통일하는 민주주의의 기본 원칙 가운데 하나이다.

다수결의 원칙은 쉽고 빠르게 문제를 해결할 수 있다는 장점을 가지고 있지만, 치명적인 단점도 가지고 있다. 바로 다수의 의견이 언제나 옳지는 않다는 점이다. 따라서 다수결의 원칙에 따라 어떤 의견이 결정되었더라도, 그 의견에 반대했던 소수의 의견도 들어 보고 존중하는 자세를 가져야 한다.

음악이란 무엇인가?

○ 핵심어　🟨 문단 중심 문장　🟪 전체 중심 문장

1 시내버스, 전철 등의 대중교통을 이용할 때 꼭 챙기는 것 중 하나가 바로 이어폰이다. 이어폰을 통해 나오는 (음악)이 없다면, 대중교통에서의 시간이 참으로 더디게 흘러 간다고 느껴질 것이다. 배경음악이 없는 영화나 드라마를 상상할 수도 없듯, 우리의 일 상생활에서 음악은 떼어 놓을 수 없는 존재이다.

> 1문단의 핵심어
> 일상생활과 뗄 수 없는 존재인 음악

2 그렇다면 (음악)이란 정확히 무엇일까? 국어사전에 따르면 음악이란 박자, 가락, 음성 따위를 갖가지 형식으로 조화하고 결합하여, 목소리나 악기를 통하여 사상 또는 감정을 나타내는 예술이다. 이는 모든 소리가 음악이 될 수는 없다는 것을 의미한다. 다른 사람들 이 누군가가 내는 소리가 사상 또는 감정을 나타낸다고 생각해야만 비로소 음악이 된다.

> 2문단의 핵심어　질문을 통해 앞으로 이야기할 내용을 제시함.
> 음악의 사전적 정의
> 음악의 조건

3 일반적으로 (음악의 3요소)를 리듬, 멜로디, 하모니라고 한다. 박자나 빠르기 등으로 표현되는 리듬은 음의 장단이나 강약 따위가 반복될 때의 그 규칙적인 음의 흐름을 가 리킨다. 멜로디는 음의 높낮이의 변화가 리듬과 연결되어 하나로 더해져 만들어지는 음 의 흐름을 의미한다. 하모니는 두 개 이상의 음이 일정한 법칙에 따라 동시에 울리는 화 음의 연결이라고 할 수 있다.

> 3문단의 핵심어
> 리듬의 개념
> 멜로디의 개념
> 하모니의 개념

4 요즘에는 하모니가 없이 리듬과 멜로디로만 구성되는 음악도 있으므로, 음악을 이루 는 기본 요소는 리듬과 멜로디라고 보는 사람들도 있다. 그 중에서도 리듬은 음표의 장 단, 악센트, 음의 셈여림, 빠르기 등에 따라 표현되어 음악의 구조를 이루기 때문에 가 장 근본적인 음악 요소라고 볼 수 있다. 일부 래퍼들은 리듬만 가지고서도 즉흥적으로 랩을 하여 음악을 만들기도 한다.

> 4문단의 핵심어
> 리듬을 가장 근본적인 음악 요소라고 하는 이유

5 일상생활에서 접하는 여러 음악들을 그저 배경음악으로 흘려들을 것이 아니라, 그 (음악)을 구성하고 있는 리듬, 멜로디, 하모니 등을 구체적으로 살피면서 들어보자. 같은 음악일지라도 새로운 재미를 발견할 수 있을 것이다.

> 5문단의 핵심어
> 음악의 3요소

---

1 문단 요약
일상생활과 음악

[중심 문단]
2 문단 요약
음악의 개념

3 문단 요약
음악의 3요소

4 문단 요약
음악의 기본 요소

5 문단 요약
음악을 감상하는 방법 조언

● **내용 :** 이 글은 음악의 개념과 음악을 이루는 요소에 대해 설명하고 있다. 음악이란 박자, 가락, 음성 따위를 갖가지 형식으로 조화하고 결합하여 목소리나 악기를 통하여 사상 또는 감정을 나타내는 예술이다. 음악의 3요소는 리듬, 멜로디, 하모니인데, 요즘에는 하모니 없이 리듬과 멜로디로만 구성된 음악도 있어서 음악의 기본 요소를 리듬과 멜로디로만 보는 사람들도 있다.

● **주제 :** 음악의 개념과 3요소

● **글의 구조 파악 :** 1문단에서는 구체적인 예를 들어 우리의 일상생활과 음악의 관계를 이야기하고 있다. 2문단에서는 음악의 사전적 정의를 밝히고, 3문단에서는 음악의 3요소를 설명하고 있다. 4문단에서는 음악의 3요소와 관련하여 음악의 기본 요소를 설명하고 있다. 5문단에서는 음악을 감상하는 방법을 조언하며 글을 마무리하고 있다.

● **글의 구조도**

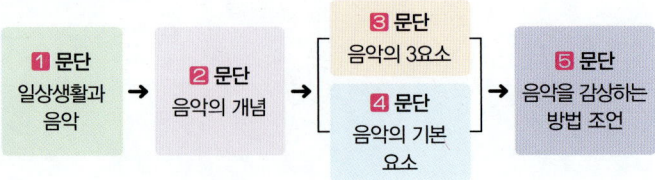

1 문단 일상생활과 음악 → **2 문단** 음악의 개념 → [**3 문단** 음악의 3요소 / **4 문단** 음악의 기본 요소] → **5 문단** 음악을 감상하는 방법 조언

03 [정답] 음악 ·············· 글의 구조 파악하기

⟩왜 정답?

3문단에서 '일반적으로 음악의 3요소를 리듬, 멜로디, 하모니라고 한다.'라면서 음악의 3요소를 제시하고 있다. 따라서 빈칸에 들어가기에 적절한 말은 '음악'이다.

04 [정답] 요소 ·············· 주제 찾기

⟩왜 정답?

이 지문에서는 음악의 개념과 음악의 3요소에 대해 설명하고, 음악의 기본 요소가 무엇인지에 대해 이야기하고 있다. 따라서 빈칸에 들어가기에 적절한 말은 '요소'이다.

05 [정답] 리듬, 멜로디 ·············· 내용 파악하기

> **윗글을 읽고 빈칸에 들어가기에 적절한 말을 순서대로 쓰시오.**
>
> 음악을 이루는 요소에는 (   ), 멜로디, 하모니가 있
> 3문단 1번째 문장에 근거
> 다. 요즘에는 하모니가 없이 리듬과 (   )(으)로만 구성된
> 4문단 1번째 문장에 근거
> 음악도 있으므로 하모니를 음악의 기본 요소로 보지 않는 사람들
> 도 있다.

⟩왜 정답?

3문단에서 '일반적으로 음악의 3요소를 리듬, 멜로디, 하모니라고 한다.'라고 하였다. 또한 4문단에서 '요즘에는 하모니가 없이 리듬과 멜로디로만 구성되는 음악도 있다'고 하였다. 따라서 빈칸에 들어가기에 적절한 말은 '리듬', '멜로디'이다.

06 [정답] ③ ·············· 내용 파악하기

> **윗글의 내용으로 가장 적절한 것은?**
> ① 모든 소리는 음악이 될 수 있다.
> 2문단에 근거 → 모든 소리가 음악이 될 수는 없음.
> ② 멜로디는 음악의 가장 근본적인 요소이다.
> 4문단에 근거 → 리듬이 음악의 가장 근본적인 요소임.
> ③ 음악의 3요소는 리듬, 멜로디, 하모니이다.
> 3문단에 근거 → 음악의 3요소는 리듬, 멜로디, 하모니임.
> ④ 음의 장단이나 강약 따위의 반복을 멜로디라고 한다.
> 3문단에 근거 → 리듬
> ⑤ 두 개 이상의 음이 일정한 법칙에 따라 동시에 울리는 것
> 3문단에 근거 → 하모니
> 을 리듬이라 한다.

⟩왜 정답?

③ 3문단에서 '일반적으로 음악의 3요소를 리듬, 멜로디, 하모니라고 한다.'라고 하였다.

⟩왜 오답?

① 2문단에서 음악의 사전적 정의를 제시한 후, '이는 모든 소리가 음악이 될 수는 없다는 것을 의미한다.'라고 하였다. 또 '다른 사람들이 누군가가 내는 소리가 사상 또는 감정을 나타낸다고 생각해야만 음악이 된다.'라고 덧붙였다.
② 4문단에서 '그 중에서도 리듬은 ~ 가장 근본적인 음악 요소라고 볼 수 있다.'라고 하였다.
④ 3문단에서 '음의 장단이나 강약 따위의 반복될 때의 그 규칙적인 음의 흐름'을 '리듬'이라고 하였다.
⑤ 3문단에서 '두 개 이상의 음이 일정한 법칙에 따라 동시에 울리는 화음의 연결'을 '하모니'라고 하였다.

07 [정답] ④ ·············· 전개 방식 파악하기

> **윗글에 대한 설명으로 적절하지 않은 것은?**
> ① 음악의 개념을 정의하고 있다.
> 2문단 2번째 문장에 근거 → 음악의 개념을 정의하고 있음.
> ② 음악의 정의에 대해 질문을 하고 있다.
> 2문단 1번째 문장에 근거 → 음악의 의미에 대해 질문함.
> ③ 음악을 구성하는 요소로 분석하여 설명하고 있다.
> 3문단에 근거 → 음악의 3요소를 설명하고 있음.
> ④ 음악을 구성하고 있는 요소들 간의 차이점을 언급하고 있다.
> 지문에서 이야기하고 있지 않음.
> ⑤ 일상생활에서의 예를 들어 음악에 대한 읽는 사람의 흥미를 유발하고 있다.
> 1문단에 근거 → 음악을 들으며 대중교통을 이용하는 상황을 예로 들고 있음.

⟩왜 정답?

④ 3문단에서는 음악의 3요소인 리듬, 멜로디, 하모니의 각 개념에 대해서 이야기하고 있다. 그러나 이 지문에서 음악을 구성하고 있는 요소들 간의 차이점에 대하여 설명하고 있지는 않다.

⟩왜 오답?

① 2문단에서 '음악이란 박자, 가락, 음성 따위를 ~ 나타내는 예술이다.'라면서 음악의 개념을 정의하고 있다.
② 2문단에서 '그렇다면 음악이란 정확히 무엇일까?'라면서 음악의 정의에 대해 질문을 하고 있다.
③ 3문단에서 음악을 구성하는 요소를 리듬, 멜로디, 하모니로 나누어 설명하고 있다.
⑤ 1문단에서 '시내버스, 전철 등의 대중교통을 ~ 느껴질 것이다.'라고 하면서 일상생활에서의 구체적인 예를 들어 음악에 대한 읽는 사람의 흥미를 이끌어 내고 있다.

영수증 속 환경 호르몬

○ 핵심어　▆ 문단 중심 문장　▆ 전체 중심 문장

1 마트나 편의점에서 물건을 구입하면 꼭 받는 것이 있다. 바로 영수증이다. 그런데 이 영수증을 맨손으로 만지면 위험하다는 것을 알고 있는 사람은 얼마나 될까? 산업화가
질문을 통해 일상에서 사용하는 영수증이 위험하다는 사실을 밝힘.
진행되면서 우리 주변에는 과거에 없었던 수많은 화학 물질들이 생겨났다. 어떤 것들은 몸속에 들어올 경우 정상적인 호르몬의 작용을 방해하며 내분비계 혼란을 일으킨다. 이 같은 물질을 통틀어 '환경 호르몬', 혹은 '내분비계 교란 물질'이라고 한다. 현재 환경 호
1문단의 핵심어
르몬으로 공식적으로 분류되는 화학 물질로는 다이옥신, DDT, 프탈레이트, 중금속, 비
환경 호르몬으로 분류되는 화학 물질
스페놀A가 대표적인데, 영수증에서 주로 나오는 환경 호르몬이 바로 비스페놀A이다.

2 비스페놀A는 1891년 러시아 화학자 디아닌이 처음 합성한 것이다. 비스페놀A는 흰
2문단의 핵심어
색의 광택이 나는 물질로, 우리가 자주 사용하는 플라스틱을 만드는 재료이기도 하며 영
비스페놀A가 사용되는 예
수증뿐만 아니라 은행 등에서 주는 대기표에도 사용된다. 종이에 사용되는 비스페놀A의 경우 우리가 먹을 가능성은 낮다. 그러나 손에 땀이 난 상태로 혹은 손을 씻은 후 깨끗이 닦지 않은 채로 오래 접촉할 경우 피부를 통한 흡수율이 10배나 높아진다.
비스페놀A는 피부를 통해 우리 몸에 흡수될 수 있음.

3 연구에 따르면 비스페놀A는 유방암 및 뇌종양, 비만 등 각종 질환을 유발하며, 특히
3문단의 핵심어　　*비스페놀A가 인체에 미치는 영향*
유아와 임산부에게 치명적인 영향을 미칠 수 있다고 한다. 인체에 들어간 비스페놀A는 대부분 소변 등으로 배출되기 때문에 비스페놀A가 유해하지 않다는 주장이 있기는 하지만, 여전히 비스페놀A에 대해 사람들은 크게 걱정하고 있다.

4 비스페놀A와 같은 유해한 환경 호르몬을 피하기 위해서는 종이 영수증을 사용하기
4문단의 핵심어　　*환경 호르몬을 피하기 위한 생활 습관 ①*
보다는 전자 영수증을 사용하는 것이 좋다. 또 음식을 보관할 때는 유리나 나무 그릇을
환경 호르몬을 피하기 위한 생활 습관 ②
사용하도록 하고, 음식을 플라스틱 용기에 담아 전자레인지에 돌리는 것을 피해야 한
환경 호르몬을 피하기 위한 생활 습관 ③
다. 이와 같은 사소한 생활 습관을 바꿈으로써 환경 호르몬의 영향을 되도록 피해 보자.

---

1 문단 요약
환경 호르몬의 개념과 종류

2 문단 요약
우리의 피부를 통해 흡수될 수 있는 비스페놀A

3 문단 요약
비스페놀A가 인체에 미치는 영향

[중심 문단]
4 문단 요약
환경 호르몬을 피하기 위한 생활 습관

● **내용 :** 이 글은 환경 호르몬에 대해 소개하고, 환경 호르몬 가운데 비스페놀A가 우리의 인체에 미치는 영향에 대하여 설명하고 있다. 비스페놀A는 우리의 피부를 통해 흡수될 수 있으며 이 경우 각종 질병을 유발하고, 특히 유아와 임산부에게는 치명적인 영향을 미칠 수 있다. 따라서 생활 습관을 바꿈으로써 비스페놀A와 같은 환경 호르몬을 피하려고 노력해야 한다.

● **주제 :** 비스페놀A와 같은 환경 호르몬이 우리의 몸에 미치는 영향

● **글의 구조 파악 :** 1문단에서는 '환경 호르몬'에 대해 설명하고 있다. 그리고 2문단과 3문단에서는 환경 호르몬 가운데 비스페놀 A와 비스페놀 A가 인체에 미치는 영향에 대해 설명하고 있다. 4문단에서는 비스페놀A와 같은 환경 호르몬을 피하기 위한 생활 습관을 이야기하며 글을 마무리하고 있다.

● **글의 구조도**

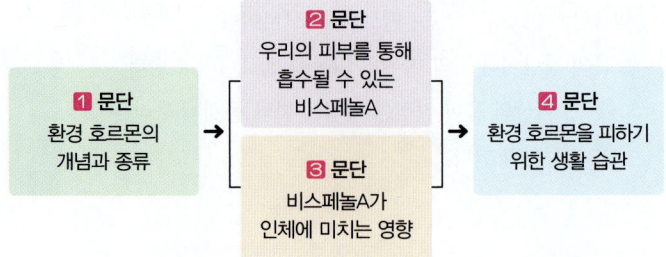

1 문단
환경 호르몬의 개념과 종류
→
2 문단
우리의 피부를 통해 흡수될 수 있는 비스페놀A
3 문단
비스페놀A가 인체에 미치는 영향
→
4 문단
환경 호르몬을 피하기 위한 생활 습관

01 [정답] 환경 호르몬 ······ 글의 구조 파악하기

다음은 윗글의 내용을 정리한 것이다. 빈칸에 들어가기에 적절한 말을 쓰시오.

> 1문단에서는 '□□□□□'에 대해 설명하고 있다. 2
> _{1문단 6번째 문장에 근거}
> 문단과 3문단에서는 환경 호르몬 중 비스페놀A에 대해 자세히 소개하고 있다. 4문단에서는 비스페놀A와 같은 환경 호르몬을 피하기 위한 생활 습관을 이야기하며 글을 마무리하고 있다.

⟩왜 정답?

1문단에서는 중심 대상인 '환경 호르몬'이 '몸속에 들어올 경우 정상적인 호르몬의 작용을 방해하며 내분비계 혼란을 일으'키는 물질을 통틀어 이르는 말이라고 설명하고 있다. 또한 환경 호르몬 중에서도 비스페놀A가 영수증에서 주로 나온다고 했다. 그리고 2문단과 3문단에서는 비스페놀A가 무엇인지, 인체에 어떤 영향을 미치는지에 대해 자세히 설명하고 있다. 따라서 빈칸에 들어가기에 적절한 말은 '환경 호르몬'이다.

02 [정답] 환경 호르몬 ······ 주제 찾기

다음은 윗글에 대한 설명이다. 빈칸에 들어가기에 적절한 말을 쓰시오.

> 윗글에서는 환경 호르몬 중 비스페놀A가 우리의 건강에 미치
> _{정상적인 호르몬의 작용을 방해하며 내분비계 혼란을 일으킴.}
> 는 영향에 대해 설명하고 있다. 이 글 전체의 핵심어는 '환경 호르몬'이고, 비스페놀A와 같은 환경 호르몬을 피하기 위해 노력해야 한다고 이야기하고 있으므로 이 글의 주제는 '비스페놀A와 같은 □□□□□이/가 우리의 몸에 미치는 영향'이다.

⟩왜 정답?

이 지문에서는 환경 호르몬, 특히 비스페놀A가 우리의 인체에 미치는 영향을 소개하면서 환경 호르몬을 피하기 위한 생활 습관을 설명하고 있다. 따라서 빈칸에 들어가기에 적절한 말은 '환경 호르몬'이다.

◈〉 파란 영수증의 탄생

요즘 우리가 받는 영수증들 중에는 이전의 영수증과 다르게 생긴 것들이 있다. 바로 파란색 잉크로 글씨가 쓰인 영수증들이다. 이를 두고 사람들 사이에는 영수증에 사용되는 비스페놀A가 인체에 유해한 영향을 미친다는 사실이 논란이 되면서, 그에 대한 대책으로 친환경 영수증인 파란 영수증이 등장한 것이라는 이야기가 돌기도 했다. 정말 그런 것일까?

아쉽게도 이는 사실이 아니다. 파란 영수증이 만들어진 속사정은 전혀 다른 곳에 있다. 파란 색 영수증이 생긴 것은 바로 검은 잉크의 가격이 올라간 것이 가장 큰 이유이다. 갑자기 왜 검은 잉크의 가격이 비싸졌을까? 바로 중국 정부의 환경 규제 정책 때문이다. 중국에서 환경오염의 속도를 늦추고 이를 개선하기 위한 정책 중 하나로 검은 잉크의 가격을 올렸고, 이것이 우리가 평소에 접하는 영수증에까지 영향을 미친 것이다.

왜 그런 것일까? 우리나라에서 영수증을 만들 때 쓰이는 검은색 잉크의 대부분은 중국에서 수입된다. 즉, 중국 정부가 환경을 개선하려는 정책을 내놓으면서 검은 잉크의 생산량을 규제하니, 수입할 수 있는 검은 잉크의 양이 적어져 우리나라에서 검은 잉크의 가격이 상승한 것이다.

지금까지 살펴본 것처럼 파란색 잉크로 글씨가 쓰인 영수증에서 비스페놀A가 나오지 않는 것은 아니다. 앞으로도 젖은 손으로 영수증을 만지지 않는 등의 생활 습관을 잘 지켜 환경 호르몬의 영향을 피해보자.

핫플레이스의 그늘, 젠트리피케이션

◯ 핵심어   ▭ 문단 중심 문장   ▭ 전체 중심 문장

1 한때 홍익대학교 인근 거리는 젊은 예술가들의 공간이라고 불렸다. 젊은 예술가들은
1문단의 핵심어   구체적인 예를 들어 읽는 사람의 관심을 이끌어 냄.
독특한 느낌의 가게들을 운영하며 자신만의 예술적 재능을 뽐냈고, 많은 사람들의 발길
이 이어졌다. 그러나 요즘 홍익대학교 인근 거리는 예전의 분위기는 사라지고 대기업들
의 체인점들로만 가득한 곳으로 바뀌었다.
        획일화된 모습

2 이처럼 도심의 다소 낙후한 지역에 저렴한 임대료를 찾는 예술가 등이 몰려 이 지역
에 문화적·예술적 분위기가 형성되고, 이에 따라 해당 지역 가치가 상승한 이후 중상
                        젠트리피케이션의 개념
층, 상류층들이 유입되어 기존에 저렴한 임대료 때문에 머물렀던 거주민은 외부로 나가
게 되는 현상을 '젠트리피케이션(Gentrification)'이라고 한다.
            2문단의 핵심어

3 우리나라의 젠트리피케이션은 다음과 같은 순서로 나타난다. 먼저, 임대료가 상대적
        3문단의 핵심어
으로 싼 곳에 독특한 느낌의 문화 시설이나 카페 등이 하나둘씩 들어와서 장사를 시작
            우리나라의 젠트리피케이션이 나타나는 과정 ①
한다. 이후 사람들이 몰려들어 인기 있는 장소가 되고, 입소문과 SNS 등의 영향으로 사
            우리나라의 젠트리피케이션이 나타나는 과정 ②
람들이 더욱더 많이 방문하게 된다. 그 결과 상점과 주택의 보증금과 월세가 치솟게 되
            우리나라의 젠트리피케이션이 나타나는 과정 ③
면서 그 지역의 분위기를 형성했던 사람들은 결국 그곳을 떠나게 된다.
        우리나라의 젠트리피케이션이 나타나는 과정 ④

4 젠트리피케이션은 꼭 나쁘기만 한 것일까? 그곳을 떠나야만 하는 입장에서는 삶의
    4문단의 핵심어   젠트리피케이션 현상에 대한 의문   젠트리피케이션의 단점 ①
터전을 잃는 것이므로 나쁘다고 할 수 있다. 또 체인점이 가득해짐에 따라 거리가 획일
                            젠트리피케이션의 단점 ②
화된다는 단점도 있다. 그러나 젠트리피케이션을 통해 낙후되었던 공간이 개선되고, 경
                        젠트리피케이션의 장점 ①
제적, 사회·문화적으로 활기를 잃었던 공간이 활성화되면서 사람들이 몰려 도시가 재
                젠트리피케이션의 장점 ②
생된다는 장점도 있다. 이와 같이 젠트리피케이션 같은 사회 현상에는 장점과 단점이
존재한다. 어느 한쪽의 입장에서만 사회 현상을 평가할 것이 아니라, 다양한 관점에서
            젠트리피케이션과 같은 사회 현상을 바라보는 바람직한 시각
사회 현상을 바라보는 시각이 중요한 때이다.

1 문단 요약
홍익대학교 인근 거리의 사례

2 문단 요약
젠트리피케이션의 개념

3 문단 요약
우리나라에서 젠트리피케이션이
나타나는 과정

[중심 문단]
4 문단 요약
젠트리피케이션의 장단점과 사회
현상을 바라보는 바람직한 시각

● **내용** : 이 글은 젠트리피케이션이라는 사회 현상에 대해 설명
하고 있다. 젠트리피케이션은 낙후한 지역에 외부에서 온 예술
가 등이 몰려들어 해당 지역의 가치가 상승하자, 중상층과 상
류층들이 유입되어 기존에 머물던 예술가 등의 거주민들을 몰
아내는 현상을 말한다. 젠트리피케이션은 기존 거주민들의 삶
의 터전을 빼앗고, 도시를 획일화시킨다는 단점이 있지만, 젠
트리피케이션으로 인해 공간이 개선되고 도시가 재생된다는
장점도 있다. 이를 고려하면 사회 현상을 다양한 관점에서 바
라보는 시각이 중요함을 알 수 있다.

● **주제** : 젠트리피케이션과 사회 현상을 바라보는 바람직한 자세

● **글의 구조 파악** : 1문단에서는 중심 대상인 '젠트리피케이션'과 관련된 구
체적인 사례를 제시하고, 2문단에서 젠트리피케이션의 개념을 설명하고
있다. 3문단에서는 우리나라에서 젠트리피케이션이 나타나는 과정을 순서
대로 제시하고, 4문단에서는 젠트리피케이션의 장단점을 언급하며 사회
현상을 다양한 시각에서 바라보는 것이 중요함을 언급하고 있다.

● **글의 구조도**

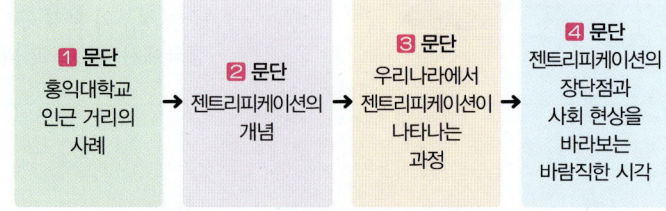

1 문단	**2 문단**	**3 문단**	**4 문단**
홍익대학교 인근 거리의 사례	→ 젠트리피케이션의 개념	→ 우리나라에서 젠트리피케이션이 나타나는 과정	젠트리피케이션의 장단점과 사회 현상을 바라보는 바람직한 시각

03 [정답] 젠트리피케이션 ················· 글의 구조 파악하기

왜 정답?

2문단에서는 중심 대상인 젠트리피케이션의 개념을 설명하고 있다. 따라서 빈칸에 들어가기에 적절한 말은 '젠트리피케이션'이다.

04 [정답] 젠트리피케이션 ················· 주제 찾기

왜 정답?

이 지문에서는 젠트리피케이션이 무엇인지에 대해 설명하고, 젠트리피케이션의 장단점에 대해 이야기하고 있다. 따라서 빈칸에 들어가기에 적절한 말은 '젠트리피케이션'이다.

05 [정답] ⑤ ················· 내용 파악하기

윗글의 내용으로 적절하지 않은 것은?

① 젠트리피케이션은 장점과 단점을 모두 갖고 있다.
4문단에 근거 → 젠트리피케이션에는 장점과 단점이 모두 존재함.
② 젠트리피케이션이 일어나면 도시가 활성화될 수 있다.
4문단에 근거 → 젠트리피케이션의 장점
③ 젠트리피케이션 때문에 삶의 터전을 잃는 사람들이 있다.
4문단에 근거 → 젠트리피케이션의 단점
④ 젠트리피케이션이 일어나면 도시 공간이 개선될 수도 있다.
4문단에 근거 → 젠트리피케이션의 장점
⑤ 젠트리피케이션이 나타난 거리는 독특하고 다양한 가게들로 가득하다.
4문단에 근거 → 오히려 거리가 획일화될 수 있음.

왜 정답?

⑤ 4문단에서 젠트리피케이션이 일어나면 '체인점이 가득해짐에 따라 거리가 획일화된다는 단점도 있다.'라고 하였다.

왜 오답?

① 4문단에서 '젠트리피케이션 같은 사회 현상에는 장점과 단점이 존재한다.'라고 하였다.
②, ④ 4문단에서 '젠트리피케이션을 통해 ~ 공간이 활성화되면서 사람들이 몰려 도시가 재생된다는 장점도 있다.'라고 하였다.
③ 4문단에서 젠트리피케이션 때문에 '그곳을 떠나야만 하는 입장에서는 삶의 터전을 잃는 것'이라고 하였다.

06 [정답] ④ ················· 내용 파악하기

〈보기〉를 우리나라의 젠트리피케이션 흐름에 따라 나열한 것으로 가장 적절한 것은?

― 〈보기〉 ―
ㄱ. 사람들이 몰려 인기 있는 장소가 된다.
3문단 3번째 문장에 근거
ㄴ. 상점과 주택의 보증금과 월세가 치솟는다.
3문단 4번째 문장에 근거
ㄷ. 임대료가 싼 곳에 독특한 분위기의 상점이 들어선다.
3문단 2번째 문장에 근거
ㄹ. 그 지역의 독특한 분위기가 사라지고 거주민이 떠난다.
3문단 4번째 문장에 근거
ㅁ. 입소문과 SNS의 영향으로 더 많은 사람들이 방문한다.
3문단 3번째 문장에 근거

① ㄱ→ㄴ→ㄷ→ㄹ→ㅁ   ② ㄱ→ㄷ→ㄴ→ㅁ→ㄹ
③ ㄴ→ㄱ→ㅁ→ㄹ→ㄷ   ④ ㄷ→ㄱ→ㅁ→ㄴ→ㄹ
⑤ ㄷ→ㄹ→ㄱ→ㄴ→ㅁ

왜 정답?

④ 3문단에서 '먼저, 임대료가 상대적으로 싼 곳에 독특한 느낌의 문화 시설이나 카페 등이 하나둘씩 들어와서 장사를 시작한다(ㄷ). 이후 사람들이 몰려들어 인기 있는 장소가 되고(ㄱ), 입소문과 SNS 등의 영향으로 사람들이 더욱더 많이 방문하게 된다(ㅁ). 그 결과 상점들과 주택의 보증금과 월세가 치솟게 되면서(ㄴ) 그 지역의 독특한 분위기를 형성했던 사람들은 결국 그 곳을 떠나게 된다(ㄹ).'라면서 우리나라에서 젠트리피케이션이 나타나는 순서를 제시하고 있다. 따라서 정답은 'ㄷ→ㄱ→ㅁ→ㄴ→ㄹ'이다.

07 [정답] ③ ················· 글쓴이의 의도 파악하기

윗글의 글쓴이가 글을 쓴 이유로 가장 적절한 것은?

① 젠트리피케이션의 원인을 밝히기 위해서
글을 쓴 이유로 보기 어려움.
② 젠트리피케이션의 문제점을 알리기 위해서
글을 쓴 이유로 보기 어려움.
③ 젠트리피케이션에 대한 올바른 이해를 돕기 위해서
지문 전체의 중심 내용이므로 글을 쓴 이유라고 볼 수 있음.
④ SNS와 젠트리피케이션의 관계에 대해 설명하기 위해서
글을 쓴 이유로 보기 어려움.
⑤ 우리나라의 젠트리피케이션이 가진 문제점과 해결 방안을 제시하기 위해서
지문에서 이야기하고 있지 않음.

왜 정답?

③ 이 지문에서는 젠트리피케이션에 대해 소개하고, 젠트리피케이션과 같은 사회 현상을 이해할 때는 다양한 관점에서 바라보는 것이 중요하다고 하였다. 따라서 글쓴이는 젠트리피케이션에 대한 올바른 이해를 돕기 위해 이 글을 썼다고 할 수 있다.

왜 오답?

① 2문단의 '다소 낙후한 지역에 저렴한 임대료를 찾는 예술가 등이 몰'리고, '지역 가치가 상승한 이후 중상층, 상류층이 유입되'는 것 등을 젠트리피케이션의 원인으로 볼 수는 있다. 하지만 글쓴이가 이것을 밝히기 위해 글을 썼다고 보기는 어렵다.
② 이 지문에서는 젠트리피케이션의 문제점뿐만 아니라, 장점도 설명하고 있다. 그러므로 글쓴이가 젠트리피케이션의 문제점을 알리기 위해 이 글을 썼다고 보기는 어렵다.
④ 3문단에서 '입소문과 SNS 등의 영향으로 사람들이 더욱더 많이 방문하게 된다.'라고는 했지만, 글쓴이가 젠트리피케이션과 SNS의 관계에 대해 설명하기 위해 이 글을 썼다고 보기는 어렵다.
⑤ 3문단에서 우리나라에서 젠트리피케이션이 일어나는 과정에 대해 이야기하고는 있지만, 문제점과 해결 방안에 대해서는 설명하고 있지 않다.

평생 함께하는 친구, 미생물

○ 핵심어   ▬ 문단 중심 문장   ▬ 전체 중심 문장

1 우리의 몸속에 살고 있는 (미생물)의 수는 얼마나 될까? 인체 전체의 세포 수가 약 30
조 개라고 하는데, 우리 몸속 미생물의 수는 이보다 더 많은 약 39조 개라고 한다. 우리
는 우리 몸속의 수많은 미생물을 눈으로 볼 수도 없고 몸으로 느낄 수도 없지만, 이 미
생물들이 우리의 몸에 영향을 주고 있는 것은 분명하다.

2 몸속 (미생물)은 피부, 머리카락, 입속 등 온몸에 분포되어 있지만 대부분은 장 속에
모여 있다고 한다. 우리의 장 속 미생물은 약 1000종에 달한다고 알려져 있는데, 우리
가 태어나는 과정에서 어머니로부터 미생물을 물려받기도 하고, 우리의 입을 통해 다양
한 미생물이 들어오기도 한다. 그래서 갓난아기의 장 속 미생물은 세 살 정도가 되면 어
른의 것과 비슷해진다고 한다.

3 우리의 장 속에 자리를 잡은 (미생물) 가운데 상당수는 우리의 몸속에 평생 동안 함께
하게 된다. 이 미생물들은 우리 몸속에 세균이 들어오는 것을 막고, 우리의 몸이 스스로
소화하지 못하는 영양분을 분해하여 흡수할 수 있는 형태로 바꿔 주며, 비타민 K를 만
들어 내기도 하는 등 우리 몸의 전반적인 대사 과정에 직접적인 영향을 미친다.

4 한편 (장 속 미생물)들이 만들어 내는 물질에는 호르몬이나 신경 전달 물질을 닮은 것
이 있다. 이것들은 우리의 신경에 영향을 미쳐서 우리가 화를 내게 하거나, 스트레스를
받게 하기도 하고, 성격까지도 바꿔 놓을 수 있다고 한다. 게다가 사람마다 차이는 있으
나 장 속 미생물들은 뇌의 유전자까지 달라지게 하여 여러 가지에 영향을 미칠 수 있다
는 연구 결과가 발표되기도 했다.

5 지금까지 살펴본 것처럼 매우 작은 (미생물)들이 우리의 몸에 큰 영향을 미치고 있음
을 알 수 있다. 눈에 보이지 않는다고 무시할 것이 아니라, 우리의 건강과 기분까지 좌
지우지하는 미생물들에 대해 관심을 가져 보자.

---

1 문단 요약
우리 몸에 영향을 미치는 미생물

2 문단 요약
장에 자리를 잡은 미생물

3 문단 요약
장 속 미생물의 역할

4 문단 요약
장 속 미생물이 우리의 정신에 미치는 영향

[중심 문단]
5 문단 요약
미생물에 관심을 가질 것을 제안

● **내용 :** 이 글은 미생물 가운데 특히 장 속 미생물이 우리의 몸에 미치는 영향을 설명하고 있다. 우리 몸속의 미생물은 대부분은 장 속에 모여 있는데, 장 속 미생물은 우리 몸에 세균이 들어오는 것을 막고, 영양분을 흡수할 수 있게 도와주며, 비타민 K를 만드는 등 우리 몸의 전반적인 대사 과정에 영향을 미친다. 게다가 장 속 미생물은 우리의 신경에도 영향을 미치고, 뇌의 유전자 변형까지 일으킬 수 있다. 이처럼 미생물은 우리의 몸에 큰 영향을 미치고 있다.

● **주제 :** 미생물이 우리 몸에 미치는 영향

● **글의 구조 파악 :** 1문단에서는 미생물에 대해 소개하며, 2~4문단에서는 우리 몸의 미생물 중에서도 장 속 미생물의 역할과 영향에 대해 설명하고 있다. 5문단에서는 몸속 미생물에 관심을 가질 것을 제안하며 글을 마무리하고 있다.

● **글의 구조도**

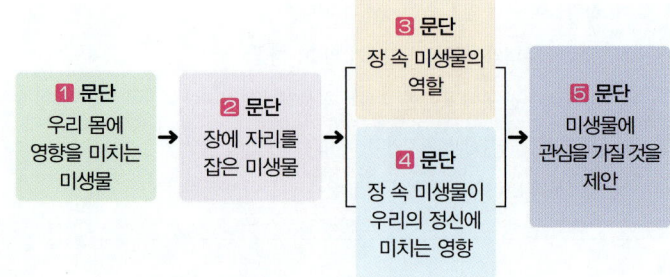

01 [정답] 미생물 ···················· 글의 구조 파악하기

왜 정답?

1문단에서는 '우리의 몸속에 살고 있는 미생물의 수는 얼마나 될까?' 라며 중심 대상인 '미생물'에 대해 이야기하고 있다.

02 [정답] 몸 ······························ 주제 찾기

왜 정답?

이 지문에서는 몸속 미생물 가운데 장 속 미생물들이 우리의 몸에 미치는 영향에 대해 이야기하고 있다. 따라서 빈칸에 들어가기에 적절한 말은 '몸'이다.

03 [정답] ⑤ ···················· 내용 파악하기

> **윗글의 내용으로 적절하지 않은 것은?**
> ① 우리 몸속에는 약 39조개의 미생물이 존재한다.
>   1문단 2번째 문장에 근거
> ② 우리 몸속의 미생물 중 대부분은 장 속에 모여 있다.
>   2문단 1번째 문장에 근거
> ③ 우리 몸속 장내 미생물은 몸속에 들어오는 세균을 막는다.
>   3문단 2번째 문장에 근거
> ④ 우리 장 속에 존재하는 미생물들은 우리의 성격을 바꿀 수도 있다.
>   4문단 2번째 문장에 근거
> ⑤우리 장 속의 미생물의 수는 세 살부터 어른이 될 때까지 계속해서 증가한다.
>   2문단 3번째 문장에 근거 → 장내 미생물의 수는 세 살 정도가 되면 어른의 것과 비슷해짐.

왜 정답?

⑤ 2문단에서 '갓난아기의 장 속 미생물은 세 살 정도가 되면 어른의 것과 비슷해진다고 한다.'라고 하였다. 따라서 장 속의 미생물의 수가 세 살부터 어른이 될 때까지 계속 늘어난다고 볼 수는 없다.

왜 오답?

① 1문단에서 '우리 몸속 미생물의 수는 이보다 더 많은 약 39조개라고 한다.'라고 하였다.
② 2문단에서 '몸속 미생물은 ~ 대부분은 장 속에 모여 있다고 한다.'라고 하였다.
③ 3문단에서 장 속에 자리 잡은 미생물들은 '우리 몸속에 세균이 들어오는 것을 막'는다고 하였다.
④ 4문단에서 장 속 미생물들은 '성격까지도 바꿔 놓을 수 있다고 한다.'라고 하였다.

04 [정답] ① ···················· 내용 파악하기

> **장 속 미생물에 대한 설명으로 적절하지 않은 것은?**
> ①비타민 A를 생산한다.
>   3문단 2번째 문장에 근거 → 비타민 K를 만들어 냄.

② 스트레스를 유발하기도 한다.
  4문단 2번째 문장에 근거 → 몸속 신경에 영향을 미쳐 스트레스를 받게 되기도 함.
③ 뇌의 유전자가 변형되게 할 수도 있다.
  4문단 3번째 문장에 근거 → 뇌의 유전자까지 달라지게 함.
④ 우리 몸의 전반적인 대사 과정에 영향을 준다.
  3문단 2번째 문장에 근거 → 직접적인 영향을 미침.
⑤ 우리가 바로 소화하지 못하는 영양분을 분해해 흡수를 돕는다.
  3문단 2번째 문장에 근거 → 우리 몸이 스스로 소화하지 못하는 영양분의 분해를 도움.

왜 정답?

① 3문단에서 장 속 미생물은 '비타민 K를 만들어' 낸다고 했다.

왜 오답?

② 4문단에서 장 속 미생물은 '신경에 영향을 미쳐서 ~ 스트레스를 받게 하기도' 한다고 하였다.
③ 4문단에서 '장 속 미생물들은 뇌의 유전자까지 달라지게' 한다고 하였다.
④ 3문단에서 장 속 미생물은 '우리 몸의 전반적인 대사 과정에 직접적인 영향을 미친다.'라고 하였다.
⑤ 3문단에서 장 속의 미생물들은 '우리의 몸이 스스로 소화하지 못하는 영양분을 분해하여 흡수할 수 있는 형태로 바꿔' 준다고 하였다.

05 [정답] ④ ···················· 내용 추론하기

> **윗글의 내용을 보충하기 위해 〈보기〉가 들어가기에 적절한 위치는?**
>
> 〈보기〉
> 미국 캘리포니아 공대의 사르키스 마즈마니안 교수팀은 파킨슨병*을 앓는 모델 쥐를 이용해서 파킨슨병과 장 속 미생물의 연관성을 관찰했다. 연구팀은 장 속에 미생물을 가지지 못한 쥐와 장 속에 미생물을 가진 쥐를 비교했는데, 미생물을 가지지 못한 쥐보다 장 속에 미생물을 가진 쥐에게서 더 심한 파킨슨병 증상이 나타나는 것을 확인할 수 있었다.
>   뇌에 유전자에 장 속 미생물이 영향을 미침.
>
> * 파킨슨병 : 신경 세포들이 어떤 원인에 의해 소멸하게 되어 이로 인해 뇌 기능의 이상을 일으키는 질병
>
> ① 1문단 뒤   ② 2문단 뒤   ③ 3문단 뒤
> ④4문단 뒤   ⑤ 5문단 뒤

왜 정답?

④ 〈보기〉에서는 장 속 미생물과 파킨슨병 사이의 연관성에 관한 연구 내용을 소개하고 있다. 이 연구에서 '장 속에 미생물을 가지지 못한 쥐보다 장 속에 미생물을 가진 쥐에게서 더 심한 파킨슨병 증상이 나타나는 것을 확인할 수 있었다.'라고 하였다. 파킨슨병이 '뇌 기능의 이상을 일으키는 질병'임을 고려하면, 〈보기〉는 장 속 미생물이 뇌 기능에 미치는 영향을 설명하는 것이다. 따라서 〈보기〉는 이와 관련된 내용을 다룬 4문단 뒤에 오는 것이 가장 적절하다.

물가는 왜 자꾸 변할까?

○ 핵심어   ▨ 문단 중심 문장   ▨ 전체 중심 문장

1 작년에 1,000원이었던 아이스크림이 올해는 1,200원이, 1,500원이었던 과자가 2,000원이 되면 우리는 흔히 물가가 올랐다고 한다. _{중심 대상과 관련된 구체적인 사례를 제시함.} 여기에서의 물가란 여러 가지 상품이나 서비스의 가치를 종합적이고 평균적으로 본 개념이다. _{물가의 개념} 다시 말해서 1,200원이 아이스크림의 가치를 화폐 단위로 나타낸 것이라면, 물가는 아이스크림과 과자의 가격을 합하여 이를 나눈 것을 의미한다.

2 물가는 늘 항상 정해져 있는 것이 아니라, 상황에 따라 변한다. 물가를 변하게 하는 대표적인 원인으로 생산 원가를 꼽을 수 있다. _{2문단의 핵심어} 생산 원가란 과자와 같은 물건을 생산하는 데 드는 원료비, 인건비 등을 통틀어 이르는 것으로, _{생산 원가의 개념} 우리나라의 물가는 특히 원료비에 큰 영향을 받는다. 우리나라의 기업들은 물건을 생산하는 원료가 되는 원자재를 해외에서 많이 수입한다. _{우리나라의 물가가 원료비에 큰 영향을 받는 이유} 그래서 해외의 원자재의 값이 오르면 원료비가 높아지고, 이는 우리나라 물가에도 영향을 미친다. 마찬가지로 환율이 오르면 그만큼 우리가 우리나라 돈을 주고 사는 원자재의 가격도 높아지기 때문에 물가가 오르게 된다. _{환율이 오르면 물가가 높아지는 이유}

3 물가를 변하게 하는 또 다른 원인으로 물건을 팔려고 하는 사람과 사려고 하는 사람의 수를 들 수 있다. _{3문단의 핵심어} 물건을 사려는 사람은 많은데 팔 물건이 모자랄 경우에는 물가가 오르게 되며, 반대로 팔려는 물건은 많은데 사려는 사람이 적으면 물가는 떨어지게 된다. 예를 들어 여름철에 비가 너무 많이 내려 전국 배추밭의 대부분의 배추를 먹을 수 없게 되었다고 생각해 보자. 이 때 팔 수 있는 배추는 적은데 사람들이 배추를 많이 사려고 하면 _{물건을 사려는 사람은 많은데 팔 물건이 모자랄 경우} 배추의 가격이 오르게 되고, 이 때문에 전체 물가도 오르게 된다.

4 이처럼 물가는 다양한 원인 때문에 올라가기도 하고 내려가기도 한다. _{4문단의 핵심어} 물가가 오르면 물건을 사고자 하는 사람들은 물건을 제대로 살 수 없게 되고, 물가가 내리면 물건을 팔고자 하는 사람들은 제 값에 물건을 팔 수 없게 된다. _{국가가 물가를 안정시키고자 다양한 정책을 실행하는 이유} 물가가 우리의 삶에 이토록 큰 영향을 미치는 것이다. 이러한 이유 때문에 국가에서는 물가가 지나치게 오르거나 내리는 것을 막고자 다양한 정책을 실행한다.

1 문단 요약
물가의 개념

2 문단 요약
물가의 변동 원인 ① 생산 원가

3 문단 요약
물가의 변동 원인 ② 물건을 사고 팔려는 사람의 수

[중심 문단]
4 문단 요약
국가가 물가를 조절하는 이유

● **내용** : 이 글은 물가에 대해 설명하고 물가가 변하는 원인을 두 가지 측면으로 나누어 설명하고 있다. 물가는 여러 가지 상품이나 서비스의 가치를 종합적이고 평균적으로 본 개념이다. 물가는 생산 원가와 물건을 사고팔려는 사람의 수로 인해 변한다. 물가가 국민의 생활에 많은 영향을 미치기 때문에 국가는 물가를 안정시키기 위해 다양한 정책을 펼친다.

● **주제** : 물가의 개념과 물가가 변하는 원인

● **글의 구조 파악** : 1문단에서는 구체적인 사례를 들어 물가의 개념을 제시하고 있다. 2문단과 3문단에서는 물가를 변하게 하는 원인을 설명하고, 4문단에서는 국가가 물가를 안정시키기 위해 다양한 정책을 실행하는 이유를 언급하며 글을 마무리하고 있다.

● **글의 구조도**

1 문단
물가의 개념
→
2 문단
물가의 변동 원인 ①
생산 원가

3 문단
물가의 변동 원인 ②
물건을 사고팔려는 사람의 수
→
4 문단
국가가 물가를 조절하는 이유

06 [정답] 생산 원가 ·········· 글의 구조 파악하기

>왜 정답?

2문단에서 '물가를 변하게 하는 대표적인 원인으로 생산 원가를 꼽을 수 있다.'라고 하면서 물가의 변동 원인 중 하나인 생산 원가에 대해 설명하고 있다. 따라서 빈칸에 들어가기에 적절한 말은 '생산 원가'이다.

07 [정답] 물가 ·········· 주제 찾기

>왜 정답?

이 지문에서는 물가가 무엇인지, 물가가 변하는 원인이 무엇인지에 대해 이야기하고 있다. 따라서 빈칸에 들어가기에 적절한 말은 '물가'이다.

08 [정답] 오르게, 떨어지게 ·········· 내용 파악하기

> 다음은 3문단의 내용을 요약한 것이다. 빈칸에 들어가기에 적절한 말을 쓰시오.
>
> 물건을 사려고 하는 사람이 많은데 팔 물건이 모자라면 물가는
> (　　　) 되고, 팔려는 물건은 많은데 살 사람이 적으면 물가
> 는 (　　　) 된다. 3문단 2번째 문장에 근거

>왜 정답?

제시된 문장은 3문단의 내용을 요약한 것이다. 3문단 2번째 문장에서 '물건을 사려는 사람은 많은데 팔 물건이 모자랄 경우에는 물가가 오르게 되며, 반대로 팔려는 물건은 많은데 사려는 사람이 적으면 물가는 떨어지게 된다.'라고 하였다. 따라서 빈칸에 들어가기에 적절한 말은 '오르게'와 '떨어지게'이다.

09 [정답] ③ ·········· 전개 방식 파악하기

> 윗글에 대한 설명으로 가장 적절한 것은?
> ① 물가의 구성 요소들을 나열하고 있다.
> 　지문에서 이야기하고 있지 않음.
> ② 물가와 생산 원가의 공통점을 설명하고 있다.
> 　지문에서 이야기하고 있지 않음.
> ③ 구체적인 예를 들어 물가에 대해 설명하고 있다.
> 　1, 3문단에 근거 → 아이스크림, 배추 등의 예를 들어 물가와 변동에 대해 설명함.
> ④ 다양한 대상에 빗대어 물가의 개념을 정의하고 있다.
> 　지문에서 이야기하고 있지 않음.
> ⑤ 물가와 생산 원가를 비교하여 물가의 특징을 밝히고 있다.
> 　지문에서 이야기하고 있지 않음.

>왜 정답?

③ 1문단에서는 아이스크림 가격과 과자 가격의 예를 들어 물가의 개념을 설명하고 있다. 또 3문단에서는 배추의 가격을 예로 들어 물가의 변동 원인을 설명하고 있다.

>왜 오답?

① 이 지문에서 물가의 구성 요소들에 대해 이야기하고 있지는 않다.
② 이 지문에서 물가와 생산 원가의 공통점에 대해 이야기하고 있지는 않다.
④ 1문단에서 물가의 개념을 정의하고는 있다. 그러나 다양한 대상에 빗대어 표현하고 있지는 않다.
⑤ 2문단에서 물가와 생산 원가의 관계를 설명하고 있을 뿐, 둘을 비교하고 있지는 않다.

10 [정답] ③ ·········· 내용 파악하기

> 윗글의 내용으로 적절하지 <u>않은</u> 것은?
> ① 물가는 우리의 삶에 많은 영향을 미치고 있다.
> 　4문단 3번째 문장에 근거 → 물가는 우리의 삶에 큰 영향을 미침.
> ② 물가는 정해져 있는 것이 아니라 항상 변화한다.
> 　2문단 1번째 문장에 근거 → 물가는 상황에 따라 변함.
> ③ 우리나라에서는 다른 나라에 원자재를 많이 수출한다.
> 　2문단 4번째 문장에 근거 → 우리나라는 원자재를 많이 수입함.
> ④ 국가는 물가를 안정시키기 위해 다양한 정책을 실행한다.
> 　4문단 4번째 문장에 근거 → 국가는 물가 안정을 위해 다양한 정책을 실행함.
> ⑤ 국제 사회에서 환율이 오르면 우리나라의 물가도 올라갈 수 있다.
> 　2문단 6번째 문장에 근거 → 환율이 오르면 원자재의 가격이 높아져서 물가도 높아짐.

>왜 정답?

③ 2문단에서 '우리나라의 기업들은 물건을 생산하는 원료가 되는 원자재를 해외에서 많이 수입한다.'라고 하였다. 이것을 고려하면 우리나라에서 다른 나라에 원자재를 많이 수출한다고 볼 수는 없다.

>왜 오답?

① 4문단에서 '물가가 우리의 삶에 이토록 큰 영향을 미'친다고 하였다.
② 2문단에서 '물가는 늘 항상 정해져 있는 것이 아니라, 상황에 따라 변한다.'라고 하였다.
④ 4문단에서 '국가에서는 물가가 지나치게 오르거나 내리는 것을 막고자 다양한 정책을 실행한다.'라고 하였다.
⑤ 2문단에서 '환율이 오르면 그만큼 우리가 우리나라 돈을 주고 사는 원자재의 가격도 높아지기 때문에 물가가 오르게 된다.'라고 하였다.

법이 필요한 이유

○ 핵심어 ▨ 문단 중심 문장 ▨ 전체 중심 문장

1 마음이 곧고 착하여 (법)의 규제가 없어도 나쁜 짓을 하지 않는 사람을 보고 우리는
1문단의 핵심어
'법 없이 산다.'라고 한다. 과연 우리는 이 표현처럼 법이 없이도 살 수 있을까?
법의 필요성에 대해 의문을 제기함.

2 (법)이란 국가의 강제력이 따라오는, 사회의 질서를 유지하고 사회생활을 바람직하게
2문단의 핵심어   법의 개념
이끄는 법률, 명령, 규칙, 조례 등을 일컫는다. 우리나라에서는 만 15세 미만의 청소년
들은 아르바이트를 할 수 없고, 만 18세 미만인 청소년의 경우에는 나이를 증명하는 호
만 18세 미만의 청소년이 아르바이트를 하기 위해 갖춰야 하는 조건
적 증명서와 보호자 등의 동의서를 아르바이트 장소에 마련해 두어야만 아르바이트를
할 수 있다. 『왜 그럴까? 이는 많은 사람들이 함께 지키기로 약속하고 만든 규칙인 법에
『 』 : 스스로 묻고 답함
서 위와 같은 기준을 정하고 있기 때문이다.』

3 국가는 왜 (법)을 만들고 우리에게 법을 지키게 하는 것일까? 법에는 개인이나 단체
3문단의 핵심어
등이 어떤 권리를 가지고 어떠한 행위를 할 수 있는지, 법을 어기면 어떠한 벌을 받게
법에 제시되어 있는 내용
되는지가 제시되어 있다. 그래서 법은 그 사람이 부자이든, 가난한 사람이든 모든 사람
이 같은 대접을 받고 각자의 능력과 노력에 따라 정당한 보상과 대우를 받을 수 있게 한
다. 즉, 법은 우리들 개개인의 권리를 보호하고, 사람들 사이, 혹은 사람과 기업 사이의
법의 역할과 우리가 법을 지켜야 하는 이유
다툼도 해결해 주어 우리 사회를 평화롭고 질서 있게 유지한다. 이러한 이유 때문에 국
가가 법을 만들고, 우리에게 법을 꼭 지키게 하는 것이다.

4 인간이라면 누구나 태어나서 죽을 때까지 (법)의 보호와 규제를 받는다. 법은 우리를
4문단의 핵심어
벌주기 위한 것이라기보다는, 우리들의 권리를 지켜 주고 사회의 질서를 유지해 주는
법을 지키기 위해 노력해야 하는 이유
수단이다. 따라서 우리는 아주 사소한 법일지라도 지키기 위해 노력해야 한다.
법을 지키기 위해 노력할 것을 당부함.

1 문단 요약
법의 필요성에 대한 의문

2 문단 요약
법의 개념과 구체적인 예

3 문단 요약
법의 역할과 법을 지켜야 하는 이유

[중심 문단]
4 문단 요약
법을 지키기 위한 노력 당부

. . . .

● **내용** : 이 글은 우리의 삶에 많은 영향을 미치는 법이 무엇인
지 소개하고, 법의 목적과 필요성에 대해 설명하고 있다. 법은
사람들이 함께 지키기로 약속하고 만든 규칙이다. 법은 개개인
의 권리를 보호하고, 사람과 사람, 사람과 기업 간의 다툼을 해
결해 주는 역할을 한다. 또한 사회를 평화롭고 질서 있게 유지
할 수 있도록 도와준다. 따라서 우리는 아주 사소한 법일지라
도 지키도록 노력해야 한다.

● **주제** : 법의 개념과 필요성, 목적

● **글의 구조 파악** : 1문단에서는 법이 없이도 살 수 있는지에 대해 의문을
드러내고 있다. 2문단에서는 '법'의 개념을 설명하고, 법의 구체적인 예를
들고 있다. 3문단에서는 법의 역할과 법을 지켜야 하는 이유를 설명하고, 4
문단에서는 법을 지키기 위해 노력할 것을 당부하며 글을 마무리하고 있다.

● **글의 구조도**

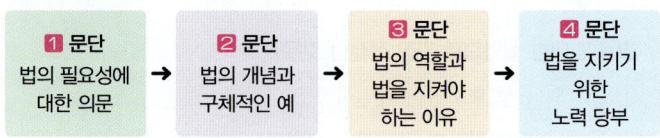

1 문단	**2** 문단	**3** 문단	**4** 문단
법의 필요성에 대한 의문	→ 법의 개념과 구체적인 예	→ 법의 역할과 법을 지켜야 하는 이유	→ 법을 지키기 위한 노력 당부

01 [정답] 법 ·········· 글의 구조 파악하기

>왜 정답?

2문단에서는 '법이란 국가의 강제력이 따라오는, 사회의 질서를 유지하고 사회생활을 바람직하게 이끄는 법률, 명령, 규칙, 조례 등을 일컫는다.'라고 하면서 중심 대상인 '법'의 개념을 정의하고 있다. 따라서 빈칸에 들어가기에 적절한 단어는 '법'이다.

02 [정답] 법 ·········· 주제 찾기

>왜 정답?

이 지문에서는 법이 무엇인지에 대해 설명하고, 법의 역할과 우리가 법을 지켜야 하는 이유에 대해 설명하면서 법을 지키자고 이야기하고 있다. 따라서 빈칸에 들어가기에 적절한 말은 '법'이다.

03 [정답] ④ ·········· 내용 파악하기

> **윗글의 내용으로 적절하지 않은 것은?**
> ① 법은 국가의 강제력을 가진다.
>   2문단에 근거 → 법은 강제력이 따라옴.
> ② 인간은 누구나 법의 보호와 규제를 받는다.
>   4문단에 근거 → 누구나 법의 보호와 규제를 받음.
> ③ 법에는 법을 어기면 받게 될 처벌 등이 제시되어 있다.
>   3문단에 근거 → 법을 어기면 어떤 처벌을 받는지가 법에 제시됨.
> ④ 만 15세 미만의 청소년은 보호자 동의서가 있으면 아르
>   2문단에 근거 → 만 15세 미만의 청소년은 아르바이트를 할 수 없음.
>   바이트를 할 수 있다.
> ⑤ 법은 개개인의 권리를 보호하고, 능력과 노력에 따라 정
>   3문단에 근거 → 법은 개개인의 권리를 보호하고, 모든 사람이 같은 대접을
>   당한 대우를 받게 해 준다.   받을 수 있게 해 줌.

>왜 정답?

④ 2문단에서 '우리나라에서는 만 15세 미만의 청소년들은 아르바이트를 할 수 없다'고 하였다. 이를 고려하면 만 15세 미만의 청소년은 보호자 동의서가 있더라도 아르바이트를 할 수 없다.

>왜 오답?

① 2문단에서 '법이란 국가의 강제력이 따라오는' 것이라고 했다.
② 4문단에서 '인간이라면 누구나 태어나서 죽을 때까지 법의 보호와 규제를 받는다.'라고 하였다.
③ 3문단에서 '법에는 ~ 법을 어기면 어떠한 벌을 받게 되는지가 제시되어 있다.'라고 하였다.
⑤ 3문단에서 법은 '각자의 능력과 노력에 따라 정당한 보상과 대우를 받을 수 있게 한다. 즉, 법은 우리들 개개인의 권리를 보호'한다고 했다.

04 [정답] ④ ·········· 전개 방식 파악하기

> **윗글에 대한 설명으로 적절하지 않은 것은?**
> ① 법의 개념을 정의하고 있다.
>   2문단 1번째 문장에 근거 → 중심 대상인 법의 개념을 정의함.
> ② 법과 관련된 질문을 던지고 있다.
>   1~3문단에 근거 → 법과 관련된 질문을 던짐.

> ③ 앞에서 언급한 내용을 요약하여 정리하고 있다.
>   4문단에 근거 → 법의 역할을 요약하여 정리함.
> ④ 법과 관련된 다양한 통계 자료를 제시하고 있다.
>   다양한 통계 자료를 제시하고 있지는 않음.
> ⑤ 법에 대한 이해를 돕기 위해 구체적인 사례를 제시하고
>   2문단에 근거 → 청소년의 아르바이트와 관련된 사례를 제시함.
>   있다.

>왜 정답?

④ 이 지문에서 다양한 통계 자료를 제시하고 있지는 않다.

>왜 오답?

① 2문단에서 법의 개념을 정의하고 있다.
② 1~3문단에서 '과연 우리는 ~ 있을까?', '왜 그럴까?', '국가는 왜 ~ 하는 것일까?'라며 법과 관련된 질문을 던지고 있다.
③ 4문단에서 '법은 ~ 사회의 질서를 유지해 주는 수단이다.'라면서 3문단에서 언급한 법의 역할을 요약하고 있다.
⑤ 2문단에서 청소년이 아르바이트를 할 때 적용되는 법을 예로 들어 법에 대한 이해를 돕고 있다.

05 [정답] ④ ·········· 실제 사례에 적용하기

> **윗글을 읽고 〈보기〉에 대해 반응한 것으로 가장 적절한 것은?**
>
> ───〈보기〉───
> 현성이는 자전거를 타다 크게 다쳐 병원에 입원하게 되었다. 그런데 알고 보니 그 자전거에는 살 때부터 문제가 있었다. 이에 현성이는 자전거 판매자에게 문제가 있는 자전거를 팔았으니, 손해를 배상해 달라고 요구하였다. 하지만 판매자는 이를 거절하였다. 결국 현성이는 소송을 제기하였고, 법원은 자전거 판매자에게 현성이의 손해를 배상해 주라고 판결했다.
>
> ① 법원은 결국 법을 통해 자전거 판매자를 보호해 준 것이군.
>   법원은 현성이가 손해를 배상받을 권리를 보호해 준 것임.
> ② 법원의 판결을 보니 법은 현성이의 권리를 보호해 주지
>   법원은 현성이가 손해를 배상받을 권리를 보호해 줌.
>   못하였군.
> ③ 현성이는 사회를 평화롭게 유지하기 위해 법을 이용하기
>   현성이는 자신, 곧 개인의 권리를 위해 법을 이용한 것임.
>   로 한 것이군.
> ④ 법이 현성이와 자전거 판매자 사이의 다툼을 해결해 주
>   법원은 현성이와 자전거 판매자 사이의 다툼에 대해 답을 내려 줌.
>   는 역할을 하였군.
> ⑤ 법원의 판결을 통해 현성이는 자신의 능력에 따른 정당
>   법원의 판결이 현성이의 능력에 따른 보상이라고 볼 수 없음.
>   한 보상을 받게 되었군.

>왜 정답?

④ 〈보기〉는 현성이와 자전거 판매자 사이에서 손해를 배상하는 문제를 두고 다툼이 발생한 상황이다. 법원은 현성이의 손을 들어줌으로써 현성이와 판매자의 다툼을 해결해 주었다. 이는 3문단에서 제시한 '사람들 사이, 혹은 사람과 기업 사이의 다툼도 해결해' 주는 법의 역할의 예이다.

종합 예술, 영화

○ 핵심어　　▭ 문단 중심 문장　　▬ 전체 중심 문장

1 『1895년 12월 28일 밤 9시, 프랑스 파리의 그랑카페에서 뤼미에르 형제는 사람들을 모아 놓고 〈공장을 나서는 노동자들(La Sortie des Usines Lumière)〉이라는 영상을 스크린에 비치게 하여 틀어 주었다.』 이것을 본 사람들은 새로운 발명품에 흥분을 감추지 못했고, 언론에서도 이를 칭찬했다. 이것이 바로 오늘날에도 사랑을 받고 있는 예술 장르인 영화의 시작이다.
『 』: 영화의 시작
1문단의 핵심어

2 영화란 일정한 의미를 갖고 움직이는 대상을 촬영하여 이를 스크린에 재현하는 종합 예술을 의미한다. 사람들이 영화에 열광하는 이유도 바로 영화의 종합 예술적인 성격 때문이다. 고흐의 〈해바라기〉와 같은 미술 작품, 베토벤의 〈운명〉과 같은 음악 작품들은 우리에게 한 번에 하나의 예술만을 접하게 한다.
2문단의 핵심어　영화의 개념
영화의 종합 예술적인 성격과 대비되는 미술, 음악 작품의 성격

3 _____ ㉠ 『스크린에 비치는 영상으로 구현되는 영화 속 장면은 미술의 영역을, 배경음악은 음악의 영역을 포함하고 있다. 게다가 영상 속 사람들의 움직임은 춤과 연극의 영역을 포함하고, 전체적으로 진행되는 이야기는 문학의 영역을 포괄한다.』 이처럼 영화는 우리에게 한 번에 다양한 예술을 접하게 한다.
『 』: 영화의 종합 예술적 성격
3문단의 핵심어

4 영화는 한 마디로 '영상(이미지)으로 만들어진 그림'이라고 할 수 있다. 영화는 하나의 사진, 즉 하나의 프레임으로 시작한다. 24장의 사진이 1초 안에 순차적으로 비춰짐으로써 움직임을 만들어 내는데, 이것을 컷(Cut)이라고 한다. 컷이 모여 쇼트(Shot)를 이루고, 쇼트들이 모여서 신(Scene)이 되며, 신들이 모인 것이 하나의 시퀀스(Sequence)가 된다. 여러 개의 시퀀스들이 모여서 비로소 한 편의 영화(Film)가 되는 것이다.
4문단의 핵심어
영화의 구성 요소 ①
영화의 구성 요소 ②
영화의 구성 요소 ③
영화의 구성 요소 ④
영화의 구성 요소 ⑤

5 기술이 발달함에 따라 우리는 영화를 영화관뿐만 아니라, 집이나 학교 등에서 빔 프로젝터를 통해 보기도 하고, 스마트폰을 통해 보기도 한다. 지금까지 영화의 내용에만 집중하여 영화를 감상했다면 이제 영화의 내용뿐 아니라, 영화의 종합 예술적 성격을 살피면서 영화를 감상해 보자. 색다른 매력을 느낄 수 있을 것이다.
5문단의 핵심어
영화를 감상하는 방법을 제안함.

---

1 문단 요약
영화의 시작

[중심 문단]
2 문단 요약
영화의 개념

3 문단 요약
영화의 종합 예술적인 성격

4 문단 요약
영화의 구성 요소 : 프레임, 컷, 쇼트, 신, 시퀀스

5 문단 요약
영화 감상법 제안

● **내용** : 이 글은 영화의 개념과 종합 예술적 성격에 대해 설명하고 있다. 영화는 19세기 말 뤼미에르 형제의 작품으로부터 시작하여 현재까지 많은 사람들에게 사랑받는 예술 장르이다. 우리는 영화를 통해 다양한 영역의 예술을 접할 수 있는데 이것은 영화의 종합 예술적인 성격 때문이다. 한 편의 영화는 한 장의 사진, 즉 프레임이 모여서 컷, 쇼트, 신, 시퀀스를 이룸으로써 완성된다.

● **주제** : 영화의 종합 예술적 성격

● **글의 구조 파악** : 1문단에서는 구체적으로 영화의 시작을 밝히고, 2문단에서는 영화의 개념을 제시하고 있다. 3문단에서는 영화의 종합 예술적 성격에 대해 설명하고, 4문단에서는 영화

의 구성 요소를 나열하고 있다. 5문단에서는 영화의 종합 예술적 성격을 고려하여 영화를 감상할 것을 제안하며 글을 마무리하고 있다.

● **글의 구조도**

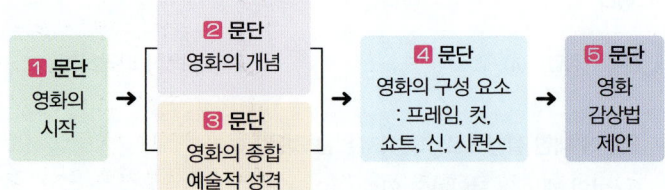

1 문단
영화의 시작 → **2** 문단 영화의 개념 / **3** 문단 영화의 종합 예술적 성격 → **4** 문단 영화의 구성 요소 : 프레임, 컷, 쇼트, 신, 시퀀스 → **5** 문단 영화 감상법 제안

06 [정답] 영화, 쇼트 ·········· 글의 구조 파악하기

>왜 정답?

1문단에서는 예술 장르인 '영화'의 시작을 설명하고 있다. 4문단에서는 영화의 구성 요소를 프레임, 컷, 쇼트, 신, 시퀀스로 나누어 설명하고 있다. 따라서 빈칸에 들어가기에 적절한 말은 '영화', '쇼트'이다.

07 [정답] 영화 ··········· 주제 찾기

>왜 정답?

이 지문에서는 영화가 무엇인지에 대해 소개하고, 영화의 종합 예술적인 성격에 대해 설명하고 있다. 따라서 빈칸에 들어가기에 적절한 말은 '영화'이다.

08 [정답] ④ ··········· 내용 파악하기

> **윗글을 읽고 알 수 없는 내용은?**
>
> ① 영화의 시작
>   1문단에 근거 → 영화는 1895년 뤼미에르 형제의 작품에서 시작됨.
> ② 사람들이 영화에 열광하는 이유
>   2문단에 근거 → 영화의 종합 예술적 성격 때문임.
> ③ 영화 속 1컷에 담긴 사진의 개수
>   4문단에 근거 → 24장의 사진이 한 컷을 이룸.
> ④ 영화에 나타난 사회 비판적인 성격
>   지문에서 이야기하고 있지 않음.
> ⑤ 과학 기술의 발달로 인한 영화 관람 장소의 변화
>   5문단에 근거 → 집, 학교 등에서 보기도 함.

>왜 정답?

④ 이 지문에서는 영화의 종합 예술적인 성격을 설명하고 있을 뿐, 영화에 나타난 사회 비판적인 성격에 대해서 이야기하고 있지는 않다.

>왜 오답?

① 1문단에서 '1895년 12월 28일 밤 9시, ~ 영상을 스크린에 비치게 하여 틀어 주었'던 것이 영화의 시작이라고 설명하고 있다.
② 2문단에서 '사람들이 영화에 열광하는 이유도 바로 영화의 종합 예술적인 성격 때문이다.'라고 하였다.
③ 4문단에서 '24장의 사진이 1초 안에 순차적으로 비춰짐으로써 움직임을 만들어 내는데, 이것을 컷(Cut)이라고 한다.'라고 하였다.
⑤ 5문단에서 '기술이 발달함에 따라 우리는 영화를 영화관뿐만 아니라, 집이나 학교 등에서 빔 프로젝터를 통해 보기도 하고, 스마트폰을 통해 보기도 한다.'라고 하였다. 따라서 과학 기술이 발달함에 따라 영화 관람 장소도 다양해졌다.

09 [정답] ③ ··········· 내용 파악하기

> **윗글의 내용으로 적절하지 않은 것은?**
>
> ① 뤼미에르 형제가 영화를 처음 만들었다.
>   1문단에 근거 → 뤼미에르 형제는 최초의 영화를 만듦.

> ② 영화는 하나의 사진, 즉 프레임으로 시작한다.
>   4문단에 근거 → 영화는 하나의 프레임으로 시작함.
> ③ 쇼트가 모여 컷이 되고, 컷이 모여 시퀀스가 된다.
>   4문단에 근거 → 컷이 모여 쇼트가 되고, 쇼트가 모여 신이 됨.
> ④ 영화는 영상으로 만들어진 그림이라고 할 수 있다.
>   4문단에 근거 → 영화에 대한 설명임.
> ⑤ 영화 한 편을 통해 미술, 음악, 연극, 문학 등의 다양한 예술 영역을 접할 수 있다.
>   3문단에 근거 → 영화는 종합 예술적인 성격임.

>왜 정답?

③ 4문단에서 '컷이 모여 쇼트(Shot)를 이루고, 쇼트들이 모여서 신(Scene)이' 된다고 했다.

>왜 오답?

① 1문단에서 '뤼미에르 형제'가 '프랑스 파리의 그랑카페에서' 상영한 〈공장을 나서는 노동자들〉이 영화의 시작이라고 하였다.
② 4문단에서 '영화는 하나의 사진, 즉 하나의 프레임으로 시작한다.'라고 하였다.
④ 4문단에서 '영화는 한 마디로 '영상(이미지)으로 만들어진 그림'이라고 할 수 있다.'라고 하였다.
⑤ 3문단에서 영화는 미술, 음악, 춤과 연극, 문학 영역을 포괄하여 '우리에게 한 번에 다양한 예술을 접하게 한다.'라고 하였다.

10 [정답] ③ ··········· 내용 추론하기

> **다음을 참고할 때 ㉠에 들어가기에 적절한 말은?**
>
> 2문단에서는 사람들이 영화를 좋아하는 이유가 영화의 종합 예술적 성격 때문이라고 하면서, 미술 작품인 고흐의 〈해바라기〉 다양한 예술 영역을 포괄함.
> 나 음악 작품인 베토벤의 〈운명〉이 각각 하나의 예술 영역만 담고 있다고 하였다. 이어지는 3문단에서는 영화가 미술, 음악, 문학, 연극, 춤 등 다양한 영역을 포함하고 있다고 설명하였다. 따라서 ㉠에는 앞의 내용과 뒤의 내용이 상반될 때 쓰는 표현인 (   )을/를 넣는 것이 자연스럽다.
>
> ① 또한   ② 이처럼   ③ 그러나   ④ 그리고   ⑤ 그러므로

>왜 정답?

③ 2문단에서 미술과 음악 작품은 '우리에게 한 번에 하나의 예술만을 접하게 한다.'라고 하였다. 반면 3문단에서 '영화는 우리에게 한 번에 다양한 예술을 접하게 한다.'라고 하였다. 즉, 2문단과 3문단에서는 서로 반대되는 내용을 이야기하고 있으므로, ㉠에는 서로 반대되는 내용을 이어 주는 표현인 '그러나'가 들어가는 것이 자연스럽다.

>왜 오답?

'또한'은 앞의 내용에 또 다른 내용을 덧붙일 때(①), '이처럼'은 앞의 내용을 받아 뒤의 내용을 이끌 때(②), '그리고'는 서로 비슷한 내용을 앞뒤로 이어 줄 때(④), '그러므로'는 앞의 내용이 뒤의 내용의 이유나 원리, 근거가 될 때(⑤) 사용하는 표현이다.

화폐는 언제부터 사용되었을까?

○ 핵심어 ▭ 문단 중심 문장 ▬ 전체 중심 문장

1 우리 생활에서 없어서는 안 될 필수적인 것을 하나 꼽으라고 한다면 그것은 (돈)이다.
1문단의 핵심어
편의점에 가서 과자를 산다고 생각해 보자. 우리가 과자 한 봉지를 골라 계산을 하기 위
└구체적인 예를 들어 이해를 도움.
해 만 원짜리 지폐를 내면, 점원은 오천 원 혹은 천 원짜리 지폐와 동전으로 거스름돈을
줄 것이다. 이처럼 우리가 사용하는 다양한 모양의 돈은 언제부터 사용되었을까? 옛날
└질문을 통해 앞으로 이어질 내용을 제시함.
사람들도 우리와 같은 돈을 사용했을까?

2 돈은 (화폐)라고도 한다. 화폐는 시대마다 모양, 이름, 가치가 모두 달랐다. 기록에 따
2문단의 핵심어
르면, 우리나라에서 화폐가 처음 사용된 것은 삼국 시대 이전이라고 한다. 조선 시대의
└─ : 화폐의 변화 과정을 시대 순으로 제시함.
역사서인 〈동국사략〉과 〈해동역사〉에는 삼국 시대 이전에 최초의 화폐 격인 '자모전'을
└화폐 사용에 관한 역사적 기록
사용하였고, 동전 등을 만들었다는 기록이 있다. 하지만 많은 학자들은 삼국 시대까지
는 화폐가 만들어졌어도 쌀 등의 물품을 통해 주로 거래가 이루어졌을 것이라고 본다.

3 유물로 남아 있는 우리나라의 가장 오래된 화폐는 무엇일까? 바로 고려 시대에 만들
어진 '건원중보'이다. 고려 시대의 '건원중보'는 중국 당나라의 '건원중보'를 본뜬 것이지
3문단의 핵심어
만, 뒷면에 '동국(東國)'이라는 글자를 새겨 고려의
화폐임을 나타내었다. 수도인 개성에서는 건원중
보가 활발히 사용되었지만 다른 지역에서는 여전
히 쌀 등이 거래 수단으로 더 많이 사용되어서 이
화폐가 전국적으로 사용되지는 못하였다.

▲ 건원중보   ▲ 상평통보

4 조선 후기에 이르러 화폐가 전국적으로 사용되었다. 이때 동그란 모양에 안쪽에는
네모난 구멍이 뚫려 있는 엽전인 '상평통보'가 많이 쓰였다. 인조 때 처음 만들어진 상평
4문단의 핵심어
통보는 숙종 때에 서울과 일부 지역을 시작으로 점차 퍼져 전국적으로 사용하게 되었다.

5 조선 말기에는 서양의 동전을 본 뜬 대동은전, 당오전 등이 있었다. 그 후 일제 강점기
때에는 조선은행에서 발행한 (화폐)가 사용되다가, 광복 후 한국은행에서 발행한 천 원
5문단의 핵심어
권, 백 원 권을 시작으로 우리나라에 지폐가 널리 사용되기 시작하였다.

---

1 문단 요약
우리 생활에 꼭 필요한 돈

[중심 문단]
2 문단 요약
우리나라의 화폐 사용 ① 삼국 시대 이전

3 문단 요약
우리나라의 화폐 사용 ② 고려 시대

4 문단 요약
우리나라의 화폐 사용 ③ 조선 후기

5 문단 요약
우리나라의 화폐 사용 ④ 조선 말기 이후

● **내용 :** 이 글은 시대에 따라 우리나라에서 사용된 화폐에 대해 설명하고 있다. 고려 시대는 건원중보가 만들어졌다. 조선 후기에는 상평통보가 만들어졌고, 조선 말기에는 대동은전, 당오전이 만들어졌다. 광복 이후에는 한국은행에서 지폐를 발행하게 되었다.

● **주제 :** 우리나라 화폐의 역사

● **글의 구조 파악 :** 1문단에서는 구체적인 사례를 들어 중심 화제인 '돈'에 대해 언급하고 있다. 2문단부터 5문단까지는 우리나라 화폐의 변화 과정을 시간 순서대로 나열하고 있다.

● **글의 구조도**

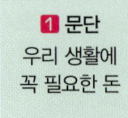

1 문단
우리 생활에 꼭 필요한 돈 →

2 문단 우리나라의 화폐 사용 ① 삼국 시대 이전
3 문단 우리나라의 화폐 사용 ② 고려 시대
4 문단 우리나라의 화폐 사용 ③ 조선 후기
5 문단 우리나라의 화폐 사용 ④ 조선 말기 이후

01 [정답] 돈, 화폐 ⋯⋯⋯⋯⋯⋯⋯ 글의 구조 파악하기

﹥왜 정답?

1문단에서는 편의점에서 과자를 사는 상황을 통해 중심 대상인 '돈'에 대해 이야기하고 있다. 또한 2~5문단에서는 우리나라 화폐가 시대마다 변화해 온 과정을 설명하고 있다. 따라서 빈칸에 들어가기에 적절한 말은 '돈', '화폐'이다.

02 [정답] 화폐 ⋯⋯⋯⋯⋯⋯⋯⋯⋯⋯ 주제 찾기

﹥왜 정답?

이 지문에서는 우리나라에 사용된 화폐를 시대 순서대로 이야기하고 있다. 따라서 빈칸에 들어가기에 적절한 말은 '화폐'이다.

03 [정답] ② ⋯⋯⋯⋯⋯⋯⋯⋯⋯⋯ 내용 파악하기

윗글의 내용으로 가장 적절한 것은?

① 상평통보는 조선 숙종 때 처음 만들어졌다.
  4문단에 근거 → 상평통보는 인조 때 처음 만들어짐.
②대동은전과 당오전은 서양의 동전을 본 뜬 것이다.
  5문단에 근거 → 대동은전과 당오전은 서양의 동전을 본 뜬 것임.
③ 조선 시대 말에 한국은행에서 지폐를 처음 발행하였다.
  5문단에 근거 → 광복 후에 한국은행에서 지폐를 발행하기 시작함.
④ 일제 강점기 때부터 우리나라에서 지폐가 널리 사용되었다.
  5문단에 근거 → 광복 후 한국은행에서 지폐를 발행한 이후부터 지폐가 널리 쓰임.
⑤ 고려 시대 때부터 우리나라 모든 지역에서 화폐가 활발
  3문단에 근거 → 고려 시대에는 화폐가 전국적으로 사용되지 못함.
  하게 사용되었다.

﹥왜 정답?

② 5문단에서 '조선 말기에는 서양의 동전을 본 뜬 대동은전, 당오전 등이 있었다.'라고 하였다. 따라서 대동은전과 당오전은 서양의 동전을 본 뜬 것이다.

﹥왜 오답?

① 4문단에서 상평통보는 조선 후기 '인조 때 처음 만들어'졌다고 하였다.
③, ④ 5문단에서 '광복 후 한국은행에서 발행한 천 원 권, 백 원 권을 시작으로 우리나라에 지폐가 널리 사용되기 시작하였다.'라고 하였다. 따라서 조선 시대 말에 한국은행에서 지폐를 처음 만들었다는 것(③)도, 일제 강점기부터 지폐가 널리 사용되었다는 것(④)도 적절하지 않다.
⑤ 3문단에서 고려 시대에는 '건원중보'라는 화폐가 만들어졌는데, '쌀 등이 거래 수단으로 더 많이 사용되어서 이 화폐가 전국적으로 사용되지는 못하였다.'라고 하였다.

04 [정답] ③ ⋯⋯⋯⋯⋯⋯⋯⋯⋯ 전개 방식 파악하기

윗글에 대한 설명으로 가장 적절한 것은?

① 상평통보의 특성과 한계를 설명하고 있다.
  지문에서 이야기하고 있지 않음.
② 화폐의 여러 가지 기능을 상황에 따라 나열하고 있다.
  지문에서 이야기하고 있지 않음.
③시간의 흐름에 따라 화폐가 변화해 온 것을 설명하고 있다.
  2~5문단에 근거
④ 자모전과 건원중보의 차이점을 소개하고 우열을 가리고
  지문에서 이야기하고 있지 않음.
  있다.
⑤ 우리나라에서 사용된 화폐의 문제점을 중심으로 내용을
  지문에서 이야기하고 있지 않음.
  전개하고 있다.

﹥왜 정답?

③ 이 지문에서는 삼국 시대 이전부터 광복 후에 이르기까지 시간 순서대로 우리나라에서 사용된 화폐를 소개하고 있다. 특히 2문단에서 '화폐는 시대마다 모양, 이름, 가치가 모두 달랐다.'라면서 우리나라에서 사용된 화폐가 시대의 흐름에 따라 변화해 왔음을 밝히고 있다.

﹥왜 오답?

① 이 지문에서 상평통보의 한계에 대해 이야기하고 있지는 않다.
② 이 지문에서 화폐의 여러 가지 기능에 대해 이야기하고 있지는 않다.
④ 이 지문에서 자모전과 건원중보를 우리나라에서 사용했다고는 하였으나, 차이점을 언급하고 있지는 않다.
⑤ 이 지문에서는 시대에 따라 우리나라에서 사용된 화폐가 무엇인지 설명하고 있을 뿐, 문제점에 대해 이야기하고 있지는 않다.

05 [정답] ② ⋯⋯⋯⋯⋯⋯⋯⋯⋯⋯ 내용 추론하기

우리나라의 화폐를 만들어진 시간 순서대로 나열한 것으로 가장 적절한 것은?

① 자모전 – 당오전 – 건원중보 – 상평통보
②자모전 – 건원중보 – 상평통보 – 당오전
  2문단, 3문단, 4문단, 5문단에 근거
③ 당오전 – 자모전 – 상평통보 – 건원중보
④ 건원중보 – 상평통보 – 자모전 – 당오전
⑤ 건원중보 – 상평통보 – 당오전 – 자모전

﹥왜 정답?

② 2문단에서 삼국 시대 이전에 최초의 화폐 격인 '자모전'을 사용하였다고 하였고, 3문단에서 고려 시대에는 '건원중보'가 만들어졌다고 하였다. 또 4문단에서 조선 후기에 이르러 '상평통보'가 많이 쓰였다고 하였다. 마지막으로 5문단에서는 조선 말기에는 서양의 동전을 본 뜬 '대동은전, 당오전 등'이 있었다고 하였다. 그러므로 이를 만들어진 시간 순서대로 나열하면 '자모전 – 건원중보 – 상평통보 – 당오전'이다.

남향집이 꼭 좋은 집일까?

◯ 핵심어 ▭ 문단 중심 문장 ▭ 전체 중심 문장

1 대부분의 건물은 창문을 가지고 있다. 건물의 창문은 실내에 빛을 들여오기도 하고 바람을 통하게 하기도 한다. 어떤 나라에서는 건물을 짓고 경치가 좋은 쪽으로 창문을 낸다고 하는데, 우리나라에서는 건물이 햇빛을 받는 방향에 따라 창문을 낸다. 그렇다면 어떤 방향으로 창문이 난 집이 좋은 집일까?
질문을 통해 이어질 내용을 제시함.
1문단의 핵심어

2 우리나라 사람들이 가장 선호하는 방향은 남향이다. 남쪽으로 창문이 난 집, 즉 남향집에는 하루 종일 집 안에 햇빛이 잘 들어오기 때문에 추운 겨울에도 따뜻하고, 해가 더
2문단의 핵심어
이상 들어오지 않을 때까지 불을 켜지 않아도 되므로 에너지도 절약할 수 있다. 하지만
남향집의 장점
햇빛이 바로 들어오기 때문에 가구 등이 많이 상한다는 단점이 있다. 또 우리가 낮에 학
남향집의 단점
교를 가기도 하는 등 집에서 생활하는 시간이 적기 때문에 모든 사람에게 꼭 남향집이 좋다고는 할 수 없다.

3 우리나라 사람들은 북향집을 선호하지 않지만 서양 사람들, 특히 10층 이상에 위치
3문단의 핵심어
한 집에 사는 사람들은 북향집을 많이 선호한다고 한다. 북향집에서는 하루 종일 받는 햇빛의 양이 남향만큼 많지는 않다. 그러나 실내에 들어오는 빛이 산란광이고 그 양도
북향집의 장점
거의 일정하기 때문에 가구 등이 상하지 않고, 집 안팎의 경치가 아름답게 보인다는 장점이 있다. 그래서 미술관이나 사무용 건물은 북향인 곳이 많다. 미술관에서는 전시하
건물의 용도
고 있는 작품들을 잘 보여 줄 수 있는 일정하고 풍부한 산란광이 필요하기 때문에 북향
미술관에서 북향집을 선호하는 이유
을 선호한다. 사무용 건물에서는 난방보다는 냉방으로 인한 에너지 소모가 더 크기 때
사무용 건물에서 북향집을 선호하는 이유
문에 한여름의 빛을 차단할 수 있는 북향이 더 유리하다.

4 동향집은 중·고등학교 학생들이나 직장인들이 많은 가정에 적합하다. 아침에 가장
4문단의 핵심어
먼저 해를 맞이할 수 있어 하루를 활기차게 시작할 수 있기 때문이다. 서향집은 오후에
동향집의 장점   4문단의 핵심어
햇빛이 잘 들어오기 때문에 더위보다 추위를 더 타는 사람이나 겨울이 더 길고 추운 지
서향집의 장점
방의 사람들이 사는 집으로 적합하다.

5 지금까지 살펴본 것처럼 남향집이 무조건 좋은 것이 아니라, 건물의 용도나 사는 사
5문단의 핵심어
람들에 따라 적합한 방향의 집이 달라짐을 알 수 있다. ㉠지금 우리가 살고 있는 집이나, 학교에 어느 방향으로 창문이 나 있는지 살펴보고 그 이유를 생각해 보자.

---

1 문단 요약
건물의 창문 방향에 대한 의문

2 문단 요약
남향집의 특성

3 문단 요약
북향집의 특성

4 문단 요약
동향집과 서향집의 특성

[중심 문단]
5 문단 요약
용도나 살고 있는 사람에 따라 달라지는 적합한 방향의 집

● **내용** : 이 글은 창문의 방향에 따라 달라지는 건물의 특성에 대해 설명하고 있다. 적합한 창문의 방향은 건물의 용도 및 사는 사람에 따라 달라질 수 있다.

● **주제** : 용도나 살고 있는 사람에 따라 달라지는 적합한 방향의 집

● **글의 구조 파악** : 1문단에서는 건물에 난 창문의 방향에 대해 질문을 던지고 있다. 2~4문단에서는 창문의 방향에 따라 달라지는 건물의 특성을 설명하고, 5문단에서는 건물의 용도나 살고 있는 사람에 따라 어느 방향의 집이 적합한지가 달라진다고 했다.

● **글의 구조도**

06 [정답] 창문, 남향집 ·········· 글의 구조 파악하기

>왜 정답?

1문단에서는 건물에 난 '창문'의 역할을 제시하며, 어떤 방향으로 창문이 난 집이 좋은지에 대한 의문을 제기하고 있다. 2문단에서는 우리나라 사람들이 가장 선호하는 '남쪽으로 창문이 난 집, 즉 남향집'의 특성에 대해 설명하고 있다. 따라서 빈칸에 들어가기에 적절한 단어는 '창문', '남향집'이다.

07 [정답] 용도, 방향 ·········· 주제 찾기

>왜 정답?

이 지문에서는 창문의 방향에 따라 집을 남향집, 북향집, 동향집, 서향집으로 나누어 그 특성을 설명하고, 건물의 용도나 사는 사람에 따라 적합한 방향의 집이 달라진다고 했다. 따라서 빈칸에 들어가기에 적절한 말은 '용도', '방향'이다.

08 [정답] ③ ·········· 내용 파악하기

> **윗글의 내용으로 가장 적절한 것은?**
> ① 동향집은 하루 종일 햇빛이 집에 들어온다.
> 　2문단에 근거 → 하루 종일 집 안에 햇빛이 잘 들어오는 것은 남향집임.
> ② 서향집은 더위를 많이 타는 사람들에게 적합하다.
> 　4문단에 근거 → 서향집은 추위를 많이 타는 사람들에게 적합함.
> ③ 미술관이나 사무용 건물은 북향을 선호하는 경우가 많다.
> 　3문단에 근거 → 미술관이나 사무용 건물은 북향인 곳이 많음.
> ④ 동향집은 추운 겨울에 따뜻하기 때문에 에너지가 절약된다.
> 　2문단에 근거 → 추운 겨울에 따뜻하기 때문에 에너지가 절약되는 것은 남향집임.
> ⑤ 북향집은 가장 먼저 아침 해를 맞이할 수 있기 때문에 직장인이 많은 가정에 적합하다.
> 　4문단에 근거 → 가장 먼저 아침 해를 맞이할 수 있는 것은 동향집임.

>왜 정답?

③ 3문단에서 '미술관이나 사무용 건물은 북향인 곳이 많다.'라고 하면서 미술관과 사무용 건물이 북향인 것이 더 유리한 이유를 설명하고 있다.

>왜 오답?

① 2문단에서 '남향집에는 하루 종일 집 안에 햇빛이 잘 들어'온다고 하였다.

② 4문단에서 '서향집은 오후에 햇빛이 잘 들어오기 때문에 더위보다 추위를 더 타는 사람이나 겨울이 길고 더 추운 지방의 사람들이 사는 집으로 적합하다.'라고 하였다. 따라서 서향집은 더위가 아니라 추위를 많이 타는 사람들에게 적합하다.

④ 2문단에서 '남향집에는 하루 종일 집 안에 햇빛이 잘 들어오기 때문에 추운 겨울에도 따뜻'해서 '에너지도 절약할 수 있다.'라고 하였다.

⑤ 4문단에서 '동향집은 ~ 아침에 가장 먼저 해를 맞이할 수 있'다고 하였다.

09 [정답] ⑤ ·········· 내용 파악하기

> 지금 우리가 살고 있는 집이나, 학교에 어느 방향으로 창문이 나 있는지 살펴보고 그 이유를 생각해 보자.
> **글쓴이가 ㉠과 같이 말한 이유로 가장 적절한 것은?**
> ① 남향집이 아니면 건물의 가치가 떨어지므로
> 　글쓴이의 의견과 다른 내용임.
> ② 빛이 들어오는 방향에 따라 건물의 가격이 달라지므로
> 　지문에서 이야기하지 않은 내용임.
> ③ 건물에 나 있는 창문에 따라 사람들의 성격이 달라지므로
> 　지문에서 이야기하지 않은 내용임.
> ④ 사람들이 선호하는 창문 방향에 따라 건물의 모양이 달라지므로
> 　지문에서 이야기하지 않은 내용임.
> ⑤ 건물의 용도나 사는 사람들에 따라 적합한 방향의 집이 달라지므로
> 　5문단 1번째 문장에 근거

>왜 정답?

⑤ ㉠에서 집이나 학교의 창문이 난 방향을 살펴보고 그 이유를 생각해 보라고 한 이유는 바로 앞 문장에 제시되어 있다. 바로 앞 문장에서는 건물의 용도나 사는 사람들에 따라 적합한 방향의 집이 달라진다고 하였다.

>왜 오답?

① 5문단에서 '남향집이 무조건 좋은 것이 아니'라고 하였으므로 남향집이 가장 가치 있다고 여기는 것은 글쓴이의 의견과 다르다.

②, ③, ④ 건물의 가격, 사람들의 성격, 건물의 모양은 지문에서 이야기하지 않았다.

10 [정답] ② ·········· 실제 사례에 적용하기

> **윗글을 읽고 다음 질문에 답하려고 한다. 빈칸에 들어가기에 가장 적절한 것은?**
>
> > **질문자** : 저는 하루 종일 제 방에 들어오는 빛의 양이 너무 많지 않
> > 　조건 ① → 3문단 2~3번째 문장에 근거
> > 으면서도 일정했으면 좋겠습니다. 또한 최근에 큰맘 먹고 장만한 가구가 빛 때문에 상하지 않기를 원해요. 또, 집 안팎의 경치가 아
> > 　조건 ② → 3문단 3번째 문장에 근거
> > 름답게 보이기를 바랍니다. 저는 어떤 방향의 집을 구해야 할까요?
> > 　조건 ③ → 3문단 3번째 문장에 근거
> > **전문가** : _____ 을 추천합니다.
>
> ① 남향집　　②북향집　　③ 동향집
> ④ 서향집　　⑤ 창문이 없는 집

>왜 정답?

② 질문자는 창문을 통해 하루 종일 들어오는 빛의 양이 너무 많지 않으면서도 일정하고(조건 ①), 가구가 빛 때문에 상하지 않으며(조건 ②), 집 안팎의 경치가 아름답게 보이기(조건 ③)를 원하고 있다. 3문단에서 '북향집에서는 하루 종일 받는 햇빛의 양이 남향만큼 많지는 않다. 그러나 실내에 들어오는 빛이 산란광이고 그 양도 거의 일정하기 때문에(조건 ①) 가구 등이 상하지 않고(조건 ②), 집 안팎의 경치가 아름답게 보인다(조건 ③)는 장점이 있다.'라고 하였다. 따라서 질문자가 원하는 조건을 모두 갖추는 집은 북향집이다.

공유 경제란 무엇인가?

○ 핵심어 ▬ 문단 중심 문장 ▬ 전체 중심 문장

1 집을 나누어 쓰는 '에어비앤비', 차를 나누어 쓰는 '쏘카', 자전거를 나누어 쓰는 서울시의 '따릉이'.
<small>실생활에서 많이 접하는 공유 경제의 실제 사례를 소개함.</small>
이 세 가지의 공통점은 무엇일까? 바로 어떤 물건을 다른 사람과 나누어 쓴다는 것이다. '에어비앤비', '쏘카', '따릉이'처럼 이미 생산된 제품을 여럿이 함께 공유해서 사용하는 것을 경제학에서는 '공유 경제'라고 한다.
<small>공유 경제의 개념</small>
<small>1문단의 핵심어</small>

2 '공유 경제'라는 표현은 미국 하버드 대학교의 로런스 레식(Lawrence Lessig) 교수
<small>2문단의 핵심어</small>
가 처음 사용하였다. 그는 공유 경제란 재화나 서비스를 개인이 혼자 소유하고 사용하는 것이 아니라, 네트워크*에 연결되어 있는 참여자들끼리 무료 또는 일정한 요금을 내고 나누어 쓰는 경제 활동을 의미한다고 하였다.
<small>로런스 레식 교수가 말하는 공유 경제의 개념</small>

3 얼핏 보기에 공유와 경제라는 표현을 함께 사용하는 것은 어울리지 않는 것처럼 보인다. 왜냐하면 사람들은 공중 화장실의 휴지처럼 다른 사람과 함께 공유하는 자원을
<small>3문단의 핵심어</small>
공짜라고 인식하고 마구 써 버림으로써 아무도 쓸 수 없게 만드는 경우도 있기 때문이다.
<small>'공유'와 '경제'라는 표현을 함께 사용하는 것이 안 어울려 보이는 이유 : 사람들이 공유하는 자원을 사용할 때 생길 수 있는 문제점</small>
그렇지만 공유 경제에서 공유되는 자원은 엄연히 개인의 소유물이기 때문에 이와 같은 문제는 생기지 않는다.

4 또한 공유 경제는 여러 가지 장점이 있다. 사용자는 물건을 사는 데 필요한 돈과 시
<small>4문단의 핵심어</small><small>공유 경제의 장점 ①</small>
간 등을 절약할 수 있고, 소유자는 사용하지 않는 물건을 다른 사람에게 빌려줌으로써
<small>공유 경제의 장점 ②</small>
수익을 얻을 수 있다. 사용자와 소유자 모두 이익을 얻게 되므로, 사회적으로 낭비되는
<small>공유 경제의 장점 ③</small>
손실을 줄여 준다. 게다가 자원의 활용을 극대화하기 때문에 남는 자원으로 인해 생길
<small>공유 경제의 장점 ④</small>
수 있는 환경오염도 줄일 수 있다.

5 ___㉠___ 이러한 공유 경제와 관련된 제품이나 서비스를 이용하다가 사고가 발생할 경우 법적 책임에 대한 규정이 명확하지 않으며, 이를 규제할 수 있는 법이나 제도도 마
<small>공유 경제의 문제점 ①</small><small>공유 경제의 문제점 ②</small>
련되지 않았다는 문제점이 있다. 따라서 무턱대고 공유 경제 물건이나 서비스를 사용하
<small>5문단의 핵심어</small>
기보다는 사용하기 전에 약관 등을 꼼꼼히 살펴보고, 피해를 최소화하면서 공유 경제의
<small>공유 경제의 바람직한 활용 방안을 제시함.</small>
장점을 누릴 수 있도록 노력해야 한다.

* 네트워크 : 어떠한 일이나 문제점을 처리하는 데 각 기관 따위가 긴밀하게 연결되어 조직적이고 효율적으로 움직일 수 있도록 만든 체계

[중심 문단]

1 문단 요약
공유 경제의 개념

2 문단 요약
'공유 경제'라는 표현을 사용한 로런스 레식 교수

3 문단 요약
서로 어울리지 않는 표현처럼 보이는 '공유'와 '경제'

4 문단 요약
공유 경제의 장점

5 문단 요약
공유 경제의 단점 및 활용 방안

- **내용** : 이 글은 생활 속에서 쉽게 이용할 수 있는 공유 경제에 대해 소개하고, 장·단점을 설명하고 있다. 공유 경제는 이미 생산된 제품을 여럿이 함께 공유하여 사용하는 것을 의미한다. 공유 경제는 물건을 사는 데 들어가는 비용을 절약해 주고, 낭비로 인한 손실과 환경오염을 줄여 준다는 장점이 있다. 하지만 아직 공유 경제와 관련한 법이나 제도가 명확히 마련되어 있지 않으므로, 공유 경제를 이용할 때에는 신중한 태도를 가져야 한다.

- **주제** : 공유 경제의 장단점과 활용 방안

- **글의 구조 파악** : 1문단에서는 구체적인 사례를 들어 공유 경제의 개념을 소개하고 있다. 2문단과 3문단에서는 '공유 경제'라는 표현에 대해 설명하고 있다. 4문단에서는 공유 경제의 장점을, 5문단에서는 공유 경제의 문제점을 지적하고 있다.

- **글의 구조도**

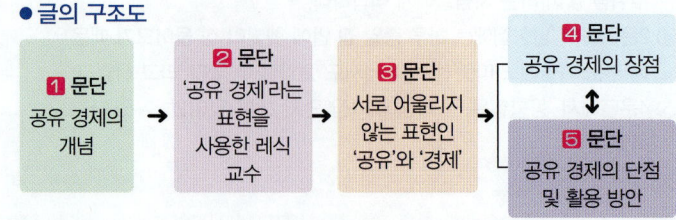

01 [정답] 공유 경제, 장점 ····· 글의 구조 파악하기

>왜 정답?

1문단에서 '이미 생산된 제품을 여럿이 함께 공유해서 사용하는 것을 경제학에서는 '공유 경제'라고 한다.'라면서 중심 대상인 '공유 경제'를 소개하고 있다. 그리고 4문단에서 '공유 경제는 여러 가지 장점이 있다.'라면서 공유 경제의 장점을 설명하고 있다. 따라서 빈칸에 들어가기에 적절한 말은 '공유 경제', '장점'이다.

02 [정답] 공유 경제 ····· 주제 찾기

>왜 정답?

이 지문에서는 공유 경제가 무엇인지에 대해 설명하고, 장점과 단점에 대해 이야기하고 있다. 따라서 빈칸에 들어가기에 적절한 말은 '공유 경제'이다.

03 [정답] ⑤ ····· 글쓴이의 의도 파악하기

윗글의 글쓴이가 이 글을 쓴 목적으로 가장 적절한 것은?

① 공유 경제의 개념만 정의하기 위해서
　글을 쓴 목적이라고 볼 수 없음.
② 공유 경제의 장점을 소개하기 위해서
　중심 내용이라고 볼 수 없음.
③ 공유 경제의 문제점만을 강조하기 위해서
　중심 내용이라고 볼 수 없음.
④ 환경오염을 줄이는 데에 공유 경제가 도움이 된다고 주
　중심 내용이라고 볼 수 없음.
　장하기 위해서
⑤ 공유 경제의 장단점을 밝히고, 장점을 누리기 위해 노력
　4, 5문단에 근거
　하라고 당부하기 위해서

>왜 정답?

⑤ 이 지문에서는 공유 경제가 무엇인지 설명하고, 공유 경제의 장점과 단점을 밝히고 있다. 또 5문단에서 '공유 경제의 장점을 누릴 수 있도록 노력해야 한다.'라면서 공유 경제를 활용하는 바람직한 방향을 제안하고 있다. 따라서 글쓴이는 공유 경제의 장단점을 밝히고, 공유 경제의 장점을 누리기 위해 노력하라고 읽는 사람에게 당부하기 위해서 이 글을 썼다고 할 수 있다.

>왜 오답?

① 1문단에서 공유 경제의 개념을 정의하고 있지만, 글쓴이가 공유 경제의 개념만을 정의하기 위해서 이 글을 썼다고 보기는 어렵다.
② 4문단에서 공유 경제의 장점을 소개하고 있지만, 이 내용이 중심 내용이라고 보기는 어렵다.
③ 5문단에서 공유 경제의 문제점을 알려 주고 있지만, 4문단에서 공유 경제의 장점도 언급하고 있다. 또한 공유 경제의 문제점이 중심 내용이라고 보기도 어렵다.
④ 4문단에서 공유 경제의 장점으로 환경오염을 줄일 수도 있다고 하였지만, 이 내용이 중심 내용이라고 보기 어렵다.

04 [정답] ⑤ ····· 반응의 적절성 평가하기

윗글을 읽고 난 후의 반응으로 적절하지 않은 것은?

① 공유 경제를 이용하면 물건을 살 때 필요한 돈과 시간을
　4문단에 근거 → 물건을 사는 데 필요한 돈과 시간 등을 절약할 수 있음.
　절약할 수도 있겠군.
② 이미 생산된 제품을 여럿이 함께 공유해서 사용하는 것을
　공유 경제의 개념
　공유 경제라고 하는군.
③ 공유 경제는 미국 하버드 대학의 로런스 레식 교수가 처
　2문단에 근거
　음으로 사용한 표현이군.
④ 공유 경제와 관련된 서비스를 이용할 때에는 약관 등을
　5문단에 근거 → 피해를 최소화하기 위해 약관을 꼼꼼히 살펴봐야 함.
　꼼꼼히 살펴보아야 하겠군.
⑤ 공유 경제와 관련된 물건을 이용하는 사용자는 다른 사
　람과 함께 공유하는 물건을 마구 써 버리겠군.
　3문단에 근거 → 공유 경제에서는 발생하지 않는 문제임.

>왜 정답?

⑤ 3문단에서 사람들은 '공유하는 자원을 공짜라고 인식하고 마구 써 버림으로써 아무도 쓸 수 없게 만드는 경우도 있'지만, '공유 경제에서 공유되는 자원은 엄연히 개인의 소유물이기 때문에 이와 같은 문제는 생기지 않는다.'라고 하였다.

>왜 오답?

① 4문단에서 공유 경제 물건의 '사용자는 물건을 사는 데 필요한 돈과 시간 등을 절약할 수 있'다고 하였다.
② 1문단에서 '이미 생산된 제품을 여럿이 함께 공유해서 사용하는 것을 경제학에서는 '공유 경제'라고 한다.'라고 하였다.
③ 2문단에서 '공유 경제'라는 '표현은 로런스 레식 교수가 처음 사용하였다.'라고 했다.
④ 5문단에서 '무턱대고 공유 경제 물건이나 ～ 꼼꼼히 살펴보고, 피해를 최소화'해야 한다고 하였다.

05 [정답] ③ ····· 어휘의 의미 파악하기

문맥을 고려할 때, ㉠에 들어갈 말로 가장 적절한 것은?

① 그래서　　② 따라서　　③ 그러나
　　　　　　　　　　　　서로 반대되는 내용을 연결하는 표현
④ 그러므로　　⑤ 요약하자면

>왜 정답?

③ 4문단에서는 공유 경제의 장점을 제시하고 있고, 5문단에서는 공유 경제의 문제점을 이야기하고 있다. 따라서 ㉠에는 서로 반대되는 내용을 이어 주는 표현인 '그러나'가 들어가는 것이 적절하다.

>왜 오답?

①, ②, ④ '그래서', '따라서', '그러므로'는 앞의 내용이 뒤의 내용의 이유나 원리, 근거가 될 때 쓰는 표현이다.
⑤ '요약하자면'은 앞의 내용을 간추려서 다시 제시할 때 쓴다.

국어의 특질 : 상징어의 발달

◯ 핵심어   ▨ 문단 중심 문장   ▨ 전체 중심 문장

1 '시냇물이 졸졸 흐른다.'를 '시냇물이 줄줄 흐른다.'라고 바꾸면 느낌이 어떠한가? 시
냇물이 '졸졸' 흐른다고 할 때보다 시냇물이 '줄줄' 흐른다고 하면 시냇물의 물줄기가 더
굵은 느낌이 든다. 또 '주먹밥이 돌처럼 단단하다.'를 '주먹밥이 돌처럼 딴딴하다.'라고 바
꾸면 느낌이 어떻게 달라질까? 주먹밥이 돌처럼 '단단하다'라고 할 때보다 '딴딴하다'라
고 할 때가 주먹밥에 힘을 주어도 더욱 잘 안 부서질 것 같이 느껴진다. 이처럼 문장에서
모음 또는 자음 하나만 바꾸었을 뿐인데 전체의 느낌과 분위기가 달라지는 경우가 있다.

2 '시냇물이 졸졸 흐른다.'를 '시냇물이 줄줄 흐른다.'로 바꿀 때 '졸졸'의 'ㅗ'가 'ㅜ'로 바
뀐다. 이처럼 자음이나 모음이 바뀜에 따라 의미보다는 말소리나 말투의 차이에 따른 느
낌과 맛, 즉 어감만 달라지는 경우가 있다. 이를 '어감의 분화'라고 한다.

3 국어의 모음은 양성 모음과 음성 모음으로 나눌 수 있다. 'ㅏ, ㅗ'와 같은 양성 모음은
밝고 날카롭고 작고 가벼운 느낌을 준다. 'ㅓ, ㅜ'와 같은 음성 모음은 어둡고 둔하고 크
고 무거운 느낌을 준다. 그래서 양성 모음이 쓰인 '졸졸', '방긋방긋' 등의 단어를 보면 밝
고 작고 가벼운 느낌이 들지만, 음성 모음이 쓰인 '줄줄', '벙긋벙긋' 등의 단어들은 상대
적으로 무겁고 둔한 느낌이 든다.

4 어감의 분화는 자음에서도 일어난다. 자음의 경우 '예사소리-된소리-거센소리' 순
으로 소리의 세기가 커진다. '주먹밥이 돌처럼 단단하다.'를 '주먹밥이 돌처럼 딴딴하다.'
로 바꿀 때 '단단'의 'ㄷ'이 'ㄸ'으로 바뀐다. 예사소리인 '단단하다'에 비해 된소리로 이루
어진 '딴딴하다'는 더 강하고 단단한 느낌을 준다. 거센소리인 '탄탄하다'는 된소리인 '딴
딴하다'에 비해 더 크고 거친 느낌을 준다.

5 그래서 우리 국어에서는 '퐁당퐁당-풍덩풍덩'같은 의성어와 '달랑달랑-덜렁덜렁',
'감감하다-깜깜하다-캄캄하다'와 같은 의태어로 나누어 볼 수 있는 상징어가 다른 언어
에 비해 많이 발달하였다. 평소에 이러한 어감의 분화를 생각하며 언어생활을 하면 다
른 사람에게 전하고자 하는 바를 좀 더 정확히 전할 수 있을 것이다.

---

1 문단 요약
느낌과 분위기가 달라지는 문장의 변화

2 문단 요약
어감의 분화의 개념

3 문단 요약
어감의 분화 ① 모음

4 문단 요약
어감의 분화 ② 자음

[중심 문단]
5 문단 요약
상징어가 발달한 국어

● **내용 :** 이 글은 어감의 분화를 통해 우리 국어의 특질 중 상징
어가 발달한 이유를 설명하고 있다. 어감의 분화란 모음이나
자음의 변화로 말의 느낌, 즉 어감이 달라지는 것을 의미한다.
양성 모음은 가볍고 작고, 밝은 느낌을 주고, 음성 모음은 상대
적으로 무겁고, 크고 어두운 느낌을 준다. 자음의 경우에는 '예
사소리-된소리-거센소리' 순으로 소리의 세기가 커짐에 따라
서로 다른 느낌을 준다. 자음과 모음의 차이에서 오는 어감의
분화 때문에 국어에서는 의태어나 의성어 등의 상징어가 발달
하게 되었다.

● **주제 :** 국어의 특질 - 어감의 분화로 인한 상징어의 발달

● **글의 구조 파악 :** 1문단에서는 구체적인 예를 통해 자음 또는 모음이 바뀜
으로써 느낌이 달라짐을 제시하고 있다. 2문단에서는 '어감의 분화'에 대해
설명하고, 3문단과 4문단에서는 자음과 모음의 측면으로 나누어 어감의
분화를 설명하고 있다. 5문단에서는 어감의 분화로 인해 우리 국어에 상징
어가 발달했다고 하였다.

● **글의 구조도**

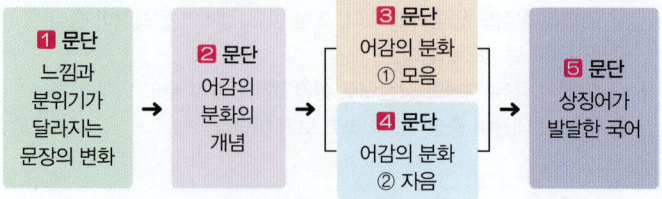

06 정답 어감 ⋯⋯⋯⋯⋯⋯⋯⋯⋯⋯ 글의 구조 파악하기

왜 정답?

2문단에서는 '자음이나 모음이 바뀜에 따라 의미가 바뀌었다기보다는 말소리나 말투의 차이에 따른 느낌과 맛, 즉 어감만 달라지는 경우가 있다.'라면서 이것이 '어감의 분화'라고 했다. 따라서 빈칸에 들어가기에 적절한 말은 '어감'이다.

07 정답 상징어 ⋯⋯⋯⋯⋯⋯⋯⋯⋯⋯⋯⋯⋯ 주제 찾기

왜 정답?

이 지문에서는 우리 국어는 어감의 분화 때문에 의성어, 의태어 등의 상징어가 발달했다고 하였다. 따라서 빈칸에 들어가기에 적절한 말은 '상징어'이다.

08 정답 ② ⋯⋯⋯⋯⋯⋯⋯⋯⋯⋯⋯⋯ 정보 추론하기

> **윗글을 읽고 답할 수 있는 질문으로 적절하지 않은 것은?**
> ① 어감의 분화란 무엇인가?
>   2문단에 근거 → 자음·모음이 바뀜에 따라 어감만 달라지는 경우
> ②영어의 상징어에는 무엇이 있는가?
>   지문에서 설명하고 있지 않음.
> ③ 국어의 모음에는 무엇과 무엇이 있는가?
>   3문단에 근거 → 국어의 모음에는 양성 모음과 음성 모음이 있음.
> ④ 양성 모음과 음성 모음의 차이는 무엇인가?
>   3문단 2~3번째 문장에 근거 → 느낌의 차이
> ⑤ 예사소리와 거센소리 중 소리의 세기가 더 큰 것은 무엇
>   4문단에 근거 → 예사소리보다 거센소리의 소리의 세기가 더 큼.
>   인가?

왜 정답?

② 이 지문에서는 국어에서 상징어가 발달한 이유에 대해 설명하고 있다. 그러나 영어의 상징어에 무엇이 있는지에 대해서 설명하고 있지는 않다.

왜 오답?

① 2문단에서 '어감의 분화'는 '자음이나 모음이 바뀜에 따라 ~ 어감만 달라지는 경우'를 의미한다고 하였다.
③ 3문단에서 '국어의 모음은 양성 모음과 음성 모음으로 나눌 수 있다.'라고 하였다.
④ 3문단에서 '양성 모음은 밝고 날카롭고 작고 가벼운 느낌'을 주는 반면, '음성 모음은 어둡고 둔하고 크고 무거운 느낌을 준다.'라고 하였다.
⑤ 4문단에서 '자음의 경우 '예사소리-된소리-거센소리' 순으로 소리의 세기가 커진다.'라고 하였다. 따라서 예사소리보다 거센소리가 소리의 세기가 더 크다.

09 정답 ③ ⋯⋯⋯⋯⋯⋯⋯⋯⋯⋯⋯⋯ 내용 파악하기

> **윗글의 내용으로 가장 적절한 것은?**
> ① '딴딴하다'는 '탄탄하다'보다 더 크고 거친 느낌을 준다.
>   4문단에 근거 → '탄탄하다'가 더 크고 거친 느낌
> ② '졸졸'은 '줄줄'에 비해 상대적으로 무겁고 둔한 느낌이
>   3문단 4번째 문장에 근거 → '줄줄'이 더 무겁고 둔한 느낌이 듦.
>   든다.
> ③국어는 다른 언어에 비해 의성어, 의태어 등의 상징어가
>   5문단에 근거 → 국어의 특질
>   발달하였다.
> ④ 자음은 '예사소리-거센소리-된소리' 순으로 소리의 세
>   예사소리-된소리-거센소리 순으로 소리의 세기가 커짐.
>   기가 커진다.
> ⑤ 모음과 자음이 바뀜에 따라 의미가 바뀌는 것을 어감의
>   의미는 바뀌지 않고 어감이 달라지는 것을 의미함.
>   분화라고 한다.

왜 정답?

③ 5문단에서 '우리 국어에서는 ~ 상징어가 다른 언어에 비해 많이 발달하였다.'라고 하였다.

왜 오답?

① 4문단에서 '거센소리인 '탄탄하다'는 된소리인 '딴딴하다'에 비해 더 크고 거친 느낌을 준다.'라고 하였다.
② 3문단에서 '양성 모음이 쓰인 '졸졸', '방긋방긋' 등의 단어를 보면 밝고 작고 가벼운 느낌이 들지만, 음성 모음이 쓰인 '줄줄', '벙긋벙긋' 등의 단어들은 상대적으로 무겁고 둔한 느낌이 든다.'라고 했다.
④ 4문단에서 '자음의 경우 '예사소리-된소리-거센소리' 순으로 소리의 세기가 커진다.'라고 하였다.
⑤ 2문단에서 어감의 분화란 '자음이나 모음이 바뀜에 따라 ~ 어감만 달라지는 경우'를 가리킨다고 하였다.

10 정답 ④ ⋯⋯⋯⋯⋯⋯⋯⋯⋯⋯⋯ 실제 사례에 적용하기

> **다음 중 밝고 작고, 가벼운 느낌을 주는 모음으로만 이루어진**
>   양성 모음 : 'ㅏ, ㅗ' 등
> **상징어는?**
> ① 철컹 ② 꿀꿀 ③ 번쩍 ④쏙쏙 ⑤ 껄껄

왜 정답?

④ 3문단에서 'ㅏ, ㅗ 와 같은 양성 모음은 밝고 날카롭고 작고 가벼운 느낌을 준다.'라고 하였다. 따라서 양성 모음인 'ㅏ, ㅗ'로만 이루어져서 밝고 작고, 가벼운 느낌을 주는 상징어는 '쏙쏙'이다.

왜 오답?

①, ②, ③, ⑤ 3문단에서 "ㅓ, ㅜ'와 같은 음성 모음은 어둡고 둔하고 크고 무거운 느낌을 준다.'라고 하였다. 따라서 음성 모음인 'ㅓ, ㅜ'로만 이루어져 있는 '철컹', '꿀꿀', '번쩍', '껄껄'은 크고 무겁고, 어두운 느낌을 준다.

프로메테우스의 불

○ 핵심어   ▨ 문단 중심 문장   ▨ 전체 중심 문장

1 그리스 신화에는 인간이 아니었음에도 인간을 매우 사랑하여 비극적인 결말을 맞이한 거인족이 등장한다. 바로 '프로메테우스(Prometheus)'이다. 프로메테우스는 '미리 알다.' 혹은 '먼저 생각하는 사람'이라는 뜻으로, 신화 속 그는 이름대로 미래를 내다볼 수 있었다. 신들의 왕이었던 제우스는 그에게 인간과 짐승 등 피조물을 창조하는 임무를 주었고, 프로메테우스는 이를 훌륭하게 해내며 공로를 인정받았다.
<small>1문단의 핵심어 / 프로메테우스라는 이름의 의미 / 제우스가 프로메테우스에게 준 임무</small>

2 미래를 미리 아는 능력을 이용하여 제우스의 신임을 받았던 프로메테우스는 무슨 이유로 비극적인 결말을 맞이했던 것일까? 프로메테우스는 인간을 만든 직후에 인간에게 주어서는 안 될 선물, 바로 불을 주었다. 당시 제우스는 인간이 불을 가지면 위험한 상황이 생길 것을 염려하여 인간에게 불을 주는 것을 엄격하게 금지하고 있었다. 그런데 프로메테우스는 자신이 만든 인간을 너무 사랑하여 제우스 몰래 인간에게 불을 주었다. 그 결과 인간은 무기를 만들고 농사를 짓는 등 문화를 발전시킬 수 있게 되었지만, 프로메테우스는 제우스의 노여움을 샀다.
<small>질문을 통해 앞으로 전개될 이야기를 미리 제시함. / 프로메테우스가 비극적인 결말을 맞은 이유 ① / 2문단의 핵심어 / 프로메테우스가 인간에게 불을 선물한 결과</small>

3 프로메테우스가 제우스의 노여움을 산 일이 또 있었다. 당시 인간들은 신들에게 고기를 제물로 바쳤다. 제우스는 항상 인간들이 바친 고기 중 좋은 부위만 선택했고, 인간은 안 좋은 부위만 먹게 되었다. 이를 못마땅하게 여긴 프로메테우스는 제우스를 속여 인간들이 좋은 고기를 먹을 수 있게 도왔다. 고기의 안 좋은 부위들만 모아서 두꺼운 지방으로 감싸 맛있게 보이게 했고, 좋은 부위들은 위장으로 싸서 맛없게 보이게 만든 것이다.
<small>3문단의 핵심어 / 프로메테우스가 비극적 결말을 맞은 이유 ②</small>

4 나중에 프로메테우스가 인간에게 해 준 모든 사실을 알게 된 제우스는 크게 분노하였고, 인간에게서 불을 빼앗았다. 하지만 프로메테우스는 대장장이 신인 헤파이토스의 대장간에서 불을 훔쳐 다시 인간에게 주었고, 화를 참지 못한 제우스는 프로메테우스에게 큰 벌을 내렸다.
<small>4문단의 핵심어</small>

5 이처럼 신화 속 프로메테우스는 인간을 사랑하여 신의 금기를 깨고 결국에는 비극을 맞이한 비운의 인물이다. 그의 이야기에서 유래하여, '프로메테우스의 불'은 어떤 금기에도 굴하지 않고 불가능에 도전하는 정신을 의미하게 되었다.
<small>5문단의 핵심어 / '프로메테우스의 불'의 의미</small>

---

1 문단 요약
그리스 신화 속 프로메테우스

2 문단 요약
프로메테우스가 비극적인 결말을 맞이한 이유 ① 인간에게 불을 줌.

3 문단 요약
프로메테우스가 비극적인 결말을 맞이한 이유 ② 인간에게 좋은 부위의 고기를 먹게 함.

4 문단 요약
벌을 받은 프로메테우스

[중심 문단]
5 문단 요약
'프로메테우스의 불'의 의미

● **내용** : 이 글은 그리스 신화에 등장하는 프로메테우스에 대해 이야기하며 '프로메테우스의 불'이 의미하는 바를 설명하고 있다. 제우스의 신임을 받은 프로메테우스는 제우스 몰래 인간에게 불을 선물하는 등 계속해서 인간을 도왔다. 그의 이야기에서 유래하여 '프로메테우스의 불'은 어떤 금기에도 굴하지 않는 도전 정신을 의미하게 되었다.

● **주제** : 프로메테우스의 불의 의미

● **글의 구조 파악** : 1문단에서는 신화 속 인물인 '프로메테우스'를 소개하고, 2~4문단에서는 신화 속 프로메테우스의 이야기를 제시하고 있다. 5문단에서는 '프로메테우스의 불'의 의미를 이야기하고 있다.

● **글의 구조도**

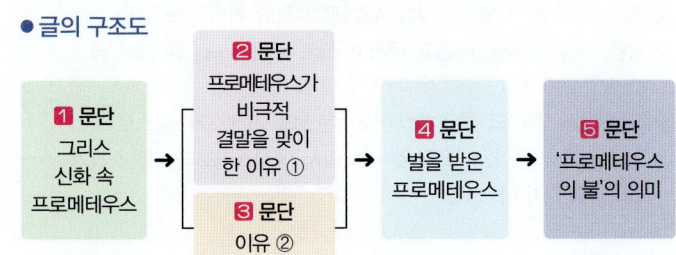

01 [정답] 프로메테우스, 불 ········· 글의 구조 파악하기

>왜 정답?

1문단에서는 '프로메테우스'를 소개하고, 2문단과 3문단에서는 프로메테우스가 인간들을 위해 한 일들을 이야기했다. 4문단에서는 그가 한 일의 결과를 알려 주고, 5문단에서는 프로메테우스의 이야기에서 유래한 '프로메테우스의 불'이 무엇을 의미하는지를 밝히고 있다. 따라서 빈칸에 들어가기에 적절한 말은 '프로메테우스', '불'이다.

02 [정답] 불 ·················· 주제 찾기

>왜 정답?

이 지문에서는 그리스 신화 속 인물인 프로메테우스가 인간을 사랑하여 인간에게 끊임없이 불을 선물한 이야기를 통해 '프로메테우스의 불'이 의미하는 바를 설명하고 있다. 따라서 빈칸에 들어가기에 적절한 말은 '불'이다.

03 [정답] ④ ·················· 내용 파악하기

> 프로메테우스에 대한 설명으로 적절하지 않은 것은?
> ① 프로메테우스는 인간과 피조물을 창조하였다.
>   1문단에 근거 → 제우스의 명을 받아 인간과 피조물을 창조함.
> ② 프로메테우스는 비극적인 결말을 맞이하였다.
>   1문단~4문단에 근거 → 인간을 사랑하여 비극적인 결말을 맞이함.
> ③ 프로메테우스는 인간에게 불을 선물로 주었다.
>   2문단에 근거 → 제우스 몰래 인간에게 불을 선물함.
> ④ 프로메테우스는 항상 고기의 좋은 부위만 먹었다.
>   3문단에 근거 → 항상 좋은 부위의 고기를 선택한 것은 제우스임.
> ⑤ 프로메테우스는 제우스를 속이고 인간에게 많은 혜택을 주었다.
>   2~3문단에 근거 → 제우스를 속이고 인간이 불과 좋은 고기를 먹게 해 줌.

>왜 정답?

④ 3문단에서 프로메테우스가 '제우스는 항상 인간들이 바친 고기 중 좋은 부위만 선택했고, 인간은 안 좋은 부위만 먹게 되'는 것을 못 마땅하게 여겨 '제우스를 속여 인간들이 좋은 고기를 먹을 수 있게 도왔다.'라고 했다. 따라서 항상 좋은 부위의 고기만 먹은 자는 프로메테우스가 아니라 제우스이다.

>왜 오답?

① 1문단에서 제우스가 프로메테우스에게 '인간과 짐승 등 피조물을 창조하는 일'을 시켰고, 그는 '훌륭하게 해'냈다고 하였다.
② 1문단에서 '그리스 신화에는 ~ 비극적인 결말을 맞이한 거인족이 등장한다. 바로 '프로메테우스'이다.'라고 하였다.
③ 2문단에서 프로메테우스는 인간에게 '불'을 주었다고 하였다.
⑤ 2문단과 3문단을 통해 프로메테우스가 제우스를 속이고 인간이 불, 좋은 고기와 같은 혜택을 누릴 수 있게 해 주었음을 알 수 있다.

04 [정답] ④ ·················· 내용 추론하기

> 다음은 윗글을 읽은 학생이 정리한 메모이다. 적절하지 않은 것은?
>
> ① 프로메테우스의 능력 – 미래를 내다봄.
>   1문단에 근거 → 이름처럼 미래를 내다볼 수 있었음.
> ② 불이 인간 생활에 미친 영향 – 농사, 문화 발전
>   2문단에 근거 → 불을 사용하게 된 인간은 농사를 짓고 문화를 발전시킴.
> ③ 프로메테우스의 임무 – 인간과 짐승 등 피조물 창조하기
>   1문단에 근거 → 제우스가 프로메테우스에게 피조물을 창조하라는 임무를 줌.
> ④ 제우스가 화가 난 이유 – 헤파이토스가 불을 인간에게 주어서
>   4문단에 근거 → 프로메테우스가 헤파이토스의 대장간에서 불을 훔침.
> ⑤ 프로메테우스라는 이름의 의미 – 미리 알다, 먼저 생각하는 사람
>   1문단에 근거

>왜 정답?

④ 4문단에서 '프로메테우스는 대장장이 신인 헤파이토스의 대장간에서 불을 훔쳐 다시 인간에게 주었'다고 하였다. 따라서 불을 훔쳐 인간에게 준 자는 헤파이토스가 아니라 프로메테우스이다.

>왜 오답?

① 1문단에서 '그는 이름처럼 미래를 내다볼 수 있었다.'라고 했다.
② 2문단에서 불을 선물로 받은 '인간은 무기를 만들고 농사를 짓는 등 문화를 발전시킬 수 있게 되었'다고 하였다.
③ 1문단에서 제우스는 프로메테우스에게 '인간과 짐승 등 피조물을 창조하는 임무를 주었'다고 하였다.
⑤ 1문단에서 "프로메테우스'는 '미리 알다.' 혹은 '먼저 생각하는 사람'이라는 뜻'이라고 하였다.

05 [정답] ⑤ ·················· 실제 사례에 적용하기

> 다음 중 '프로메테우스의 불'을 가졌다고 평가할 수 있는 사람은?
>   어떤 금기에도 굴하지 않고 불가능에 도전하는 정신
> ① 엄격하게 자신을 통제하는 우진
>   관련이 없음.
> ② 누가 시키지 않아도 교실을 정리하는 치현
>   관련이 없음.
> ③ 자신에게 주어진 역할을 충실히 해내는 유진
>   관련이 없음.
> ④ 친구와 함께 학교의 규칙을 어기며 즐거워하는 형식
>   관련이 없음.
> ⑤ 주변에서 불가능하다고 말해도 어떤 일을 하게 되면 끝까지 도전하는 종현
>   5문단 2번째 문장에 근거 → 불가능에 도전하는 정신과 관련이 있음.

>왜 정답?

⑤ 5문단에서 "프로메테우스의 불'은 어떤 금기에도 굴하지 않고 불가능에 도전하는 정신을 의미'한다고 하였다. 따라서 주변에서 불가능하다고 말해도 어떤 일을 하게 되면 끝까지 도전하는 종현이 '프로메테우스의 불'을 가졌다고 평가할 수 있다.

우리 일상을 바꾸어 놓을 5G 기술

⬭ 핵심어 ▢ 문단 중심 문장 ▢ 전체 중심 문장

1 우리는 스마트폰에 각종 메신저 애플리케이션을 설치하고 이를 통해 친구와 대화하며, 때로는 인터넷 강의를 듣고 공부를 하기도 한다. (우리의 일상생활에서 사용되고 있는 스마트폰) 우리의 생활에서 이제는 스마트폰을 떼어 놓을 수 없는데, 스마트폰과 가장 ㉠밀접한 기술이 바로 이동 통신 기술이다. (1문단의 핵심어)

2 이동 통신 기술이란, 선이 없이 스마트폰 등을 활용하여 음성, 영상, 데이터 등을 장소에 상관없이 주고받을 수 있게 하는 기술을 의미한다. (2문단의 핵심어 / 이동 통신 기술의 개념) 음성 통화만 가능했던 1세대부터 시작된 이동 통신 기술은 2019년에 이르러 5G라고 불리는 5세대 이동 통신 기술(5G, 5 generation mobile communications)로 발전하였다.

3 5G의 정식 이름은 IMT-2020이다. 최고 다운로드 속도는 20Gbps, 최저 다운로드 (3문단의 핵심어) 속도는 100Mbps으로, 4세대 이동 통신인 LTE에 비해 처리 속도는 20배 이상 빠르고, (5G의 특성을 4세대 이동 통신과 비교함.) 처리 용량은 100배가 더 많다. 5G 기술이 ㉡상용되면서 더 짧은 시간 동안 더 많은 데이터를 처리할 수 있게 되었고, 많은 사람들은 이 덕분에 우리 일상생활이 크게 변할 것이라고 예상한다.

4 기존의 2세대(CDMA), 3세대(WCDMA), 4세대(LTE) 이동 통신 기술은 휴대 전화를 연결하는 통신망에 ㉢불과했지만, 5G는 휴대 전화를 넘어 가상 현실(VR), 증강 현실 (4문단의 핵심어 / 5G 기술을 통해 활용 가능한 기술) (AR), 자율 주행, 사물 인터넷(IoT) 기술 등 모든 전자 기기를 연결하는 기술이다. 5G가 모든 기기를 연결하기 때문에 사람과 사물 간의 통신은 물론, 사람과 동물, 사물과 사물 간의 통신도 이루어질 것으로 보인다.

5 5G 기술을 이용하면 어떤 물건이 떨어지는 것도 ㉣방지할 수 있다. 『즉, 떨어질 위험 (5문단의 핵심어) 이 있는 물건에 센서를 ㉤부착해 두고, 이 물건이 조금이라도 움직이는 것이 느껴지면 (『』: 5G 기술 활용의 구체적인 예) 물건에 부착된 센서가 이것을 관리하는 센터에 움직임을 알린다. 센터는 물건의 움직임을 보고 받은 후, 그 물건이 추락하지 않도록 다른 조치를 취한다.』 이 모든 것을 가능하게 하는 것이 바로 5G 기술이다.

6 2019년 4월 3일 오후 11시, 우리나라에서 세계 최초로 개통된 5G! 이를 통해 앞으로 (6문단의 핵심어 / 5G 기술에 대한 기대) 우리의 삶이 얼마나 더 달라질지 기대된다.

1 문단 요약	스마트폰과 이동 통신 기술
2 문단 요약	이동 통신 기술의 개념과 5G
[중심 문단] **3** 문단 요약	5G의 특성
4 문단 요약	5G의 발달
5 문단 요약	5G 기술의 활용
6 문단 요약	5G 기술에 대한 기대

- **내용** : 이 글은 5G 기술에 대해 소개하고 있다. 이동 통신 기술은 꾸준히 발전하였고, 최근 등장한 5G 이동 통신 기술은 앞으로 우리의 삶에 더 큰 변화를 가져올 것이다.

- **주제** : 5G 기술의 개념과 특성

- **글의 구조 파악** : 1문단에서는 이동 통신 기술을 소개하고, 2문단에서는 이동 통신 기술의 개념을 정의하고, 5G를 소개하고 있다. 3, 4, 5문단에서는 5G 기술의 특성과 발달, 활용을 설명하고, 6문단에서는 5G 기술에 대한 기대감을 드러냈다.

- **글의 구조도**

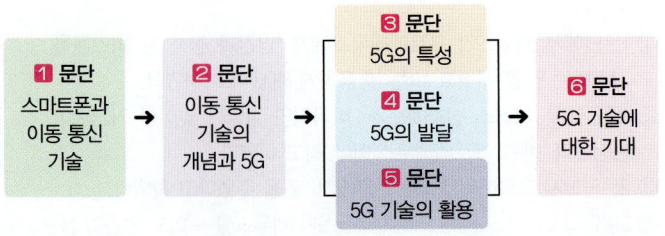

1 문단 스마트폰과 이동 통신 기술 → **2** 문단 이동 통신 기술의 개념과 5G → [**3** 문단 5G의 특성 / **4** 문단 5G의 발달 / **5** 문단 5G 기술의 활용] → **6** 문단 5G 기술에 대한 기대

06 [정답] 이동 통신 ·········· 글의 구조 파악하기

>왜 정답?

2문단에서는 이동 통신 기술의 개념을 설명하고, 새로운 이동 통신 기술인 5G의 등장에 대해 이야기하고 있다. 따라서 빈칸에 들어가기에 적절한 말은 '이동 통신'이다.

07 [정답] 5G ·········· 주제 찾기

>왜 정답?

이 지문에서는 이동 통신 기술 가운데 5G 기술이 무엇인지 소개하고, 이것이 우리의 삶을 어떻게 바꾸어 놓을지를 전망하고 있다. 따라서 빈칸에 들어가기에 적절한 말은 '5G'이다.

08 [정답] ② ·········· 내용 파악하기

윗글을 읽고 알 수 없는 내용은?

① 5G 기술의 미래
　4, 5문단에 근거 → 모든 전자 기기 연결, 물건이 떨어지는 것 방지
②5G 기술의 문제점
　이 지문에서 이야기하고 있지 않음.
③ 5G 기술의 처리 용량
　3문단에 근거 → LTE의 100배 더 많음.
④ 5G 기술의 정식 이름
　3문단에 근거 → IMT-2020
⑤ 5G 기술이 최초로 쓰이고 있는 나라
　5문단에 근거 → 2019년 4월 3일 오후 11시, 우리나라에서 세계 최초로 개통됨.

>왜 정답?

② 이 지문에서 5G 기술의 문제점에 대해 설명하고 있지는 않다.

>왜 오답?

① 4문단에서 5G 기술을 통해 '사람과 사물 간의 통신은 물론, 사람과 동물, 사물과 사물 간의 통신도 이루어질' 수 있다고 했다. 또 5문단에서 '어떤 물건이 떨어지는 것도 방지할 수 있다.'라면서 5G 기술의 가능성에 대해 설명하고 있다.
③ 3문단에서 5G는 '4세대 이동 통신인 LTE에 비해 ~ 처리 용량은 100배가 더 많다.'라고 하였다.
④ 3문단에서 '5G의 정식 이름은 IMT-2020이다.'라고 했다.
⑤ 5문단에서 '2019년 4월 3일 오후 11시, 우리나라에서 세계 최초로 개통된 5G'라고 하였다.

09 [정답] ① ·········· 내용 파악하기

윗글의 내용으로 가장 적절한 것은?

①1세대 이동 통신은 음성 통화만 가능했다.
　2문단에 근거 → 1세대 이동 통신은 음성 통화만 가능했음.
② 3세대 이동 통신부터 가상 현실이 연결되었다.
　4문단에 근거 → 가상 현실의 연결은 5G 기술을 통해 가능해짐.

③ 우리나라에서 5G 기술을 가장 먼저 개발하였다.
　이 지문에서 이야기하고 있지 않음.
④ 4세대 이동 통신 기술로 사물과 사물 간 통신이 이루어졌다.
　4문단에 근거 → 5G 기술을 통해 가능해질 것으로 예상됨.
⑤ 5세대 이동 통신은 4세대 이동 통신에 비해 처리 속도가
　3문단에 근거 → 5G의 처리 속도는 LTE에 비해 20배 이상 빠름.
100배 이상 빠르다.

>왜 정답?

① 2문단에서 '음성 통화만 가능했던 1세대부터 시작된 이동 통신 기술'이라고 하였다. 따라서 1세대 이동 통신에서는 음성 통화만 가능했음을 알 수 있다.

>왜 오답?

② 4문단에서 기존의 이동 통신 기술은 '휴대전화를 연결하는 통신망에 불과했지만, 5G는 휴대 전화를 넘어 가상 현실(VR)에도 연결할 수 있는 기술이라고 하였다. 따라서 가상 현실이 연결된 것은 3세대 이동 통신부터가 아니라, 5G부터이다.
③ 6문단에서 5G는 '2019년 4월 3일 오후 11시, 우리나라에서 세계 최초로 개통'되었다고 하였다. 그러나 이 지문에서 우리나라가 5G 기술을 가장 먼저 개발했는지에 대해서는 이야기하고 있지 않다.
④ 4문단에서 5G 기술을 통해 '사물과 사물 간의 통신도 이루어질 것'이라고 하였다.
⑤ 3문단에서 5G는 '4세대 이동 통신인 LTE에 비해 처리 속도는 20배 이상 빠르'다고 하였다.

10 [정답] ② ·········· 어휘의 의미 파악하기

㉠~㉤의 의미로 적절하지 않은 것은?

① ㉠ : 아주 가깝게 맞닿아 있다. 또는 그런 관계에 있다.
　밀접한
②㉡ : 실제로 조사하거나 검사하다.
　상용되면서 : 일상적으로 쓰이다.
③ ㉢ : 그 수준을 넘지 못한 상태이다.
　불과했지만
④ ㉣ : 어떤 일이나 현상이 일어나지 못하게 막다.
　방지할
⑤ ㉤ : 떨어지지 아니하게 붙다.
　부착할

>왜 정답?

② '상용되다'는 '일상적으로 쓰이다.'라는 의미이다. '실제로 조사하거나 검사하다'를 의미하는 말은 '실사하다'이다.

>왜 오답?

① '밀접하다'는 '아주 가깝게 맞닿아 있다. 또는 그런 관계에 있다.'라는 뜻이다.
③ '불과하다'는 '그 수준을 넘지 못한 상태이다.'라는 뜻이다.
④ '방지하다'는 '어떤 일이나 현상이 일어나지 못하게 막다.'라는 뜻이다.
⑤ '부착되다'는 '떨어지지 아니하게 붙다.'라는 뜻이다.

작지만 따뜻한 적정 기술

핵심어 ⬭   문단 중심 문장 ▮   전체 중심 문장 ▮

1 적정 기술이란, 제3세계*라고 불리는 기술의 발전이 상대적으로 더딘 지역의 환경을 고려한 기술이다. 이 기술은 누구나 사용할 수 있을 만큼 쉽고, 지속적으로 사용할 수 있으며, 제3세계 사람들의 자립을 돕는 데 사용되기 때문에 '작지만 따뜻한 기술'이라고 한다.

2 적정 기술이 사용된 대표적인 예로 '축구(Soccer)'와 소켓'(Socket)'을 합친 말인 축구공 소켓(Soccket)을 들 수 있다. 아프리카의 여러 나라에서는 전기가 매우 부족하여 그곳의 아이들은 밤에 책을 읽거나, 공부를 하기 어렵다고 한다. 이러한 문제를 인식한 하버드 대학교의 학생들은 아프리카 사람들이 낮에 축구를 많이 한다는 점에 착안해서 축구공형 발전기인 소켓을 만들었다. 낮에 사람들이 이 소켓을 차는 것만으로도 전기가 만들어지고, 축구공의 겉에는 플러그가 있어 전등을 꽂으면 언제든지 축구공 안에 저장된 전기를 이용할 수 있다. 15분 동안 이 공을 차고 놀면 3시간 정도 LED 전등을 밝힐 수 있다고 한다.

3 축구공을 차듯 소켓을 발로 차기만 하면 되기 때문에 소켓은 누구나 사용하기 편리하다. 또 한 번 사용하고 끝나는 것이 아니라, 하나의 소켓을 지속적으로 사용할 수 있기 때문에 연료비가 들 걱정이 없고 환경을 오염시키지도 않는다. 이것들이 바로 소켓이 적정 기술을 대표한다고 볼 수 있는 이유이다.

4 소켓과 같은 적정 기술은 저개발 국가에서 겪고 있는 물 부족, 빈곤, 질병 등 다양한 문제를 해결하는 데 도움을 준다. 물론 적정 기술이 현대 사회의 모든 문제를 해결할 수는 없다. 하지만 적정 기술의 가치를 깨닫고, 이를 발전시킨다면 전 세계는 좀 더 나은 곳으로 변할 것이다.

* 제3세계 : 제2차 세계대전 후, 아시아·아프리카·라틴 아메리카의 나라 가운데 산업의 근대화와 경제 개발이 선진국에 비하여 뒤떨어진 나라를 이르는 말

1 문단 요약
적정 기술의 개념

2 문단 요약
소켓의 탄생 배경과 원리

3 문단 요약
소켓이 적정 기술을 대표한다고 볼 수 있는 이유

[중심 문단]
4 문단 요약
적정 기술의 긍정적 효과와 가치

- **내용 :** 이 글은 소켓이라는 구체적인 사례를 통해 적정 기술의 개념을 소개하고 있다. 적정 기술이란 기술 발전이 상대적으로 더딘 지역의 환경을 고려한 기술이다. 적정 기술의 대표적인 사례인 소켓은 전기가 부족한 아프리카 사람들이 매일 축구를 한다는 점을 고려하여 만들어졌다. 소켓은 사용하기 편리하며, 지속적으로 사용할 수 있고, 연료비와 환경오염에 대한 걱정이 없다는 점에서 대표적인 적정 기술이다. 적정 기술이 모든 문제를 해결할 수는 없지만, 적정 기술의 가치를 인식하고 이를 발전시킨다면 세계는 더 나은 방향으로 변할 것이다.

- **주제 :** 적정 기술의 개념과 사례

- **글의 구조 파악 :** 1문단에서는 적정 기술이 무엇인지 개념을 정의하고 있다. 2문단과 3문단에서는 적정 기술의 대표적인 사례인 소켓에 대해 설명하고 있다. 4문단에서는 적정 기술의 긍정적인 효과를 제시한 후, 적정 기술의 가치에 대해 언급하면서 글을 마무리하고 있다.

- **글의 구조도**

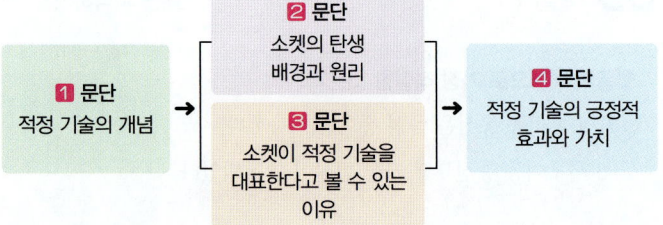

01 [정답] 적정 기술 ·········· 글의 구조 파악하기

>왜 정답?

1문단에서 '적정 기술이란, ~ 지역의 환경을 고려한 기술이다.'라면서 적정 기술의 개념을 정의하고 있다. 따라서 빈칸에 들어가기에 적절한 말은 '적정 기술'이다.

02 [정답] 적정 기술 ·········· 주제 찾기

>왜 정답?

이 지문에서는 제3세계라고 불리는 기술의 발전이 상대적으로 더딘 지역의 환경을 고려한 기술이 적정 기술이라고 설명하고 있다. 따라서 빈칸에 들어가기에 적절한 말은 '적정 기술'이다.

03 [정답] ⑤ ·········· 내용 파악하기

> **윗글의 내용으로 적절하지 <u>않은</u> 것은?**
> ① 소켓은 적정 기술이 적용된 대표적인 예이다.
>   2문단에 근거 → 소켓은 적정 기술의 대표적인 예임.
> ② 적정 기술은 작지만 따뜻한 기술이라고 볼 수 있다.
>   1문단에 근거 → 적정 기술은 '작지만 따뜻한 기술'임.
> ③ 적정 기술은 기술의 발전이 상대적으로 더딘 곳의 환경
>   1문단에 근거 → 적정 기술의 개념
>   을 고려한 기술이다.
> ④ 소켓을 15분 동안 차서 발생시킨 전기로 3시간 정도
>   2문단에 근거 → 15분 동안 소켓을 차면 3시간 정도 LED 전등을 밝힐 수 있음.
>   LED 전등을 밝힐 수 있다.
> ⑤ 적정 기술은 현대 사회가 가지고 있는 다양한 문제를 모
>   4문단에 근거 → 적정 기술이 현대 사회의 모든 문제를 해결할 수 없음.
>   두 해결할 수 있는 신기술이다.

>왜 정답?

⑤ 4문단에서 '물론 적정 기술이 현대 사회의 모든 문제를 해결할 수는 없다.'라고 하였다. 따라서 적정 기술이 현대 사회의 다양한 문제를 모두 해결할 수 있는 신기술이라고 할 수는 없다.

>왜 오답?

① 2문단에서 '적정 기술이 사용된 대표적인 예로 ~ 소켓(Soccket)을 들 수 있다.'라고 하였다.

②, ③ 1문단에서 '적정 기술이란, 제3세계라고 불리는 기술의 발전이 상대적으로 더딘 지역의 환경을 고려한 기술'이며, '작지만 따뜻한 기술'이라고 했다.

④ 2문단에서 '15분 동안 이 공을 차고 놀면 3시간 정도 LED 전등을 밝힐 수 있다고 한다.'라고 하였다.

04 [정답] ① ·········· 전개 방식 파악하기

> **윗글에 대한 설명으로 적절한 것을 〈보기〉에서 찾아 바르게 묶은 것은?**
>
> 〈보기〉
> ㄱ. 구체적인 예를 제시하고 있다.
>   2문단에 근거 → '소켓'을 적정 기술의 예로 제시하고 있음.
> ㄴ. 대상의 개념을 정의하고 있다.
>   1문단에 근거 → '적정 기술'의 개념을 정의하고 있음.
> ㄷ. 대상을 구성 요소별로 나누어 설명하고 있다.
>   대상을 구성 요소별로 나누어 설명하고 있지 않음.
> ㄹ. 대상의 공통점과 차이점을 들어 설명하고 있다.
>   대상의 공통점과 차이점을 들어 설명하고 있지 않음.
>
> ① ㄱ, ㄴ ② ㄱ, ㄷ ③ ㄴ, ㄷ ④ ㄴ, ㄹ ⑤ ㄷ, ㄹ

>왜 정답?

ㄱ. 2문단에서 '적정 기술이 사용된 대표적인 예로 ~ 소켓(soccket)을' 들어 적정 기술에 대해 설명하고 있다.

ㄴ. 1문단에서 '적정 기술이란, 제3세계라고 불리는 ~ 환경을 고려한 기술이다.'라면서 적정 기술의 개념을 정의하고 있다.

05 [정답] ① ·········· 실제 사례에 적용하기

> **윗글을 참고할 때, 적정 기술이 적용된 사례로 보기에 적절하지 <u>않은</u> 것은?**
> ① 더욱 편리하게 작동하기 위해 사람의 말을 알아듣도록
>   적정 기술이라고 볼 수 없음.
>   만들어진 스마트폰
> ② 전기가 부족한 국가의 사람들을 위해 개발한 전기 없이
>   기술의 발전이 더딘 지역의 환경을 고려함.
>   작동하는 항아리 냉장고
> ③ 깨끗한 물을 구하기 어려운 지역의 사람들을 위해 개발
>   기술의 발전이 더딘 지역의 환경을 고려함.
>   한 빨대 형태의 휴대용 정수기
> ④ 비싼 교육용 과학 장비를 구하지 못하는 나라의 학생들
>   기술의 발전이 더딘 지역의 환경을 고려함.
>   을 위해 개발한 종이로 만든 현미경
> ⑤ 멀리서 물을 구해 직접 운반해야 하는 아프리카 어린이
>   기술의 발전이 더딘 지역의 환경을 고려함.
>   들을 위해 개발한 굴릴 수 있는 물통

>왜 정답?

① 1문단에서 '적정 기술이란, 제3세계라고 불리는 기술의 발전이 상대적으로 더딘 지역의 환경을 고려한 기술'로 '제3세계 사람들의 자립을 돕는 데 사용'된다고 하였다. 사람의 말을 알아듣도록 만들어진 스마트폰은 '더욱 편리하게 작동하기 위해' 개발된 것이지, 제3세계 사람들의 자립과는 관련이 없으므로, 적정 기술이 적용된 사례라고 볼 수 없다.

>왜 오답?

②, ③, ④, ⑤ 모두 적정 기술이 적용된 사례이다.

음식을 오래 보관하는 방법

○ 핵심어 ▭ 문단 중심 문장 ▩ 전체 중심 문장

1 우리는 바깥에 놓아두면 쉽게 상하는 음식들을 ⟨냉장고⟩에 넣어 보관한다. 냉장고에
　　　　　　　　　　　　　　　　　　　　　　1문단의 핵심어
들어간 음식들은 냉장고의 온도가 낮아서 쉽게 상하지 않고, 그렇기 때문에 밖에 둘 때보
다 음식을 좀 더 오래 보관할 수 있다. **그렇다면 냉장고가 없던 시절에 살았던 우리 조상들**
은 음식물을 어떻게 상하지 않게 보관했을까?
　　　　　　　질문을 통해 앞으로 이어질 내용을 제시함.

2 우리 조상들은 무더운 여름을 대비하고자 ⟨석빙고⟩를 만들었다. 석빙고는 일종의 얼음
　조상들의 음식 보관 방법 ①　　　　　 2문단의 핵심어
보관 창고로, 겨울에 꽁꽁 언 강에서 얼음을 떼어다가 이곳에 보관해 두었다가 사용하
　　　　　　　석빙고의 쓰임
였다. 우리 조상들은 이곳에 보관해 놓은 얼음을 한여름에 조금씩 꺼내 사용하며 여름
을 보냈다고 한다. **또 신선하게 음식을 보관하기 위해서 땅 속에 ⟨항아리⟩를 묻어 음식을**
　　　　　　　조상들의 음식 보관 방법 ②　　　 2문단의 핵심어
저장하기도 했다. 그렇게 하면 땅의 위쪽보다 땅속의 온도가 낮아 요즘의 냉장고처럼
음식을 시원하게 보관할 수 있었다고 한다.

3 그렇다면 우리가 사용하는 ⟨냉장고⟩는 땅속에 있는 것도 아닌데 어떻게 늘 차가운 것
　　　　　　　　　　3문단의 핵심어
일까? 주사를 맞기 전에 알코올을 묻힌 솜으로 몸을 닦으면 알코올이 날아가면서 금세
그 부위가 시원해지는 느낌을 받게 된다. 알코올이 공기 중으로 날아가면서 우리 몸의
열을 빼앗아 가는 것처럼, 액체 상태였던 물질이 기체 상태로 변할 때 주위의 열을 빼앗
는 현상을 '기화'라고 한다. **냉장고는 바로 이 기화의 원리를 이용한 기계이다.**
　　　　　　　기화의 개념

4 또 냉장고의 안쪽에는 꼬불꼬불한 관이 있다. 이 관 속에는 액체 상태의 물질이 들어
있는데, 이를 ⟨냉매⟩라고 한다. **냉매는 냉장고 속의 관을 따라 돌아다니며 냉장고 안의**
　　　　　　　4문단의 핵심어　　　　　　　　　 냉매의 역할
온도를 시원하게 유지해 준다. 냉장고 뒤쪽에서 나는 '위잉'하는 소리가 바로 냉매가 냉
장고 안을 돌아다니는 소리이다.

5 **우리 조상들의 땅 속 항아리부터 오늘날의 냉장고에 이르기까지, 사람들은 음식을**
좀 더 오래 ⟨보관⟩하기 위해 다양한 도구를 활용하며 애써왔다. 냉장고가 돌아가는 소리
　　　　5문단의 핵심어
가 시끄럽다고 인상을 찌푸리기보다는, 음식들을 보관하기 위해 냉장고가 우리를 위해
열심히 일하고 있다고 생각해 보자.

---

1 문단 요약
음식물을 보관하는 방법에 대한 의문

2 문단 요약
조상들의 음식 보관 방법 : 석빙고, 항아리

3 문단 요약
냉장고의 원리 ① 기화

4 문단 요약
냉장고의 원리 ② 냉매 활용

[중심 문단]
5 문단 요약
음식을 보관하기 위한 노력

- **내용** : 이 글은 음식을 오래 보관할 수 있는 방법에 대해 설명
하고 있다. 우리 조상들은 냉장고가 없던 시절에 얼음을 보관
하기 위해 석빙고를 만들었으며, 땅 속에 항아리를 묻어 음식
을 보관하기도 하였다. 요즘의 우리는 냉장고에 음식을 보관한
다. 냉장고는 액체 상태였던 물질이 기체 상태로 변할 때 주위
의 열을 빼앗는 기화의 원리를 이용한다. 또 냉장고 속에 있는
냉매라는 액체가 냉장고 속을 돌아다니면서 냉장고 안의 온도
를 시원하게 유지해 준다.

- **주제** : 음식물을 오래 보관하는 방법

- **글의 구조 파악** : 1문단에서는 냉장고에 음식을 보관한다면서

냉장고가 없던 시절 조상은 어떻게 음식을 보관했을지에 대해 질문하고
있다. 2문단에서는 조상들의 음식 보관 방법으로 석빙고와 항아리를 들었
다. 3, 4문단에서는 냉장고의 원리를 설명하고, 5문단에서는 음식을 오래
보관하기 위해 애써 온 사람들의 모습을 이야기하며 글을 마무리하고 있다.

- **글의 구조도**

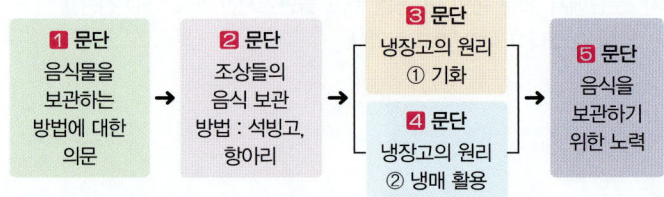

1 문단 음식물을 보관하는 방법에 대한 의문 → **2 문단** 조상들의 음식 보관 방법 : 석빙고, 항아리 → **3 문단** 냉장고의 원리 ① 기화 / **4 문단** 냉장고의 원리 ② 냉매 활용 → **5 문단** 음식을 보관하기 위한 노력

06 [정답] 석빙고, 냉장고 ·················· 글의 구조 파악하기

? 왜 정답 ?

2문단에서는 조상들이 음식을 시원하게 보관하기 위해 활용한 석빙고의 얼음과 땅속 항아리에 대해 이야기하고, 3문단에서는 냉장고의 원리 중 기화에 대해 설명하고 있다. 따라서 빈칸에 들어가기에 적절한 말은 '석빙고'와 '냉장고'이다.

07 [정답] 보관 ·· 주제 찾기

? 왜 정답 ?

이 지문에서는 음식을 보관하기 위해 사용하는 냉장고의 원리와, 조상들이 음식을 보관하기 위해 사용한 방법인 석빙고와 항아리에 대해 이야기하고 있다. 따라서 빈칸에 들어가기에 적절한 말은 '보관'이다.

08 [정답] ③ ···························· 전개 방식 파악하기

> 윗글에 대한 설명으로 가장 적절한 것은?
> ① 냉장고에 사용된 냉매의 문제점을 비판하고 있다.
>   이야기하지 않음.
> ② 우리 조상들이 사용한 냉장 기술의 우수성을 평가하고 있다.
>   이야기하지 않음.
> ③ 냉장고가 항상 시원한 이유와 냉장고의 원리를 설명하고 있다.
>   3~4문단에 근거 → 중심 내용에 해당함.
> ④ 냉장고 기술의 특성과 앞으로의 발전 가능성에 대해 이야기하고 있다.
>   이야기하지 않음.
> ⑤ 우리나라의 냉장고 기술과 다른 나라의 냉장고 기술의 차이점을 설명하고 있다.
>   이야기하지 않음.

? 왜 정답 ?

③ 3문단에서 '냉장고는 바로 이 기화의 원리를 이용한 기계이다.'라고 하였고, 4문단에서는 '냉매는 냉장고 속의 관을 따라 돌아다니며 냉장고 안의 온도를 시원하게 유지해 준다.'라고 하였다. 따라서 이 지문에서는 냉장고가 시원한 이유와 냉장고의 원리를 설명하고 있다.

? 왜 오답 ?

①, ②, ⑤ 이 지문에서 냉매의 문제점, 다른 나라의 냉장고 기술, 조상들이 사용한 냉장 기술의 우수성에 대해 이야기하지 않았다.
④ 3, 4문단에서 냉장고의 기술에 대해 설명하고 있다. 그러나 냉장고 기술의 앞으로의 발전 가능성에 대해 언급하고 있지는 않다.

09 [정답] ② ···························· 글의 내용 파악하기

> 윗글의 내용으로 적절하지 않은 것은?
> ① 냉장고가 없던 시절에 우리 조상들은 석빙고를 만들어 사용했다.
>   2문단에 근거 → 조상들은 여름을 대비해 석빙고를 만듦.
> ② 알코올은 기체 상태에서 액체 상태로 변할 때 주위의 열을 빼앗는다.
>   3문단에 근거 → 기화
> ③ 냉장고의 안쪽에 있는 꼬불꼬불한 관에는 액체 상태의 물질인 냉매가 들어 있다.
>   4문단에 근거 → 냉장고 안쪽의 관에 냉매가 들어 있음.
> ④ 냉장고에서 '위잉'하고 소리가 나는 이유는 냉매가 냉장고 안을 돌아다니기 때문이다.
>   4문단에 근거 → 냉매가 냉장고 안을 돌아다니기 때문임.
> ⑤ 우리 조상들은 땅 위쪽보다 땅속의 온도가 더 낮다는 사실을 이용하여 음식을 보관했다.
>   2문단에 근거 → 바깥보다 땅속의 온도가 낮은 사실을 이용하여 항아리를 땅속에 파묻고 음식을 보관함.

? 왜 정답 ?

② 3문단에서 '알코올이 공기 중으로 날아가면서 ~ 주위의 열을 빼앗는 현상을 '기화'라고 한다.'라고 하였다.

? 왜 오답 ?

① 2문단에서 '우리 조상들은 무더운 여름을 대비하고자 석빙고를 만들었다.'라고 하였다.
③, ④ 4문단에서 '냉장고의 안쪽에는 ~ 이를 '냉매'라고 하며, "위잉'하는 소리가 바로 냉매가 냉장고 안을 돌아다니는 소리이다.'라고 하였다.
⑤ 2문단에서 '땅속의 온도가 낮아 ~ 음식을 시원하게 보관할 수 있었'다고 했다.

10 [정답] ③ ···························· 반응의 적절성 평가하기

> 윗글을 읽고 난 후의 반응으로 적절하지 않은 것은?
> ① 온도가 낮으면 음식들이 쉽게 상하지 않겠군.
>   1문단에 근거 → 냉장고 안의 음식들은 온도가 낮아 쉽게 상하지 않음.
> ② 주사를 맞기 전에 내 몸을 닦았던 솜에 알코올이 묻어 있었던 것이군.
>   3문단에 근거 → 주사를 맞기 전에 알코올이 묻은 솜으로 몸을 닦는다고 함.
> ③ 우리 조상들은 여름이 가까워지면 석빙고에서 얼음을 미리 만들어 두기도 했군.
>   2문단에 근거 → 석빙고는 얼음 보관 창고이지 만드는 곳이 아님.
> ④ 냉장고에서 '위잉'하는 소리가 나면 냉장고가 잘 작동하고 있다고 볼 수 있겠군.
>   4문단에 근거 → 냉매가 냉장고 안을 돌아다니는 소리임.
> ⑤ 햇볕이 뜨거운 여름에 바깥에서 물을 쏟으면 금방 마르면서 주변 온도가 내려가는 것도 기화의 예이겠군.
>   3문단에 근거 → 기화는 액체 상태의 물질이 기체로 변하면서 열을 빼앗는 현상임.

? 왜 정답 ?

③ 2문단에서 '석빙고는 일종의 얼음 보관 창고'라고 했으므로 얼음을 만드는 곳이 아니다.

? 왜 오답 ?

① 1문단에서 '냉장고에 들어간 음식들은 냉장고의 온도가 낮아서 쉽게 상하지 않'는다고 했다.
② 3문단에서 '주사를 맞기 전에 알코올을 묻힌 솜으로 몸을 닦'는다고 했다.
④ 4문단에서 '냉장고 뒤쪽에서 나는 '위잉'하는 소리가 바로 냉매가 냉장고 안을 돌아다니는 소리이다.'라고 하였다.
⑤ 3문단에서 '액체 상태였던 물질이 기체 상태로 변할 때 주위의 열을 빼앗는 현상을 '기화'라고 한다.'라고 하였다.

재미있는 공부, 중등내신 100점
자이스토리 중등 영어 시리즈

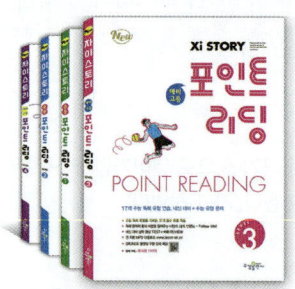

구문 중심 독해 ╱ 수능 유형 독해 ╲

🚶 포인트 리딩 [Level 1, Level 2, Level 3, Level 4]

- 중등 독해에 꼭 필요한 32개 포인트 구문 독해 훈련 (Level 1, 2)
- 수능 독해에 반드시 출제되는 17개 독해 유형 훈련 (Level 3, 4)
- 필수 구문과 독해 유형 해법을 차근차근 알려주는 Follow Me!
- 구문과 어휘를 완벽 정리하는 어휘 REVIEW와 시험 대비 실력 향상 TEST
- 필수 어휘 총정리 – 휴대용 단어장

🔤 영어 독해 기본 [Level 1 / Level 2 / Level 3]

- 단계별 수능 독해 유형 학습법
- 단계별 직독직해 연습 + 지문 해석을 위한 구문 체크
- 독해 유형 총정리 모의고사 + 어휘 Review 학습
- 전 지문 음성 파일 제공(QR코드 및 MP3파일 다운로드)
- 전 지문 직독직해 연습(워크북)
- 필수 어휘 총정리(휴대용 단어장)

2022 개정 교육과정 적용 출시!!

📝 영문법 총정리 [중1 / 중2 / 중3]

- 친절한 개념 설명과 개념 확인 문제로 문법이 저절로 암기!
- 문법 개념을 빠르게 이해시키고 확인하는 개념 확인 문제
- 내신 유형과 고난도, 서술형 문제 – 단원 평가 문제 ⎤
- 학교 시험을 완벽히 대비하는 실전 모의고사 ⎦ 최다 내신 문제
- WORKBOOK – 공부한 문법 개념 확인과 단어 복습

2022 개정 교육과정 적용 출시!!

🔊 듣기 총정리 모의고사 [중1 / 중2 / 중3 / 고1]

- 최신 전국 듣기 능력 평가 유형 분석 – 12개 듣기 유형 총정리
- 듣기 발음 특강 + 듣기 발음 특강 모의고사 (3회)
- 듣기 유형 연습 모의고사 (2회), 잘 틀리는 유형 모의고사 (3회)
- 듣기 실전 + 기출 모의고사 (14회) – 최신 기출 문제와 내신 기출 변형 문제
- 고난도 듣기 실전 모의고사 (3회) – 어려운 표현과 긴 대본의 문제 집중 훈련

🧑 예비 중등 영어 독해 [Level 1, 2]

- 수능까지 이어지는 독해력을 위한 독해력 훈련 교재
- 교과 과정과 연계된 다양한 주제의 지문
- '중심어 찾기, 중심 문장 찾기, 요약하기, 제목 붙이기'로 이루어진 단계별 독해 훈련
- 쉽고 빠른 지문 이해를 도와주는 직독직해 + 해석 쓰기
- 독해 필수 문법을 알려주는 지문 속 문법 체크 + 핵심 어휘 써보기

중·고등 수학 100점을 위한 교재!!

중등 수력충전

수학의 기초 실력 완성
- 쉬운 문제들로 기본 연산력 강화 및 수학 실력 향상
- 풀이 과정을 채워 가면서 스스로 수학의 연산 원리를 터득
- 단원별, 유형별로 문제를 제시하여 부족한 부분 집중 학습

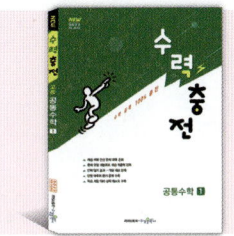

고등 수력충전

기초 개념을 잡는 최적의 시스템
- 기초 연산에 약한 학생들을 위한 적절한 문제
- 기본 개념을 확실히 잡아주는 최적의 시스템
- 유형별로 구성되어 체계화시키기 좋은 구성

**수력충전
초·중등
수학개념 총정리**

초·중등 수학 개념을 영역별로 총정리하는 필수 개념서!
- 2015 개정 교육과정의 중등 전학년 수학 개념을 한 권으로 총정리
- 필수 개념을 이해하기 쉽게 정리하고, 고등 수학 개념과 연계성 강화
- 개념 완성 테스트 + 영역별 총정리 + 중등·고등 연결 문제로 실력 향상

［ 중등 수학
개념 총정리 ］

［ 초등 수학
개념 총정리 ］

중등 자이스토리

필수 유형과 서술형 문제 완벽 훈련
- 중등 수학의 모든 개념과 유형의 완벽 학습
- 친근한 대화체 풀이와 단계별 해설로 이해력 향상
- 잘 틀리는 유형의 철저한 대비를 위한 쌍둥이 문제 제시

고등 자이스토리

대한민국 수능 교재 완결판!!
- 수능에 맞춘 유형 분류 및 문항 구성
- 학교시험과 수능 대비를 한 번에 완성 – 고2 자이스토리
- 출제 0순위 개념 정리, 기출 분석에 따른 문항 배치
- 다시는 안 틀리게 하는 입체 첨삭 해설

고등 일등급 수학

학교 시험 + 수능 일등급을 위한 고품격 유형서
- 깔끔하고 순도 높은 명품 문제
- 학교 시험 + 수능 빈출 유형에 대한 완벽한 해법 제시
- 고난도 수능 문제 유형에 대한 가장 효율적인 대비책

 MEMO

 MEMO

MEMO

MEMO

2022 개정 교육과정

자 이 스 토 리
듣기 총정리 모의고사

[중1, 중2, 중3, 고1]

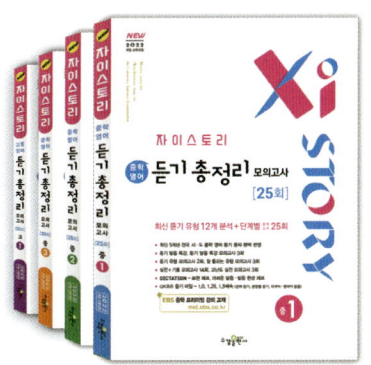

"최신 듣기 유형 분석 + 단계별 모의고사 25회"

★ EBS 중학 프리미엄 강의 교재
mid.ebs.co.kr   *고1 제외

① **듣기 유형 분석 [12~14 유형]**

최신 전국 중학 영어 듣기 능력 평가와
고1 전국연합학력평가 유형 완벽 분석

② **잘 틀리는 유형 모의고사 [3회]**
   + 듣기 발음 특강 모의고사 [2~3회]

틀리기 쉬운 유형과 발음을 훈련

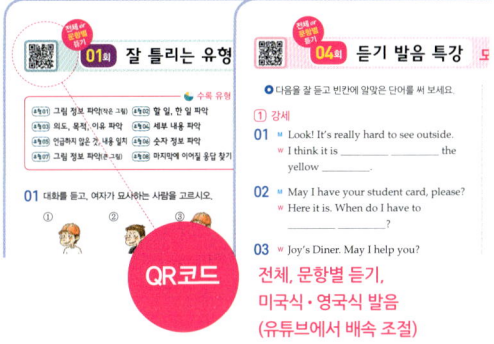

③ **실전+기출 모의고사 [12~16회],**
   고난도 듣기 실전 모의고사 [3~4회]

최신 기출 문제 유형을 반영한 단계별 모의고사

④ **Dictation, 어휘+표현 PREVIEW, REVIEW**

표현 체크와 발음 체크로 공부하고 중요한
어휘와 표현들을 익힌다.

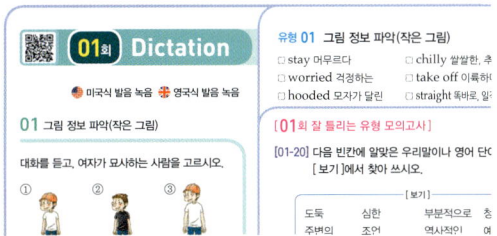

국어가 쉬워지면 모든 과목 성적이 오릅니다!

자이스토리

중학
국어 **독해력 완성** 시리즈

[비문학]

○ **재미있는 소재로 하루 2지문씩 24일 완성**

• '추석 연휴가 고작 하루였다고?', '슈퍼 히어로를 좋아하는 이유' 등 흥미로운 소재의 지문으로 지루함 없이 독해 연습을 할 수 있습니다.
• 인문, 사회, 과학, 기술, 예술 지문은 물론 복합 지문까지 다양한 영역의 지문을 수준별 난이도에 따라 수록했습니다.

○ **지문을 쉽게 이해하게 도와주는 나만의 과외 선생님 Follow Me!**

• STEP Ⅰ~Ⅲ 과정을 통해 혼자 공부하더라도 지문을 쉽게 이해할 수 있도록 친절하고 자세하게 설명합니다.
• 핵심어를 파악하는 방법, 문단 요약하는 방법, 주제를 찾는 방법 등을 구체적으로 알려줍니다.

○ **매일 다양한 유형의 어휘 문제와 배경지식 넓히기**

• 독해의 기초가 되는 어휘를 매일 여러 유형의 문제로 테스트해 익힐 수 있습니다.
• 지문에 나온 내용과 관련된 배경지식은 SNS, 만화, 그림 등으로 표현하여 오래도록 기억하게 합니다.

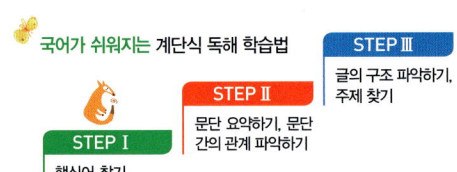

국어가 쉬워지는 계단식 독해 학습법

STEP Ⅲ
글의 구조 파악하기,
주제 찾기

STEP Ⅱ
문단 요약하기, 문단
간의 관계 파악하기

STEP Ⅰ
핵심어 찾기,
중심 문장 찾기

자이스토리 중학 국어 독해력 완성 [비문학] 시리즈

교재 단계	지문 구성	문제 유형	학습 대상
독해력 완성 1 [비문학]	흥미로운 소재 +기본 어휘로 구성된 지문	내용 이해 문제+어휘 문제	중2~예비 중1
독해력 완성 2 [비문학]	흥미로운 소재 +실전 어휘로 구성된 지문	내용 이해 문제+내용 추론 문제 +어휘 문제	중3~중1
독해력 완성 3 [비문학]	흥미로운 소재+실전 어휘 +고1 학평 기출 변형 지문	내용 이해 문제+내용 추론 문제 +수능형 문제(구체적 사례 및 반응의 적절성)+어휘 문제	예비 고1~중3

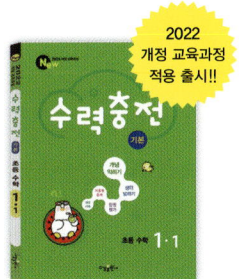

꼼꼼한 지문 분석, 명쾌한 문제 풀이로 국어가 쉬워진다!

대한민국 No.1 수능 기출 문제집

자이스토리
국어 시리즈

*동영상 강의
독서, 언어(문법)

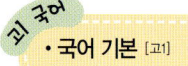
고 국어
• 국어 기본 [고1]

– **처음부터 차근차근 고등 국어 기초 쌓기**
  • 고등 국어를 처음부터 체계적으로 공부할 수 있도록 꼭 맞는 학습법을 알려 드립니다.
  • 독서, 문학, 문법(언어), 화법과 작문, 매체까지 고등 국어를 쉽고 재미있게 공부할 수 있습니다.

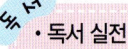
독서
• 독서 실전 [고3]
• 독서 완성 [고2]
• 독서 기본 [고1] NEW

– **독해 공식과 문제 유형별 꿀팁으로 쉽고 빠르게 독서 마스터**
  • 수능 독서 시험의 최신 경향에 꼭 맞는 학습법을 알려 드립니다.
  • 지문 유형별 독해 공식과 지문 분석·문제 풀이 특강으로 지문 분석·문제 풀이 훈련을 합니다.

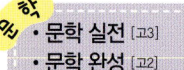
문학
• 문학 실전 [고3]
• 문학 완성 [고2]
• 문학 기본 [고1] NEW

– **갈래별 독해 공식으로 어떤 문학 작품이라도 쉽고 빠르게 분석**
  • 작품 갈래별로 반드시 파악해야 할 요소를 독해 공식으로 알려 드립니다.
  • 작품 갈래별 독해 공식과 지문 분석·문제 풀이 특강으로 정답을 한눈에 파악할 수 있습니다.

• 고등 국어 문법 총정리
  [고1, 2, 3] NEW

– **2022 개정 교육과정을 반영, 고등 국어 문법 개념 총정리**
  • 고등 국어 교과서의 문법 개념을 총정리한 책으로, 내신과 수능을 동시에 대비할 수 있습니다.

• 화법과 작문 실전 [2015 교육과정]
• 언어와 매체 실전 [2015 교육과정]
• 언어(문법) 기본 [2022 교육과정]

– **세분화된 선택 과목 집중 훈련**
  • 고등 국어 문법·화법과 작문 개념을 쉽게 이해할 수 있도록 도식화·시각화했습니다.
  • 여러 유형의 다양한 문제를 통해 내신과 수능을 대비할 수 있습니다.

• 전국연합 고1 국어
• 전국연합 고2 국어
• 연도별 고3 모의고사

– **실전 훈련으로 국어 1등급 완성**(최신 유형·최다 수록)
  • 전국연합 모의고사 고1, 고2 국어: 최신 3개년 학력평가 12회
  • 연도별 고3 모의고사: 최신 기출 모의고사 30회

• 고전 시가 총정리
  [고1, 2, 3]

– **단계별 기출문제로 어려운 고전 시가 총정리**
  • 작품 갈래에 따라 반드시 파악해야 할 요소를 독해 공식으로 알려 드립니다.

• 수능 국어 개념어 총정리
• 국어 독해력을 키우는 실전 어휘

– **독해력을 키우는 바탕! 어휘력 키우기**
  • 독서, 문학, 수능 주요 어휘 등 수능 국어 모든 영역의 어휘를 한 번에 학습할 수 있습니다.
  • 지문과 문제를 통해 어휘력이 쌓였는지 확인하면서, 독해력도 높입니다.

자이스토리 국어 시리즈